Magdalena Almado

ÜBERLEBT ...
um zu leben

Impressum:

www.karinaverlag.at
Texte © Magdalena Almado
Lektorat: Karin Kaiser
Layout, Textüberarbeitung © Karin Pfolz, Laura Liedermann
Covergestaltung © Karin Pfolz
Foto © Danila Amodeo Photography
© Oktober 2015, Karina Verlag, Vienna, Austria,
ISBN: 978-3-903056-56-5

Magdalena Almado

ÜBERLEBT …
um zu leben

Für meine beiden Kinder,
die wertvollsten Geschenke meines Lebens,
die mir gezeigt haben, dass es sich
immer lohnt
zu
LEBEN.

Für meine Eltern,
die mir das LEBEN gegeben haben.

Die Geschichte einer mutigen Frau

Alma hatte schon ihre Zeit im Leib ihrer Mutter überlebt –

sollte sie doch nicht geboren werden.

Alma hatte ihre Kindheit überlebt –

schon früh war aus dem unschuldigen Kind

eine Frau gemacht worden,

ein Mensch, der Verantwortung tragen musste,

ohne dazu fähig zu sein, bereits als kleines Mädchen.

Alma hatte zwei Kindern das Leben geschenkt –

für diese musste sie hier weiterleben.

Alma wurde zu ihrer spirituellen weiblichen Quelle geführt,

sie verband sich mit Maria Magdalena.

Endlich begann sie langsam zu erwachen.

Alma Magdalena hatte immer wieder die Gefahr gesucht,

um doch die Chance zu bekommen,

nach Hause zurückkehren zu dürfen.

Einmal wurde sie an die Schwelle geführt –

durch einen dramatischen Unfall.

Dort hatte ihre Seele entschieden, zu überleben –

sollte sie doch endlich ganz ins LEBEN gehen –

mit neuen Schritten – langsam und bedächtig.

Zu lange schon hatte Alma Magdalena bloß funktioniert,

um dieses Leben hier zu überleben.

Alma Magdalena kreiert nun IHR LEBEN –

mit stetigen Schritten nach vorne,

um es in jene Form zu bringen,

in der sie Fülle, Freude und Einheit

schon in ihrem menschlichen Sein,

im Erdenleben, erfahren darf.

Alma Magdalena wird eine Wegbegleiterin, Wegbereiterin.

Alma Magdalena zeigt den Menschen,

dass auf dem Planeten Erde auch schon durch die tiefe

Liebe zwischen Mann und Frau

Einheit erschaffen, gefühlt und gelebt werden kann.

Alma Magdalena wird eine weise, alte Frau.

Sie hat ihren Auftrag in diesem Leben erfüllt.

Alma Magdalena darf in tiefer Stille und

höchster Bewusstheit

in das Große Ganze eintreten.

Vorwort

Oftmals bin ich nur Teil vieler anderer menschlicher Geschichten, doch als Alma Magdalena bin ich nun die Hauptdarstellerin meiner eigenen Geschichte, von der ich mir wünsche, sie mit vielen Menschen teilen zu dürfen.

Warum dieser Wunsch?

Als Frau habe ich viel Schmerzliches durchgemacht und viel Leid erfahren. So wünsche ich mir nun, mit meinen Worten Frauen Mut zu machen, ihr eigenes Leid zu erkennen und es zum Ausdruck bringen zu können sowie die nötige Hilfe anzunehmen, um es zu überwinden. Danach ist es uns gegeben, gestärkt und gereift wie Phoenix aus der Asche wieder aufzusteigen in eine Lebensphase der Freude, der Leichtigkeit und letztendlich der Weisheit und Glückseligkeit.

Möge diese Geschichte auch Männern helfen, den Ausdruck ihrer wahren Männlichkeit zu erfassen, aber auch zu erkennen, wie viel Missbrauch mit männlicher Falschinterpretation der Männlichkeit und Macht betrieben wird – an Frauen, ja auch an Kindern, vor allem an Mädchen, aber auch an Jungen, die noch so wehrlos sind, wie auch an Systemen und Kulturen, an Gesellschaften und an der Natur selbst.

Mögen wir alle erkennen, wie sehr nur in wirklicher Bewusstheit wahre Heilung für uns alle und diesen Planeten geschehen kann und das Paradies erst dann auf dieser Erde Einzug hält, wenn die Frauen sich in ihrer ganzen Weiblichkeit mit den Männern in ihrer ganzen Männlichkeit verbinden können, um schon hier in unserer menschlichen Form durch wahres Miteinander-Sein den Hauch der Einheit zu erleben.

Meine Erkenntnis

Ich befinde mich *JETZT* im Jahr 2014.

Seit Jahren habe ich alles erdenklich Mögliche getan, um es endlich zuzulassen – ich habe Seminare dafür besucht, ich habe mir Bücher zu diesem Thema gekauft, ich habe es seitenweise als Affirmation niedergeschrieben und ich habe es nie gespürt. Irgendwann ist mir klar geworden, dass es nicht gemacht werden kann, sondern nur tief gefühlt – *und auch das ist nur in dem Moment, in dem wirklich alles in mir dazu bereit ist.* Ich habe begonnen, mich dieser Möglichkeit mit meinem Herzen zu öffnen, ohne den Anspruch, es erfahren zu müssen. Ich wurde geduldig und erwartungslos.

Und ich durfte es endlich erfahren – ein tiefes Gefühl von *innerer Versöhnung mit meiner Vergangenheit.*

Ich habe mich aus der Stille und einem Zustand inneren Friedens am Meer liegend bereit gefühlt, mit der Seele meines Vaters in Kontakt zu treten und zu lauschen. Ich wollte wissen, was einst ihm offensichtlich zutiefst Verletzendes widerfahren ist und ich konnte es in einem inneren Dialog vernehmen. Unter Tränen der Berührtheit sagte ich zu ihm in diesem Moment von Seele zu Seele aus dem Innersten meines Herzens: *„Ich vergebe Dir. Ja, ich vergebe dir wirklich."* Es war, als würde sich mein Herz weit öffnen und durchströmt werden und ich konnte *Vergebung spüren* – sie war nicht bloß in meinem Verstand. Ein unbeschreibliches Gefühl der Erleichterung kam über mich. Ich weinte Tränen, die all den Schmerz der Vergangenheit wegspülen wollten und zugleich erkannte ich, dass ich all meine Erfahrungen mit meinem Vater auf meine Partner projiziert hatte, weshalb ich immer wieder gehen musste. Ich durfte erkennen, dass mich zwei Männer wirklich geliebt hatten – der Vater meiner Kinder und mein letzter Partner, mit dem ich nur sehr kurz zusammen sein konnte. Er trug sogar den Namen meines Vaters – Michael. Auch diese echte Liebe konnte ich erst jetzt wirklich erkennen – damals konnte ich sie niemals annehmen, weil ich mich offensichtlich bisher noch niemals würdig gefühlt hatte, wahrhaft geliebt zu werden, geliebt um meinetwillen. Diese beiden Männer hatten mich geliebt und ich musste sie abwerten und abweisen – ich konnte nicht anders – ich war nicht bereit, geliebt zu werden. Bis heute nicht – auch wenn ich mich seit vielen Jahren nach nichts mehr sehne, als genau eine solche bedingungslose, tiefe LIEBE zu erfahren und mit einem Mann zu LEBEN. Ich bin vermutlich erst jetzt bereit, meinem Mann zu begegnen, dem ich mich als die Göttin, die von ihrem göttlichen Mann auf Händen getragen wird, die sich ihm in vollkommenem Vertrauen, tiefer Liebe und Achtung hingeben kann. Um diese Erkenntnis zu bekommen, war es notwendig für ein halbes Jahr auf eine mexikanische Insel, die *Isla Mujeres – Insel der Frauen* – zu reisen und über Monate niemals von dieser Insel wegzukommen. Die Insel ist bloß 7 km lang und knapp 650 m breit, was bedeutet, dass ich immer nur von Wasser umgeben bin und dieses Wasser allzu viel Unerlöstes an die Oberfläche gespült hat. Ich wollte eigentlich Spaß haben, Spanisch lernen, hier meinen Seelenpartner kennenlernen und meinem Leben eine umfassende Wendung geben, um endlich meine Berufung leben zu können. Es sollte anders kommen – ich habe tatsächlich die Spiegel ungelöster Muster und Verhaltensweisen hingehalten bekommen und wurde letztendlich vollkommen auf mich selbst zurückgeworfen. Ich bin durch alle erdenklichen Höhen und Tiefen gegangen, um endlich zu erkennen, dass mein Hiersein einem völlig anderen Zweck dienen sollte – dem, wirklich Erkenntnis zu erfahren und Schöpferin meines Lebens zu werden, auszusteigen aus dem Opferdasein und nichts mehr zu erwarten.

So wurde dieser Aufenthalt hier wahrhaft zu meinem Exil, so wie mir Michael, der mich in unserer Beziehung vor einigen Jahren wirklich geliebt hatte, es als nicht allzu liebevoll gemeinten Wunsch auf diese Reise mitgegeben hatte: *„Ich wünsche dir alles Gute in deinem Exil auf der Fraueninsel.“* Zu diesem Zeitpunkt hatte ich ihn sexuell zurückgewiesen und damit offenbar sein Ego verletzt. Wir Menschen können noch so sehr am Weg der Bewusstheit wandeln, das Ego wird sich immer wieder melden – auch bei ihm, der redlich seinem Weg folgt. So wurde diese Aussage, die sich mir zuerst scheinbar als Fluch offenbarte, letztendlich zu einem Segen für mich.

Dieses Exil ist nun zu meinem Exil für Erkenntnis und Transformation geworden.

Ich kann ihm erst jetzt dankbar sein – für seine unbewusste Prophezeiung.

Noch bin ich wenige Wochen auf dieser Insel, obwohl ich eigentlich schon das Gefühl habe, nach Hause reisen zu können. Dennoch ist mir bewusst, dass es jetzt um Integration und innere Festigung geht, damit ich auch in meinem gewohnten Umfeld stabil bleiben kann, um nicht erneut in mein Opferdasein zurückzufallen, in dem wir uns beinahe alle in mehr oder weniger starkem Ausmaß über lange Strecken unseres Lebens oder manche sogar das gesamte Leben hindurch befinden.

Hier erlebe ich zum ersten Mal ein wirklich tiefes *Gefühl des Glücklich-Seins*, obwohl ich auf dieser Insel mehr denn je *alleine* bin – es ist die letzte Woche vor der Osterwoche.

Mein Osterfasten sollte heuer *„wenig reden“* sein – eine ziemliche Herausforderung. Doch hat es mich still werden lassen.

Nun will ich Euch auch an dem hier so einfach gelebten Glück teilhaben lassen, das nichts mehr von *AUSSEN* braucht.

Ich bin gerade in jedem Moment glücklich und erkenne, dass es dazu so wenig bedarf. Ich erwache am Morgen, freue mich am Gesang verschiedener Vogelarten, lausche dem Wind, genieße die Stille und den Frieden, erhasche manches Mal – so wie heute – mit meinem Blick den Feuerball der Morgensonne, bevor wenige Sekunden danach die Wolken sie verdecken, um sie kurz darauf in ihrem strahlenden Licht wieder frei zu geben. Ich blicke auf die Meeresoberfläche, nachdem ich am Weg zum Meer verschiedene Blüten vom Boden gesammelt habe, mit denen ich mein Muschelkunstwerk, an dem ich täglich auf meinem Lieblingsfelsen arbeite, schmücke. Irgendwann tauche ich im Ozean ein – beobachte aus dem Wasser, das meinen Körper sanft und sicher trägt, die Möwen, die Fregattvögel, die Pelikane, gebe mich diesem Element

vertrauensvoll hin, tauche unter und sehe das verschwommene Türkis, wenn ich meine Augen zu öffnen wage. Von unten ist es strahlend, wenn die Sonne von oben alles mit Licht durchflutet. Danach bleibe ich für einige Zeit auf meinem Pier, auf dem ich fast immer alleine bin, oftmals Yoga mache und in Ruhe die Leguane, die wie kleine Dinosaurier aussehen, beobachte, um dann, wenn die Sonne zu stark wird, nach Hause zu gehen – ich lese, ich schreibe, ich korrigiere und wenn es mir zu heiß ist, gehe ich wieder kurz schwimmen, um mich abzukühlen und mich danach wieder in mein kleines, bescheidenes Zimmer, das mich vor der Sonne schützt, zurückzuziehen. Ich bereite mir mein Essen zu, genieße mein bescheidenes, doch köstliches Mahl, wasche mit meinen Händen ab und atme still vor mich hin – dankbar für alles.

Am Abend gehe ich erneut zu meinem Felsen und erweitere mein Kunstwerk – manches Mal haben andere Menschen etwas dazugegeben, manches Mal der Wind oder die Wellen des Wassers etwas weggetragen oder umgekippt. Wieder tauche ich ins Wasser ein, um mich in diesem oder auf dem Felsen ruhend am Sonnenuntergang zu erfreuen, der täglich so ganz anders ist. Gestern war er berauschend spektakulär – hat den gesamten Himmel und alle Wolken in sein rotes feuriges Licht gehüllt. Ich sehe vor mir den Feuerball der Sonne, der im Meer versinkt und über mir die Mondsichel. Ich sitze dort im Zentrum der Elemente, umgeben von Natur – erfüllt – und ich erfreue mich an all ihren Geschenken, die ich Tag für Tag erhalte. Ihr habt keine Ahnung, wie viele verschiedene Geschenke ich aus dem Meer bekomme, um mein Kunstwerk zu vollenden, das doch nie vollendet, sondern bald von mir hier zurückgelassen wird und möglicherweise andere Menschen erfreuen darf.

Ich bin WIRKLICH GLÜCKLICH – ohne das Gefühl zu haben, dass mir das Leben noch irgendetwas SCHULDET!

Es ist mir hier klar geworden, warum ich zwei Jahre warten musste, um bereit zu sein, dieses Buch zu veröffentlichen. Es ist zu einem Zeitpunkt geschrieben worden, in dem ich zwar in meinem höheren Bewusstsein um die eigene Schöpferkraft wusste und doch nicht fähig war, in dieser zu leben. Allzu sehr konnte ich all das Geschehene primär aus der Energie des Opfers – das ich zweifellos oftmals war – darstellen. Es ändert sich nun nicht der Inhalt, doch die Sichtweise darauf ist eine andere geworden. Ich habe immer wieder Weltgeschehnisse in meine Geschichte mit eingewoben, um in dieser Kombination aufzuzeigen, wie sehr alles verbunden ist – der Makrokosmos sich auf den Mikrokosmos jedes einzelnen auswirkt und dasselbe im Kollektiv auch umgekehrt seine Wirkung zeigt.

All das Beschriebene ist jener Alma Magdalena, die ich hier auf Erden nun bin, in meiner subjektiven Wahrnehmung geschehen, doch erst jetzt erkenne ich, dass all das Erlebte mich zu jener starken und bewussten Frau werden ließ, die Euch nun bittet, daraus Mut zu schöpfen und zu erkennen, dass nichts im Leben so schlimm sein kann, um es nicht doch im Licht der Erkenntnis in einen Segen zu verwandeln, der einen wahrlich reifen lässt.

Und noch tiefer gilt es zu erkennen, dass jene Vergebung, die ich zu verspüren glaube, nichts anderes ist als die tiefe Versöhnung in mir mit dieser von mir erinnerten und wahrgenommenen Vergangenheit, wie sie nun in all den Kapiteln beschrieben steht.

Sie ist vorbei und formte mich zu der, die ich JETZT bin.

Erst wenn wir unsere Schöpferkraft erfassen und für all das, was uns das Leben schenkt, dankbar sind, können wir die Fülle, die uns immer schon gegeben war, in der Einfachheit des Daseins erleben.

So erlaube ich mir, meine Lebensgeschichte mit Euch zu teilen.

Prolog

Nichts ist es, was mit menschlichen Worten wirklich dargelegt werden kann.

Dennoch will ich versuchen, hier aus meiner menschlichen Existenz heraus zu beschreiben, was eigentlich nicht benennbar ist. Ich weiß, dass Menschen mich verstehen wollen und gebe daher mein Möglichstes, um verstanden zu werden, mit dem Wunsch, sie mögen es in erster Linie mit ihren Herzen lesen. Wie viel lieber ich doch die Herzen berühren möchte, als bloß den Verstand, wie viel lieber ich doch Weisheit statt Wissen weitergeben will, jedoch nichts anderes als die Begrenzung der Worte für alles, was sich durch mich ausdrücken möchte, zur Verfügung habe.

Nun lasst mich beginnen zu erzählen.

Sie – die sie jetzt ein weibliches menschliches Wesen ist – war reines Bewusstsein, war im reinen Licht, war selbst Licht, war Nichts.

War *NICHTS* und doch *ALLES* in diesem Sein, in dieser einen universellen Kraft, in dieser einen großen Seele, in der wir alle *EINS* sind, niemals das eine vom anderen getrennt.

Sie *WAR* und *WAR NICHT* zugleich – alles zerfloss in dem einen Licht in dieser Existenz, in Gott – wie wir in unserem menschlichen Dasein das Höchste benennen – obwohl doch dieses *GROSSE* unbeschreibbar, unbenennbar, unerklärbar ist – nicht mit unseren Worten, nicht mit unseren Begrenzungen. Es ist die höchste Schöpfungsebene, in der sie war.

Fühlte sie? Sie fühlte und doch nicht – alles war zugleich und doch nicht existent. Es ist die Unbeschreiblichkeit dieser Existenz – eine Unendlichkeit – ohne Anfang, ohne Ende, ohne Oben, ohne Unten.

Diese Unbeschreiblichkeit, in der alles sich entfalten kann, weiten, ausdehnen, zusammenziehen, auftauchen und verschwinden.

Sie war und sie ist – ein Teil des Lichts.

Aus dieser universellen Existenz des Seins entdeckte sie die Erde und die Menschen, die auf diesem Planeten lebten. Sie griff ein, wenn sie gerufen wurde, wurde Form und löste sich doch wieder auf im Licht.

Eigentlich war sie ein Engel.

Wenn sie Form annahm, wurde sie von manchen Menschen gesehen – vor allem von den Kindern – jene Wesen, die in ihrer Unschuld noch sehend sind. Die, die sie sahen, nahmen sie mit langem dunkel gelocktem Haar mit einem Goldreif wahr. Sie erkannten ein ebenmäßiges, schönes Gesicht, das im Licht erstrahlte und ein Gewand aus weißer Spitze mit Schleiern, die in die Weite flossen. Und manchmal sahen sie auch ihre weiten Schwingen – ganz zarte, doch sehr große Flügel hatte sie, wenn sie sie ausbreitete für diese sehenden, weisen, kleinen Wesen auf der Erde.

Eines Tages entdeckte sie ein kleines Mädchen, das sie unten sitzen sah. Es beobachtete Möwen am Strand, an dem es saß. Als dieses plötzlich aufstand, um einer Möwe in ihrem Flug nachzulaufen, folgte sie diesem Kind. Immer weiter, immer schneller lief die Kleine, sodass sie sich am Weg verlor und sich verirrte in der Weite der menschenleeren Küste und nicht bemerkte, dass sie bereits die Stelle überschritten hatte, die ihr den Rückweg nicht mehr möglich machen sollte, weil schon die Flut zu steigen begann. Sie beobachtete auch die Möwe, die sich nun auf einen Felsvorsprung gesetzt hatte und zu schreien begann, als sie das Mädchen laufen sah – inzwischen ängstlich und verzweifelt in der Dämmerung dahinirrend. Plötzlich wurde das Kind vom Wasser erfasst und weggeschwemmt – die Möwe flatterte ganz aufgeregt über dem kleinen Körper, der sich noch kurze Zeit zur Wehr setzte, um schnell danach zu versinken zu beginnen.

Genau in dem Moment, als aus den Tiefen auch ein wunderschönes weibliches Meereswesen mit einem in allen Regenbogenfarben glitzernden Fischschweif auftauchte, griff sie ein und zog den zarten Mädchenkörper aus dem Wasser, umfing ihn mit ihren Schwingen und trug ihn zurück an jenen Ort, an dem die Kleine zuvor gesessen war. Sie legte den noch leblos erscheinenden Körper ganz sanft an eine sichere Stelle im weichen Sand, dann hütete sie den Schlaf der Bewusstlosen, die kurze Zeit danach erwachte und ihr direkt in die Augen blickte – so tief und wissend – als würden sie einander seit Ewigkeiten kennen.

Zaghaft versuchte das Mädchen ihre Flügel zu berühren und meinte fragend: „Du bist doch *Luzmarsol*?“, als aus der Stille ihres Wiedererkennens ganz plötzlich das aufgeregte Rufen menschlicher

Stimmen zu hören war, was bedeutete, dass sie den Platz verlassen musste. Sie schwebte davon. Als sie noch einmal kurz den Blick zurück an diesen Platz zu diesem kleinen Wesen wandte, erkannte sie das sehnsuchtsvolle Winken dieses unschuldigen Kindes, das soeben von seinen erleichterten Eltern in die Arme genommen und willkommen geheißen wurde.

Das war der Moment, in dem sie die unendlich große Sehnsucht erfasste, eine Erdenbewohnerin werden zu wollen. Immer mehr begann sie sich nun aus der Gemeinschaft der Ihresgleichen auszuschließen. Immer öfter bewegte sie sich in das Feld der Erde, beobachtete all die Vielfalt der Menschen, mit allem, was sie taten, mit ihren unterschiedlichen Sprachen, ihren verschiedenen Hautfarben, ihren so außergewöhnlichen Körpern und Ausdrucksformen.

Und eines Tages, da zog es sie an einen Platz, in ein Zimmer, in dem ein junger Mann und eine noch viel jüngere Frau etwas taten, was sie zuvor in ihrer Existenz noch niemals gesehen hatte. Unerwartet und plötzlich kam der Moment, in dem sie ein Sog zu erfassen schien, ein Sog, der sie umschlang und in die Tiefe zog und dem sie unter keinen Umständen mehr entkommen konnte. Es wurde ganz eng um sie herum, ganz dunkel und ... sie hatte das Gefühl zu fallen, in einem Wirbel in die Tiefe zu sinken, hilflos, haltlos, einfach zu sinken.

Luzmarsol war ein gefallener Engel, der so wie Luzifer viel Neues erfahren muss, bevor er wieder in das Reich Gottes zurückkehren darf.

Ich wurde gezeugt – in einem Hotelzimmer in den Schweizer Alpen.

Mein Vater war ein junger, schöner Mann.

Meine Mutter war ein Mädchen von knapp 17 Jahren, schön, doch unbedarft dem Leben gegenüber.

Kapitel 0 – Wie alles hier begann

So wurde ich gezeugt – als menschliches Wesen, das soeben noch ein Engel war.

Ich wusste gar nicht, was hier geschehen war, weil ich mich körperlos in einem Raum befand, um mich im nächsten Moment, wie durch einen Sog, in einem dunklen engen Nichts wiederzufinden. Es katapultierte mich hin und her – das Einzige, was ich wahrnahm, war der aufgeregte, erhitzte Atem zweier Menschen, die dort in einem Bett eng umschlungen waren und Sex hatten – er lag auf ihr – es erschien mir wie eine Bedrohung, als er sich wild und ungestüm auf diesem jungen Mädchen bewegte.

Doch musste ich es mir eingestehen – dies war mein menschlicher Zeugungsakt.

Noch wussten die beiden natürlich nichts von meiner Existenz – sie waren doch Menschen mit einem sehr begrenzen Bewusstsein, das ihnen wenig Möglichkeiten gab, aus dem Ganzen zu schöpfen.

Und ich war nun mit ihnen – hier in diesem begrenzten Raum.

Noch hätte ich die Möglichkeit gehabt zu flüchten.

Nein, ich hatte keine Möglichkeit mehr, zurückzukehren in meine ursprüngliche Existenz – war ich doch im wahrsten Sinne ein gefallener Engel, der nun durch menschliche Erfahrungen gehen musste – ich sollte eher sagen, durfte – da ich mir diese Erfahrungen auf der relativen Ebene doch so sehr gewünscht und damit selbst erschaffen hatte.

Schon begann ich menschliche Empfindungen anzunehmen, obwohl ich noch nicht einmal einen Körper hatte – ich hatte unbeschreibliche Angst vor dem, was mich in einem menschlichen Körper erwartete, fast fühlte es sich an wie Panik – ich wollte schreien, konnte aber nicht, weil ich mich bloß als körperloses, schwebendes Dasein meiner Seele rund um meine zukünftige Mutter erlebte. Manchmal zwang mich dieser Sog in ihren Körper hinein – ich glaubte zu ersticken, zu sterben als ein noch nicht einmal geborenes Sein. Ich erlebte schon in diesem Augenblick Angst zu sterben, begann mich zu erinnern, weil ich doch erst vor kurzer Zeit das kleine Mädchen am Strand aus dem Wasser gezogen hatte, um sie weiter leben zu lassen.

Ob das eine richtige Entscheidung war? Natürlich war es richtig – es entsprach dem göttlichen Plan und dem Plan ihrer Seele.

Auch erinnerte ich mich an die Meerjungfrau, die im selben Moment aufgetaucht war und das Mädchen zu sich nehmen wollte, als ich es aus dem Ozean gezogen hatte.

Noch war ich frei – für ganz kurze Zeit konnte sich meine Seele noch im freien Raum bewegen.

Ja, nun bin ich an Raum und Zeit (und an Begrenzungen) gebunden und weiß, dass ich bald alles vergessen werde, zumindest vieles von dem, was meine Existenz in dieser Unendlichkeit ausmacht.

Ich blicke auf das Bett unter mir – da liegen zwei junge erschöpfte Körper – ein schönes, abenteuerlustiges Mädchen, kurz vor seinem 17. Geburtstag, nichtahnend, was da bald auf sie zukommen würde, sowie ein bildschöner junger Mann, der sich in seiner Welt ausschließlich um sich selbst drehte, weil er sich vor vielen Jahren beim Tod seines Vaters entschieden hatte, nichts mehr empfinden zu wollen.

Nichts wollte er erleben, was wirklich tief sein Herz berühren sollte. Ab diesem Moment war er zu einem oberflächlichen Menschen geworden, dem alle wesentlichen Werte fremd waren. Er nahm sich, was er wollte. Aber nein, es stimmte doch nicht ganz – einige Jahre später hatte es doch noch ein einschneidendes Erlebnis gegeben.

Er hatte sich in eine junge Frau verliebt, die sehr schnell von ihm schwanger wurde. Sie war nach all den Jahren der Verbitterung, die er nach dem frühen Tod seines Vaters in sich getragen hatte, die Erste, die er sein Herz berühren ließ und als sie ihm erzählte, von ihm ein Kind empfangen zu haben, öffnete er für einen kurzen Moment sein wundes Herz vollkommen, in der Vorfreude Vater zu werden.

Das war der Moment gewesen, in dem sie ihm den Dolchstoß versetzt hatte – als sie ihm erklärte, sie würde ihn weder lieben, noch dieses Kind von ihm haben wollen und ihn kurz darauf verließ, um das ungeborene Kind – damals illegal – töten zu lassen.

Und jetzt war ich durch ihn gezeugt worden – noch war ich nur ein Zellgebilde ohne Form, dennoch schon lebend – meine Seele schwebte frei im Raum und sollte doch ein Teil von meiner neuen Existenz werden.

Anfangs konnte ich für kurze Momente Raum und Zeit verlassen – es zog mich immer wieder zum Ozean, dem Platz, wo das kleine Mädchen gewesen war – sie war nun nicht mehr dort. Ich jedoch sah mich umgeben von Meerjungfrauen, die mich willkommen geheißen hatten in einem Kristallpalast der Unterwasserwelt. Dies war jener Raum, den ich später in meinem Leben wiedererkennen sollte – mit einem Kristallaltar umgeben von glitzernden Kristallen. Es war der Platz, an den ich oftmals zurückkehren würde, wenn mir das menschliche Sein zu unerträglich werden sollte. Doch nun zog mich dieser Sog erneut zurück – zurück in das Zimmer meiner zukünftigen Eltern.

Sanft versuchte ich meine Mutter mit einem Hauch zu berühren – sie schlief ganz tief und friedlich, während mein Vater heimlich irgendwelche Medikamente einnahm, um zur Ruhe zu kommen. Während die beiden dann ruhig und in Stille waren, begann sich in mir eine immer größere Unruhe breit zu machen. Ich hatte Angst – ich wusste, dass ich mir mit meiner Entscheidung, die Polarität in diesem Leben erneut zu erfahren, alles aufgebürdet hatte, was ich im menschlichen Sein in dieser Daseinsform noch zu erlösen hatte. ‚*Würde ich es schaffen, in bloß einem Menschenleben alle Erfahrungen, die ich so unbedingt erleben wollte, machen zu können? Würde es nicht mit unglaublichen Schmerzen verbunden sein? Würde da nicht ganz viel Unheil und Verurteilung auf mich zukommen, wenn ich so plötzlich aus dieser raum- und zeitlosen Einheit in die Begrenzungen und Enge der Pluralität des menschlichen Seins eintauchen musste? Bin ich diesem schweren Auftrag, den ich übernommen habe, wirklich gewachsen?*' Nun gab es kein Entrinnen mehr! Vielleicht doch, denn eine Möglichkeit könnte es noch geben – meine Mutter war so jung – vielleicht wollte sie dieses Kind gar nicht ins Leben kommen lassen.

Ich, als die Seele hier, wusste allerdings, dass ich sehr bald mit dem Körper, der nun im Leib meiner Mutter zu reifen begann, eins werden musste.

Es war klar – ich war von nun an die Materie gebunden und meine Existenz würde von diesen beiden Menschen für einige Zeit meines Erdendaseins abhängen. Sehr bald kapitulierte ich endgültig, der Sog in die Enge des Körpers meiner Mutter wurde immer stärker und irgendwann fand ich mich nur mehr im Inneren dieser Frau wieder. Danach gab es eine kurze Zeit der Ruhe und so etwas wie Geborgenheit. Ich war nun Teil eines Wachstumsprozesses, der aus dem Zellgebilde sehr schnell ein kleines menschliches Wesen werden ließ – noch war ich androgyn, doch wusste ich, dass ich schon klar entschieden hatte, ein weibliches Wesen zu werden. Oft spürte ich die Unruhe meiner lebensfrohen jungen Mutter, oft nahm es mir den Atem, weil Nikotin und Alkohol in meinen Raum eindrangen – mehr und mehr begann mein Bewusstsein sich zu vernebeln. Und doch gab es hier nichts anderes, als zu warten, auf das, was da noch kommen würde. Ich hörte das Pochen ihres Herzens, das Rauschen des Blutes in den Adern und manchmal war da ein sehr unangenehmes „Erschüttert werden" durch das Eindringen des Penis meines Vaters. Ich vernahm, dass das als *Liebe machen* bezeichnet wurde – nein, Liebe, so wie ich sie erfahren hatte in meiner allliebenden Existenz der Einheit war das keinesfalls. Es erschien mir eher ein hilfloser Versuch zweier Menschen zu sein, für kurze Zeit den Hauch dessen erfahren zu wollen, nach dem sich Menschen so sehr sehnten – nach der Erfahrung der Einheit, von der sie in ihrem begrenzten Bewusstsein nicht wirklich wussten und wissen. Sie nannten es auch bumsen, ja sogar vögeln oder ficken – und so wie es sich für mich anfühlte, war es eher etwas sehr Liebloses, ein sich gegenseitiges Benützen in einem mechanischen Akt zweier Körper.

Und eines Tages – meine Mutter bekam ihre Menstruation nicht mehr, empfand Übelkeit am Morgen und war auch sonst, wie mein Vater meinte, etwas eigenartig – erfuhr sie tatsächlich von meiner Existenz. Diese Nachricht kam drei Wochen nach ihrem 17. Geburtstag und versetzte sie in Angst und Schrecken. In ihr verkrampfte sich alles, sie weinte und war verzweifelt und ich fühlte ebenso. Nun wusste ich endgültig – alles, was hier auf Erden sein sollte, ist bloße Strafe, ist das, was viele Hölle nennen. Es war die Strafe für gefallene Engel, die ihr Dasein nicht geschätzt hatten, für Seelen, die gezwungen wurden, hier ihre Erfahrungen zu machen, um Läuterung zu erleben. *Vermutlich war ja doch die Erde dieser Ort, den sie Fegefeuer oder Hölle nannten.* Wenn das Leiden schon vor der Geburt begann, wie sollte es dann erst danach sein?

Bald darauf erfuhr mein Vater von meiner Existenz. Nach einem kurzen Moment des Schocks – er war ja erst vor wenigen Jahren mit einer solchen Situation konfrontiert worden – bat er meine Mutter, ihn zu heiraten und dieses Kind zur Welt zu bringen. Sie war damit vollkommen überfordert und wendete sich in ihrer Verzweiflung an ihre Eltern, von denen sie allerdings nur wenig Hilfe erwarten konnte. Ihre Mutter – meine zukünftige Großmutter – war zu sehr mit sich, ihrem Krankheitszustand und ihren existenziellen Problemen beschäftigt, nachdem ihr Ehemann – mein zukünftiger Großvater – mit seiner Spielsucht die Existenz der Familie ruiniert hatte und sich mehr um seine Geliebten kümmerte als um seine Frau und seine inzwischen „erwachsenen Kinder“.

Großmutter gab ihr keine Unterstützung – sie war eher entsetzt darüber, dass meine Mutter, die mit 16 Jahren die Schule verlassen hatte, nun mit einem Kind und ohne Ausbildung dastehen würde. Ja, und mein Großvater verbot meiner Mutter ganz klar, das Kind abzutreiben, weil erst eine Geliebte von ihm vor nicht allzu langer Zeit bei einem solchen Unterfangen gestorben war und er selbst, sowie der Arzt, der diese Abtreibung vollzogen hatte, eine Haftstrafe in Kauf nehmen mussten. Dieser Tatsache und meinem Vater, der es nicht zulassen wollte, mich abzutreiben, verdankte ich mein Leben hier auf dieser Erde. Viel später erfuhr ich dann auch, dass mein Großvater im selben Jahr, als ich das Licht der Welt erblickte, ebenso nochmals Vater eines unehelichen Sohnes geworden war, den ich jedoch nie kennenlernen sollte. Er wäre mein etwas jüngerer Onkel gewesen.

In welch seltsame Familienverhältnisse ich da wohl kommen würde? Somit begann mein wahrer Kampf ums Überleben schon allzu früh im Mutterleib einer viel zu jungen, verzweifelten Frau, die eigentlich ihr Leben genießen und keinesfalls die Verantwortung für ein weiteres Leben übernehmen wollte. Es war ein Kampf, der noch viele Jahre, sogar Jahrzehnte andauern würde, bevor ich ein Leben voller Leichtigkeit und Lebensfreude erfahren durfte.

Und ich, die ich nun wusste, keineswegs in meine Ursprungsexistenz zurückkehren zu dürfen, musste alles unternehmen, um hier zu bleiben, obwohl meine Mutter alles unternahm, um mich auf irgendeine Weise loszuwerden. Sie rauchte noch mehr als zuvor, sie trank noch mehr als zuvor und tat alles, was ihr möglich war, um dieses unliebsame Wesen in ihrem Inneren aus ihrem Körper auszutreiben.

Schon damals wurde ich zur Kämpferin.

Aus einem höheren Bewusstsein heraus betrachtet ist diese Situation natürlich eine sehr verständliche – welches junge Mädchen, das fast noch ein Kind ist, hat den Wunsch, Mutter werden zu wollen und für ein weiteres Kind zu sorgen? Doch in meinem kleinen, wachsenden Körper war die Tatsache, unerwünscht zu sein, beängstigend und keineswegs verständlich. In all dem Schmerz und Leid entwickelte ich zumindest die unbeschreibliche Kraft zu überleben, und die sollte mich mein gesamtes weiteres Leben nicht mehr verlassen. Mit all dem, was da noch während vieler Lebensjahre zu überstehen war, sollte ich hier in die Welt des menschlichen Daseins eintreten und ich hielt durch – bis zuletzt. Als ich dann auch noch erfahren musste, dass ich Christian heißen sollte, wurde meine Angst um vieles größer. Ich erlebte nicht nur die Notwendigkeit überleben zu müssen, sondern war zudem auch noch als Mädchen anscheinend unerwünscht.

Da es zu dieser Zeit während der Schwangerschaft nicht möglich war, zu wissen, ob sich dieses neue Wesen als Junge oder als Mädchen manifestieren sollte, hatte meine Mutter einen Namen für einen Jungen ausgesucht. Damals hatte es einen wesentlich höheren gesellschaftlichen Wert, einen Jungen zu gebären.

Je näher dann der Moment meiner Geburt rückte, umso mehr wuchs in mir die Panik, wie ich es schaffen sollte, dieses Leben, das da auf mich zukam, zu bewältigen. Noch dazu war mir klar, dass ich mit der Geburt vieles, und später in den Jahren meiner Kindheit alles vergessen würde, was es bedeutete, in der Einheit zu leben. Auch wenn mir zumindest die Schmach erspart geblieben war, als uneheliches Kind geboren zu werden – meine Eltern heirateten tatsächlich einige Monate vor meiner Geburt – sollten dann noch viele andere leidvolle menschliche Erfahrungen auf mich zukommen.

Dabei wollte ich doch nur so ein kleines Mädchen sein, wie jenes, das ich in meiner Einheitsexistenz aus dem Meer gezogen hatte und das so liebevoll von seinen Eltern in die Arme genommen worden war, als sie es am Strand gefunden hatten. *‚Ist es denn möglich, dass in der Welt der Erscheinungen der äußere Schein oft ein Trugbild ist und nach außen alles anders gezeigt wird, als es hinter den Fassaden der menschlichen Gemeinschaft aussieht? War das Ver-*

halten der Eltern des kleinen Mädchens, das ich, Luzmarsol, als Engel einst aus dem Ozean gerettet hatte, in Wahrheit vielleicht auch anders, als sie es in ihrer Angst um ihr verloren geglaubtes Kind gezeigt hatten? Sind denn alle Eltern hilflos und unfähig, sich einfach in Liebe dem Wesen Kind hinzugeben und es in sein Leben zu begleiten? Oder sind Menschen einfach so wankelmütige Wesen, gefangen in den notwendigen Erfahrungen der Polarität des relativen Seins?' Ja – solche Gedanken machte ich mir schon als kleines Wesen im Leib meiner Mutter.

Als es dann irgendwann im Inneren meiner Mutter unerträglich eng wurde, wusste ich, dass nun der Zeitpunkt des beginnenden Vergessens meiner wahren Existenz kommen würde. Meine Mutter bekam ihre ersten Wehen und wurde von meinem Vater, der sehr besorgt erschien, ins Krankenhaus gebracht.

Die Geburt wäre meine letzte Chance gewesen, heimzukehren, bevor mein Erdenleben richtig beginnen sollte – doch dies war mir versagt.

„Mein Gott und Vater, warum hast du mich verlassen?"

Ich schrie dies in meinem Innersten und unter tiefsten Schmerzen zog mich ein Sog durch den Geburtskanal.

Ich fiel und fiel und ich vergaß.

Kapitel 1 – Die ersten Lebensjahre

1963-1970

Wir befinden uns im Jahr 1963 – kurz nach der Jahreswende – ich wurde im strengsten Winter des 20. Jahrhunderts geboren – in der Zeit der Frostperiode – es war bitterkalt.

So wurde ich nach einer anstrengenden Geburt von vielen Stunden geboren – in eine Welt, die so ganz anders war, als alles, was ich bisher je erfahren hatte. Meine Mutter hielt nach stundenlangen Wehen tapfer durch und ich überlebte die Schmerzen, die Enge, die mir meinen Kopf zu zerbersten schien und all den Druck, der auf meinen kleinen Körper prallte. Irgendwann verlor ich dann das Bewusstsein und sank in eine unendliche Tiefe. Doch kurze Zeit danach spürte ich Kälte um mich, mein Körper bebte und begann zu schreien und ich lebte. Um mich herum war es kalt und hell, eine Frau legte mich auf den warmen Körper meiner Mutter, in ihre Arme – ja, ich war ein Mädchen, kräftig und mit vielen dunklen Haaren auf meinem kleinen Kopf. So lag ich nun auf ihrem Bauch und hörte wieder ihren Herzschlag, diesmal viel weiter weg, aber doch vertraut. Und ein Augenpaar blickte in meine Augen, die ganz trüb waren, aber doch das Wesentliche erkannten. Es waren die zwei Seelen, die nun einander begegneten und ich wusste, dass es gut war.

Kurze Zeit danach kam auch mein Vater und nahm mich ganz unsicher in seine Arme und wieder begegnete ich einem Augenpaar, das mich anblickte und ich wusste, dass es gut war.

GEBURT

Ein neues Leben tritt nun ein
in Raum und Zeit.
Vergessen sind die Ewigkeit und das,

was unser Eins-Sein ausmacht.
Doch nun ist dieser Übergang
die Chance zu lernen,
aber auch zu lehren.

Zuerst bedeutet dieser Weg
das Große Ganze hinter sich zu lassen,
das Wesen wird nun Mensch.
In seinem kleinen und begrenzten Wissen
ist er ganz unbewusst.
Er war zuvor die unbegrenzte Seele,
die aus der Einheit kommt,
nun eintritt in den Körper einer Mutter,
einer Erden-Frau.
Aus dieser einst unendlich weiten Existenz
wird Enge nun sein Umfeld sein.
Ein Embryo reift Tag für Tag,
wird immer mehr zum Menschen
und bald schon fähig,
in einer neuen Form zu leben.
Der Körper ist entweder männlich oder weiblich
und doch so einzigartig
in dieser Vielfalt all der Menschen hier auf Erden.

Nach Monaten des Reifens und des Wachsens
tritt nun Vergessen ein
und der Prozess des neuen Lebens hat begonnen.
Mit dem Durchschreiten des Geburtskanals
tritt dieser Mensch
in einen neuen Abschnitt seines Seins jetzt ein.
Das ganze Dasein hier auf Erden
ist durch Geburt
sein Neubeginn.

In diesem Moment, in dem ich meinen Eltern in die Augen blickte, erkannte ich – ich war nicht nur aus Strafe hierhergekommen, sondern musste auch eine Lebensmission erfüllen, die diese Familie, in die ich hineingeboren wurde und mich in die Heilung bringen sollte. Ebenso wusste ich nun, dass ich für viele andere

Menschen Wegbereiterin und Wegbegleiterin werden sollte. *‚Was hatte ich mir da bloß alles vorgenommen für diese eine so kurze menschliche Existenz?‘* Aber in dieser ganzen Menschheitsgeschichte hatte es ja schon so viele Wegbereiter gegeben – manche, die mit großer Weisheit ausgestattet gewesen waren, einen der aus Liebe sogar sein eigenes Leben für das Heil der Menschen geopfert hatte und viele in allen Epochen, die versucht hatten, die Menschen in eine bessere, eine friedvollere, eine bewusstere Zukunft zu führen. Es gab einst Buddha, der gekommen war, um Weisheit zu bringen, es war Jesus ein weltbewegender Wegbereiter gewesen, auch Mohammed sollte Neues aufzeigen und nicht vor allzu langer Zeit waren auch Mahatma Gandhi und Mutter Teresa auf diesem Planeten, um Liebe und Frieden zu manifestieren. Doch scheinbar war in dieser Ebene der Relativität der Gegenpol immer allzu mächtig, weshalb die Menschen bis heute nicht aus all dem kollektiven Wahnsinn der Vergangenheit, aus all den Kriegen, den Katastrophen, den Zerstörungen gelernt hatten.

‚Was sollte dann ich als kleine Seele hier auf dieser Erde bewirken können?

Vielleicht genügte es bloß in meiner unmittelbaren Umgebung zu sein und den Menschen zu zeigen, dass es möglich war, ein immer besserer Mensch zu werden.‘

Bevor ich all das erkennen würde, sollte ich jedoch durch viel Schweres gehen und in der Dunkelheit selber lernen zu erwachen – aber das war mir in meinem kleinen Menschengehirn in diesem Moment natürlich noch keineswegs bewusst.

Es war da nur ein tiefes Ahnen.

Da ich ja nun kein *Christian* geworden war, musste ein Mädchenname für mich gefunden werden, ich sollte Alma Dorothea heißen. Alma, die Seele, die als Dorothea Gottes Geschenk war. Es war wahrlich ein Wunder, dass ich diese neun Monate und auch noch einige Tage darüber hinaus – in denen ich immer mehr und mehr Angst bekommen hatte, ins Leben zu treten – überlebt hatte und zu einem so kraftvollen, gesunden Mädchen herangereift war.

Wir lebten zu dieser Zeit in einer kleinen Wohnung – meine Mutter Katharina musste die Hausfrauen- und Mutterrolle übernehmen, mein Vater Michael war der typische Mann, der die Firma meines verstorbenen Großvaters übernommen hatte und diese nun gemeinsam mit meiner Großmutter Gisela und meinem kranken Onkel Friedrich führte. Kind und Haushalt waren allerdings eine vollkommene Überforderung für meine allzu junge Mutter – denn, was sie wollte, war Vergnügen zu haben, das Leben zu genießen, Partys zu feiern, Spaß mit Freundinnen zu erleben und auszugehen.

War dies für ein 17-jähriges Mädchen nicht verständlich?

Ich liege nun in meinem Weidekörbchen und schreie – meine Windel ist voll und es tut unglaublich weh, außerdem habe ich Hunger. Ich sehne mich nach Körperwärme und Liebe. In so vielen Momenten sehe ich vor mir meinen Schutzengel, der mir auf diese Erdenreise mitgeschickt worden war. Mit meinen kleinen tapsigen Händchen greife ich nach ihm, doch ganz schnell ist er schon wieder unsichtbar. Meine Mutter Kathi erscheint über meinem Bettchen und sieht mich an, verzweifelt, unsicher: „Ach Alma, mein kleines Wesen, was soll ich denn bloß mit dir anfangen, wie soll ich es denn schaffen, diese Verantwortung zu tragen?“ Sie ist schlichtweg überfordert, manchmal fast verzweifelt. Das Telefon läutet – sie lässt mich liegen, läuft hin, um es abzunehmen und weint verzweifelt in Anbetracht der ganzen Situation, in der sich nun ihr Leben befindet.

„Margret, ich weiß nicht mehr, wie das weitergehen soll, ich fühle mich total verlassen und sitze hier mit einem Baby, das schreit. Ich habe keine Ahnung, was meine Alma braucht. Sie ist ja so süß, aber was mache ich denn bloß mit einem Kind? Michi ist ständig in der Firma, am Abend mit seinen Freunden unterwegs und ich habe von einer Freundin auch gehört, dass er angeblich mit den beiden anderen Männern oftmals noch ins Puff gehen soll. Und ich selbst habe überhaupt keine Lust auf Sex. Wozu soll der denn überhaupt gut sein? Womöglich werde ich gleich wieder schwanger und das ist das letzte, was ich möchte. Noch ein Kind von diesem Mann? Niemals wieder!“

Ich höre einfach mit. Ich höre ihre Worte, auch wenn ich nicht wirklich verstehe, was es mit diesen menschlichen Worten auf sich hat, aber umso mehr fühle ich in meinem Herzen, dass in diesem Moment, in dem ich die Botschaften vernehme, Enge entsteht. Schon jetzt darf ich erkennen, dass Menschen so vieles anders sagen als sie es in ihren Herzen meinen.

Welch eine seltsame Welt doch diese Welt der Menschen ist!
Und ich bin nun mitten unter ihnen.

Wenn ich bei meiner Mutter ganz genau hinhorchte, konnte ich schon damals erkennen, wie sehr sie mit jeder Person, die am anderen Ende der Leitung zu sein schien, in einer unterschiedlichen Tonlage sprach. Bei manchen säuselte sie gar liebevoll ins Telefon, bei anderen war sie streng, und wenn mein Vater anrief, tat sie immer so, als ob sie dauernd beschäftigt gewesen wäre. Oft lag sie bis spät am Vormittag im Bett, neben ihr der Staubsauger, der übrigens mit seinem Lärm allzu intensiv meine sensiblen Ohren überforderte und drehte diesen sofort dann auf, wenn mein Vati, so wie ich ihn später nennen sollte, anrief. Sie schaltete das Gerät ein, um vorzutäuschen, wie fleißig sie bei der Hausarbeit war.

So gingen meine Tage dahin, ich lag in einem Körbchen im Schlafzimmer meiner Eltern und nahm dort alles wahr, was um mich herum geschah. Das war manchmal nichts Schönes – am schlimmsten war es, wenn mein Vater meine Mutter wild liebte, wie das, was sie da taten, von ihnen genannt wurde. Sollte Liebe nicht sanft sein, das Herz zum Vibrieren bringen, so wie ich es immer wieder erlebte, wenn mein Engel zu mir kam und mir erzählte – von einem Reich, in dem ich doch vor nicht allzu langer Zeit gewesen war. Ich bat ihn, mich öfter zu besuchen, weil ich mich so einsam fühlte, vor allem dann, wenn meine Mutter am Vormittag ohne mich das Haus verließ und ganz lange nicht nach Hause kam. In dieser Zeit bekam ich meist Angst und ein Gefühl von unendlicher Einsamkeit und Verlorenheit. *‚Sollte dies das Leben auf der Erde sein – so ganz ALLEINE ohne Gefährten, ohne Wärme, ohne Geborgenheit und Liebe?‘* Immer wieder hörte ich meine Eltern einander sagen, dass sie sich liebten – meist dann, wenn sie Sex miteinander hatten. Aber ich kannte so eine Liebe nicht, die nur dann gegeben wurde, wenn man die Erwartungen des anderen erfüllt hatte, wenn man dem Bild des anderen entsprach, wenn man etwas geleistet hatte, wenn man brav war. Wenn ich ganz ruhig in meinem Bettchen lag und lächelte, hieß es, ich sei ein so liebes und braves Mädchen. Wenn ich aber schrie und einfach hungrig war oder verzweifelt, weil ich so alleine gelassen wurde, dann war ich ein schlimmes Mädchen, laut und lästig für meine Umgebung. Ich war doch einfach immer nur ich, ich konnte doch gar nicht anders als so zu sein, wie ich in jedem Moment einfach war.

Aber es gab auch meine Großmutter, die Mutter meines Vaters, die ich irgendwann Großmutti nennen sollte. Sie kam mich immer öfter besuchen und manchmal wurde ich auch zu ihr gebracht – sie schien für mich schon sehr alt zu sein, aber von ihr fühlte ich mich wahrlich geliebt. Sie liebte mich sehr – einfach weil ich da war. Immer wenn ich bei ihr war, zog sich mein Engel ein Stückchen zurück und lächelte mir zu, so als wollte er mir sagen, dass ich bei ihr ganz sicher sein konnte.

So kam es nach einigen Monaten meiner menschlichen Lebenszeit eines Tages dazu, dass meine Mutter mit mir vor Großmutters Türe stand und mich mit einem großen Koffer bei ihr ablieferte, indem sie meinte, sie würde jetzt nach Italien fahren. Irgendwie bekam ich mit, dass meine Eltern sich hatten scheiden lassen und ich dachte mir, wie seltsam dies sei, weil sie doch erst vor kurzer Zeit wegen mir geheiratet hatten. ‚*Womöglich war die Trennung nun auch wegen mir? Vielleicht, weil ich jetzt auf der Welt war und beide damit überfordert waren.*‘ Ich hörte nun meinen Vater zu meiner Großmutter sagen, dass die Schlampe jetzt einen Liebhaber in Rom hätte und sie nur gehen sollte. Was es doch für hässliche menschliche Worte gibt! Mein Vater schien diese Worte besonders zu mögen und oft zu gebrauchen. Seine Lieblingsworte waren „ficken, Hure, Schlampe, vögeln, geil“. Was ist das bloß für eine seltsame Ausdrucksform? Was für eine Sprache?

Als ich noch nicht auf dieser Erde war, konnten wir uns alle durch unseren Geist ausdrücken und es geschah unmittelbar, so wie es sich im Geist zuvor gezeigt hatte. Da gab es nur die reine Ausdrucksform und immer war alles unmittelbar und klar in reinster Form verständlich. Auf diese Weise konnte ich mich auch jetzt noch immer mit meinem Engel verständigen. Ich verbrachte sehr viel Zeit mit ihm und fühlte mich mit dieser Begegnung am wohlsten. Meine Mutter sollte ich längere Zeit nicht mehr sehen. Inzwischen wurde es draußen immer wärmer und schöner, es war Sommer geworden.

Ich bin jetzt genau ein halbes Jahr alt und werde in eine eigenartige Gehschule gesetzt. Sie meinen, ich sei hier geschützt, doch ich will bloß in Freiheit sein. Wenn ich mich ganz an den Rand der Gitterstäbe bewege, kommen kleine Elfen und Feen zu mir und erzählen mir von ihrer Welt und der Welt der Menschen, so wie sie sie erleben. Dort gibt es Blumenelfen, Wiesen- und Waldfeen sowie kleine Erdenwesen und alle können mit mir reden so wie mein Engel. Sie bringen mich und auch meine Freundin Ramona, die in der Gehschule neben mir ist, zum Lachen. Sie ist die Tochter meiner Taufpatin. Ich verstehe nicht, warum wir nicht gemeinsam in einer Gehschule sein dürfen. Aber auch mit Ramona kann ich mich gut auf einer anderen Ebene verständigen. Schon jetzt weiß ich, dass sie diese Erde recht bald wieder verlassen wird – sie wird Gottes Plan verändern, um der Unerträglichkeit des menschlichen Seins hier unten zu entgehen.

Ich sehe sie in einem Raum liegen – neben ihr eine leere Spritze – und ich sehe ihren leeren, verlorenen Blick. Sie wird bloß 30 Jahre hier auf dieser Erde verweilen.

Ob sie all das auch sehen kann? Sie wird ihr Leben nicht allzu lange ertragen, ich werde bleiben müssen, trotz aller Widrigkeiten. In dieser menschlichen Welt gibt es so unglaublich viele Verbote, Begrenzungen und Einschränkungen.

So verbrachte ich den Sommer bei meiner Großmutter und mir wurde von Mal zu Mal mulmiger, wenn mich mein Vater besuchen kam und mich hochnahm. Zuerst schien er „sein kleines Mädchen", wie er mich nannte, wirklich lieb zu haben. Zumindest behauptete er es, aber wenn ich in sein Herz blickte, war es so verschlossen, *‚erkaltet und schwer verletzt'*, wie mein Engel meinte. *‚War ich diejenige, die ihm sein verletztes Herz heilen musste?'* Oftmals sah er mich so seltsam an und immer mehr kam ein Gefühl von Beklemmung und Angst in mir auf, wenn er mich streichelte oder in den Armen hielt. Am bedrohlichsten erschien es mir, wenn er mir meine Windeln wechselte oder mich – was Gott sei Dank nur selten vorkam – mit in die Badewanne nahm. Er sah mich manches Mal sehr eigenartig an, als ob er mich nicht als seine Tochter wahrnehmen könnte – als ob er glaubte, ich sei eine ganz andere. Er blickte durch mich in ferne Zeiten und schien mich zu verwechseln. Mein Schutzengel war immer nahe bei mir, wenn er da war – ich hatte das Gefühl, er würde seine Flügel um mich schließen, um mich zu beschützen und hie und da kam es auch vor, dass er mich ganz unvermutet von meinem Vater wegholte. Noch konnte ich nicht verstehen, was wirklich mit mir geschah.

Wir tauchten dann jedes Mal in eine Unterwasserwelt, in der meine Delfinfreunde, die Wale und die Meerjungfrauen schon auf mich warteten, um mit mir zu spielen und mich zu meinem geliebten anderen Vater der Unterwasserwelt zu führen. Er war jener Vater, mit dem ich in einem Kristallschloss zu Hause war. Ich erfuhr, es wäre mein Zuhause in dieser Welt. Mein weiser Vater hier unten empfing mich immer voller Liebe und Freude in diesen wunderbaren Tiefen unseres Reiches.

Wieder einmal holt mich mein Engel ... und plötzlich bin ich dort. Mein Vater spricht zu mir:

„Sei willkommen, geliebtes Kind, meine wunderbare Tochter Sol, wie du hier in unserem Reich heißt! Hier wirst du jederzeit ein Zuhause finden, wenn du in deinem Erdenleben Leid und Schmerz erfährst. Und denke daran, alles ist niemals so wie es erscheint! Sei dir des Wunders, das du bist, bewusst! Und immer ist alles im Hier und Jetzt zugleich, nichts ist getrennt vom anderen, nichts verloren in diesem Sein. Eines Tages wirst du wissen, wie dein Auftrag auf Erden lautet, um mitzuhelfen, unseren Planeten zu heilen. Du wirst aus allen Dimensionen gleichzeitig wirken und Liebe verströmen. Vergiss nicht, geliebte Tochter, dass auf Erden alles nur Erscheinung ist und auch du in deiner Form ein Teil dieser Welt der Erscheinungen zu sein scheinst und doch gleichzeitig die Einheit in dir trägst.“

„Ja, mein geliebter Vater, ich weiß um meine Aufgabe, die ich zu erfüllen habe. Doch immer, wenn ich Euer Reich, mein Feenreich, sowie die Engelswelt verlasse, vergesse ich und falle in die dunklen Abgründe, in denen ich zumeist das irdische Menschsein erleben muss. Es macht mir Angst zu vergessen und in einen Dämmerzustand menschlichen Seins zu verfallen. Auch wenn ich in der Form des kleinen Mädchens noch alles viel bewusster erleben darf, erkenne ich das Schwinden der Bewusstheit in meiner menschlichen Daseinsform.“

„Hab Mut, geliebte Tochter, wir alle sind mit dir, auch wenn du uns zumeist nicht sehen und erleben kannst – wir werden dich in deinem Leben begleiten und beschützen. Rufe nach uns und wir werden dich behüten.“

Nach diesem Gespräch bringt mich mein königlicher Vater in meinen heiligen Raum mit dem Kristallaltar, in dem sich dann alle um mich versammeln, um meinen Meerjungfrauenkörper zu reinigen und mir die schönsten Kristalle und Perlen auf den Körper zu legen. All diese Wesen des Unterwasserreiches schenken mir mit ihrem allumfassenden Wissen die Weisheit, die ich später in meinem menschlichen Sein erleben würde – doch erst viel später, als mir lieb sein wird. Nachdem ich mich von meinen geliebten Begleitern in dieser Unterwasserwelt verabschiede, führt mich mein Engel wieder einmal in die altvertraute Heimat meines Engelreiches, in dem mir alle Engel ihren Segen geben, damit es mir möglich ist, auf dieser Erde überleben zu können und all das Leid, das mir zugefügt werden sollte, gut zu überstehen: *„Luzmarsol, du bist ein göttliches Wesen in jeder Form deines Seins und wir sind immer bei dir, niemals bist du getrennt, niemals alleine. Dein Wesen wird immer mehr erstrahlen in einem Glanz, der auch den Menschen sichtbar wird. Doch bis du dieses Wissen weitergeben wirst, wird alles Erlebte zu deiner eigenen Reifung führen. Wir segnen dich, wir lieben dich und werden dich niemals verlassen."*

Bevor ich endgültig zurückkehren muss, führt mich mein geliebter Schutzengel, wie schon oft zuvor und noch danach, ins Feen- und Elfenreich, um mir zu zeigen, dass nicht alles so fern von mir in meinem menschlichen Sein ist – wie viele Wesen ganz in meiner Nähe waren, sind und sein werden und ich sie nur rufen müsste in Momenten der Einsamkeit und Verzweiflung. Wer immer meinen Ruf vernimmt, wird unverzüglich mir zur Seite stehen.

So wie jedes Mal, wenn ich weit in der Ferne zu sein scheine, kommt wieder dieser Sog, der mich zurückkatapultiert in meine menschliche Existenz.

Anfangs war ich bei meiner Rückkehr noch jedes Mal verblüfft, als ich meinen Körper dort irgendwo im Zimmer liegen sah, und ich – zuerst noch über ihm – plötzlich wieder Teil von ihm geworden war. Mein Engel streifte mir nach jeder Rückkehr mit seinen Flügeln sanft über das Gesicht und wurde wieder unsichtbar. Oftmals führte er mich auch noch in andere Welten und mit der Zeit wurden mir diese Ausflüge immer vertrauter und angenehmer.

Eines jedoch war höchst verwunderlich – niemand schien mich in meiner Abwesenheit zu vermissen.

Eines Tages kehrte meine Mutter zurück. Sie war nach zwei Monaten mit Geschenken für mich und meinen Vater wieder gekommen und meinte, erkannt zu haben, nur ihn zu lieben und doch wieder mit ihm leben zu wollen. So wurden wir erneut eine Familie. Sie heirateten ein zweites Mal, obwohl ich meine Mutter immer wieder sagen hörte, von diesem Mann keinesfalls mehr ein Kind bekommen zu wollen und Liebe spürte ich bei beiden nicht. So wurden meine nach mir gezeugten Geschwister gleich wieder in ihrem Bauch getötet – ganz einfach abgetrieben, was zur Folge hatte, dass sie daraufhin ohnedies unfruchtbar wurde.

Irgendwann wird es mir endgültig zu viel – ich will und kann nicht mehr auf Erden leben.

Ich sitze wieder einmal alleine am Balkon. Ich bin 18 Monate alt und esse eine Banane. Ganz langsam stopfe ich mir ein großes Stück in den Hals und mache keinen Mucks – vielleicht ist dies meine Chance, wieder nach Hause zurückzukehren in meine unendliche Weite. Mein Engel ist über mir, sieht mich an, verschwindet…

Doch plötzlich – zu früh – sieht mich meine Mutter und schreit auf vor Schreck. Verzweifelt und hilflos läuft sie zum Telefon und ruft hinein, dass ich schon ganz blau im Gesicht wäre. In diesem Moment kommt ihre Freundin aus der Nachbarschaft, läutet Sturm, läuft zu mir, packt mich, dreht mich um und greift mit ihrer großen Hand in meinen Mund, um mir das Stück Banane aus dem Hals zu ziehen.

Mein Gott, schon wieder überlebe ich …

Natürlich sollte ich hier bleiben, hier auf dieser Erde.

Mein Engel hatte mir doch immer wieder erklärt, mein Leben werde hier nicht leicht sein, er wäre aber immer für mich da, könnte jedoch vieles nicht von mir abwenden. Er versicherte mir erneut, dass ich viel später eine wichtige Aufgabe in diesem Leben zu erfüllen hätte und daher auch diese sowie noch viele weitere Situationen überleben musste. Er versprach mir für die ferne Zukunft ein wunderschönes Leben, in dem ich mich immer weiter und bewusster entfalten und verwirklichen könnte. Er betonte auch, wie sehr meine Großmutter ihre Rolle der Wiedergutmachung zu erfüllen hätte und mir daher in meiner Kindheit helfen und für mich da sein würde. Sie hätte als Mutter und Ehefrau nicht allzu viel Gutes tun können und nun erkannt, bei mir alles ihr Menschenmögliche tun zu wollen, um mein Leben, so weit es ihr gegeben war, menschenwürdig zu gestalten. Sie schenkte mir in der nächsten Zeit auch wirklich sehr viel Zeit und Zuwendung. Es war der einzige Platz, an dem ich nicht vor Angst erstarren musste.

Als ich mit drei Jahren in den Kindergarten kommen sollte – zuvor verbrachten meine Mutti und ich noch viele Vormittage im verrauchten Kaffeehaus – war es vor allem meine Großmutter, die stundenlang dieses vor Angst schreiende Kind, das ich damals war, um das Haus führte, bevor ich wirklich bereit war, mich dort abliefern zu lassen. Warum ich überhaupt in den Kindergarten gehen musste, verdankte ich der Tatsache, eines Tages von meinem Vater alleine in unserer Wohnung in einem durchgebrochenen Gitterbett gefunden zu werden, während sich meine Mutter mit ihren Freundinnen beim Einkaufen und im Kaffeehaus in der Stadt befunden hatte. Irgendwie schien mich mein Vater ja doch zu lieben, weil er sich unendlich große Sorgen um mich machte, als er mich wild schreiend und tobend in der Wohnung vorfand.

Also wurde ich ein Kindergartenkind.

Da mein Leben schon sehr früh begonnen hatte, aufregend und ereignisreich zu sein, geschahen bereits in meinen ersten Lebensjahren allzu viele Dinge, die für kleine Kinder eine große Überforderung darstellten. Meine Eltern bewegten sich bevorzugt in der Schickeria und in den Kreisen sehr wohlhabender Menschen. Schon allzu früh durfte – ja musste – ich die erschütternde Oberflächlichkeit solcher Menschen erleben. In erster Linie ging es in diesen Kreisen – und das scheint sich nie geändert zu haben – um Macht, Geld und Sex, gepaart mit viel Alkohol, Nikotin und oftmals auch Drogen.

Eines Tages wurde ich mit meiner Mutter von einer reichen Unternehmerfamilie mit deren drei Kindern in ihre Villa ans Meer auf Urlaub mitgenommen. Dort überschlugen sich die Ereignisse.

Ich begann in diesem Urlaub mit meinen drei Jahren endlich freiwillig Nahrung zu mir zu nehmen, weil es mir scheinbar in der Gemeinschaft von anderen Kindern mehr Spaß machte zu essen. Die Erwachsenen dachten, es sei Futterneid, doch ich war froh, endlich nicht immer alleine zu sein. Irgendwie gehörte ich hier dazu und hatte Spielgefährten. Doch sollte an diesem Platz noch einiges

Schlimmes passieren. Das erste Missgeschick ereignete sich, als ich mit einem der beiden Söhne bei einem Wettlauf durch das Haus durch die große Glastür lief, die dabei in tausende Splitter zerbrach. Wieder einmal hatte ich das Schicksal herausfordern wollen.

Der Anblick des Jungen namens Christian bewirkte eine Lebensvorschau – ich sah ihn an und sah uns plötzlich viele Jahre älter, als wir jetzt waren, das tun, was Erwachsene Sex nannten. Nein, das wollte ich niemals erleben, nicht mit diesem lieblosen, kalten Menschen, der er werden würde. Ich war total schockiert, mit ihm irgendwann Sex erleben zu müssen. Niemals sollte das geschehen!

Ich laufe los – er mir nach – da ist plötzlich diese große Glastür, durch die ich mit voller Kraft durchrenne. Die Tür zerberstet in viele Splitter. Doch es geschieht wieder nichts, bis auf ein paar kleine Kratzer, die wir beide abbekommen und ein bisschen Blut, das fließt. Wir erstarren vor Schrecken und sehen uns an ... und wieder sehe ich, was kommen wird.

Das Schicksal wollte es sichtlich – ich wurde zurückgehalten, heimzukehren – wie noch oft in meinem Leben.

Ich sehe allerdings noch viel mehr von dieser Lebenszeit und bin so hilflos im Erkennen, wie vieles wir Menschen hier erleben müssen, um im Großen Ganzen einen Ausgleich und Harmonie zu erfahren.

Was jedoch wenige Tage später passierte, war viel schlimmer als das vorhergehende Ereignis.

Ich spürte es, doch konnte ich nichts tun, um es zu verhindern.

Wir Kinder sind mit dem Kindermädchen im Haus. Unsere schon ziemlich alkoholisierten Mütter – unsere Väter waren zu Hause in Österreich geblieben, um ihren Geschäften nachzugehen – beschließen in ein Restaurant in der benachbarten Ortschaft zu fahren. Sie wollen tatsächlich fahren und das mit einem Motorboot bei Nacht. Beide Frauen, blutjung und betrunken, richten sich her, um auszugehen. Meine Tante Margret setzt sich ans Steuerrad, meine Mutter bleibt neben ihr stehen, damit das Boot schneller vorankommt. Vermutlich fließt im Restaurant noch mehr Alkohol. Irgendwann in der Nacht schrecke ich panisch aus meinem Bett hoch und höre einen ohrenbetäubenden Knall. Ich beginne zu schreien – das Kindermädchen kommt und holt mich aus meinem Bett. *Ich sehe mich plötzlich über die Meeresoberfläche blicken.*

Gleichzeitig laufen wir alle – das Kindermädchen, die anderen Kinder und ich – hinaus und sehen aufs Meer. Schon sehen wir alles hell erleuchtet – die Küstenwache ist unterwegs und sucht das Gebiet ab. *Ich fühle mich gleichzeitig über dem Meer und am Ufer. Während große Aufregung herrscht, befindet sich meine Mutter in einer Luftblase unter dem Boot, das kurz zuvor gegen einen Felsen geprallt und natürlich schwer beschädigt worden war. Ich bin mit zwei Engeln über dem Boot und versuche, sie zu beruhigen. Irgendwie scheint sie mich zu hören – kurz streiche ich ihr über die Wange und schon bin ich wieder in meinem Körper am Strand.* Die beiden jungen Frauen und der Hund werden in einem Rettungsboot an Land gebracht. Ich weine bitterlich und bitte meinen Engel, wiederzukommen. Er beruhigt mich und gibt mir ein Zeichen, dass die Schutzengel die beiden jungen Frauen gerettet haben und beide zwar verletzt, aber am Leben sind. Ich starre aufs Meer und sehe noch kurz ein paar glitzernde Fischschweife auf der Meeresoberfläche, bevor sie wieder untertauchen, um in ihr Reich zurückzukehren. Ich danke ihnen für ihren Schutz und ihre Hilfe – ich weiß, dass es meine Freunde waren, die mitgeholfen haben, damit meine junge Mutter nicht ertrinken sollte.

Welch ein Glück im Unglück sie doch hatten!

Meine Mutter hatte einen schweren offenen Unterschenkelbruch und eine Rissquetschwunde über ihrem Auge – der Schnitt hatte ihr Auge nur knapp verfehlt. Tante Margret war weniger schwer verletzt, weil sie am Steuer gesessen war, als das Unglück passierte. Zu Hause erhielt mein Vater angeblich die Botschaft, meine Mutter sei gestorben, was natürlich zu großer Aufregung führte. Ohne Umschweife machte er meiner Großmutter diese Mitteilung – ohne sich zuvor zu erkundigen, was wirklich genau geschehen war. Und was das alkoholisierte Fahren mit dem Motorboot betraf, regelten dies die Männer auf dieselbe Weise, wie schon oftmals zuvor und oft danach, indem Geld und Beziehungen es ermöglichten, keine Strafe für all die Verkehrsvergehen zu bekommen, die meine Mutter und andere in unseren Gesellschaftskreisen immer wieder im alkoholisierten Zustand begingen und begehen sollten.

Wir Menschen haben tatsächlich unsere vorgegebene Zeit, bevor wir zurückkehren dürfen in die Einheit unseres Universums. Davor haben wir wahrlich Vieles zu erfahren und zu lernen und all die Prüfungen zu bestehen, die das Leben für uns bereithält.

Kurze Zeit nach diesem gefährlichen Ereignis wurden meine Eltern zum zweiten Mal geschieden. Meine Großmutter reduzierte ihre Arbeit, um mich nach einem Jahr des Leidens im Ganztagskindergarten ab Mittag zu sich zu nehmen und für mich da zu sein. Somit hatte ich nun endlich einen Platz der Stabilität und Geborgenheit. Zur Überbrückung – bis wir eine eigene Wohnung beziehen konnten – zogen meine Mutter und ich nach der Scheidung zu meiner anderen Großmutter. Nun war unsere Familie endgültig getrennt. Meine Mutter wollte nicht mehr mit einem Mann weiterleben, den sie nicht wirklich liebte und der bevorzugt zu Prostituierten und anderen Frauen gegangen war und außerdem schon ein Verhältnis mit einer anderen Frau – meiner zukünftigen bösen Stiefmutter – hatte.

Niemals werde ich den Tag unseres Auszugs aus unserer Familienwohnung vergessen. Ich saß im Fonds des Autos, mit dem meine Mutter nun fuhr und winkte meinem Vater durch das Rückfenster zu.

Irgendwie stand er dort wie ein vereinsamter, gebrochener Mann. Unsere Seelen erschienen mir in diesem Moment zutiefst vertraut zu sein ... und doch spürte ich bei seinem Anblick immer diese diffuse Angst, die er in mir auslöste.

Zumindest war einmal die Gefahr gebannt, dass er mir weiterhin zu nahe kommen konnte und ich wegen seiner Berührungen, die mir so oft ein Unwohlbefinden gemacht hatten, zu atmen aufhörte, um mich in nächsten Moment in einer ganz anderen, weit entfernten Welt wiederzufinden. Meine Mutter musste nun arbeiten gehen, was bedeutete, dass ich noch mehr Zeit bei meiner Großmutter verbringen durfte. Wie lieb sie war mit ihrem silberweißen Haarknoten und ihren gütigen Augen. Ich liebte diese Frau von ganzem Herzen und sie mich ebenso. Sie nannte mich immer ihr *Ein und Alles*. Wie schön es doch war, geliebt zu werden. Mein Engel versicherte mir, dass meine Eltern mich auf ihre Weise ebenfalls sehr liebten, jedoch in dieser Welt so viele Probleme hätten, ihre Liebe zum Ausdruck zu bringen. Es sollte später meine Aufgabe sein, ihnen zu größerer Erkenntnis zu verhelfen. Zu diesem Zeitpunkt verstand ich nicht, was er mir damit sagen wollte. Um mir zu helfen nicht ins vollkommene Vergessen zu sinken, brachte er mich immer wieder in andere Welten:

Ich erlebte mich bei einem Mann, dessen Name Zaraθuštra war – er strahlte und sprach zu uns vom Weg der Wahrhaftigkeit und der Notwendigkeit durch gute Gedanken, gute Worte und gute Taten das Gute über das Böse siegen zu lassen. Ich lauschte den wenigen Worten und der Stille des Lǎozǐ und sah mich mit einem Mann unter einem Baum, von strahlendem Licht umströmt – Siddhartha Gautama – der Buddha saß dort mit vielen anderen Männern – wir alle schienen zu meditieren. Ich sah ein Grabmal, vor dem drei Frauen standen – eine davon war ich – Maria Magdalenas engste Freundin und Vertraute...plötzlich erschien uns ein wunderschöner, lichtvoller Mann, vor dem wir auf die Knie fielen – es war Jesus, der Christus. Maria von Magdala, die sein Kind unter ihrem Herzen trug, und er hatten in seinem Leben von Kindheit an begonnen, sich besonders innig zu lieben und auch sie war – wie er – von gleißendem Licht umgeben. Ich wusste, ich werde eine solche Liebe irgendwann erleben – irgendwann...so wie die beiden sie lebten und ich sie hier mit Thomas, meinem Mann und seinem Jünger schon ähnlich tief erfahren darf...

Ich sah mich selbst in strahlendem Licht – und plötzlich war ich zurück in meinem Bett.

Nein, ich befand mich im Bett neben meiner Mutter in der Wohnung meiner Großmutter, die ich Omi nannte, und es war mein fünfter Geburtstag. Sie beugte sich zu mir mit einem wunderschönen Handpuppenkasperl, der mir alles Gute zu meinem Geburtstag, viel Glück, viel Spaß und ein wunderschönes Leben wünschte.

Ich bin nach all dem Erlebten so aufgeregt, dass ich in diesem Moment ins Bett nässe und mich dafür unendlich geniere. Doch ausnahmsweise schimpft niemand mit mir, wahrscheinlich weil ich Geburtstag habe. Trotzdem fliehe ich wieder für Momente zurück in meine sichere Welt der unendlichen Liebe und werde sanft von meiner Mutter zurückgeholt. Sie kann auch ein so wunderbares, liebevolles Wesen sein. Sie umarmt mich, streichelt und tröstet mich und erscheint mir in diesem Moment eher wie eine Spielgefährtin, so jung und zerbrechlich wie sie in ihrem Wesen ist.

Was war es wohl, was mich so aufgeregt hatte?
Die schöne Kasperlepuppe oder eine Vorahnung!?

Genau in diesem Lebensjahr würde sich noch etwas wahrlich Einschneidendes und Lebensveränderndes für mich ereignen.

Dieser fünfte Geburtstag wurde ein aufregender Tag für mich. Zu Mittag trafen wir Onkel Heinz Josef, dessen inzwischen geschiedene Ehefrau mit meiner Mutter zwei Jahre zuvor jenen schweren Motorbootunfall gehabt hatte und der nun meine Mutter sehr verehrte und sie auch unbedingt heiraten wollte. Sie konnte nicht „Ja" zu ihm sagen, weil sie ihn nicht genug liebte, um ihn zu heiraten. Hätte sie es getan, wäre ich die Stieftochter eines reichen Unternehmers geworden, der jedoch – Gott möge ihn in Frieden und Liebe empfangen haben – ein Jahr später verstarb, nachdem er kurz zuvor aus Trotz und Verletztheit, von meiner Mutter abgewiesen worden zu sein, seine Sekretärin geheiratet hatte.

‚Ist es nicht seltsam, wie Menschen so oft weder aus Liebe noch aus Wahrheit oder Klarheit Entscheidungen treffen? Wie viele Kriege, wie viele Zerstörungen, wie viel Unglück und wie viel Unwahrheit gab es in dieser Menschheitsgeschichte schon im Namen vermeintlicher Liebe, im Namen Gottes, der so oft für Machtspiele egoistischer Menschen missbraucht wurde?'

Ich beobachtete, lauschte, schwieg und hörte oftmals die Botschaften meines Engels, um sie irgendwann für lange Zeit wieder zu vergessen.
Wahrhaft vieles lehrte mich mein Engel schon in ganz jungen Jahren.

Doch nun zurück zu meinem fünften Geburtstag. Wir machten einen Spaziergang und ich war ganz traurig, dass dieser Onkel meinen Geburtstag scheinbar vergessen hatte, ja nicht einmal erwähnte – bis zu dem Zeitpunkt, als meine Mutter es ihm sagte und er mich mit großer Verblüffung und Erstaunen umarmte, um dann in sein Auto, das ganz in der Nähe stand, eine wunderschöne Babypuppe zu „zaubern", die mein Geburtstagsgeschenk war. Es war eine der ersten Sprechpuppen, die es damals gab, weshalb ich sie auch Plapperle nannte. Ab diesem Moment war Onkel Heinz Josef natürlich ein großer Zauberer für mich. Aber das Highlight dieses Tages sollte erst kommen. Als wir zurück in Großmutters – Omi nannte ich die Mutter meiner Mutter – Wohnung kamen, warteten dort meine allerliebsten Kindergartenfreundinnen und so erlebte ich noch ein wunderschönes, spielerisches Geburtstagsfest, das meine Mutter und Großmutter für mich gestalteten. Meine Mutter konnte Feste besonders gut gestalten, mit mir spielen und mir liebevoll schöne Dinge bereiten, vermutlich weil sie selbst der Kindheit noch so nahe war und genau das alles selbst nie erleben durfte.

Kurze Zeit später übersiedelten wir in unsere neue Wohnung. Ich bekam ein eigenes buntes Zimmer, das meine Mutti, wie ich sie nannte, wirklich wunderschön für mich eingerichtet hatte. Schon kurz nach unserem Einzug erlebte ich dort in der Umgebung eine sehr bedrohliche Situation mit einem älteren Jungen, der mir mein Fahrrad weggenommen hatte und mir erklärte, dass dort viele böse Hexen zu Hause seien, die mich bald holen würden. In dieser Situation war meine Mutter ganz auf meiner Seite – sie holte mein Rad zurück, sagte dem Jungen ihre Meinung und half mir, in dieser neuen Umgebung bald ein anerkanntes Mädchen zu sein. In meiner Nähe wohnte auch meine Kindergartenfreundin Clara, der ich in meinem Leben oftmals wieder begegnen sollte. Diese Freundin half mir – als Einzelgängerin – auch, mich in meiner neuen Umgebung gut einzuleben.

Es war nun das Jahr 1968, jenes berühmte Jahr, in dem die Hippiebewegung sich über die ganze westliche Welt ausbreitete und als die sogenannte *Flower Power Generation* in der Geschichte Einzug hielt. Die Anhänger dieser Bewegung deklarierten Freiheit auf allen Linien, vor allem sexuelle Freizügigkeit, sie lebten in Kommunen und rebellierten gegen alle gesellschaftlichen Konventionen. Sie nannten ihre Lebensform *Freiheit*. Wenn die bloß gewusst hätten, was wahre Freiheit bedeutet, jene Freiheit, die ich aus all meinen Parallelwelten so gut kannte! Dort wurde echte Freiheit gelebt, die nichts und niemanden beschränkte und begrenzte. Wie sehr hätte ich diese Form der Freiheit genießen können, wenn ich nicht in frühen Jahren schon zutiefst unterdrückt und in meinem wahren Wesen beschnitten worden wäre! Ich musste auf allen Ebenen entsprechen, höflich und adrett sein und tun, was man von mir verlangte. Ich war bereits ein „kleiner dressierter Affe". Wenn ich nicht brav war, wurde ich bestraft, schon früh mit Schlägen, weil mich meine Mutter ohrfeigte, wenn ich nicht Hofknickse machte und

„Küss die Hand“ sagte oder korrekt mit Messer und Gabel aß. Ich war bereits ein perfekt erzogenes Kind, das allen aufgestellten Regeln zu gehorchen hatte. Somit war ich in dieser Zeit bereits zu einem angepassten, verängstigten Mädchen geworden, das eigentlich noch ein Leben voller Freude und Leichtigkeit in unbeschwerter und spielerischer Weise, frei von Ängsten in einem geborgenen und sicheren Umfeld hätte führen sollen. Wie sehr ich mir Unbeschwertheit wünschte und sie doch nicht kennengelernt hatte. Für mich gab es nur wenige schöne Momente der Leichtigkeit und kindlichen Unschuld.

In diesem Jahr begann sich bereits endgültig das *Ende meiner Kindheit* abzuzeichnen.

Eines meiner schönsten Erlebnisse in diesem Jahr war das gemeinsame Osterfest mit meiner Mutter und meiner Cousine Kate. Der Tag hatte schon ganz besonders begonnen. Ich werde nie vergessen, wie ich in der Früh auf der Toilette einen riesengroßen, aufgeblasenen Osterhasen fand, der ebenso groß war wie ich selbst, ein ganz liebevoll blickender Plastikosterhase, der mich als Ostergeschenk empfing. Meine Mutter hatte immer wieder außergewöhnliche, verspielte Ideen, die viele ihrer Unzulänglichkeiten und ihre Unfähigkeit, eine wirklich fürsorglich liebende Mutter zu sein, wiedergutzumachen vermochten.

Die Osterfeste meiner Kindheit sind mir noch immer in guter Erinnerung, ganz im Gegensatz zu den Weihnachtsabenden, die stets von Hektik, Schwere, Lieblosigkeit, Disharmonie und gestressten Familienmitgliedern geprägt waren. Wir feierten Weihnachten jedes Jahr bei meiner Großmutter mütterlicherseits. Sie war Volksschullehrerin und hatte daher viel Erfahrung, um mit mir in der Adventzeit Weihnachtsengel, Tischkärtchen und alle möglichen anderen Dekorationsstücke zu basteln. Am eigentlichen Festtag jedoch sollte sie jedes Mal in spannungsvolle Hektik und Überforderung fallen, in der sie meine Tante Fanny, die sich zumeist überfordert und von ihrer Mutter ungeliebt fühlte, zu allen möglichen Hilfsdiensten aufforderte. Meine Mutter hingegen kam bis zum letzten Moment nicht, weil sie den Tag in verschiedenen Kaffeehäusern und Lokalen verbrachte, um dann meist mit einer Alkoholfahne beim Fest zu erscheinen. Wie sehr mir diese friedlosen Weihnachtsabende zuwider waren! Wann immer es mir nicht gut ging, konnte ich meine Ausflüge mit meinem Engel machen, um den bedrohlichen Situationen auf der Erde zu entkommen. Somit war ich oft in meinen Parallelwelten, die mir das Leben zumindest erträglicher erscheinen ließen. Auch an vielen Weihnachtsabenden...

Und so wie jetzt in diesem Moment...

Es ist Sommer und ich verbringe ein paar Tage im Haus meines Vaters, wir sind ganz alleine, seine neue Frau ist bei ihrer Familie in Finnland und daher weit weg. Mein Vater verwöhnt mich mit tollen Sachen, die er mir kauft, mit vielen Ausflügen in den Eissalon und mit Spaziergängen durch die Stadt. Ich bin so stolz auf meinen wunderschönen *Vati*, der scheinbar von allen Frauen bewundert und verehrt wird, weil er alle mit seinem Charme und seiner Schönheit bezaubert.

Eines Abends lässt er die Badewanne ein und meint, wir sollten doch einmal ein gemeinsames Bad nehmen. In mir steigt eine unbeschreibliche Angst, fast Panik, auf. Ich fühle mich ausgeliefert und verloren. Ich rufe meinen Engel, der mich ganz traurig ansieht, weil auch er weiß, dass er das, was jetzt kommen wird, nicht wirklich von mir abwenden kann, nur ein wenig abschwächen, indem er für mich da ist. Mein Vater holt mich ins Badezimmer, zieht mich aus und setzt mich in die Badewanne, um dann ebenso nackt zu mir ins Wasser zu kommen. Zuerst spielt er mit mir mit dem Badeschaum, um mir dann immer mächtiger und bedrohlicher nahe zu kommen.

Ich will schreien und kann nicht, ich will flüchten und kann nicht, ich will mich auflösen und kann nicht, ich höre auf zu atmen! In jenem Moment, in dem sich dieser riesengroße Penis auf meinen Mund zubewegt, packt mich mein Engel und holt mich weg.

Ich sehe unter mir die kleine Alma atemlos mit weit aufgerissenen Augen und bevor ich endgültig verschwinde, sehe ich nur noch, wie ihr dieser große Penis langsam in den Mund geschoben wird...

Danach nehme ich nichts mehr wahr außer Dunkelheit, durch die ich mich schwerelos irgendwohin bewege – in ein helles Licht, in dem Engel auf mich zukommen und mich willkommen heißen. Ich tauche ein in dieses warme, gleißende Licht und habe das Gefühl, zu Hause zu sein, ich fühle mich geborgen und beschützt und möchte nie wieder auf die Erde zurückkehren.

„Willkommen zu Hause, geliebte Luzmarsol, willkommen in unserem Kreis – wir tragen dich, wir halten dich, wir lieben dich. Doch wisse, dass dir deine Zeit auf Erden bestimmt ist, du niemals aus dir heraus die vorgegebene Zeit verkürzen darfst, auch wenn es oftmals dein Wunsch sein wird, zurückzukehren in die Einheit, sobald du dich erinnern wirst an deine wahre Heimat. Wir danken dir, geliebte Luzmarsol! Du hast diesen Auftrag übernommen, den wir alle für dich zutiefst gefürchtet haben, auch wenn jeder von uns einen besonderen eigenen Auftrag zu erfüllen hat. Du bist voller Mut und Kraft in deinem menschlichen Dasein, auch wenn der Schmerz oft übermächtig scheinen wird und dein Vergessen dich in tiefe Einsamkeit fallen lässt. Niemals bist du verlassen, niemals alleine! Durch dein Leben kann unser Schöpfer – und wir mit ihm – noch mehr erfahren über die Welt der Relativität, in der du nun eine Zeit verweilen wirst. Du hast diesen schweren Weg gewählt, um ganz erlöst zu werden und frei zu uns zurückzukehren, doch bis dahin wirst du vieles erleiden, erdulden und bewältigen müssen. Wir danken dir, wunderbare Luzmarsol, dass du diesen schweren Auftrag übernommen hast, zwei Familiensysteme und dein als Menschenwesen aufgebautes Karma zu erlösen, um danach den Menschen eine Wegbegleiterin und Wegbereiterin zu werden. Auf Erden werden dir noch andere Engelwesen begegnen, die mit dir Heilung und liebevolleren Umgang für Mutter Erde bewirken wollen, die Euch großen Dank dafür erweisen wird. Vertraue, vertraue immerdar, geliebte Seele, die du nun dort bist, um vieles zu erfahren, und daraus dann zur Lehrerin und Meisterin zu werden. Erst wenn du fähig bist, in vollkommenem Vertrauen Hingabe zu leben, wird sich dein wahrer Erdenplan erfüllen können.“

Schon kurz nachdem sie diese Worte gesprochen haben, erfasst mich wieder einmal dieser unbeschreiblich starke Sog.

Ich liege in den Armen meines Vaters in einem großen Bett, ich werde von ihm in den Schlaf geschaukelt und weiß sonst gar nichts mehr. Ganz warm und sicher fühle ich mich, ganz beschützt und geborgen in seinen starken Armen.

Dies war einer der Momente, in dem sich ein Teil meines Selbst von meinem Sein abspaltete, indem keine Verbindung mehr bestand zwischen der kleinen Alma und derjenigen, die diesen Körper verlassen hatte, um sich so weit wie möglich von hier zu entfernen und um all das zu vergessen, was sie nur dazu gebracht hätte, irgendwann für immer in die Welt des Wahnsinns oder in den Tod auszuweichen.

Als ich am nächsten Morgen in den Armen meines Vaters erwachte, hatte ich zwar ein mulmiges, bedrückendes Gefühl, war aber froh, dass ich ganz alleine mit ihm sein durfte, weil er sich seit der Heirat mit seiner zweiten Frau fast nie um mich gekümmert hatte. Diese Frau, die ich Tante Inga nennen sollte, war mir gegenüber stets eiskalt und hasserfüllt, sodass ich nicht auf Besuch kommen wollte, wenn sie zu Hause war. Während ihrer Abwesenheit hatte ich meinen Vater wenigstens manchmal ganz für mich und er kaufte mir immer wieder viele schöne Dinge, weil ich ja, wie er meinte, seine kleine Prinzessin war und er mich so unendlich liebte. Er betonte auch, wie wichtig es wäre, nichts von alldem zu erzählen, was wir beide miteinander teilten, weil wir füreinander etwas ganz Besonderes wären und niemand von unseren Geheimnissen etwas erfahren dürfte. Auch wenn ich in seiner Nähe Beklemmungen hatte, weil er mich so eigenartig ansah, fühlte ich mich unendlich wichtig und einzigartig für ihn. Er sagte mir bei jedem Zusammensein, dass es auf dieser Erde keine andere Frau gäbe, die er so sehr liebte wie mich. Ich wunderte mich über diese Feststellung, weil ich doch ein Mädchen und keine Frau war, aber ich schien so wichtig für ihn zu sein, dass ich schon ein wenig stolz darauf war, die ganz besondere Frau sein zu dürfen. Noch am selben Tag führte er mich wieder zurück zu meiner Mutter, die es genossen hatte, ein paar Tage frei zu haben und mich dennoch wieder mit Freuden empfing. Mit großen Augen sah ich sie an … aber ich durfte einfach nichts von unseren Geheimnissen erzählen…

Nun bin ich wieder zu Hause bei meiner Mutter. Es ist die erste Nacht, die ich von meinem *Vati* getrennt bin. Ich liege in meinem Kinderzimmer im Bett. Mutti kommt, um mir „Gute Nacht“ zu sagen und das Licht abzudrehen. Plötzlich überfällt mich Panik in der Dunkelheit, mein ganzer Körper verkrampft sich und in meinem Kopf steigen unendliche Schmerzen auf. Ich beginne bitterlich und verzweifelt zu weinen, weil diese Schmerzen meinen Kopf zu zerbersten scheinen und gleich darauf muss ich auch erbrechen. Ich habe das Gefühl zu zerspringen, ich empfinde Schmerzen, die mich in meinem weiteren Leben lange nicht mehr verlassen sollten. Ich habe meinen ersten Migräneanfall im Alter von fünf Jahren. Ich weine vor Schmerzen und möchte am liebsten sterben, so weh tut mir mein ganzer Körper. Ich beiße mir in die Hände, schlage den Kopf gegen die Wand und wünsche mir nur mehr zu sterben.

Dies ist der Moment, in dem mein Leben voller körperlicher Schmerzen beginnt.

Im selben Jahr durfte ich aber auch etwas ganz Neues und Schönes erleben. Es war kurz nach meinem ersten Migräneanfall und der erste Sommer, in dem ich mit meiner Großmutter nach England zu meiner Cousine Kate und meiner Tante Gertraud, der Schwester meines Vaters, die einen Engländer geheiratet hatte, flog. Sie war eine von mehreren meiner Verwandten, die nicht in Österreich geblieben waren.

Ich finde es faszinierend – beinahe alle Familienmitglieder meines Herkunftssystems haben die Flucht aus Österreich angetreten – Tante Gertraud sowie auch meine Tante Fanny, die Schwester meiner Mutter, und deren Bruder, Onkel Martin.

Der Bruder meines Vaters, Onkel Friedrich, sollte einige Jahre später den noch fataleren Weg wählen, um allem Leid zu entkommen – er nahm sich das Leben.

Tante Fanny war nach Griechenland ausgewandert, um dort meinen geliebten, lustigen Onkel Georgios zu heiraten, der jedoch für meine Tante nicht da sein konnte, weil er für lange Zeit zum Militär einberufen worden war. Dies hatte seine Mutter arrangiert, damit sie seine Ehe mit meiner Tante zerstören konnte – und es sollte ihr gelingen. Schon einmal hatten sie sich scheiden lassen, damit der Vater von Georgios ihm das versprochene Geld für die Ausbildung geben konnte. Georgios Mutter hatte veranlasst, es ihm nur zu geben, wenn er sich von meiner Tante scheiden ließe. Die beiden hatten dann kurz nach der Geldübergabe wieder geheiratet. Meine Tante hatte diesen liebevollen, attraktiven Griechen wirklich sehr geliebt. Doch die lange Zeitspanne beim Militär, die genau in die Zeit des Zusammenbruchs der griechischen Monarchie gefallen war, überstand sie doch nicht mehr alleine in diesem Land, in dem es zur Revolution gekommen war und in dem sie keine Bezugspersonen hatte, außer einer bösen Schwiegermutter. Somit flüchtete Tante Fanny nach Österreich und wurde viele Jahre später von meinem griechischen Onkel geschieden, damit es ihr möglich war, einen neuen Mann zu heiraten. Bei diesem letzten Zusammentreffen hatte er sie nochmals gebeten, bei ihm zu bleiben, obwohl in der Zwischenzeit beinahe zwei Jahrzehnte vergangen waren. Wie seltsam es doch ist, dass Menschen, die einander wahrhaft lieben, den Weg zueinander nicht finden dürfen, können oder wollen!

Immerhin konnte ich mich an tolle Erlebnisse erinnern, als ich die beiden mit drei Jahren mit meiner Mutter in Athen besucht hatte. Am meisten hatten mich die Wachen vor dem Königspalast fasziniert, die stundenlang bewegungslos stehen mussten und Röcke trugen. Diese Röcke hatten mich so sehr beeindruckt, dass ich in einem unbeobachteten Moment meiner Mutter entschlüpft war, um einem dieser Männer unter den Rock zu blicken, weil ich einfach wissen wollte, wie er darunter bekleidet war. Diese Aktion hatte natürlich zu großem Gelächter geführt, während der arme Mann sich auch in diesem Moment nicht rühren durfte, weil die Wachen keinerlei Regung zeigen durften.

Onkel Martin, der Bruder meiner Mutter, war schon einige Jahre zuvor, mit 18 Jahren, nach Schweden ausgewandert – ihn hatten wir dort jedoch nicht besucht.

Irgendwie schienen in meiner Familie alle irgendwohin geflohen zu sein, um dem Leben hier zu entkommen. Ich konnte zu dieser Zeit und noch lange danach ausschließlich in meine Parallelwelten flüchten.

Doch nun zurück zu meiner ersten Englandreise, die von nun an für viele Jahre jeden Sommer einen Monat lang stattfinden sollte und mir endlich die Möglichkeit gab, ganz Kind zu sein, ein freies, wildes, unbeschwertes Mädchen, das ich zu Hause nie sein konnte. Außerdem war ich voller Sehnsucht nach einem liebevollen Vater, den ich mit Onkel James ein wenig ersetzt bekam. Mein leiblicher Vater war der, der sich nie wirklich um mich kümmerte oder bei meinen wenigen Besuchen eher zu einer Bedrohung für mich wurde, als mir Vater zu sein.

In England durfte ich mich richtig austoben, schmutzig sein und die Natur erforschen.

Kate war schon in England geboren, weil ihr Vater Engländer war und ihre Mutter nach dem Studium Österreich verlassen hatte. Sie lebten in einem kleinen Ort inmitten der Natur und ich genoss es so sehr, dort zu sein. Mit Kate lief ich durch die Wiesen und Wälder, kletterte auf die höchsten Bäume, ließ mich die Hügel hinunterrollen und war nun dieses unbeschwerte, lustvolle, spontane und kreative Mädchen voller Lebensfreude. Bestraft wurde ich nur, wenn ich meine kleinere Cousine verdrosch oder ihr sonst irgendwelche Grausamkeiten antat. Ich war auch ein unglaublicher Raufbold, manchmal einfach skrupellos und noch dazu sehr stark. So erlebte ich meinen ersten freien Sommer in der Natur, einen Monat lang unbeschwertes Kindsein. Hier konnte ich wahrlich grenzenlos sein, ohne Angst vor Verletzung und Überschreitung meiner zu Hause nie gesicherten Grenzen, die jederzeit von meinen Eltern überschritten wurden. Ich konnte erstmals Familiensinn erleben – mit meiner zwar sehr pedanten, doch lieben Tante, mit einem schrulligen, englischen Sir als Onkel und mit meiner so innig geliebten Großmutter, die mich in ihren Möglichkeiten bestmöglich behütete und versorgte. Von dieser Frau hatte ich schon in ganz frühen Jahren das Gebet und die Verbindung zu Gott gelernt, zwar ganz anders, als ich sie von meinen Ausflügen in die Weiten des Universums kannte, aber doch so, dass ich vor jedem Einschlafen ein Gebet sprach, um gut beschützt meine Nächte verbringen zu können, ohne Angst, es könnte jemand kommen, der mir weh tat.

Zu diesem Zeitpunkt wurde vermutlich der Same gelegt, der mich dazu brachte, mein Leben stets in Extremen zu führen, wobei noch lange Zeit der Teil des angepassten, braven, fremdgesteuerten Lebens dominieren sollte.

In meiner Heimatstadt gab es wenige Plätze, an denen ich mich sicher fühlen konnte, ganz besonders bei meiner Großmutter, ein wenig auch in meinem Nonnen-Kindergarten, in dem ich eine liebevolle, weltliche Kindergartentante namens Carina hatte. Eine wahre Einschränkung und große Belastung waren für mich die in gewissen Abständen auftretenden Migräneanfälle, für die mir dann ein befreundeter Psychiater der Familie die allerschwersten Medikamente verschrieb, die zwar den Schmerz linderten, doch meinen kleinen Körper massiv belasteten, weil ich dadurch teilweise Lähmungserscheinungen an Armen und Beinen verspürte und danach auch für einige Zeit wie betäubt war.

So lebte ich bloß für kurze Zeit eine unbeschwerte Kindheit, um dann wieder in die Welt der Erwachsenen katapultiert zu werden, die für ein so kleines Mädchen eine Überforderung auf allen Ebenen bedeutete. Es geschah wohl nicht zufällig, dass mir ab meinem vierten Lebensjahr symbolisch meine *Bauchdecke aufbrach*, die die Gedärme nicht mehr halten konnte, weil ich doch in jeglicher Hinsicht schutzlos äußeren Angriffen gegen meine körperliche Integrität ausgesetzt war. Ich musste bereits im Vorschulalter jedes Jahr mindestens einmal eine Operation über mich ergehen lassen – angefangen hatte es mit einer Blinddarmoperation, danach kam es beidseitig zu Leistenbruchoperationen und zuletzt wurde ein Nabelbruch operiert, dem eine Mandel- und Polypen-Operation folgte. *Wie sehr musste ich schon in frühen Jahren in meinem Körper Abwehr gegen all das Schlimme entwickeln! Ich wehrte mich hilflos mit all den Krankheiten, die mein Körper entwickelte.* Dieser Körper, der mich mein ganzes Leben als höchstes Sensorium begleiten sollte, war ab dieser Zeit nie mehr schmerzfrei.

Es begann ein Leben mit Schmerzen, die meiner Psyche und meiner Physis zugefügt wurden, und gegen die sich mein Körper auf seine Art zu wehren versuchte. Tatsächlich sollten alle meine Krankheiten und Schmerzen meine Ohnmacht und meine Hilflosigkeit widerspiegeln, aus der ich mich auch in meinem späteren Leben noch für Jahrzehnte nicht befreien konnte.

Nach diesem Sommer wurde aus dem kleinen Kindergartenmädchen ein Schulkind. Es war 1969, genau jenes Jahr, als es den Menschen zum ersten Mal gelang am Mond zu landen. Auf der Erde bildete dieses Ereignis eine Sensation.

Meine Güte, wenn doch die Menschen nur wüssten, wie einfach es ist in andere Universen zu reisen und anderen Wesenheiten auf unserer Erde wie auch im großen All zu begegnen! Ich konnte mit allen Wesen von Geist zu Geist, von Herz zu Herz und von Seele zu Seele kommunizieren, wenn es auch in Wirklichkeit nur diese eine große Seele gibt, diesen einen großen Geist, dieses eine große Ganze, in dem alles auftauchen und wieder verschwinden kann, jenen göttlichen Urgrund, in dem wir alle miteinander verbunden sind, ganz ohne Trennung. So war es mir schon immer möglich meinen Körper zu verlassen und mich in dem Moment dorthin zu bewegen, wo mein Geist manifestierte. Erst als ich als Alma in diesen menschlichen Körper geboren wurde, nahm das Wissen darum immer mehr ab.

Wie oft wurde mir angeordnet still zu sein, wenn ich vor anderen Menschen anfing, mit meinem Engel zu sprechen oder im Garten unseres Kindergartens mit all den kleinen Gnomen, Feen und Elfen spielen wollte. Einige meiner Kindergartenfreundinnen sahen und hörten sie auch, doch die Erwachsenen verboten uns den Kontakt mit ihnen.

So wurde ich immer stärker an Raum und Zeit und an meinen Körper gebunden und nun als Schulkind auch gezwungen, viele Dinge zu lernen, welche die Menschen auf Erden für wichtig befanden, um in unserer Gesellschaft dazuzugehören.

Kapitel 2 – Bei den Nonnen

1970-1977

Wenige Monate vor meinem siebten Geburtstag wurde ich in eine adrette Uniform gesteckt, bekam eine riesige Schultüte in die Hand und wurde erstmals in die Schule gebracht. Mein Glück war, dass sich die Schule zumindest im selben Gebäude befand, in dem ich schon meine Kindergartenzeit erlebt hatte. Somit konnte ich in eine vertraute Umgebung zurückkehren. Es war ein Ort, an dem ich – wie auch bei meiner geliebten Großmutter – wirklich gut aufgehoben war und sogar noch die Möglichkeit hatte, meine Kindergartentante Carina besuchen zu dürfen. Diese Klosterschule wurde inzwischen nur mehr als Schule mit Nachmittagsbetreuung geführt – es gab kein Internat mehr, weil im Kloster selbst immer weniger Nonnen *„Zuflucht“ – wie ich für mich ein Klosterleben vielfach als Flucht vor der Verantwortung im Leben empfinde* – zu suchen schienen. Die Schulleiterin war unsere Mutter Konstantia, wie wir sie nennen mussten, eine strenge alte Dame im schwarzen Nonnengewand. So stand ich zu Schulbeginn des Jahres 1969 aufgeregt vor meiner ersten Schulklasse und traf alle meine künftigen Mitschüler und Mitschülerinnen, von denen ein Mädchen genau denselben Namen hatte wie meine Mutter und die auch meine erste neue Freundin wurde, allerdings unter sehr seltsamen Umständen. Sie hatte mich zu unserer Freundschaft erpresst. Eines Tages gingen wir wie schon manches Mal zuvor unseren gemeinsamen Schulweg zu unseren Großmüttern, die ganz nahe beieinander wohnten. Einige Meter vor uns ging eine Lehrerin, die ich ab der zweiten Schulklasse bekommen sollte. Ich zeigte auf ihre Beine und sagte zu Katharina: „Hat die nicht hässliche Bösendorfer-Beine?“ Als unser Schulwart vermeintlich meine Worte gehört hatte, zog er seinen Notizblock und tat so, als ob er das Gesagte vermerken würde. Katharina wiederholte zu ihm gewandt, was ich für eine Bemerkung gemacht hatte. Ich geriet in Panik, weil ich nun erst erkannte, dass ich offensichtlich etwas Schlimmes gesagt haben muss. Meine Mutter und mein Vater bewerteten immer alle Menschen nach ihren äußeren optischen Kriterien, daher war für mich eine derartige Bemerkung normal. Also kam es dazu, dass ich mit meinen sechs Jahren das erste Mal mit möglichen Konsequenzen rechnen musste, weil ich einen Menschen abgewertet hatte, ohne darum zu wissen. Ich war so erzogen worden. Glücklicherweise regelte meine Tante aus England, die zufällig gerade bei meiner Großmutter auf Besuch gewesen war, diese verhängnisvolle Situation. Herr Lorenz, so hieß unser Schulwart, wusste ohnedies nicht mehr, worum es gegangen war. Er hatte diesen vermeintlichen Vermerk bloß als Demonstration seiner Macht gemacht.

Doch Katharina forderte mich nun vehement dazu auf, ihre Freundin zu werden, weil sie mich sonst verraten würde.

Ich wurde zum ersten Mal mit Verurteilung konfrontiert, ohne zu wissen, was ich eigentlich getan hatte, in meiner kindlichen Unschuld. So kann es geschehen, wenn man das, was Gott als das Eine geschaffen hat, in seiner großen Vielfalt trennt, indem man es beurteilt, verurteilt und damit teilt, was EINS ist. Den Sinn dessen sollte ich erst viel später erfassen.

Noch lange war es mir verwehrt, diese Wahrheit zu erkennen – also war es mir gegeben, wertend sowie verurteilend zu leben. Frei zu sein von Wertung, Abwertungen, Urteilen würde mir erst viele Jahre, sogar Jahrzehnte später möglich sein. Wie sehr ist unser menschliches Sein auf allen Ebenen in Wertungen verstrickt! Ich selbst habe es niemals anders vorgelebt bekommen. Ich wurde schon als kleines Mädchen in erster Linie über meine äußere Schönheit, meine gute Erziehung und meine Intelligenz bewertet, weshalb ich mich stets sehr anstrengen musste immer zu entsprechen. Schon zu meinem fünften Geburtstag hatte ich meine erste Armbanduhr mit der Auflage bekommen, diese erst auf das Handgelenk nehmen zu dürfen, wenn ich die Uhrzeit perfekt beherrschte. So lernte ich innerhalb weniger Monate das Lesen der Uhr und war somit das einzige Kindergartenkind und danach auch Volksschulkind der ersten Klasse, das eine echte Armbanduhr besaß. Diese Uhr sollte mir bei einer Probe zum Schulsommerfest zum Verhängnis werden. Nachdem ich während des Schuljahres unserer Lehrerin immer die Zeit ansagen musste, erlaubte ich mir bei einer Versammlung aller Klassen am großen Sportplatz laut herauszurufen, dass die Pause eigentlich schon begonnen hätte. Diese vermeintliche Unverschämtheit erzürnte unsere Mutter Konstantia sehr, weshalb ich für den Rest des Schuljahres meine Uhr nicht mehr am Handgelenk tragen durfte.

Welch eine Ungerechtigkeit! Das, was bisher rechtens war, wurde mir in diesem Moment zum Verhängnis.

Was es hier auf diesem Planeten Erde doch für seltsame Regeln gibt, alles ist nach Zeit, nach Konzepten, nach genauen Plänen eingeteilt, alles ist eng und freiheitseinschränkend und doch scheint es dann wiederum doch nicht erlaubt zu sein, sich auf diese Konzepte und Zeiteinteilungen zu berufen, wenn man sich sein Recht verschaffen will.

Diese Situation ist bloß ein kleines Beispiel dafür, wie sehr Menschen ihre eigenen Regeln aufstellen, um sie dann ganz nach ihrem Belieben wieder zu verändern oder fallen zu lassen und neue Regeln an neue Bedingungen anzupassen. So erlebte ich es auch damals – einerseits diente ich meiner Lehrerin mit meinem Wissen um die Uhrzeit, andererseits wurde ich für dasselbe Wissen in einem anderen Moment verurteilt.

Doch nun zurück zum Beginn des ersten Schuljahres, in dem wieder einige schlimme Dinge passieren sollten.

Meine Mutter hatte einen ägyptischen Millionär kennengelernt, dessen Kinder jeden Tag mit einem Rolls Royce vom Chauffeur in die Schule gebracht und von dort auch wieder abgeholt wurden. Diesem Mann, der zu Beginn seine Kinder selbst in die Schule gebracht hatte, fiel natürlich sofort meine hübsche, junge Mutter auf. Als er einen Elternabend in der Schule besuchte, sprach er sie an, um ihr ein Angebot zu machen. Mister Khairy gab ihr die Möglichkeit, neben ihrer Bürotätigkeit Schreibarbeiten für ihn zu verrichten und sich ein bisschen Geld dazuzuverdienen – vermutlich ein guter Vorwand, um als verheirateter Mann mit drei Kindern an eine attraktive, junge Frau heranzukommen. So wurde auch ich immer öfter in die Villa dieser Familie mitgenommen, ein Platz, an dem ich mich keineswegs wohl fühlte. Natürlich hatte ich keine Möglichkeiten, den vielen Besuchen meiner unternehmungslustigen Mutter in den Häusern wohlhabender Familien zu entkommen.

Meine einzige Strategie, die ich entwickelte, war es um 18 Uhr anzufangen, penetrant zu werden und unbedingt nach Hause fahren zu wollen, mit dem Argument, meinen Schlaf zu brauchen, weil ich doch am nächsten Tag sehr früh in die Schule gehen müsste.

Auch mein Körper begann sich wieder öfter zu wehren, meine Migräne wurde immer stärker und ich war häufig krank. In diesem Winter bekam ich eine schwere Grippe, mit der ich auch meine Großmutter ansteckte, als sie sich liebevoll um mich kümmerte. Sie musste in der Folge sogar ins Krankenhaus eingeliefert werden – es schien für sie sehr gefährlich geworden zu sein. Wie schrecklich wäre es für mich gewesen, zu diesem Zeitpunkt den einzigen Menschen zu verlieren, der mir Halt, Sicherheit, Geborgenheit und Nestwärme geben konnte!

Mein Vater kümmerte sich immer weniger um mich, weil seine eifersüchtige Ehefrau, die nun auch von ihm ein Kind bekommen hatte, alles tat, um den Kontakt zu mir zu verhindern. *Sollte dies ein Segen oder ein Fluch für mich sein?* Am schlimmsten empfand ich die Tatsache, zwei fremde Mädchen bei ihm zu wissen, die auch *Vati* zu ihm sagten. Um diese zwei Stieftöchter kümmerte er sich nun wesentlich mehr, als er es jemals für mich getan hatte. Aber ich sollte ohnedies eine ganz andere Rolle in dieser Familie spielen. Die seltenen Male, die ich im Haus meines Vaters und meiner Stiefmutter auf Besuch war, gab es für mich bloß Demütigungen und Verletzungen. Meine Stiefmutter zwang mich einmal heimlich, sauer gewordene Milch zu trinken, legte mich auf ein Notbett, das oftmals in der Nacht zusammenklappte und mich dabei verletzte und quälte mich auf äußerst subtile, bösartige Weise. Meine gleichaltrige, hinterhältige Stiefschwester Tatjana zerstörte mir sämtliches Spielzeug, zerkratzte mir meine Zeichnungen und tat alles, um mich zu erniedrigen und dazu zu bringen, dort nicht mehr hinkommen zu wollen. Es war eine Situation, die sich im Märchen *Aschenputtel* sehr stark widerspiegelt, so wie sich in meinem Leben noch viele dieser Märchenfiguren erkennen ließen.

Schon damals war ich die Träumerin, die so oft in andere Welten entfloh, um der Realität zu entkommen. Dann später wurde ich auch Meisterin im Erschaffen mystischer Welten, die mich nicht mein wahres, irdisches Dasein leben ließen und mir damit für lange Zeit eine Rolle des Besonderen verliehen. Wie sehr wich ich durch *mein Anders–Sein* immer wieder dem Leben aus.

Schon damals hatte es begonnen.

Die Besuche bei Mister Khairy waren für mich mehr Tortur als Freude. Eines Nachmittags geschah dann auch das scheinbar Unvermeidbare, als meine Mutter mit mir dorthin fuhr, um zu arbeiten.

Ich sitze in einer Ecke eines Raumes und bin alleine, ich schreibe an meiner Schulaufgabe. Plötzlich kommt dieser große, dunkelhäutige, mächtige Mann auf mich zu. Schon der Blick, den er auf mich wirft, erscheint mir als reine Bedrohung. Er sieht mich eigenartig und fordernd an und kommt mir immer näher, spricht irgendwelche mir unverständlichen, vermeintlich liebevollen Worte und fängt an, mich am Kopf zu streicheln. Ich höre auf zu atmen, mein Blick wird starr – seine Hand gleitet an mir hinunter und – endlich, mein Engel packt mich, zieht mich von dort weg und wir fliegen in meine wunderschöne Feenwelt.

Ich befinde mich inmitten einer sonnendurchfluteten Frühlingswiese mit den buntesten Wiesenblumen. Meine Freunde nehmen mich in ihrem Kreis auf, um mit mir zu tanzen, zu lachen, zu singen und viele Späße zu machen. Wie sehr ich doch in dieser Welt zu Hause bin – schon allzu lange bin ich nicht mehr dort gewesen. Es gibt an diesem wunderbaren Platz auch einen glasklaren Wasserfall, in dem meine Freunde, die Wasserdevas, ihre Späße treiben und mich mit diesem reinen, sauberen Quellwasser anspritzen, damit ich innerlich und äußerlich Reinigung erfahren darf. Endlich bin ich frei, unbeschwert, leicht und glücklich. Ich bin umgeben von den Faunen, die mich an meinen Haaren zupfen und zu mir sprechen: „Hallo, kleine Erdenprinzessin, wie schön du bist, komm lass uns mit deinem langen Haar spielen!“ Ich sehe sie an und muss lachen. All die Elfen mit ihren langen Spitzohren und ihren spitzen Näschen umschwirren mich und necken mich. Da sind auch die kleinen, tollpatschigen Gnome, die aus ihren Baum- und Erdhöhlen kommen, sowie Rehe und Füchse, auch Maulwürfe und die Vielfalt der Vögel, die zu mir kommen, um mich zu erheitern. Ich sehe all die wunderschönen, zarten Feen, die mich mit ihren Zauberstäben berühren, aus denen der Feenstaub über mich rieselt – vermutlich ist es diese Erinnerung, die mich noch lange Zeit Glitzer und Glitter lieben lässt. Eine Fee namens Elvia lässt sich gar nicht mehr davon abbringen, immer wieder zu mir zu fliegen. Wir sehen uns an, wir erkennen uns, wir wissen, wer wir füreinander sind. Sie nennt mich Amrita und wir beschließen für immer Freundinnen zu bleiben. Sie meint:„Amrita, du bist eine Beauftragte der Weisen, der Wissenden, du hast noch Großes zu bewirken und deine Zeit wird kommen, in der du wissen wirst, wer du bist.“ Ich verstehe sie nicht wirklich und zupfe ungeduldig an ihrem Goldhaar, damit sie endlich mit mir spielen möge. Kaum haben wir zu spielen begonnen, erfasst mich schon wieder dieser unausweichliche Sog.

Ich versuche die Hand meines Engels zu ergreifen, ich strecke ihm meine Hände entgegen, ich bettle ihn an, mich doch festzuhalten. Doch ohne mich wehren zu können, bin ich schon wieder in diesem Raum, sehe dort ein verängstigtes, kleines Mädchen, das ich bin und schon bin ich wieder in diesem Körper, der gerade noch ganz angespannt war vor Erstarrung. Im nächsten Moment laufe ich weinend auf die Toilette, um mich zu übergeben. Ich, die kleine Alma, habe soeben wieder alles vergessen, was zuvor geschehen war.

Am nächsten Tag war plötzlich alles anders. In der Schule musste ich in jeder Schulstunde vier bis fünf Mal auf die Toilette gehen, obwohl meine Blase leer war und ich mich selbst nicht auskannte, was da mit mir geschah. Meine Lehrerin brachte mich am Ende des Schultages persönlich zu meiner Großmutter nach Hause, die mir allerdings auch nicht dabei helfen konnte, diesen permanenten Blasendrang zu unterbinden. Als Folge dieses seltsamen Blasendrucks musste ich für lange Zeit in die Kinderklinik, in der sie mich erfolglos auf allen Ebenen untersuchten.

Wie sollte sich auch eine körperliche Erkrankung finden, wo doch der Geist und die Seele um Hilfe riefen und niemand sie hören wollte! Ganz im Gegenteil, die Schmerzen wurden dort nur verstärkt. Auch in dieser Umgebung wurde ich gequält und gedemütigt. Zu dieser Zeit waren viele der Krankenschwestern sadistische, herzlose, überforderte Frauen. Sie nahmen mir alle meine Süßigkeiten, die ich von Besuchen bekommen hatte, weg, um sie auf alle Kinder in dieser Abteilung zu verteilen. Sie meinten damit Gerechtigkeit zu üben. Eines Tages wurde ich sogar gezwungen Rotkraut, vor dem es mir graute, zu essen. Als ich es vor Ekel wieder erbrechen musste, nahm die Schwester den Löffel und stopfte es mir erneut in den Mund. Ein ähnliches Erlebnis hatte ich kurz zuvor schon in der Schule gehabt, wo mich eine der Nonnen gezwungen hatte, den Spinat zu essen, den ich wieder erbrechen musste. Ich wurde gezwungen zu essen, ich wurde gezwungen zu teilen und es wurde alles mit grausamer Gewalt und Kälte vollbracht. Bei all diesen Torturen, alleingelassen und in einem Zimmer mit vier anderen Kindern, konnte mir nicht einmal die große Geh–Puppe, die mir Mister Khairy ins Krankenhaus gebracht hatte – *‚sollte das vielleicht seine Wiedergutmachung sein?‘* – Trost spenden. Ich war durch und durch verzweifelt und zutiefst erleichtert, als ich nach drei oder vier Wochen, die mir wie eine Ewigkeit erschienen waren, ohne jegliche, medizinische Befunde wieder entlassen wurde.

Anschließend durfte ich mich dann bei meiner Großmutter noch einige Tage erholen, bevor ich wieder mit Einlagen im Höschen in die Schule geschickt wurde. Ich war ständig unter Angst und Druck, es nicht zur Toilette zu schaffen. Es hatte zwar nie die Gefahr bestanden, in die Hose zu machen, doch hatte ich mit meinem ständigen Blasendrang zu viel Angst, dass mir etwas passieren könnte, wofür ich mich zutiefst geniert hätte. Alleine schon die Tatsache, Einlagen zu tragen, war mir unendlich peinlich.

Durch meine lange Abwesenheit vom Schulunterricht hatte ich den Anschluss in der Schule ein bisschen verpasst. Auch wenn ich eine ehrgeizige und wirklich gute Schülerin war, passierte es mir einmal, dass ich bei einem Diktat versagte. Verzweifelt weinend kam ich zu meiner Großmutter nach Hause. Diese tat alles, um mir zu helfen, die vier versäumten Wochen wieder aufzuholen. Ebenso erging es mir im Flötenunterricht. Auch dabei konnte ich einfach nicht mehr den Anschluss schaffen, abgesehen davon, dass ich es schon zuvor nie als Freude empfunden hatte, Flöte zu spielen. Ich genierte mich für mein mangelndes Können und beschloss, heimlich zu verschwinden. Auch das versuchte meine liebe Großmutter für mich auszubügeln, obwohl mir am liebsten gewesen wäre, von diesem Unterricht abgemeldet zu werden. Meine Mutter organisierte mir einige private Flötenstunden bei meiner Lehrerin. Allerdings lieferte sie mich nur vor deren Haustüre ab, um mich dann nach der Stunde wieder abzuholen. So passierte es eines Tages, dass die Lehrerin auf die vereinbarte Flötenstunde vergessen hatte.

Ich betrete das Haus und läute an ihrer Wohnungstüre. Kein Mensch macht auf. Ich läute noch einmal, ich läute Sturm, doch niemand öffnet mir die Türe. Ich laufe die Stiege hinunter in der Hoffnung, meine Mutter auf der Straße noch zu erreichen, doch sie ist schon längst fortgefahren. Verzweifelt rufe ich nach meinem Schutzengel, der mir andeutet, ich solle mich auf die Stiege vor der Haustüre setzen. Während ich so dasitze und weinend mit meinem Engel rede, kommt ein altes Ehepaar auf mich zu und sieht mich verwundert an, mit wem ich denn so eifrig rede. Mein Engel gibt mir ein Zeichen, dass ich nun bei diesen Menschen gut aufgehoben wäre und verlässt mich, während sich die beiden ganz liebevoll erkundigen, warum ich denn so verzweifelt und alleine hier auf dieser Stiege säße. Sie nehmen mich mit in ihre Wohnung, geben mir einen Kakao und hinterlassen einen Zettel an der Türe meiner Flötenlehrerin, um meine Mutter oder die Lehrerin darüber zu informieren, dass ich bei ihnen wäre. Nach Verstreichen der Stunde kommt meine Mutter und ist ganz entsetzt darüber, was geschehen war.

Offensichtlich ist sie sich ihrer Unachtsamkeit bewusst.

Wäre es nicht besser gewesen, ein sechsjähriges Mädchen direkt zur Wohnungstür zu begleiten? Auf jeden Fall verhalf mir dieses unliebsame Ereignis dazu, dass ich mich endlich von diesem verhassten Flötenunterricht in der Schule abmelden durfte und damit davon befreit war, weiterhin etwas zu tun, das mir absolut zuwider war.

Noch für lange Zeit musste ich häufig Dinge tun, die meinem Innersten widersprachen, von denen jedoch meine Mutter überzeugt war, dass sie für mich richtig wären. Wenn die Erwachsenen nur wüssten, was sie ihren Kindern damit antun, sie unter dem Deckmantel der gesellschaftlichen Konventionen zu allen möglichen und unmöglichen Dingen zu zwingen, statt ihnen die Freiheit zu gewähren, in ihrer Freizeit wild und ungezwungen in Wäldern, auf Wiesen, einfach in der Natur zu sein und all das zu erforschen und zu entdecken, was dem kindlichen Sein entspricht.

Das war mir nur an einem einzigen Ort unbeschränkt möglich. Wie sehr genoss ich jeden Sommer für einen Monat den Aufenthalt mit meiner Großmutter in England, wo ich mit meiner Cousine frei und ohne Zwänge die gesamte Umgebung erkunden durfte. Wir erlebten wahrlich viel Spaß und Leichtigkeit miteinander. Dort gab es niemanden, der mir zu nahe kam, um mich in meiner kindlichen Unschuld zu verletzen.

Bevor jedoch dieser Sommer nach dem ersten Schuljahr kommen sollte, wurde ich noch mit vielen weiteren Beschränkungen und der Enge der katholischen Kirche konfrontiert. Durch meine Großmutti hatte ich als kleines Mädchen schon gelernt, mich durch das Gebet mit Gott zu verbinden und ich liebte dieses tägliche Abendritual, das wir gemeinsam zelebrierten. Wie schön es doch war und ist, mit unserem geliebten Schöpfer auf diese Weise in Verbindung treten zu können! So konnte ich wenigstens in meinem menschlichen Dasein eine Form finden, um mit der Ebene in Kontakt zu bleiben, die eigentlich mein wahres Zuhause darstellte. Daher war es auch für mich vollkommen in Ordnung, in einer christlichen Gemeinschaft aufzuwachsen und dort in die Schule gehen zu dürfen, wo es Menschen gab, die sich auf ihre Weise mit unserem Höchsten verbanden.

Nur Sünde, die Sünde, wie sie in der Schule gelehrt worden war, konnte es einfach nicht in dieser Form geben, wie die Kirche uns vermitteln wollte. So geschah es, dass wir als besonders reife Klasse schon in der ersten Klasse die Erlaubnis bekamen, die Erstkommunion zu empfangen, jenes Ritual der katholischen Kirche, das getaufte Katholiken mit Schulreife erleben durften. Wie aufgeregt war ich, in einem schönen Gewand bei einem Fest erstmals die Hostie bekommen zu dürfen! Die Hostie war das Symbol für den Leib Christi, den wir erstmals bei dieser Erstkommunion empfangen durften. Die Voraussetzung dafür war jedoch, bei einem Priester beichten zu müssen, der als Bote Gottes die Fähigkeit besitzen sollte, die Menschen von ihren Sünden und damit von ihrer Schuld zu befreien. Somit war dieses wunderschöne Fest bereits getrübt durch die Verpflichtung von siebenjährigen Kindern, Sünden haben zu müssen und diese auch noch zu beichten. Ich war sehr verzweifelt, sodass ich in der Nacht davor nicht schlafen konnte und in das Bett meiner Großmutti schlüpfte, die mir dabei helfen sollte, ein paar Sünden zu finden, die den Pfarrer zufrieden stellen würden und von denen er mich freisprechen konnte.

Es ist unglaublich, wie eng die Grenzen von Kirchengemeinschaften sein können. Wenn *Religio* (*von ‚gewissenhafte Berücksichtigung‘, ‚Sorgfalt‘, ‚bedenken‘, ‚achtgeben‘ – ursprünglich gemeint ist „die gewissenhafte Sorgfalt in der Beachtung von Vorzeichen und Vorschriften.“*) nur in ihrem eigentlichen Sinn verstanden würde – als Rückanbindung zu unserem Schöpfer – wie viele Kriege, wie viele menschliche Auseinandersetzungen, wie viel Leid könnte sich die Menschheit ersparen! *Wenn doch von den Menschen nur verstanden würde, dass das Große immer das Kleine miteinbezieht, doch niemals das Kleine – in unserem Fall die katholische Kirche – das Große in sich aufnehmen kann.* Hätte Jesus gewusst, was Männer aus seiner wunderbaren Botschaft, die er uns Menschen gebracht hatte, gemacht haben – er wäre wohl viel klarer gewesen in seinen Anweisungen, wer tatsächlich seine Lehre verbreiten sollte. Ich bin mir sicher, er hätte seine geliebte Begleiterin Maria Magdalena zur wahren Botschafterin gemacht. Aber wie zumeist alles zusammenbricht, wenn der Meister nicht mehr da ist, so ist das auch mit unseren christlichen Wurzeln geschehen. Wie oft könnte ich weinen in dem Erkennen, was Menschen mit ihrem kleinen eingeschränkten Verstand aus so wunderbaren Lehren machen und wie sie diese mit ihrer Machtgier und Unwissenheit zerstören. Welcher Mensch kann es sich anmaßen, einem anderen Menschen in Gottes Namen eine Absolution zu erteilen? Welcher Mensch hat überhaupt das Recht, das, was aus Gottes Schöpfung kommt, zu verurteilen?

Genauso wurde ich jedoch erzogen – alles wurde in erste Linie nach dem bemessen, was schön und wert war, intelligent und unserer Gesellschaft adäquat. Somit begann auch meine Aufnahme in die Gemeinschaft der Kirche mit einer sehr tiefgreifend schmerzvollen Erfahrung, mit dem Erfinden von Sünden, derer ich mir nicht einmal im Ansatz bewusst sein konnte. Ich wurde somit schon als kleines Mädchen zur Sünderin gemacht und damit auch zur Lüge genötigt – alleine das ließ mich verzweifeln, weil ich schon damals beschlossen hatte, immer nur in Wahrheit und Wahrhaftigkeit leben zu wollen. Ich rief in dieser Nacht meinen Engel, er kam zu mir und sagte mir, ich solle dieses Spiel mitspielen – nur so könnte ich in der menschlichen Gemeinschaft bestehen, indem ich einfach viele Spiele mitspielte und Regeln befolgte, die in diesem eng gesteckten, unbewussten Grenzen menschlichen Daseins aufgestellt wurden, weil die Menschen in ihrer Unbewusstheit ihr Dasein nur in einem Dämmerzustand lebten. Tatsächlich sollte ich immer mehr und mehr ein Teil dieses Seins werden und mich für lange Zeit auch darin verlieren, bevor die Zeit dann irgendwann kommen sollte, in der mir die Möglichkeit des Erwachens gegeben werden wird.

Also ließ ich dieses Fest der Erstkommunion, das Freude bringen sollte, in Traurigkeit und innerem Unverständnis über mich ergehen. Wie schön es war, dass es zumindest meine geliebte Mutter Johanna in dieser Gemeinschaft der Nonnen gab – sie und ich – wir verstanden uns wortlos, von Herz zu Herz, von Seele zu Seele. Sie war die älteste Nonne in der Gemeinschaft der Nonnen im Namen des Herzen Jesu.

Durch diesen Akt wurde ich nun aufgenommen in einer Gemeinschaft, die unter Gottes Namen unendlich viel Leid über diese Erde mit all den Menschen bringt – aus tiefster Unbewusstheit kommend. Doch noch viel schlimmeres Leid verbreiten die radikalen Moslems in unserer Welt.

Wie erschütternd es ist, was die Dummheit und Unbewusstheit der Menschen anrichten kann!

So war dieses erste Schuljahr in meinem Leben ein sehr ereignisreiches, dem noch viele ähnliche folgen sollten. In meinen Schulferien erlebte ich wieder einen Sommer voll Leichtigkeit und Freude. Zuerst fuhren meine Mutti und meine Omi mit mir nach Jesolo in Italien – ein Paradies für Kinder, mit einem unendlich langen Sandstrand, auf dem meine junge Mutter mit mir viele lustige, spielerische Unternehmungen machte. Es war ein Urlaub, in dem wir miteinander Zeit alleine verbrachten und viel Spaß hatten. Manchmal war auch meine Großmutter dabei. Es war eine Besonderheit, sie bei uns zu haben. Da Omi immer mit ihrer Gesundheit zu kämpfen hatte, wollte sie normalerweise ihre Wohnung gar nicht verlassen. Irgendwie habe ich sie fast nur als kranke Frau in Erinnerung. Sie war im Gegensatz zu meiner Großmutti, wie ich meine *Zweitmutter* nannte, nicht so präsent in meinem Leben. Omi war zwar immer unglaublich großzügig mit Geschenken und bastelte oftmals schöne Sachen mit mir, doch hatte ich nicht diese innige Beziehung zu ihr, die ich zu meiner anderen Großmutter erleben durfte. Mit dieser durfte ich dann nach der Italienreise wieder einen wunderschönen Monat in Freiheit und Leichtigkeit in England bei Kate verbringen. Jedes Jahr konnte ich dort Neues erleben, die Schönheit dieser naturbelassenen Umgebung erforschen und unbeschwert und heiter sein. Diese Aufenthalte halfen mir auch immer wieder die Schwere und Traurigkeit, die ich in meiner gewohnten Umgebung aufgeladen hatte, ein wenig abzuschütteln.

Nach einem glücklichen Sommer kehrte ich zurück in ein neues Schuljahr, in dem wir eine neue Lehrerin bekamen, genau jene, die mir wegen meiner Anmerkung über ihre Beine im Schuljahr zuvor beinahe zum Verhängnis geworden war. Ich sollte sie noch sehr schätzen und lieben lernen. Durch dieses Erlebnis durfte ich erstmals in meinem Leben – wenn auch damals noch nicht bewusst – erkennen, dass Schönheit immer im Auge des Betrachters liegt. Vor allem, dass Schönheit ohne Liebe, ohne Herzlichkeit, ohne menschliche Wärme – so wie ich sie bei meiner schönen, doch so bösen Stiefmutter erleben musste – bloß eine leere, schale Hülle darstellt. Ich wurde dadurch zum ersten Mal mit dem Gefühl konfrontiert, was Verachtung anderer Menschen auslösen konnte. Zu diesem Zeitpunkt war mir nur ein Hauch des Erkennens möglich, denn viele Jahre, ja sogar Jahrzehnte hindurch sollte ich noch in einer Umgebung leben, in der urteilen, beurteilen und verurteilen eine vorrangige Gegebenheit war.

Die wahre Einsicht, wie sehr Verurteilung anderer vor allem für mich selbst Schmerz auslöst, drang erst in meinem Erwachsenenleben in mein Bewusstsein.

Doch nun, als diese kleine sechsjährige Alma, durfte ich erfahren, wie schön mir doch meine liebe, neue Lehrerin Frau Lipp erschien. Ich sah sie immer stärker mit den Augen des unschuldigen Kindes und vor allem mit den Augen des Herzens.

Trotz meiner kindlichen Weisheit und meines kindlichen Wissens wurde ich immer tiefer in den Zwang des gesellschaftlichen Seins hineingezogen und konnte dem nicht entrinnen. Immer seltener war es mir möglich, in die Ebenen des alternativen Seins einzutauchen. Mehr und mehr wurde ich zur Marionette des menschlichen Daseins, gezogen von den Fäden aus Machtmissbrauch, Konventionen, Erwartungshaltungen, gesellschaftlichen Strukturen und religiöser Enge.

Und eines Tages wurden mir auch meine schönen langen Haare genommen.

Mein letztes Fest, das ich noch mit meinen langen Haaren feierte, war eine Nikolausparty mit meinen neuen Schulfreundinnen Tabea und Ruth. Auch Clara hatte ich eingeladen, die schon meine beste Kindergartenfreundin gewesen war und ganz nahe bei mir wohnte. Wie sehr ich meine Haare mochte, die mir meine Großmutter zu zwei Zöpfen flocht, wenn ich in die Schule ging. Ich durfte sie an diesem Tag offen tragen und war sehr stolz, ein wunderschönes Mädchen zu sein. Ich war sicher, dass der Nikolaus zufrieden mit mir sein konnte.

Zumindest wäre es so gewesen, wenn der wahrlich von Gott gesandte Nikolaus zu uns gekommen wäre – mit dem hätte ich auch wieder in der Sprache meines Herzens kommunizieren können ohne Barrieren des Egos und der menschlichen Worte.

Aber wem sollte ich denn all das schildern, was in meinem Innersten wirklich vor sich ging – von dieser Zerrissenheit zwischen den Welten, in denen ich mich bewegte, von dieser Angst vor meinen immer häufiger auftretenden Schmerzen und dem Problem mit meiner Blase, die mir viel zu schwach erschien, um all das Leid, das mir zugefügt wurde zu ertragen, sodass sie alles immer sofort loswerden wollte. Mein Körper wurde umso sensibler und damit auch krankheitsanfälliger.

Ich musste in der Volksschule alle Kinderkrankheiten durchmachen, bei denen ich glücklicherweise meine Großmutter hatte, die mich liebevoll und voller Hingabe pflegte und behütete. Bei meinen Schafblattern achtete sie sehr darauf, dass mir möglichst wenige Narben bleiben sollten. Einige Narben ließen sich dennoch nicht vermeiden – die äußeren verheilten rasch, die inneren wurden immer tiefer.

Etwas für mich Schlimmes geschah kurz nach meinem achten Geburtstag. Meine Mutter brachte mich zum Friseur und ließ meine Haare kurz schneiden. ‚*War dies schon der Beginn weiblichen Konkurrenzdenkens – sie selbst hatte doch immer schöne, lange, offene Haare – oder einfach nur die Bequemlichkeit wegen der Haarpflege?*‘ Vielleicht war es auch nur ein Verwandeln des Mädchens in den ursprünglich erwünschten Jungen.

Nun ja, auch Rapunzel wurde im Märchen das Haar genommen, um sie im Turm gefangen zu halten und ihr in der Gefangenschaft jede Möglichkeit des Aufschreis nach außen zu verwehren. So war diese, wie auch ich, gefangen in der Welt der Konstrukte, der Regeln und der Vorschriften. Von nun an hatte ich einen Bubikopf und war todunglücklich, wenn die Menschen mich fragten, ob ich ein Junge sei. Vielleicht hätte mir die Tatsache ein Junge zu sein, all das Leid erspart, wenn es wahrlich so gewesen wäre. Da ich nun schon mehr wie ein Junge als ein Mädchen aussah, begann ich mich indirekt auch aufzulehnen. Ich wurde eine ganz wilde Bandenführerin einer Jungenschlägertruppe. Ich hatte unglaubliche Körperkräfte und die Gabe, meine Schmerzen nach außen hin nicht zu zeigen. Somit geschah es auch, dass ich eines Tages beim Raufen im Schulhof unsanft gegen die Marmorstiegen unseres Schulgebäudes gestoßen wurde und einen Steißbeinbruch erlitt. Trotz großer Schmerzen machte ich keinen Mucks und war tapfer wie ein Indianer, weil ich ja immer schon gelernt hatte *„Indianer kennen keinen Schmerz!“*. Nein, körperliche Schmerzen konnten mir tatsächlich immer weniger anhaben, zu sehr wurde ich sie schon gewohnt. Bei den Menschen, die mir diese Schmerzen zufügten, war ich unfähig, mich zu wehren, also rebellierte ich im Hintergrund, vor allem, indem ich ältere Jungen verprügelte, die mir und meiner unbändigen Stärke nicht gewachsen waren. Ich gab unbewusst meine erlittenen Schläge weiter – die physischen als auch die psychischen – und blieb in der Welt der Erwachsenen ein immer braves, angepasstes und liebes Mädchen.

Schon kam das Jahr 1971.

Die Situation auf unserer Erde spitzte sich in jene Richtung zu, welche die Menschen dazu veranlasste, immer mehr in die natürliche Struktur und das Gleichgewicht unseres Planeten einzugreifen. So wie unserem Planeten geschah auch mir in dieser Zeit wieder viel Schlimmes.

In der äußeren Welt war Greenpeace eine wegweisende Organisation, die sich weltweit für den Umweltschutz einsetzte, als Atomtests gemacht wurden und die sich gegen jegliche Zerstörung auflehnte.

Greenpeace ist eine 1971 von Friedensaktivisten in Vancouver, Kanada, gegründete transnationale politische Non-Profit-Organisation, die den Umweltschutz zum Thema hat. Sie wurde vor allem durch Kampagnen gegen Kernwaffentests und Aktionen gegen den Walfang bekannt. Später konzentrierte sich die Organisation darüber hinaus auf weitere Themen wie Überfischung, die globale Erwärmung, die Zerstörung von Urwäldern und die Gentechnik. (Wikipedia)

Im Inneren war ich ein kleines Wesen, das immer mehr zerbrach an dieser Welt des Scheins, so wie es damals vermutlich auch vielen anderen jungen Menschen ergangen ist. In der damaligen Zeit wurde noch alles, was innerhalb der Familien geschah, viel besser vertuscht als es viele Jahrzehnte später sein würde. Niemand half mir, mich gegen meine innere Zerstörung zu wehren. Nach außen hin lernte ich, immer besser in dieser Scheinwelt zu bestehen – zu lächeln, wenn es sein sollte, höflich und anständig zu sein und mich nur ja nicht aufzulehnen.

So wurde ich eines Tages wieder einmal – was ja nur mehr allzu selten vorkam – von meinem Vater abgeholt, um mit ihm einen schönen Tag zu verbringen. Ich war acht Jahre alt. Auch mein Cousin Robert, der um sieben Jahre älter war als ich, kam mit. Wir machten einen Ausflug in die Natur, nachdem wir eine köstliche, große Portion Eis bekommen hatten. Diese unbändige Lust auf Eiscreme, die mir bis heute noch geblieben ist, muss ich von meinem Vater übernommen haben.

Wir gingen durch den Wald und die Wiesen und ich war glücklich, endlich wieder mit meinem Vater Zeit verbringen zu dürfen. Wie oft war ich am Fenster gestanden, um auf ihn zu warten, wenn er versprochen hatte zu kommen – umsonst wartend, weil er dann doch nicht kam und vermeintlich auf sein Versprechen vergessen hatte. Ich genoss unser Beisammensein, bei dem er mich wie immer unendlich verwöhnte. Als dann der Spaziergang in der Natur zu Ende ging, beschloss er, mit uns zu sich nach Hause zu fahren. Meine böse Stiefmutter war mit ihren Töchtern wieder einmal den ganzen Sommer in ihrer Heimat.

In diesem Moment zieht sich in mir etwas zusammen und mein geliebter Engel taucht aus dem Nichts vor mir auf. Was ist es, was mich da so ängstigt? Ein banges Ahnen, eine Angst, die immer stärker wird, mein 15-jähriger Cousin, der plötzlich so verändert zu sein scheint? Oder bilde ich mir das alles bloß ein? Ich bekomme pochende Kopfschmerzen und Übelkeit. Wir setzen uns ins Auto meines Vaters und fahren zu ihm ins Haus. In dem Moment, in dem wir gemeinsam das Haus betreten, wird mir seltsam schwindlig, so als wollte mich mein Bewusstsein verlassen. Vati macht mir einen Himbeersaft – anschließend werde ich, schon mehr im Zustand der

Trance als im Wachzustand, ins Wohnzimmer geführt. Ich merke noch, dass mein Engel sich mit seinen Schwingen ganz groß über mir bewegt, Robert und meinen Vater seltsam ansieht und dieser ihm ein Zeichen gibt. Sie meinen, dass sie jetzt ganz lieb zu mir sein wollen und mit mir spielen und Spaß haben würden und ich einfach nur mitspielen sollte. Dafür müsste ich mich jetzt allerdings ausziehen – ich tue es in einem willenlosen Delirium, sie legen mich auf die Couch.

Vati nimmt seinen Gürtel ab, Robert hält meine Beine fest. Dann wird mir der Ledergürtel ganz vorsichtig um den Hals gelegt…

In diesem Moment packt mich mein Engel so schnell wie nie zuvor, sodass wir weit weg – weg aus diesem Haus, weg von dieser Stadt, weg aus diesem Land – reisen und uns plötzlich in einem Zaubergarten wiederfinden.

In diesem großen, riesigen, bunten Areal bietet sich mir eine unglaubliche Welt. Ich bin einfach wieder glücklich. Ich sehe Tiere aller Arten, die mich mit ihren großen Augen ansehen und willkommen heißen. Von allen Seiten höre ich ein Raunen: „Willkommen zu Hause, geliebte Freundin!“ Ich sehe mich um und fühle mich frei, leicht, gänzlich unbeschwert und geborgen in dieser Welt, in der es scheinbar nur ein liebevolles Miteinander gibt. Hier treffen Realität, Verzauberung, Märchen und Illusion, Mythos und lebendiges Sein aufeinander, ergänzen einander, schließen nichts aus, sondern alles ein. Es ist ein Kommen und Gehen, ein sich Ausdehnen und Zusammenziehen in einer Welt, in der alles möglich ist. Ich bin nun ein Teil dieser Welt, willkommen und eingetaucht in die relative Ebene, die doch das Absolute in jedem Moment beinhaltet und zum Ausdruck bringt. Ich bin ein Teil meiner Selbst, der Welt, aus der ich komme, zugleich Fee, Elfe, Göttin und Priesterin, Meerjungfrau wie auch das allerhöchste, bewusste Sein in dieser Existenz. Ich bin formlos in meinen Formen und doch greifbar im Wandel. Mit den Elfen tanze ich im Reigen, in der Tierwelt kommuniziere ich in deren Sprache, erfahre die Kraft der Tigerin, die majestätische Stärke des Löwen, die Leichtigkeit des Kolibris, die Sensibilität der Echsen, die Schnelligkeit des Jaguars, die Schwerelosigkeit des Schmetterlings, tauche ein in die Melodie der Amseln, in die Weitsichtigkeit des Adlers, das Schweben der Möwe über dem Ozean, die

Verspieltheit des Delfins und die Mächtigkeit des Wals, erfahre die Weisheit der Kobra, die ich so oft schon als Siegel meiner Ausdrucksform in verschiedenen menschlichen Existenzen verwendet habe und ich vermag jegliches Gefühl für Raum und Zeit zu verlieren. Selbst mit allen Pflanzen dieses Zaubergartens kann ich mich verständigen, erkenne, wie sensibel diese Wesen sind und sehe ihre Devas, jene Geistwesen, die ihnen Schutz und Halt vermitteln und eine unglaubliche Vielfalt ihrer sichtbaren und unsichtbaren Formen darstellen. Niemals mehr möchte ich woanders sein, niemals mehr dorthin zurückkehren, woher ich gekommen bin, nur mehr in dieser Leichtigkeit und Freude existieren, in einem Miteinander, in dem die Liebe ihren Ursprung und ihre Entfaltung findet.

Doch schon sehe ich meinen Engel wieder auf mich zukommen, mich einhüllen in den Mantel des Vergessens und ich erkenne, wie er mich mit einem Blick tiefer Traurigkeit verabschiedet.

Dann erfasst mich dieser Sog und scheint mich in eine Unendlichkeit zu ziehen.

Bereits im nächsten Moment sehe ich das kleine Mädchen – mich – zusammengerollt, weinend und zitternd in den Armen des Vaters liegen, er tröstet mich ganz liebevoll und verspricht mir eine wunderschöne Puppe. Mein Cousin sitzt auch in diesem Raum und ich wundere mich, warum er so eigenartig auf mich blickt, so als hätte er etwas ganz Schlimmes erlebt – aber was, das konnte ich ihn nicht fragen, weil ich ganz erstarrt und bewegungslos bin. Mein Kleidchen hängt lose an mir herunter, meine Haare sind zerzaust und mit großen Augen sehe ich um mich und weiß nicht, warum ich so verwirrt und verzweifelt bin. Vermutlich, weil ich weiß, dass die Zeit mit meinem Vater bald wieder zu Ende gehen soll und ich danach nicht erfahren werde, wann er wieder mit mir zusammen sein möchte.

In dieser Zeit wurde ich immer mehr zur Marionette dessen, was mit mir geschehen war. Als ich am selben Abend zu meiner Mutter zurückgebracht wurde, war es schon recht spät. Ich hatte panische Angst vor der Dunkelheit und in der Nacht träumte ich den Traum, der einer von jenen war, die sich für lange Zeit immer wiederholen sollten.

Ich soll von zwei Männern abgeholt werden, die in unsere Wohnung eingebrochen sind und mir den Fluchtweg zu meiner Mutter versperrt haben, weil sie ihr Zimmer am anderen Ende des Flurs hat. Ich will nicht sehen, was die beiden mit mir machen, ich muss unbedingt aus diesem Traum herauskommen. Noch im Traum beginne ich zu schreien, meine Augen aufzureißen...

So erwachte ich laut schreiend und meine Mutter kam zu mir, um zu sehen, was los war. Wieder einmal hatte ich einen schweren Migräneanfall und musste erbrechen, bevor ich erschöpft weiterschlafen konnte. Sie gab mir wie jedes Mal eines dieser Schmerz–Zäpfchen, die mich dann für einige Tage fast betäubten. Hilflos und verzweifelt war ich all dem, was mit mir geschah, ausgeliefert.

Erst meine Reise mit meiner Großmutter nach England ermöglichte mir wieder etwas mehr Leichtigkeit und Unbeschwertheit zu bekommen. Mit meiner Cousine verstand ich mich von Jahr zu Jahr besser und da sie nun auch schon in die Schule ging und wir beide das Schreiben gelernt hatten, fingen wir an, uns regelmäßig Briefe zu schreiben. Schon damals wollte ich alles unter Kontrolle haben und begann sehr korrekt auf das zu achten, was richtig und falsch war, sodass ich Kate jeden Brief korrigiert zurücksandte. Da ihre Muttersprache, sollte ich eher sagen ihre Vatersprache, Englisch war, fühlte ich mich dazu berufen, ihr ein besseres Deutsch beizubringen. Wir mussten später oftmals über mein lehrerinnenhaftes Verhalten lachen.

In diesem Sommer durfte ich wieder Freiheit und Heiterkeit erleben. Allerdings hatte ich immer Heimweh, wenn ich weg von zu Hause war, vor allem nach meiner Mutter, die ich doch sehr vermisste, auch wenn sie nicht wirklich eine Mutter war, die Wärme und Geborgenheit vermitteln konnte und mir mit ihrem Alkoholproblem, das sie zu dieser Zeit hatte, oftmals große Angst machte.

Interessanterweise schien das Thema Alkohol bei meiner Mutter immer nur im Zusammenhang mit Überforderung zu entstehen – Jahre später konnte sie sowohl ihre Nikotinsucht als auch den Alkoholkonsum leicht reduzieren – das Rauchen mit der Zeit sogar ganz aufgeben.

Doch wie jedes Kind liebte ich sie einfach bedingungslos und schlief in England jede Nacht mit ihrem Bild unter meinem Kopfpolster ein. *Ich dachte beim Einschlafen an unsere schönen Spazier-*

gänge auf den Mönchsberg in meiner Heimatstadt, an all die lustigen Kinderfeste, die sie mir immer wieder bereitet hatte und an andere schöne Momente mit ihr. Am liebsten war es mir immer, wenn sonst niemand mit uns war – da konnte sie so richtig lieb zu mir sein und mir ihre volle Aufmerksamkeit schenken.

Allzu schnell ging diese unbeschwerte Zeit zu Ende und das leidvolle Leben zu Hause erwartete mich wieder.

Eines späten Nachmittags fuhren meine Mutter, ihre Freundin Angelika und ich von einem Besuch bei Tante Gloria, einer anderen Freundin meiner Mutter, nach Hause. Beide Frauen waren ziemlich betrunken – ich betete die ganze Zeit, weil ich bemerkte, dass meine Mutter den PKW nicht mehr wirklich unter Kontrolle hatte und ihn aus meiner Empfindung beinahe bei einer Böschung zum Absturz gebracht hätte. Zumindest erschien es mir in meiner kindlichen Panik so. Als wir dann endlich unversehrt in unserer Wohnsiedlung ankamen, verabredeten sich die beiden Freundinnen. Tante Angelika wollte später auf Besuch vorbeikommen. Diese Verabredung bereitete mir große Sorge – meine Mutter konnte keinesfalls mehr Besuch empfangen. Ich half ihr an diesem Abend ins Bett und verstopfte anschließend die Türklingel, um meine Tante daran zu hindern, sie nochmals aufzuwecken. Dann stellte ich mich ans Fenster und wartete – so lange, bis ich einfach zu müde wurde und selber schlafen gehen musste. Vermutlich hatte auch meine betrunkene Tante keine Ahnung mehr von dieser Verabredung und wäre ohnedies nicht gekommen. Schon allzu früh musste ich immer wieder Verantwortung tragen und Aufgaben übernehmen, denen ich als kleines Mädchen keineswegs gewachsen war.

Später erzählte mir meine Großmutter einmal, dass sie sich oft gewundert hatte, warum ich immer wieder, wenn meine Mutter einige Tage nicht zu Hause war, unbedingt alleine in die Wohnung gehen wollte – bis sie eines Tages erkannte, dass ich das ganze Geschirr wegwaschen musste und auch sonst Ordnung machte, um meine Mutter bei ihrer Rückkehr nicht zu erzürnen. Viel zu groß war meine Angst nicht geliebt zu werden, wenn ich nicht dem entsprach, was man von mir vermeintlich erwartete. Und das sollte noch lange Zeit so bleiben. Langweilig konnte mir niemals werden. Ich erschuf mir schon damals meine inneren Antreiber, die mich irgendwann in meinem späteren Leben zusammenbrechen ließen. Immer wollte ich perfekt sein, um es allen recht zu tun. In der Schule bemühte ich mich stets die Beste zu sein und auch in der Freizeit hatte ich viele Verpflichtungen. Meine Mutter legte großen Wert darauf, mir alles Mögliche zu bieten. Ich sollte viel Sport betreiben sowie mit ihr in Theaterstücke, Opern, zu Vernissagen und sonstigen Veranstaltungen gehen. Damit wurde ich ein Kind der Gesellschaft – angepasst, artig, brav und immer irgendwo unterwegs. Die schönsten Erinnerungen blieben mir von unseren gemeinsamen Urlauben. Wenn meine Mutter mit mir allein etwas unternahm, war ich glücklich – ich konnte es nicht ertragen, wenn sie ihre Aufmerksamkeit anderen Menschen schenkte.

Die allerschönste Zeit in diesem Jahr erlebte ich mit meiner Mutter auf der Insel Hydra. In den Urlauben war sie entspannter, liebevoller, verspielt und leicht. Wir hatten viel Spaß miteinander. Spaß konnte ich ohnedies nur erleben, wenn ich weit weg von zu Hause war mit dem Wissen, keinen außergewöhnlichen Gefahren ausgesetzt zu sein. Auf der Insel spielte ich mit den Kätzchen und mit den Menschen, die im Hotel arbeiteten und genoss es am Meer und in der Sonne zu sein. Meine Mutter wirkte entspannt und genoss die Zeit mit mir. Schon als kleines Mädchen bevorzugte ich den Sommer und die Wärme und mochte den Winter so gar nicht.

Alles wurde mir angeboten – ich ging viel Eislaufen und beherrschte meine Pirouetten am Eis perfekt. Jedes Jahr fuhr ich mit meiner Großmutter in die Ramsau, um dort in einen Schikurs gesteckt zu werden, der für mich immer wieder ein Erlebnis von Schauer und Schrecken bedeutete. Ich musste mich dort mit herzlosen und rücksichtslosen Schilehrerinnen herumschlagen, fror und hatte immer wieder Angstzustände – aber es sollte aus mir eine perfekte Schifahrerin gemacht werden. Alles musste ich perfekt beherrschen, angefangen von Ballett über Geräteturnen, Tennisspielen und andere Sportarten. Schon damals lebten wir in einer Welt der Konkurrenz und Vergleiche ... besser, größer, schneller ... wie sehr ich mich getrieben fühlte!

Doch ist mir heute bewusst – meine Mutter wollte mir alles erdenklich Mögliche anbieten.

Das, was ich jedoch am meisten gebraucht hätte, konnte sie mir nicht geben – echte tiefe Liebe, Schutz, Geborgenheit.

Genau in dieser Zeit, im Jahr 1972, wurden in Deutschland die 20. Olympischen Spiele ausgetragen, bei denen es zu einer großen, menschlichen Katastrophe kam, die 17 Todesopfer forderte. Im Nachhinein wurde festgestellt, dass es durchaus möglich gewesen wäre, dieses Geiseldrama zu verhindern. Wahrscheinlich wäre nur mehr Achtsamkeit und Aufmerksamkeit im dortigen Geschehen notwendig gewesen.

Doch war der Fokus auf *Kämpfen und Siegen* ausgerichtet – nicht auf die Menschen selbst.

Wie im Außen so im Innen!

Auch in der Kunst sollte ich auf allen Ebenen ausgebildet werden – bereits als Volksschulkind musste ich sämtliche Opern besuchen, die ich bereits damals zu hassen begann. Mit 14 hatte ich dann endgültig gemeint, dass ich nie wieder mit ihr in eine Oper gehen würde. Meine Mutter, die all diese Möglichkeiten in ihrer Kindheit und Jugend nicht angeboten bekommen hatte, wollte mir auf diese Art und Weise die Welt und die Kultur, so wie sie selbst sie als wichtig und richtig empfand, nahebringen. Sie gab aus ihrer Sicht natürlich ihr Allerbestes, um ihrem Kind all das zu bieten, das sie selbst niemals hatte – meine Überforderung konnte sie aus ihrem Blickwinkel nicht erkennen.

All das lässt erkennen, wie in unserer westlichen Welt, in der die materielle Sichtweise an erster Stelle steht, die Menschen in eine Rast- und Ruhelosigkeit gedrängt werden, wodurch es immer weniger Möglichkeiten gibt, in der Stille und in innerer Einkehr zu sich selbst zu kommen. Es sind nur Werte gefragt, die im Außen sichtbar sind, vor allem Werte, die mit Geld gekauft werden können.

Schon im Jahre 1900 hat der Philosoph und Soziologe Georg Simmel gemeint: „Geld wird Gott". Immer mehr scheint sich diese Erkenntnis in unserer Gesellschaft des Scheins und Scheinens dorthin zu entwickeln. Auch ich als kleines Mädchen wurde in diesen Sog der Oberflächlichkeit hineingezogen – angepasst, wohlerzogen, intelligent, brav und artig. Nur nicht auflehnen, nicht rebellieren, anständig sein und mittun in diesem künstlichen Konstrukt, das *Leben* heißen soll. Es ist doch tatsächlich so, dass *„viele Menschen so arm sind, dass sie nichts anderes besitzen als Geld"* (Sergio Bambaren *Die beste Zeit ist JETZT*).

Ich war die beste Schülerin meiner Klasse und schnitt sogar in der letzten Volksschulklasse als Beste beim Aufnahmetest für die weiterführende Schule ab. So war ich ein braves und immer angepasstes Kind – gefangen in meinem Turm wie *Rapunzel. Rapunzel* war gefangen und ihrer Weiblichkeit beraubt. Sie war in ihrer eigenen Welt – in der Welt der Gebote und Verbote und konnte nur im Geiste in ihre eigenen Welten reisen, um nicht dem Wahnsinn zu verfallen. Dennoch gab sie nie auf, daran zu glauben, ihrem Liebsten wiederzubegegnen und ein erfülltes Leben führen zu können. *Auch ich werde diesen Traum niemals aufgeben und stets an seine Erfüllung glauben. Irgendwann wird es mir erlaubt sein, in diesem Leben glücklich zu sein.* Ist es nicht oftmals die Hoffnung und vor allem der Glaube daran, dass das Leben noch ganz viel Schönes für einen bereit hält, was Menschen den Mut macht, weiterzuleben und zu funktionieren in einer Welt, in der Materie immer mehr als Mittel zum Zweck wird?

Damals wusste ich von all dem noch nichts in meiner unbeirrbaren kindlichen Unschuld, die doch so schwer verletzt wurde, dass mein späteres Leben so manches Mal scheinbar daran zerbrechen sollte. Ich tat wahrlich alles, nur um akzeptiert und geliebt zu sein. Ich war sportlich, intelligent, las viele Bücher, war technisch versiert, um auch im Haushalt kleine Reparaturen vornehmen zu können und wusste zu sparen. Meine wirklich großzügige, aber nicht sehr strukturierte Mutter konnte mit Geld nicht gut umgehen. Ich sollte alles besser machen …

Wie gerne wäre ich nur ein lebensfrohes, unbeschwertes Kind gewesen, das mit anderen herumtollen und einfach nur Kind sein durfte! Immer wieder besuchten wir Freundinnen meiner Mutter, mit deren wesentlich jüngeren Kleinkindern ich spielen musste. Ich begann die Kleinen zu hassen, weil ich eigentlich nur als Babysitterin fungierte, während sich unsere Mütter betranken und ich viel lieber zu Hause geblieben wäre, um Spaß zu haben und mit Gleichaltrigen zu spielen.

Mein schönstes gemeinsames Erlebnis mit ihr waren unsere Nachmittagsspaziergänge – in dieser Zeit hatte ich meine geliebte Mutter für mich alleine, konnte mit ihr viel reden, lachen und spielerische Freude erleben. Selbst meinen Vater, der niemals wirklich Zeit für mich hatte, liebte ich – so wie Kinder ihre Eltern immer bedingungslos lieben. Kinder sind wahrhaft jederzeit bereit, für diese Liebe alles zu tun und verstehen gar nicht, dass es anders sein könnte. Ich liebte schon damals innig und tief und dachte mir, ich müsste mich nur genug anstrengen – noch lieber, noch braver und noch besser in der Schule sein, um immer Liebe zu bekommen. Und meinem Vati gab ich das, was er für seine Liebe als Gegenleistung wollte. Das sollte noch lange Zeit so bleiben – ich war bereit mich lieber bis zur Selbstaufgabe zu verausgaben, nur um geliebt zu werden und den anderen Menschen damit nicht zu verlieren.

War das, was ich empfand, wirkliche Liebe? Ich kann das bis heute nicht beantworten.

Was ist wahre Liebe?

Zumindest bemühte ich mich auf allen Ebenen – für *diese Liebe* tat ich alles!

Als Klassenbeste war ich für das Gymnasium angemeldet, das sich im Nebengebäude befand und eine reine Mädchenschule war. Ich sollte noch weitere acht Jahre in die Klosterschule gehen.

Meinem letzten Volksschuljahr folgte ein Sommer, in dem erneut Wahnsinn und Freude ganz nahe beieinander lagen. Mein Vater hielt sich wie immer allein im Haus auf, ohne meine Stiefmutter, meine Stiefschwestern und die kleine Halbschwester, die inzwischen schon fast vier Jahre alt war. Ich durfte bei ihm ein paar Tage verbringen, in denen ich so richtig verwöhnt wurde – ich bekam riesige Portionen Eis, alle Asterix und Obelix Bände, die es zu diesem Zeitpunkt gab, und schöne neue Gewänder zum Anziehen. Ich wurde behandelt wie eine Prinzessin, die vom König zutiefst verehrt und geliebt wurde. Er war ein wirklich großzügiger Mann, der *seine* kleine Prinzessin rundum verhätschelte mit allem, was dazu gehört, um sie gefügig zu machen. Doch als ich dann nach Hause fahren sollte, war es Abend – mein Vater wollte nicht selber mit dem PKW fahren, sondern beschloss, mich mit einem Taxi zu meiner Großmutter zu schicken, die mich vom Taxifahrer übernehmen würde. Also wurde ich in ein Taxi zu einem wildfremden Mann gesetzt und sollte in die Liliengasse geführt werden. Traurig winkte ich meinem Vater zum Abschied zu und das Taxi fuhr los. Irgendwann erkannte ich, dass wir in einer ganz falschen Gegend gelandet waren, die mir zwar vertraut war, weil sie in der Nähe meiner Großmutter war, doch nicht die richtige Adresse. Wir befanden uns in einer menschenleeren Gegend, in der ich mit Großmutti schon oft spazieren gegangen war. Ich bekam plötzlich eine böse Vorahnung und unbeschreibliche Angst und begann zu schreien: „Liliengasse, ich will in die Liliengasse!"

Der Taxifahrer behauptet, hier sei die Liliengasse und bleibt stehen, dreht sich zu mir um, blickt mich seltsam an, während ich panisch in den Rücksitz versinke – und ins Vergessen.

In diesem Moment holt mich mein Engel von dort ab, wiegt mich liebevoll in seinen Armen und taucht mit mir im Ozean unter, in dem wir uns in wunderschöne Meerjungfrauen verwandeln. Er führt mich in das Kristallschloss meines Reiches, legt mich auf den Altar, wo ich durch die heilenden Klänge meiner Delfin- und Walfreunde und die sanften Berührungen meiner Freundinnen Ruhe, Stille, Geborgenheit und Frieden erleben darf. In diesem Meerjungfrauenreich breitet sich in mir ein tiefes Gefühl von Heimat und Zufriedenheit aus...

Das hätte ewig so weiter gehen können, wenn da nicht plötzlich die weinende und verzweifelte, kleine Alma vor dem Haus ihrer geliebten Großmutter abgesetzt worden wäre und weinend und tobend zu ihr sagt, dass sie sofort zu ihrem Vater zurückfahren will.

Ich wollte sofort zurück zu meinem Vati.

Meine Großmutter wusste nicht, was sie mit diesem wütenden und angsterfüllten Kind tun sollte, rief meinen Vater an und erklärte ihm, wie verzweifelt ich sei und sie sich nicht erklären konnte, was geschehen war. Da er mich wieder in einem Taxi zu ihm bringen lassen wollte, begann ich noch mehr zu schreien, weshalb er sich in sein Auto setzte, um mich abzuholen. Er war doch immer so zärtlich und lieb zu mir – offensichtlich war nur durch ihn das soeben Geschehene wieder auszulöschen. Erst bei ihm und mit ihm begann ich ruhiger zu werden und genoss es, ihn für mich alleine zu haben. Mit niemandem wollte ich meinen Vater teilen.

‚Was ist in mir bloß vorgegangen von einem Täter zum anderen zurückkehren zu wollen?

Was trieb mich damals zurück zu ihm? Ich werde es niemals erfahren.‘

Wie schön dann dieser Sommer vor meinem Schulwechsel doch noch wurde!

In England konnte ich meine Unbeschwertheit und kindliche Leichtigkeit wiederfinden, diesmal ein bisschen getrübt durch eine schwere Venenerkrankung meiner Großmutter, die angeblich für ihre damals 70 Jahre sehr gefährlich war. Sie hatte einen Rotlauf. Als Kind ahnte ich zwar die Gefahr, weil mich auch mein Engel bat, innig für sie zu beten, doch war ich mir des Ausmaßes dieser Gefahr nicht wirklich bewusst. Ich hatte große Angst um sie – der Verlust meiner liebsten und wichtigsten Bezugsperson in meiner Kindheit wäre vermutlich für mich zu bedrohlich gewesen.

Mit diesem Sommer ging auch eine Lebensphase zu Ende.

In meinen vier Grundschuljahren hatte ich viel Schönes und viel Leidvolles erleben dürfen.

Ich dachte an diese Jahre zurück.

Eine wunderschöne Erinnerung war mein Mitwirken in einem Theaterstück, in dem ich einen kleinen Engel darstellen durfte, eine Rolle, mit der es mir möglich war, etwas aus meiner himmlischen Parallelexistenz auf diese Erde zu bringen, auf die Bühne, die ich später noch sehr lieben sollte.

Im Alltagsleben entfernte ich mich mehr und mehr von meinen anderen Welten, in die ich immer nur dann entfloh, wenn das Dasein hier unter den Menschen an die Grenzen der Unerträglichkeit stieß.

Im Herbst desselben Jahres begann für mich ein neuer Lebensabschnitt. Ich kam in die Allgemeinbildende Höhere Schule in eine reine Mädchenklasse und musste noch acht weitere Jahre Uniform tragen.

Es war das Jahr der ersten Ölkrise in Europa, denn genau im Herbst dieses Jahres 1973 ließen einige arabische Staaten den Ölpreis als Reaktion auf den Jom–Kippur–Krieg in die Höhe schnellen. Dies sollte erst der Beginn von vielen weiteren Krisen auf unserem Planeten werden, die durch die ständig steigenden Ölpreise für viele Menschen einen Fall in die Armut bewirkten.

In welch einer Welt leben wir Menschen bloß? Macht denn unsere Außenwelt auch unsere Innenwelt immer mehr kaputt? Oder sind tatsächlich wir Menschen diejenigen, die über ihre Innenwelt diese grausame Außenwelt erschaffen?

Sind wir nicht in Wirklichkeit die Schöpfer unserer Lebenswelt?

Fragen um Fragen, die mich beschäftigen und immer schon für mich so unergründlich schienen...

Ist es ein vorgegebener Schicksalsweg, den wir beschreiten, Karma, das wir aufzuarbeiten haben, unsere eigene Schöpfung durch unsere Gedanken? Werden wir Menschen es jemals erfahren, was wirklich der Wahrheit entspricht oder gibt es diese einfach nicht...?

Wie schon in der Volksschule tat ich mir auch im Gymnasium nicht schwer – ich lernte leicht und schnell und war beliebt unter den Mitschülerinnen, obwohl ich eigentlich nie wirklich Teil einer Gemeinschaft sein wollte und nie tiefe, haltbare Freundschaften eingehen konnte.

Ich war eine Einzelgängerin. Zu sehr lebte ich meist in meiner eigenen Welt und war damit beschäftigt, gute Erfolge zu erzielen.

Das besondere Highlight dieses neuen Jahres wurde mein Reitbeginn. Reiten war die erste Sportart, die mich mit wirklich tiefer Freude erfüllte. Ich wurde sehr schnell eine gute Reiterin und auch bald zu Ausritten in die Natur mitgenommen, wo ich mich auf dem Rücken des Pferdes dahingaloppierend unendlich frei und glücklich fühlte. Ich erlebte dabei die unendliche Leichtigkeit des Seins und die Unbeschwertheit einer glücklichen Kindheit, die mir sonst zumeist fehlte. Ich bin meiner Mutter wirklich von ganzem Herzen dankbar, dass sie mir alles in ihren Möglichkeiten Stehende angeboten hat, um mir sportliche und künstlerische Perspektiven zu eröffnen. Manches war mir damals zu viel, anderes genoss ich sehr, am allermeisten das Reiten. Und da ich auch sehr bald eine Freundin fand, deren wohlhabende Eltern mich einige Male zum Reiten einluden, konnte ich dieses Vergnügen häufiger erleben und genießen. Niemals werde ich den Sieben-Stunden-Ausritt vergessen, nach dem ich zwei Tage mit Schmerzen in den Beinen o-beinig durch die Gegend wankte. Dennoch war dieser Ausritt ein einzigartiges, einmaliges Reiterlebnis für mich – sieben Stunden in der Natur, am Rücken eines Pferdes. Dort war ich das wilde, unbeschwerte Mädchen, das am Rücken der Pferde absolute Freiheit erleben durfte.

Während ich heranwuchs und mein Leben in dieser äußeren Welt des Scheins und Wirkens verbrachte, hatte meine schöne Mutter immer wieder neue Verehrer, von denen ich einen besonders liebte und große Hoffnungen hegte, ihn als meinen Stiefvater zu bekommen. Er war Engländer und unglaublich bemüht, meine Mutter zu erobern. In dieser Zeit erkannte ich, welche Macht Frauen über Männer haben können. Sie fand ihn leider nicht interessant genug, spielte bloß ein wenig mit ihm und seiner Gunst, um ihn dann doch abzuservieren. Als Andenken an ihn blieb mir nur mein geliebter Kuschelhund James, den ich von ihm bekommen und dem ich seinen Namen gegeben hatte. Er war ein Mann, der wirklich liebevoll zu mir gewesen war. Dennoch war es ihm nicht möglich gewesen, mich vor einer großen Demütigung zu schützen, der meine Mutter mich einmal in Gesellschaft ausgesetzt hatte.

Eines Tages machten wir einen gemeinsamen Ausflug zu einer adeligen Familie – meine Mutter liebte es, sich in solchen Kreisen zu bewegen – wo es erstmals geschah, dass sie mir öffentlich, in Anwesenheit vieler Menschen, an einem langen Tisch eine schallende Ohrfeige gab. Der Auslöser war eine lächerliche Kleinigkeit. Ich war wie vom Blitz getroffen. Nicht der körperliche Schmerz war das Schlimmste – den konnte ich schon lange gut ertragen – es war die Erniedrigung, die ich in Anwesenheit so vieler anderer erlebte – und die mich in diesem Moment gebrochen hatte.

Irgendwann hatte meine Mutter es wirklich geschafft mit ihrer unumschränkten Machtausübung, derer sie sich in keinem Moment bewusst war, meinen Willen zu brechen – ich bemühte mich immer mehr, jederzeit zu entsprechen. Ich hatte einfach Angst vor Bestrafung.

James ging kurze Zeit danach aus unserem Leben.

Diesem Schlapphund, der mein Andenken an ihn war, sollte ein Jahr später ein zweiter folgen, den ich dann Jonathan nannte und der mich noch lange in meinem Leben begleitete. Ein Erlebnis mit dem Mann Jonathan selbst sollte mir jedoch in sehr schmerzhafter Erinnerung bleiben. Es trug sich allerdings erst drei Jahre nach unserer Erstbegegnung zu. Er war ein schwedischer Verehrer meiner Mutter. In dem Jahr, als ich ihn als damals 12-jähriges Mädchen kennenlernte, schloss ich ihn so sehr in mein Herz, dass wir, als er kurze Zeit danach Österreich verlassen hatte, die nächsten Jahre regelmäßig einander Briefe schrieben. Ich hatte mich in meiner kindlichen Unschuld in ihn verliebt. Bis zu unserer Wiederbegegnung ereignete sich weiterhin vieles in meinem Leben.

Bereits als dieses 12-jährige Mädchen musste ich sehr schnell meinen Übergang in ein ungewolltes Frausein vollziehen.

Das Jahr 1975, in dem Bill Gates und Paul Allen angeblich in einer Garage den Softwaregiganten Microsoft gegründet hatten, sollte für mich zu einem Jahr einschneidender und traumatisierender Erlebnisse werden.

Da ein Teil von mir – jener von den menschlichen Ebenen unberührter Teil – über all das Leid hinweg immer wusste, dass alles, was mir hier auf Erden geschah, einem höheren Plan entsprach, war es mir scheinbar möglich, alles zu ertragen, das mir zugefügt wurde. Meine Seele und mein Geist waren unberührt von dem, was meinem Körper angetan wurde.

Daher blieb ich und fühlte mich auch immer unschuldig in all dem Geschehenen.

In meiner Seele vermutete ich, dass es galt, einen Plan zu erfüllen. Alle an den jeweiligen Ereignissen betroffenen Menschen hatten vermutlich diese gemeinsamen Vereinbarungen getroffen, bevor sie in die menschliche Ebene eingestiegen waren. Es galt und gilt für mich gar vieles zu lernen und zu transformieren, aber es gibt auch die Möglichkeit, neue Wege zu beschreiten. Davon beschritt ich für lange Zeit wahrlich viele, vor allem eine Unzahl an Umwegen.

In meinem 13. Lebensjahr wurde ich körperlich endgültig zur Frau gemacht, auch wenn mein Körper noch sehr einem Kinderkörper glich. Man nannte solch unschuldig aussehende, junge Mädchen, die sehr unterentwickelt waren, Nymphen. Eine von ihnen war ich.

Es kam ein weiterer Sommer, in dem meine Stiefmutter, die mit ihrem vierten Kind schwanger war, – es war das dritte meines Vaters und ihr gemeinsames zweites –, mit ihren drei Töchtern in ihre Heimat nach Finnland gefahren war. Mit dieser Schwangerschaft hoffte sie meinen Vater zu halten, der sie eigentlich schon verlassen wollte. Ich hatte nun endlich wieder einmal die Möglichkeit Vati sehen zu dürfen, was nicht gut möglich war, wenn alle zu Hause waren. Ich genoss in unseren gemeinsamen Zeiten auch immer wieder schöne Momente mit ihm. Diesmal ganz besonders – bis zu jenem einen Abend, an dem er mich zum Kuscheln in sein Ehebett nahm. Er liebkoste und streichelte mich, war lieb, sanft und ungemein zärtlich zu mir. Ich liebte seine Nähe und Wärme – bis zu jenem Augenblick, als er mich ganz vorsichtig auf seinen nackten Körper zog und mir mein Nachthemd abstreifte...

Ich erstarre in dem Moment, in dem ich den harten, erigierten Penis auf meinem Bauch spüre und in die Tiefe zu sinken beginne. Ich finde mich in einem unendlichen Strudel wieder – wie Alice im Wunderland – der mich durch Wirbel von Licht und durch verschiedene Märchenwelten trägt, durch all die Dimensionen, die mir so vertraut erscheinen und mir doch im Leben als Träume und Illusion dargestellt werden, wenn ich beginne, von ihnen zu erzählen. Mein Engel taucht immer wieder auf meiner Reise auf, um mich für kurze Augenblicke zum Platz des ursprünglichen Geschehens zurückzuführen.

Ich sehe mich auf meinem Vater liegen, er scheint unglaublich erregt zu sein und auch ich empfinde Momente der Lust, für die ich mich dann später so sehr schämen muss, dass nicht nur das Geschehene selbst, sondern meine eigene, mir so sehr verboten erscheinende Lust noch tiefere Schmerzen für mich verursachen wird. Ich sitze auf ihm und spüre langsam den harten Penis in mich eindringen.

Warum lässt mich mein Engel nicht alles vergessen, warum muss ich immer wieder hinsehen?

Ich taumle hin und her zwischen den Welten, bis ich mich nach einem lauten Schrei der Erlösung und der Flucht aus dem Sein, in dem ich mich befinde – vermutlich erlebe hier meinen ersten „kleinen Tod", einen Orgasmus, erschöpft und vollkommen verwirrt niedersinken lasse. Mein Engel bleibt die ganze Nacht an meiner Seite. Von hinten hält mich mein Vater und vor mir erscheinend legt mir mein Engel seine heilenden Hände auf meinen Schambereich, um mich zu beruhigen. Ich frage ihn, warum er mich nicht für immer in meiner Welt gelassen hat. Er sagt zu mir: *„Geliebtes Wesen, du darfst nicht ganz vergessen, denn je mehr du vergisst, desto mehr wird sich das Leid durch dein gesamtes Leben spinnen. So aber wirst du eines Tages die Möglichkeit bekommen, es noch einmal erleben zu müssen, um dann befreit einen neuen Weg, den Weg der Liebe und Hingabe, beschreiten zu können. Du wirst irgendwann aufhören können, dich zu verurteilen, um endgültig erlöst und frei zu werden. Wenn du morgen erwachst, wirst du dich an nichts mehr erinnern, aber die Zeit wird kommen, wenn deine Seele fähig sein wird, dir bei der Verarbeitung des körperlichen Schmerzes zu hel-*

fen, um dir einen Weg in eine neue Lebensdimension zu eröffnen. Davor wird dich jedoch noch viel Dunkelheit erfassen und dein Leben auf mancherlei Irrwege führen. Ich werde dir immer zur Seite stehen in deinem gar schwierigen Dasein. Du wirst mich für einige Zeit nicht wahrnehmen können, doch werde ich auch mit dir feiern, wenn du deine Befreiung erlangt hast…"

Immer ferner ertönt die Stimme meines Begleiters, um mich in einen tiefen, traumlosen Schlaf des Vergessens versinken zu lassen…

Am nächsten Morgen erwachte ich in den Armen meines Vaters – wohlig geborgen – und fühlte mich für kurze Momente von ihm so sehr beschützt und geliebt.

Nicht allzu lange nach dieser gemeinsamen Zeit mit meinem Vater, in der wir einige Ausflüge unternommen hatten, ich so viel Eiscreme bekommen hatte, wie ich wollte und wie immer viele schöne Kleider, sollte ein weiteres Ereignis dazu führen, dass ich aus meinen tiefen Angstträumen heraus hie und da auch wieder ins Bett nässte. Mein Kontrollverlust über meine Blase erfüllte mich mit tiefer Scham und führte dazu, mich immer schlafloser werden zu lassen, weil ich mich einfach nicht mehr zu schlafen traute. Immer mehr bereiteten mir die Nächte eine große, unbeschreibliche Angst – Angst ins Bett zu nässen, Angst vor Albträumen, Angst vor körperlicher Bedrohung.

Tatsächlich passiert das, wovor ich so große Angst hatte. Ich erlebe, dass ich im Schlaf von Ferne seltsame Geräusche vernehme. Angstvoll erwache ich und starre auf meine betrunkene Mutter und einen fremden Mann neben ihr, der mindestens ebenso betrunken erscheint wie sie. Beide beugen sich bedrohlich über mich, um mich anzustarren. Gleichzeitig steigt mir von meiner Bettdecke ein grausiger Geruch in die Nase – der Betrunkene hat sich soeben über mir erbrochen. Ich fühle unendlichen Ekel und tiefe Abscheu, während meine Mutter mir erklärt, wie sehr ihr dieses Missgeschick leid täte. Sie wollte ihrem Begleiter doch nur ihre entzückende Tochter zeigen. Ich bin zutiefst schockiert und empfinde nichts als noch größere Angst und Demütigung. Verzweiflung macht sich in mir breit.

Ich war erstarrt, ausgeliefert und fassungslos und begann ab diesem Moment noch mehr Ablehnung gegen all die Drogen wie Nikotin, dessen Geruch und Rauch mir schon oft das Atmen erschwert hatte, aber vor allem Alkohol, der mich zu oft in Angst und Schrecken versetzt hatte, zu entwickeln. Am schlimmsten waren für mich die Momente, in denen meine Mutter mich betrunken im Auto irgendwohin geführt hatte und ich ihre Unsicherheit spürte oder auch immer wieder diesen ekeligen Geruch aus ihrem Mund einatmen musste.

All diese Belastungen bewirkten bei mir eine wachsende Angst, auch in der Schule zu versagen, obwohl ich weiterhin eine der besten Schülerinnen meiner Klasse war. Ich erlitt immer mehr Migräneanfälle und hatte häufig starke Kopfschmerzen. In den meisten Nächten konnte ich nicht mehr schlafen, wodurch meine Ängste, meine Schmerzen und meine Erschöpfung unerträglich wurden. Niemand erkannte oder wollte erkennen, was in mir wirklich vorging, am allerwenigsten ein bekannter Psychiater und Freund der Familie, der es nicht für wert befand, jemals die Hintergründe zu erfragen, die dazu geführt hatten, ein zwölf- bis dreizehnjähriges Mädchen viele Nächte schreiend aus grauenhaften Albträumen erwachen zu lassen, schwere Migräneanfälle zu haben und kaum noch schlafen zu können. Seine Therapie bestand bloß darin, mir die schwersten Einschlafdrogen, die es zu dieser Zeit am Markt gab, zu verschreiben, weil scheinbar leichtere Medikamente wie Mogadon, die ich manchmal schon als Volksschulkind von meiner Großmutter bekommen hatte, nicht mehr wirkten. Also wurde ich mit einem Tranquilizer beruhigt, der mein gesamtes Sein zutiefst belastete.

Ich nahm von nun an Rohypnol, um schlafen zu können.

Mein aussichtsloser Kampf gegen die Übermacht derjenigen, denen ich hilflos ausgeliefert war, hinterließ tiefe Spuren in meiner Seele und als Folge davon in meinem Körper.

Genauso wie im selben Jahr der Vietnamkrieg nach jahrelangen Auseinandersetzungen mit dem Sieg der kommunistischen Vietcong geendet und tiefe Spuren in der Bevölkerung und der Natur hinterlassen hatte, hinterließen all diese Ereignisse, die einer Kriegsszenerie in der Seele eines Menschen glichen, tiefe Spuren in meinem Inneren.

1974 hatte Hanoi – nach dem Abzug der amerikanischen Streitkräfte und angesichts der Lähmung der Nixon-Regierung durch die Watergate-Krise – mit einer Welle von Angriffen begonnen, die zu einem konventionellen Eroberungsfeldzug koordiniert wurden und den Widerstand der zahlen- und rüstungsmäßig gleich starken südvietnamesischen Armee nach einer wilden Flucht von Millionen Zivilisten und Soldaten 1975 wie ein Kartenhaus zusammenbrechen ließ. Eine Million Vietnamesen flüchtete vor den neuen Machthabern ins Ausland, 700.000 davon wurden in die USA aufgenommen, tausende ertranken im südchinesischen Meer oder fielen thailändischen Piraten in die Hände.

Dioxinhaltige Herbizide, vor allem Agent Orange, richteten langfristige Umweltschäden an. Die versprühte Menge entspricht 400 kg reinem Dioxin. Sie traf geschätzte 3,3 Millionen Hektar Wald, kontaminierte 3000 vietnamesische Dörfer und vergiftete geschätzte 24.000 Quadratkilometer dauerhaft. Dieses Siebtel der Gesamtfläche Südvietnams umfasst einen weit höheren Prozentsatz der einst fruchtbaren Ländereien und Wälder. Zudem wurden 1.200 Quadratmeilen, das entspricht etwa 3000 km², Südvietnams mit Bulldozern eingeebnet. 2007 litten eine Million Erwachsene und 150.000 Kinder in Vietnam an Krebskrankheiten, psychischen und genetischen Schäden. Da Dioxine und Erbgutschäden persistent sind, werden sie weitere Generationen betreffen. (siehe Wikipedia)

In dem Moment, als ich das erste Mal die vom Arzt verschriebenen 10 Tropfen Rohypnol eingenommen hatte und mich kaum noch vom Zimmer meiner Mutter über den Gang in mein eigenes Zimmer schleppen konnte, war mir bewusst, dass ich selbst irgendwann stark genug sein musste, mich wieder von diesen Drogen zu befreien. Es sollte jedoch knapp drei Jahre dauern, in denen ich sie brauchte, um all das Erlebte durchzustehen und *zu* überleben. Allerdings hatte ich schon zu dieser Zeit ein gutes Gefühl für die Dosis, die ich maximal verwenden durfte. Ich hatte große Angst, davon abhängig zu werden und dosierte mich auf eine Minimaldosis, die mir gerade ermöglichte, einschlafen zu können. Wie einfach wäre es doch zu diesem Zeitpunkt wieder einmal für mich gewesen, zurückzukehren in meine ewige Heimat, hatte ich doch eine hochtoxische Substanz in meinen Händen.

Mit Rohypnol hatten einige Zeit, nachdem dieses auf den Markt gekommen war, Stationsgehilfinnen eines Wiener Krankenhauses – genannt „die Todesengel von Lainz“ – viele der Patienten getötet. Sie wendeten einige grausame Methoden an, um zu morden.

Sehr bald danach war Rohypnol nur mehr in Tablettenform auf dem Markt zu bekommen. Wir jedoch sollten noch für längere Zeit Zugang zu Rohypnol in Tropfenform haben, weil meine Mutter diese direkt über den befreundeten Psychiater beziehen konnte und sie auch selber einnahm. Es wäre für mich eine große Chance gewesen, eine Überdosis zu mir zu nehmen, doch war wie immer mein Drang zu leben größer als die Sehnsucht zu sterben.

Weiterhin wurden diese „Drogen“ missbräuchlich verwendet und viel später dann als „Knock-out“-Mittel verwendet, um Mädchen gefügig zu machen und zu vergewaltigen.

Mein Unbewusstes ahnte damals, dass es kein Entrinnen aus diesem Leben geben durfte.

Erst mit knapp fünfzehn Jahren war es mir möglich geworden, mit nur mehr ein bis zwei Tropfen auszukommen, um kurz darauf diese Tranquilizer ganz wegzulassen.

Welch starke Lebenskraft in mir bewirkte, dass ich mein ganzes Leben immer wieder die vielen schweren Lebenssituationen überleben konnte?!

Natürlich wusste ich es schon damals auf der Seelenebene, vor allem dann, wenn ich mich mit meinen geliebten Engel- und Naturwesen verbinden konnte – ich hatte keine andere Wahl als auf dieser Erde zu bleiben, um irgendwann meinen Lebensauftrag zu erfüllen. Dies allerdings erst, nachdem ich die schwersten karmischen Erlösungen geschafft hatte. Davon sollten noch viele kommen.

Es heißt doch, dass es all das in unserem Leben zu erlösen gibt, das wir uns selbst erschaffen haben. Das Gesetz des Karma besagt, *wir werden vielfach das ernten, was wir einst gesät haben, sei es in diesem oder in vergangenen Leben – im Bösen wie im Guten.*

Wie intensiv muss meine Saat doch gewesen sein! Was möchte ich in diesem Leben alles erlösen?

So schien ich vieles hierher mitgebracht zu haben, um irgendwann Befreiung zu erfahren. Niemals gab ich den Glauben daran auf, dass Gottes Gnade mir helfen würde, all das zu bewältigen, was unbedingt notwendig war, um Freiheit und wahre Weisheit zu erlangen.

In meiner Schule war ich eine großteils beliebte Außenseiterin, die sich selbst an den Aktivitäten der Gruppe nur sehr am Rande beteiligte. Schon damals war ich ein Mensch der polarisierte – ich wurde geliebt oder abgelehnt, oftmals sogar gehasst. Eine Tatsache, mit der ich mein ganzes Leben immer wieder konfrontiert sein würde, wobei es am meisten weibliche Konkurrenz und weiblicher Neid waren, die mir begegneten.

Manchmal ist die Schönheit einer Frau ein wahrer Fluch – vor allem, wenn sie mit Intelligenz gepaart ist. Auch meine Schönheit würde mich noch viele Male in die Einsamkeit treiben. Doch damals war ich vielmehr Mädchen als Frau, noch dazu ein sehr knabenhaftes Mädchen. Zu dieser Zeit waren meine Interessen auf ganz andere Dinge gerichtet als auf weibliches Konkurrenz-verhalten und doch war ich bereits die Außenseiterin.

In meinem vierzehnten Lebensjahr versetzte mich ein einschneidendes Erlebnis in noch tiefere Angst und Unsicherheit. Meine Mutter war zu dieser Zeit mit meiner Taufpatin befreundet. Wir besuchten sie relativ oft in ihrem Wochenendhaus. Eines Tages saßen ihre Tochter Ramona und ich – sie war im Gegensatz zu mir körperlich schon ziemlich weit entwickelt, hatte schon weibliche

Brüste und war bereits mehr Frau als Mädchen – nackt und breitbeinig voreinander, um unsere Körper zu begutachten. Plötzlich bemerkte Ramona mit Entsetzen: „Warum ist denn das bei dir so groß?“ Dabei blickte sie mit großen Augen zwischen meine Beine. Gemeint waren offensichtlich die inneren Schamlippen meiner Vagina, die tatsächlich, im Gegensatz zu meinem sonst sehr kindlichen Körper, allzu ausgeprägt zu sein schienen, etwas, das mit dem Wissen um meine Hintergrundgeschichte nicht verwundern sollte. Vermutlich entwickelt sich eine sexuell aktivierte Vagina schneller als eine jungfräuliche. Ich, die ich als unschuldiges Kind keine Ahnung davon hatte, was falsch mit mir war, fragte nach dieser Bemerkung von Ramona meine Mutter, was sie gemeint haben könnte. Sie war allerdings mit der Situation überfordert, schaute mit einem beklemmenden Gefühl meine Scheide an und wusste nicht, wie sie mit dieser Gegebenheit umgehen sollte. Es war ihr offensichtlich peinlich, mit dieser Thematik konfrontiert zu sein. Eine zufriedenstellende Antwort bekam ich von ihr nicht.

Letztendlich wurde ich von einem Frauenarzt zum anderen gebracht, um meine Anomalität begutachten zu lassen. Ich wurde plötzlich mit einem mir fremden Wort konfrontiert. Es hieß nämlich, es könnte möglich sein, dass ich ein Zwitter wäre. Sehr massiv mischte sich mein Vater in dieses Geschehen ein – was meine Mutter zwar, wie sie später behauptete, schon sehr verwunderte, doch nicht dazu veranlasste, irgendeinen Verdacht zu hegen. Damit schaffte es mein Vater drei Jahre später, in denen ich an meinem *gesunden Frausein* sehr zweifelte, mich mit siebzehn Jahren einem Frauenarzt für eine Schönheitsoperation zu übergeben. Ich sollte eine Schamlippenkorrektur erhalten, was bedeutete, dass mir in diesem Alter, ohne die eigene Wahl zu haben, über meinen Körper selbst zu entscheiden, meine inneren Schamlippen als Abschluss eines jahrelangen, tiefsitzenden und gut vertuschten Martyriums, das mich in meinem Leben noch lange belasten sollte, weggeschnitten wurden. Möglicherweise wollte mein Vater mit diesem Akt seine Schuld entfernen lassen, mir vielleicht aber auch einen Teil meiner Lustempfindung nehmen, die ich ja nun nicht mehr mit ihm teilen konnte. Ich hatte ein Jahr vor der Operation bei unserer gemeinsamen Ägyptenreise in meinem 17. Lebensjahr zu menstruieren begonnen, weshalb ab diesem Zeitpunkt die Gefahr einer Schwangerschaft bestanden hätte.

Erst viele Jahre später – zu dem Zeitpunkt, als Waris Dirie ihr Buch *Wüstenblume* veröffentlichte und die Beschneidung der Frauen in diesem Teil der Welt thematisiert wurde, erkannte ich, dass mir in gewisser Weise dasselbe Schicksal widerfahren war. Ich hätte möglicherweise in späteren Jahren diese Schönheitskorrektur, die tatsächlich in der Zeit der Schönheitsoperationen als Labienkorrektur angeboten wurde, auch selbst gewünscht, aber dann wäre es meine eigene Entscheidung über meinen Körper gewesen. An einer medizinischen Notwendigkeit wegen irgendwelcher Schmerzen war es bei mir nicht gelegen. In den letzten Jahrzehnten haben sich bereits viele junge Frauen dafür entschieden, ihre inneren Schamlippen verkleinern zu lassen.

Was von uns Frauen nicht alles gemacht wird, um Männern zu genügen!

Den wenigsten Frauen ist bewusst, dass die Vulva, genauso wie sie aussieht eine wichtige Funktion für die Sexualität hat. Einerseits ist sie ein Lockorgan, um den Partner zu erotisieren, andererseits hat sie einen wichtigen Part im Aufbau der Erregung. (Dr. Elia Bragagna). Viele Jahrzehnte später sollte ich von dieser Ärztin – die eine Vorreiterin in der Sexualmedizin wurde – erfahren, wie gefährlich und auch lustmindernd solche Operationen sein können. Außerdem können sie zu Behinderungen führen, was durch ein Durchschneiden der Nerven in diesem sensiblen Gebiet fatale Folgen haben kann. All das erfuhr ich von Frau Dr. Bragagna, mit der ich ein intensives Gespräch führen durfte. Erst so viele Jahre später wurde mir dadurch bewusst, warum ich im äußeren Bereich meiner Vagina in jungen Jahren so gar nichts empfand und dieses Empfinden erst mit über 30 Jahren langsam erleben konnte. Ich wollte und konnte mich auch selbst ganz lange nicht an meiner „verletzten Scham" berühren.

Somit ist es meinem Vater doch tatsächlich gelungen, mir einen Teil meiner Lustempfindungen zu nehmen!

Zu jener Zeit sprachen meine Mutter und ich über das damals Geschehene und sie meinte, sie sei wirklich sehr erstaunt gewesen, wie sehr sich mein Vater mit diesem Thema auseinandergesetzt und in meine Belange eingemischt hatte. Hinterfragt hatte sie sein Verhalten allerdings nicht. Niemandem schien sein Verhalten zum damaligen Zeitpunkt verdächtig.

Wie konnte mein Vater so genau über die Form und Größe der Schamlippen seiner eigenen Tochter Bescheid wissen, wenn er nicht einmal mit mir in einem Haushalt wohnte? Selbst unter diesen Umständen wäre es ungewöhnlich, wenn Eltern über allzu intime Details ihrer Kinder Bescheid wussten. Ich selbst hatte meine eigenen Kinder ab einem gewissen Alter nicht mehr nackt gesehen, weil sie es aus Scham nicht wollten und auch im Badezimmer zusperrten. Meinen eignen Sohn hatte ich mit 10 Jahren das letzte Mal nackt gesehen.

Wenigstens wurde ich damals vor einer zweiten Operation bewahrt, die mein Vater an mir vornehmen lassen wollte, nämlich der Korrektur meiner Brustwarzen – ich hatte Schlupfwarzen, die nicht immer nach außen gewölbt waren. Dafür hatte er mich zu einer Ärztin geschickt, die mich jedoch als Frau warnte, nach einem solchen Eingriff nie mehr die Möglichkeit zu haben, meine Kinder zu stillen, abgesehen davon, dass dies ein ziemlich schlimmer körperlicher Eingriff sei. Offensichtlich wollte mich mein Vater zu einer perfekten Barbiepuppe umkonstruieren lassen, zu der perfekten Frau, die dem Mann zu gefallen hat. Sogar meine Beine wollte er schlanker sehen – eine Fettabsaugung meiner Waden hatte er mir vorgeschlagen. Glücklicherweise konnte ich auch dieser Schönheitskorrektur entgehen.

Im Jahr 2006 – 26 Jahre nach meinem operativen Eingriff – schrieb das British Journal of Medicine: *Nirgendwo in der Welt nehmen die Genitalverstümmelungen so zu wie in den sogenannten entwickelten Gesellschaften.*

Ich war ein frühes Opfer dieses Geschehens!

Rückblickend auf all das Geschehene kann ich sehr wohl erahnen, dass meine Stiefmutter wusste oder zumindest unbewusst vermutete, was sich da im Hintergrund abspielte, vor allem wenn sie im Sommer nicht im Haus war. Möglicherweise hatte sie etwas über unser Verhältnis und von den Geliebten meines Vaters erfahren. Anders konnte ich mir den abgrundtiefen Hass, den sie auf mich hatte, nicht erklären, als dass sie von mir als der heimlichen Geliebten wissen musste. Dieser Hass kam am stärksten während der Tauffeier meiner jüngsten Halbschwester im Sommer des Jahres 1976 zum Ausdruck.

Mein Vater hatte eine Kutsche gemietet und ich war so stolz, endlich wieder einmal bei einem Familienereignis dabei sein zu dürfen, auch wenn ich die Feindschaft meiner Stiefmutter, der beiden Stiefschwestern, vor allem der älteren, sowie meiner älteren Halbschwester hautnah miterleben musste. Sie waren mir gegenüber so bösartig, dass dies nicht nur seelisch schmerzte. Diese Frau hasste mich und meine Großmutter, zu der mein Vater ebenfalls eine vollkommen ungesunde Mutter-Sohn-Beziehung hatte, zutiefst. Als ich nach der kirchlichen Feier das Baby – meine Halbschwester Kornelia – ganz zart in ihrem Kinderwagen berühren wollte, schrie mich meine Stiefmutter mit hasserfülltem Ton an: „Gib deine dreckigen Finger weg, du Schlampe! Greif sie ja nicht an!“ Vollkommen verängstigt zog ich mich zurück und hörte noch, wie sie, zu einer Freundin gewandt, sagte: „Die da wird sicher eine Hure werden und meine Jana wird ein ganz großes Model sein“. Jana – so wurde Tatjana genannt, war meine drei Monate ältere Stiefschwester, die tatsächlich sechs Jahre später zur Miss... gewählt werden sollte, um sich bei den Misswahlen einen reichen Mann zu angeln. Eine solche Inszenierung erinnert wahrlich an das Märchen Aschenputtel in moderner Form.

Mein Vater schützte mich – wie im Märchen – in keiner Weise vor den Angriffen dieser bösen Frau. Er war unfähig, etwas zu tun, weil er sich immer nur dorthin wendete, wo für ihn der Gewinn des Moments zu sehen war. Ich hingegen war wieder einmal ihrem Hass und der Ablehnung hilflos ausgeliefert und konnte nur mehr brav und angepasst diesen unerträglichen Tag über mich ergehen lassen. Wenigstens fand ich nach diesem schlimmen Tag Trost zu Hause bei meiner Mutter, die zu diesem Zeitpunkt einen Freund hatte, der Zauberkünstler war, ein ganz liebevoller und lustiger Mensch, den ich sehr mochte und von dem ich meinen Artus, einen entzückenden Apricotpudel, geschenkt bekam. Eigentlich war er sein Hund, mit dem er uns wenige Monate zuvor bei seinem ersten Besuch überraschte. Man konnte ihn fast als einen Wollknäuelhund – flauschig und duftend – bezeichnen und ich verliebte mich sofort in dieses entzückende Tier, das sogar in meinem Bett schlafen durfte. Es war dieser kleine Hund, der, als ich tieftraurig von der Tauffeier heimkam, an mir hochsprang, mich vor Freude über meine Rückkehr ableckte und mit mir kuschelte. *Wie schön die Liebe von so einem kleinen Tier sein kann!*

Leider musste Elias kurze Zeit später Österreich verlassen, weil er eine Stelle beim dänischen Nationalzirkus bekam, mit dem er den Sommer über auf Tournee ging. Er nahm Artus mit, weil wir ihn tagsüber nicht betreuen konnten – nun musste ich wieder auf meinen kleinen Freund verzichten.

Dafür erlebte ich einen meiner aufregendsten Urlaube in diesem Sommer. Meine Mutter nahm mich und meine Cousine Kate, die gerade sehr unglücklich und verzweifelt war, weil sie erst vor kurzem erfahren hatte, dass sie nun demnächst mit ihrer Mutter zu einem fremden Mann in ein fremdes Land ziehen sollte, für drei Wochen mit auf Urlaub in den Zirkus Beneweis, den dänischen Nationalzirkus, wo Mutti sehr unter dem für sie so ungewöhnlichen Zirkusleben litt. Dafür hatten wir Kinder unglaublichen Spaß in dieser fremdartigen Umgebung. Meine Cousine vergaß dort sogar ein bisschen den Schmerz über den bevorstehenden Umzug und Verlust ihres Vaters und ihrer Heimat. Es ist wirklich unfassbar, wie viel seelisches Leid Erwachsene ihren Kindern antun können. Ich selbst war dort heiter und ausgelassen, konnte wieder ganz das wilde Mädchen sein, das ich ja eigentlich war, spielte mit den Affen, fuhr im Zirkusgelände mit Elias´ Automatikmercedes herum, lernte von einem Zirkusjungen am Kopf zu stehen und erforschte das gesamte Umfeld, von den Elefanten bis zu den Seelöwen. Außerdem war ich unglaublich stolz darauf, nach außen hin ein Zirkuskind zu sein und die Stieftochter des großen Zauberkünstlers.

Für Kate und mich war diese Zeit die letzte gemeinsame im unbeschwerten Kindsein.

Wir flogen nach unserer Zeit im Zirkus gemeinsam nach England.

Dennoch war dieser Sommer mit meiner geliebten Cousine Kate in England getrübt durch die Tatsache, dass ihre Mutter beschlossen hatte, ihren Mann zu verlassen und ihre Tochter mit in eine neue Umgebung in einer Großstadt nahm. Das bedeutete auch für mich das Ende meiner wunderschönen, geliebten, unbeschwerten und so freudvoll erlebten Sommermonate.

Ich war 13 Jahre alt, als ich mit Kate den letzten Sommer in ihrer Heimat verbrachte – noch einmal konnten wir uns unbeschwert und voller Leichtigkeit dort in der unberührten Natur austoben.

Spaß und Abwechslung hatte ich in meinem jungen Leben. Meine Mutter gab auf ihre Weise ihr Bestes – sie war immer schon ein unglaublich unternehmungslustiger Mensch. Auch meine größte Leidenschaft – das Reiten – ermöglichte sie mir weiterhin im Rahmen ihrer finanziellen Möglichkeiten, obwohl sie von meinem Vater so gut wie keine finanzielle Unterstützung bekam. Sie hatte wirklich die Gabe der Großzügigkeit, die ich ein Leben lang an ihr bewunderte. Ihre Großzügigkeit mir gegenüber war sichtlich ihre Form, mir Liebe zu zeigen. Auch wenn sie es oftmals nicht schaffte, ihre finanziellen Dinge zu ordnen, war immer genug Geld für uns beide da. In dieser Hinsicht war meine Mutter eine wahre Lebenskünstlerin, die gut zu leben wusste – auch mit finanziell eingeschränkten Möglichkeiten.

Somit war ich einerseits ein Mädchen, dem im Außen schöne Dinge angeboten wurden, das vieles erleben durfte, was anderen nicht möglich war und andererseits ein gebrochener, angepasster, junger Mensch, der alles tat, um Liebe zu bekommen, selbst um den Preis der eigenen Gesundheit.

Schon sehr früh begann ich ein Leben der Extreme zu führen.

Kapitel 3 – Gebrochen

1977-1984

Extreme zeigten sich auch in der Außenwelt.

1977 war das Jahr, in dem ein neues Zeitalter in der Kinogeschichte angebrochen war. Mit dem zukunftsweisenden Film *Starwars – eine neue Hoffnung* wurde mit unglaublichen Spezialeffekten revolutionäres Neuland betreten. Offensichtlich haben einige Menschen auf diesem Planeten Zugang zu anderen Welten, die es außer dieser einen kleinen, menschlichen Existenz auf der Erde noch gibt. Vermutlich erlebt es jeder auf seine Weise, der sich dieser Möglichkeit öffnet. *Wie können wir uns anmaßen zu glauben, die einzige, lebende Existenz in dieser Unendlichkeit des Universums zu sein und uns noch dazu einbilden, wir seien hoch entwickelte Wesen? Können Bewusstseinsformen, die so viel Leid, Zerstörung, Vernichtung und Schmerz über einen ganzen Planeten bringen, wirklich annehmen, in einem geistig hoch entwickelten Stadium zu sein?* Nein, wahrlich nicht! Solange wir so sehr von Macht und Geld fehlgeleitet sind, scheint es unmöglich, in hohem Bewusstsein zu leben. Die einzigen Erfolge, die sich in dieser Zeit allmählich zu einer Hochblüte entwickelten, waren technologische Entwicklungen – immer schneller steuerte die technische Entwicklung ihrem Zenit zu.

Im selben Jahr wurde auch am 1. Januar die Charta 77 in Prag veröffentlicht, in der 242 Erstunterzeichner die kommunistischen Machthaber wegen der Verletzung der Menschenrechte kritisierten. Es war das erste bahnbrechende Dokument im damaligen Ostblock, das den Beginn eines Aufbruchs in eine neue Ära darstellen sollte. Zumindest versuchten einige mutige Menschen einen neuen Weg einzuschlagen.

Ich war zu dieser Zeit ein braves, fleißiges und immer angepasstes Mädchen, wusste, wie man Schmerz lächelnd überspielt, mit Schlafmitteln umgeht, die ich minimal dosieren konnte. Ebenso konnte ich meine quälenden Kopfschmerzen und Migräneanfälle mit allen Varianten von Schmerztabletten relativ gut unter Kontrolle halten.

In der Schule war ich immer noch eine außergewöhnlich strebsame und gute Schülerin, bloß in Mathematik tat ich mir in diesem Schuljahr etwas schwerer. Wir hatten meine geliebte Mathematiklehrerin verloren, die wegen ihrer Schwangerschaft und Geburt einer Tochter in Karenz gegangen war. Allerdings wohnte sie in meinem Nachbarhaus, wodurch es mir möglich war, manchmal von ihr Unterstützung zu bekommen, um dennoch einen guten Schulabschluss zu haben. Eines Tages, als ich zu einem vereinbarten Nachhilfetermin kam, läutete ich an ihrer Wohnungstüre. Ihr Mann, ein Tunesier, öffnete mir. In dem Moment, als ich ihn sah, stieg Angst in mir auf, ich wollte wieder umdrehen, um nach Hause zu gehen. Er allerdings lächelte mich an, hielt mich zurück und meinte, dass seine Frau gleich kommen würde und ich mit ihm gemeinsam warten könnte. Sein Blick hatte mir immer schon Angst gemacht, wenn ich ihm auf der Straße begegnet war, aber jetzt kam noch dieses Gefühl des Ausgeliefertseins dazu und ich war wie erstarrt. Er sagte, ich solle mit ihm auf den Balkon gehen, um zu schauen, ob sie vielleicht schon komme. Als ich mich an das Balkongeländer lehnte, um nach unten zu blicken, stellte er sich von hinten ganz nahe an meinen Körper, der in dem Moment endgültig zu erstarren begann, als ich in meinem Rücken seinen erigierten Penis durch mein Gewand spürte und keine Chance mehr hatte, mich zu bewegen. Wie erleichtert war ich, als genau in diesem Moment tatsächlich meine Lehrerin auftauchte und damit der Bann und auch die Gefahr gebrochen waren! Wer weiß, was womöglich noch geschehen wäre! Keineswegs traute ich mich mit ihr oder irgendjemand anderem über diesen Vorfall zu sprechen. Erst viele Jahre später erinnerte ich mich wieder an das Geschehene – es war, als ich mit meiner kleinen Tochter Sophie diesem Mann wieder begegnete und wusste, sie davor schützen zu müssen, ihm jemals alleine über den Weg zu laufen.

Meinen Schulabschluss schaffte ich auch in diesem Jahr wieder mit Auszeichnung.

Im Sommer wurde ich nun mit meinen vierzehn Jahren auf Sprachurlaub an die Südküste von England geschickt, wo ich drei Wochen lang todunglücklich war und nur zurück nach Hause wollte. Ich war dort immer eine Außenseiterin, die sich in dieser Gruppe rauchender und Alkohol trinkender Jugendlicher absolut nicht wohlfühlte und sich viel lieber allein zurückzog. Wieder einmal wollte meine Mutter mir einen teuren und lehrreichen Aufenthalt bieten, weil sie meinte, dies sei das Beste für mich. Ich war dort einsam, unglücklich und angsterfüllt. Und ich erfuhr diese Zeit umso schmerzhafter, als es der erste Sommer nach neun Jahren war, den ich nicht bei Kate verbringen konnte. Sie war schon nach Lissabon übersiedelt und somit nicht mehr in ihrer Heimat.

Ich fühlte mich so oft wie eine Fremde unter all den anderen, wie wenn ich nicht von dieser Welt wäre und doch alles tun musste, um dazuzugehören. *War ich von dieser Welt?* Da ich doch diese Existenz gewählt hatte, musste ich wohl ein Teil von ihnen sein, ein Teil der Menschen, die sich zu Gruppen formierten, um stärker zu sein, die einander bekämpften, erniedrigten, quälten, töteten, die große Liebesbeziehungen erlebten, um im nächsten Moment den einst geliebten Partner zu hassen und zu zerstören. Diese große Gruppe von Menschen war für so viel Zerstörung und Vernichtung verantwortlich und lernte niemals aus den Untaten der Vergangenheit. Immer wieder wurden und werden auf unserem wunderbaren Planeten, den wir schon in dieser Zeit begannen mehr und mehr zu zerstören, Kriege geführt, um uns damit selbst die Lebensgrundlage zu vernichten. Es war wie ein Sog, der mich diesmal nicht in die Weite der Existenz meines großen, unbegrenzten Universums fliegen ließ, sondern mich mehr und mehr in der Enge des begrenzten, menschlichen Daseins gefangen hielt, in dem ich im Dämmerzustand der Unbewusstheit, der Manipulation von Kirche, Politik und der Menschen, die mich so haben wollten, wie sie es für richtig befanden, zu einer Marionette menschlichen Daseins geworden war. Was musste ich auf dieser Erde alles erfahren? Ich war bereits so sehr zum Opfer geworden, dass ich in keiner der „Situationen der Ohnmacht“ fähig gewesen wäre, dieser Opferrolle zu entrinnen. *Wie lange sollte ich noch in dieser Opferrolle verweilen, in der sich doch unendlich viele Menschen oftmals ein Leben lang befinden?* Je unbewusster ich wurde, desto mehr war ich auch Gefangene der Intrigen und Spiele des menschlichen Daseins und fing erstmals an, auch selbst mitzuspielen.

Im selben Sommer meiner unglücklichen Englandreise, in dem meine Stiefmutter mit ihren vier Töchtern wie jedes Jahr in ihre Heimat flog, durfte ich auch wieder für einige Zeit ins Haus meines Vaters kommen. Mein Vater genoss sein Leben, indem er mich – die heimlichste all seiner Geliebten – zu sich holte und wie jeden Sommer auch wieder eine oder zwei andere Frauen nebenbei hatte. Er nutzte die Zeit ohne Familie wahrlich aus, um seinem Vergnügen zu frönen. An einem dieser lauen Sommerabende saßen wir beide auf der Terrasse beim Abendessen. Mit uns seine junge 19-jährige Sekretärin, die er erst kurze Zeit davor in seinem Unternehmen eingestellt hatte – sie war bloß fünf Jahre älter als ich.

Ich geriet nun das erste Mal in einen weiblichen Konkurrenzkampf.

Jede von uns umgarnte ihn auf ihre Weise. Ich war mir meiner Macht durchaus bewusst, wenn auch nur im äußeren Spiel zweier weiblicher Egos, die nun aufeinanderprallten. Irgendwann, als wir beim Dessert waren – es gab natürlich Eiscreme – setzte ich mich provokant auf den Schoß meines Vaters, um der anderen Frau zu demonstrieren, welche hier die Wichtigere für diesen Mann war. Dann meinte ich auffordernd: „Na, ich bin ja neugierig, wer das nächste Jahr hier sitzen wird?“ Sie bemerkte beiläufig: „Sicher ich!“ „Du wirst doch nicht glauben, dass du es sein wirst, wo doch jedes Jahr eine andere hier sitzt!“, antwortete ich schnippisch. Daraufhin sagte Niki – so nannte sich die neue Eroberung meines Vaters: „Ganz sicher – immer noch ich – du wirst es sehen!“ Ich erwiderte: „Das würde mich schon sehr wundern, wenn doch mein Vater mit allen nur spielt.“ Sie reagierte ganz kühl: „Dann lass dich doch einmal überraschen!“ Wie sicher ich mir plötzlich war, dass ich für einen Mann auf jeden Fall die beste Geliebte sein musste und wollte, weshalb ich alle Konkurrentinnen aus dem Feld schlagen konnte! In diesem Sommer setzte ich den Samen für viele zukünftige

Konkurrenzkämpfe mit anderen Frauen. Die beste Geliebte zu sein sollte ich dann später noch viele Jahre, sogar Jahrzehnte hindurch, mir und den anderen beweisen wollen. Ich beherrschte es, die Männer von mir abhängig zu machen, sie sexuell an mich zu binden und war stolz darauf, meine Macht zu kennen.

Der Preis dafür war und ist bis dato immer wieder tiefe Einsamkeit.

Wann werde ich endlich selbst fähig dazu sein, mich nicht mehr in solchen Spielen zu verstricken?

An diesem Abend hatte ich erstmals beschlossen, eine Frau mit allen Mitteln auszubooten, und es gelang mir insofern, dass ich es schaffte, zu bleiben, während sie nach Hause fahren musste. *Jedoch zu welchem Preis? Ich durfte in seinem Bett schlafen, ich war die Begehrte, ich hatte gewonnen.*

Doch Niki sollte Recht behalten, sie war tatsächlich im nächsten Sommer immer noch die Geliebte meines Vaters und nur noch einmal war es mir möglich, ihren Platz einzunehmen.

Zwei Jahre später sollte ich eine Reise mit meinem Vater nach Ägypten antreten, weil die beiden zu diesem Zeitpunkt zerstritten waren und ich an ihrer Stelle meinen Vater begleiten durfte. Sollte ich vielleicht bei dem, was dort passierte, lieber sagen, begleiten musste?

Aber zu diesem bitteren Ende einer langen Geschichte werde ich erst später kommen.

Noch vieles hatte sich davor ereignet.

Die Welt im Außen wurde mir immer fremder und unverständlicher und zugleich war es mir auch seltener möglich, mit meinem Engel wie auch mit meinen Elfen, Feen und Naturwesen sowie anderen Freunden meiner Parallelwelten in Kontakt zu treten. Von Jahr zu Jahr fühlte ich mich hier in diesem Dasein schwerer und belasteter. Meinen Körper erlebte ich mehr und mehr als Begrenzung, ich verlor meine frühere Leichtigkeit und Freude und wurde oftmals tief traurig in meinem Sein. Ich konnte nicht verstehen, was es bloß war, dass ich als so unterentwickeltes und unschuldiges Mädchen immer wieder Übergriffen von Männern ausgesetzt war. Damals hatte ich noch keine Ahnung davon, dass es ein Resonanzprinzip gibt, das offensichtlich in meinem Fall seine Wirkung zeigte, die sich darin äußerte, dass ich als Opfer meine Täter anzog.

Gibt es tatsächlich so etwas, das wir Karma nennen?

Das ist wahrhaft eine große Frage im Leben aller. Zur damaligen Zeit hatte ich davon noch keine Vorstellung. Aus meiner jetzigen Weltsicht erscheint mir diese Möglichkeit als die einzig wahre. Wäre es sonst zu verstehen, dass schon Kinder so tief greifenden Schicksalsfügungen ausgeliefert sind? Gott kann kein strafender Gott sein! So schien dieses Karma seine Wirkung in jedem Moment des Lebens zu entfalten – als Erwachsener konnte man hoffen, eine Situation mitentscheiden zu können, als Kind ist man jedoch immer den Stärkeren ausgeliefert.

Würde es dieses Karma, an das ich erst viel später zu glauben begann, nicht geben, so müssten wir Christen davon ausgehen, dass Gott auch böse sei und es zuließ, Kinder sterben zu lassen, sie gequält, misshandelt und missbraucht den Erwachsenen auszuliefern. Ich kann an einen solchen Gott nicht glauben, nicht an einen Gott, der diese unendliche Schöpfung erschaffen hat, nur um uns Menschen dann in Qual, Leid und Zerstörung existieren zu lassen. Ich habe nie aufgehört zu beten, egal was mir angetan wurde. Ich habe nie aufgehört, daran zu glauben, dass Gott mir helfen würde. Doch oftmals erschien mir das Leben dennoch unerträglich und nicht lebenswert, so sehr, dass ich es viel lieber verlassen hätte. Allerdings war immer irgendeine Kraft in mir, die viel stärker als diese Todessehnsucht war. Es war der Überlebenswille und das offensichtliche Wissen darum, irgendwann in diesem Leben noch meinen Auftrag zu erfüllen.

Doch welchen Auftrag?

Außerdem hatte ich tief in mir die Sicherheit, dass dieses Leben mir noch viel Schönes bringen werde.

Inzwischen hat sich meine Weltsicht noch erweitert, indem ich nicht nur an die Notwendigkeit der Auflösung von Karma glaube, sondern auch erkennen muss, dass unsere Innenwelt tatsächlich immer durch unsere Außenwelt widergespiegelt wird. Diese Bestätigung fand ich für mich in dem Buch von Gregg Braden *Im Einklang mit der göttlichen Matrix.*

Wie im Innen so im Außen!

Langsam – ganz langsam – wurde ich von einem Mädchen zu einer zarten, heranwachsenden, jungen Frau. Zwei Monate vor meinem 15. Geburtstag hatte ich mit einer Schulkollegin – es war Ruth, mit der ich schon in die Volksschule gegangen war – Firm-Unterricht in einem Schloss im Süden meines Heimatlandes, wo ich einem ein Jahr älteren Jungen begegnete, in den ich mich unverzüglich unbeschreiblich verliebte, ohne zu wissen, wo er wohnte oder wie ich ihn jemals wiedersehen könnte. Er hieß Mario – nichts anderes wusste ich von ihm. Als ich zurück nach Hause kam, unternahm ich alles, um ihn zu finden. Sogar meine Mutter half mir dabei, allerdings machte sie mir auch klar, dass es ohne weitere Hinweise ziemlich aussichtslos wäre, ihn ausfindig zu machen. Damals gab es weder Google noch irgendeine andere Vernetzung über unsere Medien. So war ich das erste Mal in meinem Leben verliebt – unglücklich verliebt. An jeder Straßenecke und überall, wo ich mich bewegte, hoffte ich, ihm wieder zu begegnen. Ich konnte ihn einfach nicht finden. Kurz vor Weihnachten übersiedelte ich mit meiner Mutter in unsere neue Wohnung, war eifersüchtig auf ihren neuen Freund und traurig, allzu viel allein zu sein. Ich hatte keine wirklich tiefe Freundschaft, wie viele andere Mädchen meines Alters, weswegen ich schon damals unter großer Einsamkeit litt.

Im Januar wurde ich 15 Jahre alt.
Mario hatte ich nicht mehr gefunden.

Es war das Jahr 1978, in dem es der Wissenschaft erstmals gelang, ein Retortenbaby in die Welt zu setzen. Dieses Mädchen hieß Louise Joy Brown und wurde im Vereinigten Königreich gezeugt.

Für mich ist es faszinierend, in welch kurzer Zeit die Technik sich weiterentwickeln konnte. Erst vor knapp über dreißig Jahren wurde das erste Kind aus der Retorte geboren. Dreißig Jahre danach ist es selbstverständlich, in die Natur einzugreifen, In Vitro Fertilisation und Leihmutterschaft sind Themen, die sich über den gesamten Planeten erstrecken. Überschüssige Eier werden übrigens eingefroren, um sie bei Bedarf wieder aufzutauen. Was bisher nur mit Tieren gemacht wurde, wurde dem Menschen bislang noch erspart. Das Klonen eines menschlichen Wesens war Gott sei Dank bisher nur Frankenstein vorbehalten. Welche Auswirkungen diese Entwicklung auf den einzelnen Menschen und dessen Lebensentwicklung haben würde, ist nicht einmal zu ahnen. Wie schwierig ist es schon, seine eigenen Wurzeln in einem Familiengefüge eines bekannten Vaters und einer bekannten Mutter anzuerkennen.

Wie oft werden durch Inzesthandlungen oder andere Umstände die wahren Familienzusammenhänge verschleiert. So erinnere ich mich an eine Schulkollegin, die eine vollkommen verworrene Familiensituation hatte und bis heute nicht wirklich weiß, wer ihr leiblicher Vater tatsächlich ist. Sie hatte erst im Erwachsenenalter herausgefunden, dass ihre vermeintliche Mutter ihre Großmutter war, ihre Großmutter die Urgroßmutter und ihre Schwester eigentlich ihre Mutter, die sie mit 15 Jahren geboren hatte und dann bei der eigenen Mutter ablieferte. Den dazugehörigen Vater lernte sie später kennen, um Jahre darauf wieder durch einen Bluttest festzustellen, dass dieser Mann es eigentlich doch nicht sein konnte. All dies wirkte sich noch auf weitere Nachkommen ihn ihrem Familiensystem aus. Wie geht es dann erst jenen Kindern, deren Vater ein Samenspender ist, dessen Namen sie nie erfahren können, oder Kinder von Eispenden, bei denen junge Frauen ihre Eier verkaufen, die dann in eine andere Mutter befruchtet eingepflanzt werden – womöglich auch befruchtet durch eine Samenspende...

Wie verläuft die Entwicklung von Kindern, die möglicherweise bei einem gleichgeschlechtlichen Paar aufwachsen, ohne Unterstützung von der andersgeschlechtlichen Energie? Diese Frage stellt sich vor allem in Regierungskreisen, wenn es darum geht, die Adoption von Kindern auch gleichgeschlechtlichen Paaren zu erlauben. Ich sehe in diesem Fall die Frage der Ethik und Liebe im Vordergrund. möglicherweise wäre meine Entwicklung bei zwei liebevoll fürsorglichen Frauen glücklicher verlaufen. Möglicherweise hätte ich als Tochter zweier Männer, die mich wirklich nur als ihr Kind geliebt hätten, nicht unter Beziehungsunfähigkeit zu einem Mann, die zum Zeitpunkt der Niederschrift dieser Zeilen offensichtlich noch immer ein wesentlicher Teil meines Lebens ist, leiden lassen. Ich musste jeden Mann irgendwann verlassen, war doch mein Vater wahrlich nicht ein gutes männliches Vorbild, um einem Mann wirklich vertrauen zu können und sich bei ihm sicher zu fühlen. Wie verläuft das Leben von Kindern, die im Leib einer „Leihmutter“ ihre Entwicklung machen, die unter Umständen ein Ei eingesetzt bekam, das wiederum von einer anderen Frau stammte und das womöglich auch noch vom Samen eines „fremden Mannes“ befruchtet wurde, um dann Eltern übergeben zu werden, die das Kind unbedingt haben wollten? All diese Menschen sind hoffentlich wunderbare Zieheltern, doch wo findet ein solches Kind seine Wurzeln? Wie verläuft das Leben, wenn ein Mensch erfährt, dass er ursprünglich einige Zeit als eingefrorenes, befruchtetes Ei in einem Kühlaggregat aufbewahrt gewesen ist? Systemisch gesehen können wir uns noch keinerlei Vorstellungen machen über die Folgen der Technisierung menschlichen Lebens. Ich frage mich eher, wie es zu dieser Entwicklung kommen konnte und warum Menschen immer schwerer auf natürliche Weise Kindern das Leben schenken können. Liegt es an der Beschleunigung unserer Zeitqualität – immer mehr Macht, mehr Geschwindigkeit, mehr, mehr und mehr zu wollen…?

Es wäre aus meiner Sicht viel mehr Bewusstheit erforderlich, die endlich all das zum Stillstand und unser Leben wieder mit den Rhythmen der Natur in Einklang bringt.

Auch bei mir war es so, dass ich dem Sog unserer westlichen Sozialisation hilflos ausgeliefert war und zu einem dieser Menschen wurde, der wie die meisten anderen verurteilte, über die Nicht-Anwesenden Schlechtes sprach und langsam aber sicher anfing, sich in die Netze der menschlichen Intrigen mit einzuflechten, um immer tiefer zu einem Teil dieses Gefüges zu werden. All dies sollte sich dann lange Zeit nicht ändern.

Ich begann mehr und mehr ein Leben, dass mich in Machtspielen gefangen halten sollte, in dem die Rolle des Opfers und der Täterin einem Wechselspiel gleichkam.

So geschah es eines Tages im April – ein halbes Jahr nach unserem gemeinsamen Firm-Unterricht – dass meine Schulkollegin Ruth, die von meiner Verliebtheit zu Mario und meiner darauffolgenden, verzweifelten Suche nach ihm wusste, in der Schule auf mich zukam und meinte, ich solle mich hinsetzen, weil sie mir etwas Wichtiges zu sagen hätte. Ich tat es und ahnte Schlimmes. Ganz stolz meinte sie erhobenen Hauptes: „Weißt du, mit wem ich jetzt gehe? Mit Mario! Den habe ich vor einem Monat wieder getroffen.“ In diesem Moment wurde mir schwindlig und ich war zutiefst betroffen, verzweifelt und unglücklich. Sie war eine Schlange…und bei mir war es das erste Mal in meinem Leben, dass ich mich hinreißen ließ, auf Rache zu sinnen, wodurch ich schon im Kampffeld menschlicher Niederungen verwoben war. Ich musste nur auf den richtigen Zeitpunkt warten, um zuzuschlagen.

Im Mai wurde ich gefirmt und in einer wunderschönen, kirchlichen Zeremonie in einem alten Stift hochoffiziell in den Kreis der christlich-katholischen Glaubensgemeinschaft aufgenommen. Damals ahnte ich noch keineswegs, geschweige denn wusste ich, was sich so alles an Grausamkeiten hinter der Scheinheiligkeit vieler katholischer Kirchenführer verbarg. Erst viel später sollte ich von all den brutalen Misshandlungen, die bis zu sexuellen Missbrauchsfällen reichten, in Einrichtungen erfahren, wo Kinder und Jugendliche solchen Menschen ausgeliefert waren. Gar nicht zu reden von all den Kreuzzügen, Kriegen und sonstigen Gewalttaten, die im Namen Gottes über Jahrtausende hindurch ausgeübt wurden. So soll es niemanden verwundern, dass wir als Teil dieses Kollektivs mit allen niedrigen Emotionen verbunden wurden, sind wir doch Teil dieses kollektiven Bewusstseins. Auch ich war in dieses Kollektiv nun eingebunden und bereitete meinen ersten Rachefeldzug vor.

Als ich erfuhr, dass meine Mutter Anfang Juni für ein Wochenende wegfahren sollte, war mein Plan erstellt. Ich durfte eine Sommerparty machen und diese plante ich sehr genau. Endlich war es auch wieder so weit, dass ich mit meiner hübsch geföhnten Löwenmähne etwas mädchenhafter aussah. Das Abenteuer konnte beginnen.

Ich hatte alle möglichen Schulfreundinnen und ein paar Jungen eingeladen – natürlich auch Ruth mit ihrem Begleiter Mario. Nachdem der Abend ein bisschen fortgeschritten war und ich mich schon ein wenig mit Mario unterhalten hatte und dabei erfuhr, dass er mit der Vespa gekommen war, hatte ich die glänzende Idee, sämtliche noch vorhandene Getränke zu verstecken. Nach dieser Aktion kam ich aus der Küche, um ganz entsetzt festzustellen, dass wir nichts mehr zu trinken hatten. Unschuldig fragte ich, ob mich denn irgendjemand zu dem Lebensmittelladen bringen könnte, der abends in unserer Stadt als einziger noch offen hatte. Natürlich meldete sich Mario, mich mit seiner Vespa dorthin zu bringen. Endlich konnte ich ihm nahe sein, meinem Schwarm, an den ich mich bei unserer Fahrt ganz innig und fest klammerte.

An diesem Abend, am 10. Juni 1978, sollte ich auch meinen ersten freiwilligen Kuss bekommen. Es geschah im Aufzug unseres Hauses, bevor wir wieder gemeinsam in die Wohnung zur Party zurückkehrten. Ganz achtsam und vorsichtig hatte sich Mario mir angenähert und wir küssten einander. Ich war unglaublich aufgeregt.

Nun hatte ich endlich meinen ersten Freund und Ruth war ausgebootet.

Sie war bitterböse auf mich.

Somit begann ich als ganz unschuldiges Mädchen mein erstes zartes Liebesabenteuer, in dem ich mich wie ein scheues Reh verhielt und immer mehr Angst bekam, je näher mir Mario kam und je mehr er auch an körperlicher Nähe und Intimität haben wollte. Ich war das erste Mal richtig verliebt, war allerdings in meiner körperlichen Entwicklung noch immer ein mädchenhaftes, unterentwickeltes Wesen und wusste mit meiner Körperlichkeit so gar nichts anzufangen. Ich wurde doch im Glauben gewogen, nicht wirklich normal zu sein, was in mir möglicherweise die Angst auslöste, einen Jungen zu nahe an mich heranzulassen.

Zu dieser Zeit gab es die berühmte Fotoserie des Fotografen David Hamilton, der ganz junge, knabenhafte Mädchen ablichtete. Als bekannter Fotograf war er von diesen nymphenhaften Wesen inspiriert. Er hatte viele wunderschöne Aktfotos mit solchen Mädchen gemacht. Damals war ich fasziniert, heute weiß ich nicht wirklich, was das Motiv solcher Darstellungen war.

Handelte es sich um ästhetische Kunst oder *lüsterne Männerfantasien*?

Was er als Feier der Schönheit empfunden haben will, gilt heute schlicht als Ausbeutung. Man mag Hamilton zugutehalten, dass er nie direkt pädophile Interessen bedient hat. Und man kann durchaus ein präziseres Wort für sein Spezialgebiet finden, wie es etwa der legendäre Sexualwissenschaftler Magnus Hirschfeld eingeführt hat: Parthenophilie, die Liebe und sexuelles Interesse erwachsener Männer zu pubertierenden Mädchen. Eine laut Hirschfeld "sexualbiologisch erwartbare Reaktion".
Leider hat Hamilton selbst den ohnehin engen Spielraum für wohlwollende Interpretationen seiner Kunst mit schwülen Begleittexten

noch extrem verkleinert (siehe Spiegel Online vom 15.4.2013). Sein berühmter Film war *Bilitis*, der damals im Jahr 1977 zu vielen ambivalenten Haltungen führte. Ich erinnere mich, dass mich dieses Werk sehr fasziniert hatte – mit meinen 15 Jahren.

Genau wie eines dieser Mädchen sah auch ich aus, unschuldig und sehr knabenhaft. Dabei hätte ich mir so sehr gewünscht, etwas weiblicher zu sein und mich zu trauen, mehr Nähe zuzulassen – mein einzig ausgeprägter Teil meiner Weiblichkeit waren meine inneren Schamlippen, die mir als anormal und unästhetisch eingeredet wurden. Damit hatte ich natürlich keine Chance, gesund zu reifen – mein Selbstwert war in keiner Weise vorhanden.

Außerdem brachte mich genau zu dieser Zeit der langsamen Entdeckung meiner eigenen Weiblichkeit meine Mutter wieder einmal zum Friseur. Es war ein bekannter Nobelfriseur unserer Stadt, der angeblich tolle Frisuren machen konnte. Was meine Mutter mit ihm vereinbart hatte, wusste ich nicht, jedenfalls war ich ebenso unfähig über meine eigenen Haare zu entscheiden, wie ich nicht imstande war, meine körperliche Integrität zu schützen. Meine Mutter behauptete, als sie mein verzweifeltes Entsetzen sah, dass sie mir ausschließlich einen ganz schicken Haarschnit*t* verpassen lassen wollte. Für mich war das Ergebnis katastrophal! Wieder einmal musste Rapunzel ihr Haar lassen, eingesperrt im Turm, bewacht und behütet von der einzigen Frau, die ausschließlich zu diesem Turm Zutritt hatte. In diesem Fall war es meine Mutter, die mir vermutlich niemals bewusst Schlechtes antun wollte, aber mich immer wieder in meiner Weiblichkeit in Form meiner schönen langen Haare beschneiden ließ. Vor diesem Haarschnitt sah ich mit meiner halblangen Löwenmähne etwas femininer aus. Nun hatte ich wieder einen Kurzhaarschnitt, wie all die Jahre davor, seit mir mit acht Jahren erstmals meine schönen dicken Zöpfe genommen wurden. Ich fühlte mich vollkommen unweiblich und hatte große Angst, mit diesem Haarschnitt meiner ersten Jugendliebe unter die Augen zu treten. Nicht einmal als 15-Jährige war ich imstande gewesen, mich zu wehren oder den Schaden in Grenzen zu halten und das sollte noch lange Zeit so bleiben. Ich durfte niemals aufbegehren. Mario war so respektvoll, es sich nicht anmerken zu lassen, dass er die neue Frisur vermutlich auch entsetzlich fand, aber ich fühlte mich ihm gegenüber nun unsicherer als zuvor. Seine Mutter war da etwas unsensibler in ihrer Reaktion. Sie war wie meine Mutter hochdominant und zusätzlich eine schwierige Persönlichkeit, sicher besonders schwierig für eine zukünftige Schwiegertochter, die ich jedoch nicht sein wollte. Schon zu diesem Zeitpunkt zog ich mich aus Angst vor Ablehnung innerlich von meiner ersten zarten Liebesbegegnung wieder zurück.

Parallel kam es weiterhin wieder zu Übergriffen von erwachsenen Männern.

So auch vom damaligen Freund meiner Mutter, der nicht sehr respektvoll mit der Unschuld eines jungen Mädchens umging und immer wieder meine sprießenden Brüste berührte oder irgendwelche Scherze zu meinem Heranreifen machte. In meinen Sommerferien, in denen meine Mutter mit diesem Mann für drei Wochen nach Griechenland auf Urlaub fuhr, durfte ich wieder für einige Zeit zu meinem Vater ins Haus kommen. Auch dort war es natürlich vollkommen unbedeutend, welche Grenzen ich hatte, es spielte keine Rolle mehr.

Ich war ein gefügiges Mädchen und konnte meine Grenzen selbst nicht mehr erkennen – war ich es doch gewohnt, mich grenzenlos zur Verfügung zu stellen.

Nur im Beisammensein mit dem Jungen, den ich liebte, begann in mir Panik aufzusteigen, wenn er mir näher kam. Zu oft wurden meine Grenzen überschritten – ich konnte nicht mehr spüren, was ich wirklich wollte und was mir zu nahe war.

Wollte ich schon zu diesem Zeitpunkt meinem Vater, dem ersten Geliebten meines Lebens, die Treue halten? War das schon die Treue des missbrauchten Mädchens, das möglicherweise ein Leben lang keine glückliche Beziehung leben darf, weil sie immer wieder von dem Gefühl eingeholt wird, dem ersten und wichtigsten Mann im Leben eines Mädchens treu bleiben zu müssen? In meinem Fall dem eigenen Vater, von dem ich es nicht kannte, was es bedeutete, als Tochter geliebt zu werden, weil ich von Beginn meines Lebens *die Geliebte* dieses Mannes sein musste.

Mario, der wirklich sehr in mich verliebt zu sein schien, bemühte sich redlich um Nähe zu mir. Auch ich spürte eine tiefe Anziehung und Liebe, doch musste ich ihn verlassen aus Angst, er könnte mir sexuell zu nahe kommen, obwohl ich mir diese Nähe mit ihm so sehr gewünscht hätte. Lieber ging ich kurze Zeit später wieder – das Bleiben hätte zu weiterem Schmerz führen können.

So scheiterte bereits nach kurzen, zarten Anfängen diese erste Liebe meines Lebens.

In der Zeit bei meinem Vater wurde ich krank – ich bekam Pfeiffersches Drüsenfieber, in der englischen Sprache *kissing disease* – sehr symptomatisch für all das, was passiert war. Ich musste schon nach kurzer Zeit den Menschen verlassen, den ich eigentlich liebte, weil der andere – mein Vater – den Alleinanspruch an mich stellte. Mit dieser Krankheit, die in der medizinischen Fachsprache durch den EBV Virus ausgelöst wird, übernahm mich meine Mutter, die kurze Zeit darauf aus ihrem Urlaub zurückkam. Dieser Virus sollte mich noch lange Zeit in meinem Leben begleiten und mir viele zukünftige psychische wie auch körperliche Schmerzen bereiten, weil dadurch mein gesamtes Immunsystem vollkommen aus dem Gleichgewicht gebracht wurde. Außerdem bestand damals die Gefahr eines Milzrisses. So wurde ich wieder einmal krank in die Obhut meiner Großmutter gegeben. Währenddessen versuchte Mario, mich über meinen Vater zurückzuerobern. Wie konnte er sich bloß genau an diesen Menschen wenden, der natürlich alles daran setzte, dies nicht zuzulassen? Wie hätte Mario allerdings wissen können, was sich hinter den Kulissen einer Vater-Tochter-Beziehung abspielte?

Erstmals und so, wie es auch noch später oft sein sollte, verbündete sich mein Vater auf subtile Weise mit meiner ersten Liebe. Damit hielt er sich sehr lange die Möglichkeit offen, an meinem Leben, vor allem an meinem Sexualleben, teilzuhaben. Wie ich später erfuhr, ließ er sich gerne von Männern meines Lebens alles über meine sexuellen Vorlieben detailgenau erzählen.

Glücklicherweise wurde ich rechtzeitig zumindest soweit gesund, um meine geplante Reise mit meiner Cousine Kate nach England und Spanien antreten zu können. Onkel James holte mich mit Kate, die schon vor mir zu ihrem Vater gekommen war, vom Flughafen in London ab, um mit uns auf einem Hausboot über die englischen Kanäle zu fahren. Welch ein spannendes Abenteuer wir wieder gemeinsam erlebten! Für mich war es eine vollkommen neue Erfahrung, wir halfen alle zusammen und verbrachten eine Woche auf engstem Raum miteinander. Ich genoss es sehr, war doch Kates Vater ein Mann, der niemals intime Grenzen junger Mädchen überschritten hätte. Wie schön war es nun für mich, wieder einen Sommer mit Kate zu verbringen, wenn auch nicht mehr in der vertrauten Familienumgebung von Hull, wo sie bis vor zwei Jahren aufgewachsen war.

Anschließend fuhren wir mit einer englischen Studentengruppe nach Spanien. Mein Onkel war Universitätsprofessor für Spanisch und fuhr immer wieder mit Gruppen dorthin. Dieser Urlaub war für mich die beste Ablenkung, die ich in diesem ersten Sommer einer enttäuschten Liebe erleben konnte.

Auch meine Cousine Kate erlebte, wie viele andere Mitglieder in meinem Familiensystem, ebenso einen nicht allzu leichten Schicksalsweg. Sie lernte in diesem Sommer in Spanien ihren außerehelichen Bruder Jonas kennen, ohne zu diesem Zeitpunkt zu wissen, wer er wirklich war. Sowohl Jonas‘ Mutter, eine Studentin von Kates Vater, als auch ihr Halbbruder, waren mit auf unserer Reise. Irgendwie merkten wir schon, dass diese Frau ihrem Vater sehr zugetan war. Dass sie allerdings auch ihr gemeinsames Kind mitgenommen hatten, konnten wir natürlich nicht ahnen. Kates Vater hüllte sich in Schweigen. Erst viele Jahre später erfuhr Kate von diesem Bruder, der schon während der Ehe mit ihrer Mutter gezeugt worden war. Auf dieser Reise erzählte Kate mir viel von ihrer Angst vor ihrem lieblosen Stiefvater, mit dem sie und ihre Mutter nun schon über ein Jahr in Lissabon zusammenlebten. Ich erfuhr, dass er ein sehr autoritärer Mann war, vor dessen Härte Kate oftmals von ihrer Mutter nicht in Schutz genommen wurde. Wie leid mir meine kleine Cousine doch tat!

Ich selbst hatte in diesem Urlaub auch eine zarte Annäherung an einen jungen Spanier in Lérida, in der ersten spanischen Stadt, die wir bereisten – es war ein zartes, unschuldiges Begegnen und wieder Verabschieden. Ich war in der Gruppe wie oft zuvor eher die Einzelgängerin, scheu und viel allein, zwischendurch unter Menschen, doch schnell im Rückzug. Zu sensibel reagierte ich auf alles, was mich umgab, zu viel nahm ich auf und konnte es doch nicht erfassen, zu traurig war ich noch über die gescheiterte Begegnung mit Mario.

Umso schlimmer traf mich bei meiner Rückkehr in das neue Schuljahr die Nachricht, dass Mario nun mit meiner Reitfreundin und Schulkollegin Gloriette liiert war und sie natürlich all das mit ihm teilte, was ich ihm aus Angst verwehrt hatte – Sex.

Mario hatte sich in den Sommerferien an sie gewandt, um sie um Hilfe zu bitten, wie er mich zurückerobern konnte. Gloriette nützte diese Gelegenheit, ihn anzulocken und gab ihm all das, was ein junger Mann von einem Mädchen begehrt. Wie weh es doch tat zu wissen und doch nicht zu wissen, was für ein Fluch es ist, dem Mann „treu sein zu müssen“, der einem Mädchen das Heiligste – ihre Unschuld – genommen hatte, statt mit dem zusammen zu sein, dem eigentlich das Herz gehörte.

Wie lange sollte diese sinnlose Treue noch mein weiteres Leben bestimmen?

Mein Engel kam nicht mehr zu mir, als ich ihn um Hilfe rief, oder war es eher so, dass ich ihn nicht mehr zu mir lassen konnte, weil ich schon allzu tief in die Verstrickungen der Materie gezogen worden war. Ich betete und erhielt keine Antworten auf meine verzweifelten Fragen. Trotz meiner Verzweiflung verlor ich niemals den Glauben an Gott, den höchsten Schöpfer, auch wenn ich immer mehr ein Teil des gesellschaftlichen Kollektivs von menschlichen Marionetten werden sollte.

Im Herbst desselben Jahres ermöglichte mir meine Mutter eine kurze gemeinsame Reise nach Ägypten. Es war ein Betriebsausflug für ein verlängertes Wochenende. Mit uns flog auch eine Freundin meiner Mutter, Tante Gloria, mit. Sie war jene Frau, auf deren kleine Tochter ich vor ein paar Jahren aufpassen musste, während sich unsere Mütter betrunken hatten. Dieses Kind verlor die arme Frau einige Jahre später auf tragische Weise. Ebenso begleitete uns mein Cousin, ein inzwischen 22-jähriger junger Mann, der nun mit zwei Frauen und einem jungen Mädchen auf Reisen ging und zu dem ich eine sehr ambivalente Beziehung hatte. Somit hatte ich meine Mutter leider nicht für mich alleine, dennoch konnte ich diese vier Tage in Kairo sehr genießen. Ich sah die Pyramiden, ritt auf einem Kamel, bewunderte die Schätze von Tutenchamun und war einfach voller Freude, eine so schöne, kurze und aufregende Reise erleben zu dürfen. Zu diesem Zeitpunkt wusste ich noch nicht, dass ich sechs Monate später in den Osterferien dort nochmals mit meinem Vater hinkommen sollte, eine Reise, die mir noch ein letztes Mal die Abgründe unserer Verbindung aufzeigen sollte.

Einiges geschah jedoch auch in der Zeit dazwischen.

Bald nach unserer Rückkehr von Ägypten kam mein Brieffreund Jonathan aus Brasilien auf Besuch, der mir als 12-Jährige zum Abschied eine Goldkette und den Kuschelhund geschenkt hatte. Seither waren wir beide in ständigem Briefkontakt und mein kindliches Verliebt-Sein wurde immer stärker. Ich freute mich sehr auf sein Kommen. So stand eines Tages dieser attraktive blonde Schwede, der die letzten drei Jahre in Brasilien gelebt hatte, vor unserer Tür und sollte für drei Tage in meinem Zimmer wohnen, während ich auf unsere Wohnzimmercouch ausweichen musste. Ganz schnell zeigte sich eine seltsame Spannung in der gesamten Situation. In unserem Zuhause war ein Mann im Alter meiner Mutter und wir zwei Frauen – ich noch mehr Mädchen als Frau. Offensichtlich fühlte er sich von mir so stark angezogen, sodass er meine Mutter aus heiterem Himmel fragte, ob er mich heiraten könnte. Zumindest bilde ich mir ein, dass sie es mir so erzählte und über diese Situation vollkommen konsterniert war. Für den letzten Abend bat er sie auch um Erlaubnis, mich in die damalige Nobeldiskothek unserer Stadt ausführen zu dürfen. Meine Mutter stimmte dem mit einer gewissen Unsicherheit zu. Ich war aufgeregt und sehr stolz, als unsicheres, erst langsam erblühendes, junges Mädchen von einem erwachsenen, reifen Mann ausgeführt zu werden. Obwohl ich von ihm fasziniert war, wurde in mir langsam auch Angst spürbar, Angst vor etwas, das da auf mich zukommen könnte. Ich wurde im Laufe des Abends immer nervöser und wollte nach Hause gehen – er kam mir immer näher. Als wir dann gemeinsam auf engstem Raum im Aufzug zu unserer Wohnung waren, drückte er mich vorsichtig gegen die Wand und versuchte mich zu küssen.

In diesem Moment erstarrte ich.

Ich sehe um mich und befinde mich inmitten eines wunderschönen, lichtvollen Umfeldes. Alles um mich ist rein, ich höre Gesänge himmlischer Sphären und schwebe in einer unwirklichen Wirklichkeit. Endlich sehe ich meinen Engel wieder, er blickt mich an und sagt: „Schau hin, sei stark, schau hin und erkenne!“ Wir betreten gemeinsam unsere Wohnung, meine Mutter schläft schon. *Ich lege mich auf mein im Wohnzimmer gerichtetes Bett.* Ich schaue hin ... *sehe mich auf unserer Wohnzimmercouch liegen, erstarrt vor Angst, bewegungslos. Mit großen, ausdruckslosen Augen blicke ich auf diesen schönen Mann, der sich über mich beugt. Er beginnt meinen Körper zu berühren und zu liebkosen. Ich starre ihn fassungslos an, mein Mund will schreien und ich kann es nicht. Wieder sehe ich Licht um mich, viel Licht und Stille, reiner Frieden erfasst mein Sein. Mein Engel nimmt mich und schüttelt mich: „Schau hin, schau bloß genau hin und erkenne! Du musst dich wehren!“*

In diesem Moment höre ich meine Mutter einen Aufschrei tun. Sie steht oben am Treppengeländer und ist zornerfüllt. Endlich hat sie etwas gesehen und mich beschützt, endlich wurde sie in ihrer Kraft als Mutter zur Löwin, die ihr Junges beschützen möchte, endlich einmal...

Doch wusste sie wirklich, was da geschehen wäre? Erkannte sie tatsächlich das Ausmaß all dessen? Hatte sie nie zuvor begriffen, was mit mir bisher schon geschehen war?

Am nächsten Tag musste Jonathan sofort unser Haus verlassen und ich hörte nie wieder etwas von ihm. *Was ist es wohl, was in diesem Mann vorgegangen ist – war es Liebe oder bloßes Begehren für ein unschuldiges Wesen? Was veranlasst erwachsene Männer zu einer solchen Handlungsweise?*

Kurz nach diesem Vorfall – ich war beinahe 16 Jahre alt – bekam ich meine erste Menstruationsblutung. Meine Menarche kam wirklich erst sehr spät.

Hatte mein Körper endlich darauf reagiert, um alles auszubluten, was mich scheinbar verunreinigt hatte?

Es war das erste Mal, dass mir unmittelbar im Bewusstsein blieb, was mit mir hätte geschehen sollen. Es war das erste Mal, dass mein Engel von mir verlangt hatte, dauerhaft hinzusehen. Er musste meine Mutter geweckt haben – oder habe doch ich geschrien? Es war jedenfalls erstmals, dass ich beschützt wurde und nicht ins Vergessen sinken musste.

Hätte sie mich schon zuvor beschützt, wenn sie etwas geahnt hätte? Hätte sie mich nicht so alleine und hilflos in all den Situationen gelassen, wenn sie in der Nähe gewesen wäre? Können oder wollen Mütter solche Situationen nicht wahrnehmen?

Das Schicksal jedoch hatte noch Schlimmeres mit mir vor.

Ich war die Pendlerin zwischen den Welten, das unschuldige Mädchen, das sanfte, erste Liebesannäherungen mit jungen Männern erleben durfte und die begehrenswerte junge Frau, die erwachsene Männer dazu bewegte, sie nehmen zu wollen, sie als Frau, die noch so gar keine Frau war, zu begehren und zu verführen. Ich war aber auch immer wieder das verträumte Mädchen, das zurückkehrte in ihr Zuhause, in die Welt der Märchen, der Unterwasserwelt und der himmlischen Sphären, weil es das menschliche Sein nicht mehr ertragen konnte. Ich war diejenige, die alle Welten kannte und doch in keiner ein lebendiges Zuhause hatte, die sich daher oftmals im Leben nach dem unendlichen und ewigen Zuhause sehnte, weil sie ahnte, dass dort immer Frieden herrschte.

Meine Todessehnsucht wurde zu einer ständigen Begleiterin in meinem Leben.

So kehrte ich auch nach diesem Erlebnis wieder zurück zu meinem mädchenhaften Dasein und verbrachte mein Leben zwischen Schule und Alltag und hatte es inzwischen geschafft, mich von Rohypnol zu befreien – ich hatte mich von Beginn an davon langsam wegdosiert! Dennoch wurden meine andauernden Schlafstörungen zu einer Herausforderung in meinem Leben.

Nach meiner Menarche ließ ich scheinbar meine Menstruationsblutungen wieder versiegen, möglicherweise aus der unbewussten Angst heraus, vom eigenen Vater geschwängert zu werden. Wer weiß, was das Unbewusste alles auszulösen vermag?

Meine Weihnachtsferien verbrachte ich in diesem Jahr bei meiner lieben Heile Welt-Familie, die seit einiger Zeit in Linz lebte. Es waren dies Tante Angelika und Onkel Herbert, die mit ihren Kindern Damian und Kristin dorthin übersiedelt waren. Bei ihnen fühlte ich mich geborgen und in ein Familiensystem eingebunden, auch wenn der Alkohol in dieser Familie ebenso ein Begleiter war. Dennoch erlebte ich dort ein Gefühl von großer Sicherheit und Zugehörigkeit. In dieser Zeit verliebte ich mich in deren Nachbarsohn Klaus und erlebte eine weitere unschuldige, sanfte Annäherung zweier junger Menschen, die gerade im Erblühen waren. Dadurch entstanden leider auch Spannungen in meiner Gastfamilie – einerseits war ich zu oft mit Klaus zusammen, was Damian nicht recht war, andererseits schien mein Verhalten der Familie gegenüber ein wenig unhöflich zu sein. Beim schmerzhaften und tränenreichen Abschied schenkte Klaus mir einen Silberanhänger, den ich mir lange Zeit zur Erinnerung an diese zärtliche Begegnung aufbewahrte. Meine Tante und mein Onkel hatten letztlich Verständnis für meine Situation, was unseren Abschied für mich sehr erleichterte.

Wie wunderbar sich doch so ein Familienleben anfühlte!

Durch ihr Vorbild beschloss ich, ab nun all mein Erspartes zu bewahren, um dieses Geld in ferner Zukunft in ein gemeinsames Heim zu investieren, das ich mir mit meinem Märchenprinzen schaffen wollte. Ich war so sicher, dass ich mir nichts sehnlicher wünschte, als irgendwann in diesem Leben meine ersehnte, glückliche Familie zu haben, die ich im eigenen Zuhause nie kennenlernen durfte.

Zu dieser Zeit konnte ich jedoch nicht ahnen, wie schwer das zu leben ist, was man niemals vorgelebt bekommen hat. Und es sollte allzu lange ein unerfüllter Traum bleiben, den ich nur für ganz kurze Zeit in meinem Leben leben konnte, um danach eine unendlich lange Phase des Alleinseins erleben zu müssen.

Es war und ist jedoch auch heute in diesem Jahr 2015 immer noch mein Traum, den ich niemals aufgeben werde – *eine glückliche, erfüllte Beziehung zu erleben.*

Bald darauf wurde ich 16 Jahre alt und kam in eine Clique von jungen Menschen. Ich gehörte ein wenig dazu und fühlte mich doch nicht zugehörig. Irgendwie war ich nie ein wirklich integrierter Teil – ich schloss mich immer wieder selbst aus.

Ich war einst Mensch geworden und doch ist mir so oft das menschliche Sein allzu fremd, unverständlich und unbeschreiblich in Anbetracht dessen, was das Sein in der *Einheit* ausmacht. Sie ist wie ein Ozean, in dem die einzelnen Tropfen nicht sichtbar sind und doch jeder einzelne das Ganze zusammenfügt. So sind doch auch wir Menschen trotz unserer Individualität, unserer so großen Unterschiedlichkeit und Einmaligkeit Teil eines Großen Ganzen, Teil dieser unvorstellbaren Einheit, in der alles auftaucht, sich wandelt und wieder verschwindet, doch niemals endgültig vergeht.

Wie sehr spielte ich bereits mit in diesem Theater der Illusion, die sich für uns als so unabdingbare, scheinbare Realität darstellt.

Ich verliebte mich in dieser Zeit, in der ich anfing auszugehen, in jenen Burschen namens Christian, mit dem ich damals als Dreijährige durch die ominöse Glaswand im Urlaubshaus seiner Eltern gelaufen war, die in tausend Scherben zerbarst und dessen Mutter mit meiner Mutter den schweren Motorbootunfall hatte. Es war jener Junge, der beinahe mein Stiefbruder geworden wäre, wenn nicht meine Mutter den Antrag seines Vaters vor vielen Jahren abgelehnt hätte. Offensichtlich sollte sich nun meine Vorahnung aus der Kindheit doch bewahrheiten. Christian war allerdings ein Bursche, der mich eiskalt ignorierte, mit mir spielte und mich dann doch ein Jahr später dazu brachte, mit ihm ins Bett zu gehen, nur um erneut eine Eroberung auf seiner Liste abzuhaken.

Er war der erste, der einzige und zugleich letzte Sexpartner, der mich mit meiner unversehrten Vagina gesehen hatte.

Somit kam es in meinem 17. Lebensjahr auch zum Höhepunkt und Abschluss meiner Rolle als Geliebte meines Vaters. Das wahre Ende wurde durch eine gemeinsame Reise nach Ägypten herbeigeführt, wo ich ein halbes Jahr zuvor mit meiner Mutter gewesen war. Niki, die junge Freundin und Geliebte meines Vaters, die seine Sekretärin geworden war, nachdem sie im letzten Sommer ihren Platz bei ihm tatsächlich endgültig erobert hatte, hatte sich mit ihm zerstritten. Aus diesem Grund durfte ich ihren Platz auf dieser Reise einnehmen. Scheinbar hatte sie den weiblichen Machtkampf gewonnen, sie blieb – ich musste weichen und nahm auf dieser Reise nur den Reserveplatz ein. Es sollte die einzige Reise bleiben, die ich mit meinem Vater jemals machte.

Es wurde eine schreckliche Reise, auf der er mich tatsächlich zu einer Hure machen wollte. Wir flogen in meinen Osterferien mit einer Gruppe von Menschen, die mit meinem Vater befreundet waren, für 10 Tage nach Ägypten. Alle anderen Teilnehmer reisten als Ehepaare, ich als die Reservefrau, die diese Rolle für viele Männer noch allzu oft übernehmen sollte. Wie oft war ich später im Leben der Männer die Frau, von der sie sich nur schwer lösen konnten, mit der sie jedoch nicht den Alltag lebten. Immer wieder musste ich gehen, wenn mir die Nähe nicht mehr möglich schien. In Wahrheit war doch immer ich diejenige gewesen, die die Männer verlassen hatte, um dann noch einige Jahre in der Rolle der Geliebten zu verweilen.

Unsere ersten Tage in Ägypten verbrachten wir in Kairo in einem noblen Fünf-Sterne-Hotel namens *Mena House Oberoi,* in dem der krönende Abschluss meiner jahrelangen, leidvollen Geschichte mit ihm stattfinden sollte. Eines Abends erhielt ich – nichts ahnend – von meinem Vater Schlaftabletten. Ich merkte plötzlich, dass ich sehr müde wurde. Er ging aus und ich versank in tiefen Schlaf oder in eine Art Trance, die mich vollkommen handlungsunfähig werden ließ.

Alles um mich verschwimmt in diffusen Wahrnehmungen.

Ich schwebe, ich schwebe zwischen den Welten und weiß von nichts. Nichts ist um mich, nichts fühle ich, nichts erlebe ich, ich schwebe und sehe Licht, sehe Dunkelheit, sehe kurz mich selbst auf einem Bett liegen, kurz, weil der Anblick zu unerträglich ist, blicke hinunter und verschwinde. Ich höre aus der Ferne Klänge orientalischer Musik und sehe mich für einen kurzen Moment auf einem dicken Männerkörper sitzen. Ich blicke hinab, sehe einen mächtigen, dicken Bauch, blicke höher und sehe nichts. Niemals werde ich je wissen, wie dieses Gesicht ausgesehen hat. Es war ein hässlicher, ägyptischer, dicker Männerkörper. Ich sinke in tiefes Vergessen, um zu überleben, und ich weiß von nichts mehr. Immer wieder ertönen orientalische Klänge. Ich scheine zu schreien, doch hört mich keiner. Ich bin weit weg, doch ist mein Engel nicht da – zu viel Dunkelheit herrscht um mich herum, ich habe Angst vor der Dunkelheit und noch mehr Angst vor diesem ekligen Mann, der grausame Laute ausstößt, während er immer wieder nach meinem Körper grapscht. Ich habe Schmerzen. Wieder versinke ich in der Dunkelheit und tauche auf, um in einen tiefen Schlaf zu fallen, den Schlaf des Vergessens...

Wo bin ich gewesen in all der Zeit?

Ich erwache irgendwann und sehe meinen Vater neben mir im Bett liegen, der doch zuvor nicht dort gelegen ist. Habe ich geträumt? War das alles bloß ein Albtraum?

Ich fühle mich zutiefst beschmutzt, ich taumle ins Badezimmer und dusche mich ab, mein Körper fühlt sich besudelt an. Ich lasse viel Wasser über mich rinnen. Ich lege mich wieder neben meinem Vater nieder und schlafe ein.

Am nächsten Tag wurde ich von einem Mitreisenden gefragt, wo ich denn am vorigen Abend gewesen sei. Ich wusste es nicht und es war gut so. Erst irgendwann, viele Jahre, ja Jahrzehnte später, erzählte mir meine Mutter, sie habe damals von einem ägyptischen Freund erfahren, dass mir mein Vater Schlaftabletten gegeben haben soll. Er sollte damals erzählt haben, dass er seine Ruhe vor mir haben wollte. Er hatte in der Tat seine Ruhe und möglicherweise ein gutes Geschäft mit mir gemacht. Scheinbar im Spaß erzählte er mir immer wieder, dass ihm einige Ägypter ein großzügiges Angebot für mich gemacht hätten. Dem einen soll ich sogar zweitausend Kamele wert gewesen sein. Ob er für mich bezahlen ließ und was er tatsächlich für mich bekommen hatte, weiß ich nicht. Vielleicht wollte er bloß für sich die Bestätigung, dass Frauen einfach immer Huren und Schlampen seien, wie er so oft meinte und mich auch immer wieder als eine solche bezeichnete. Ich wurde noch schwermütiger und einsamer und erlebte die weitere Reise nur mehr in einer Halbtrance. Auf der Fahrt von Luxor nach Assuan begann ich starkes Nasenbluten zu bekommen. Stundenlang lag ich in der letzten Reihe des Reisebusses und blutete. Das Blut floss aus mir und wollte nicht mehr versiegen. Nichts konnte den Blutfluss stoppen. Ich blutete scheinbar all meinen Schmerz aus mir heraus. Als wir dann das gemeinsame Zimmer in Assuan bezogen, bekam ich auch noch eine erste starke Menstruationsblutung – nach einem halben Jahr Pause. Ich blutete und blutete und musste meinen Vater bitten, mir etwas zu besorgen, um mich vor dem Blutfluss zu schützen. So lag ich, während alle anderen einen Ausflug machten, alleine in diesem Hotelzimmer und blutete, war verzweifelt und zugleich erleichtert.

Endlich war ich zur Frau geworden, zu einer Frau, die ein Kind bekommen konnte, zu einer Frau, die mit dieser Blutung ihre erste und für lange Zeit längste Liebschaft ihres Lebens zu einem Abschluss bringen konnte.

Ich hatte schon mit meinen 16 Jahren das Leben immer wieder überlebt.
Ich habe die Schwangerschaft im Leib meiner Mutter überlebt.
Ich habe meine Kindheit überlebt.
Ich habe meine jungen Mädchenjahre überlebt.
Und irgendwann würde die Zeit kommen, in der das Leben noch Schönes für mich bereit haben sollte.
Irgendwann in fernen Zeiten!
Daran glaubte ich.
Dieser Glaube bewahrte mir mein Leben.

Als ich nach Hause kam, blickte ich meiner Mutter mit tiefer Verzweiflung und Traurigkeit in die Augen und teilte ihr mit, dass unsere wesentlich kürzere und viel weniger luxuriöse Ägyptenreise um so vieles schöner gewesen war. Sie sah mich, sie hörte mich und doch war sie nicht imstande, die Hintergründe meiner Worte zu erfassen.

Nun war ich vermeintlich frei, mir selbst den Partner zu wählen, den ich wollte, zumindest glaubte ich daran, doch konnte ich zu diesem Zeitpunkt nicht wissen, wie lange mir die wirklich freie Wahl nicht möglich war. Noch viele Jahre meines Lebens sollte ich immer wieder mit Männern, die meine Grenzen oft bewusst, doch oft auch unwissend und ungewollt überschritten, verstrickt und verbunden bleiben und nicht die Möglichkeit haben, meine Liebe mit einem Mann zu teilen, der mich ehrte, achtete und liebte wie ich war – und bei dem ich bleiben konnte!

Noch war ich auch der Kontrolle meines Vaters nicht ganz entzogen, denn die Frage, ob ich mit meinen vergrößerten, inneren Schamlippen eine normale Frau sei, verunsicherte mich dermaßen, dass ich große Scham für meine Vagina empfand, was vermutlich auch die Ambition meines Vaters war. Wenn schon er mich nicht mehr haben konnte, so sollte es auch keinem anderen Mann ermöglicht werden. Ich hatte keine Chance zu erfahren, dass ich eine ganz normale junge Frau war. Es stellte sich nicht nur die Frage, dass mir nun tatsächlich meine Schamlippen beschnitten werden sollten, sondern auch jene, ob nicht meine Brüste, die meinem Vater ebenfalls nicht perfekt erschienen, möglicherweise ebenfalls einer Operation bedurften. Vielleicht zogen sich meine Brustwarzen als Schlupfwarzen auch deswegen zurück, um mich vor dem zu schützen, was mir zu nahe kam. Vielleicht hat jeder Körper ein sensibles Programm gespeichert, um das abzuwehren, was ihm nicht guttut. Bei meinem Körper war es sicher so und oftmals in meinem Leben sollte ich den Signalen, die er sehr massiv zeigte, nicht vertrauen, ja diese sogar ignorieren.

In dieselbe Zeit fiel das Jahr, in dem Mutter Teresa für ihre wunderbaren Dienste an der Menschheit in den Slums von Kalkutta den Friedensnobelpreis erhielt, währenddessen die Gewalt und Grausamkeit auf diesem Planeten immer mehr zunahm. Es war die Gewalt am Kollektiv, die sich in vielen Familien im Kleinen widerspiegelte. Die großen Gewalttaten im Außen konnten nicht übersehen werden, während jene hinter den Fassaden heiler Welten – sei es in Familien, in Kinderheimen oder in Klosterinternaten – auf einzigartige Weise vertuscht wurden.

Offensichtlich wurde ich durch meine neue Rolle im Leben meines Vaters – die, nicht mehr seine Geliebte zu sein – uninteressanter für ihn, vermutlich geriet er auch noch stärker in die Hörigkeit und Abhängigkeit von seiner Ehefrau. Jedenfalls verwendete er immer öfter Ausreden, um unsere geplanten, gemeinsamen Unternehmungen abzusagen. Wirklich hart traf mich seine Absage, als er mich zu meinem ersten Ball begleiten sollte. Es war der Ärzteball, für den er zwei Karten besorgt und mir schon lange Zeit zuvor versprochen hatte, mich mitzunehmen. Ich stand kurz vor meinem 17. Geburtstag, bekam von meiner Mutter für dieses Ereignis ein entzückendes, doch sehr braves, kobaltblaues Seidenkleid und vom Friseur eine reizende mädchenhafte Hochsteckfrisur. Wenige Stunden vor Beginn sagte mein Vater unvorbereitet ab, weil meine Stiefmutter ihm die Begleitung von mir nicht erlauben würde. Ich war verzweifelt und weinte bitterlich. In dieser Situation reagierte meine Mutter wirklich einmalig. Sie ihrerseits stornierte unverzüglich eine eigene Einladung und überredete ihren Freund, sie und mich zu diesem Ball auszuführen. Er selbst war zwar Arzt, doch in keiner Weise interessiert, einen Ball zu besuchen. Da er aber in diesem Moment die Brisanz der Situation erkannte, war er bereit, uns zu begleiten, wofür er sich sogar einen Smoking ausleihen musste. Für beide bedeutete dieser überraschende Ballbesuch ein großes Opfer, das ich erst aus der jetzigen Sicht zutiefst wertschätzen kann. So kam ich doch noch zu meinem ersten Ballerlebnis, bei dem ich auch Gloriette mit ihren reichen Eltern traf. Mit ihr hatte ich mich in der Zwischenzeit wieder versöhnt, weil sich Mario nach kurzer Zeit von ihr getrennt hatte.

Ich genoss diesen Abend sehr, lernte einen neuen Verehrer kennen, der sich danach noch längere Zeit erfolglos um mich bemühte und freute mich, in so eleganter Gesellschaft zu sein.

Gregor, mein Verehrer, war mir zu männlich und zu alt, obwohl er nur einige Jahre älter war als ich. Zu kurz erst war ich befreit aus der Rolle, eine Geliebte für einen älteren Mann zu sein, außerdem war ich auch immer noch unglücklich verliebt in Christian, den Jungen meiner Kindheitsjahre, und nur bereit mit ihm Sex zu haben, obwohl er mich ignorierte und abwertete.

Schon damals bevorzugte ich Männer, die mich respektlos behandelten, anstatt mich für jene zu interessieren, die mich wertschätzend verehrten.

Irgendwann war es dann soweit. Ein Jahr nach meiner Befreiung aus der unfreiwilligen Geliebten-Rolle war ich bereit, mich erstmalig für eine freiwillige, sexuelle Begegnung zu öffnen. Es war zu meinem Unglück tatsächlich Christian, der nun offiziell mein erster freiwilliger Sexualpartner wurde und es leider nicht verhinderte, dass ich eine Woche nach unserer ersten Begegnung zu der mit einem Frauenarzt vereinbarten Schönheitsoperation ging, um tatsächlich meine inneren Schamlippen entfernen zu lassen. Lange genug war mir eingeredet worden, dass ich anormal sei und ein junger, unreifer Mann wie Christian, der nur im Kopf hatte, möglichst viele Mädchen ins Bett zu bekommen, mich daher weder liebte noch achtete, war diesbezüglich keine wirkliche Hilfe. Er war der einzige Mann in meinem Leben, der meine Vagina noch unversehrt sah, so wie ich in dieser Schöpfung als weibliches Wesen erschaffen wurde. Wie meine Vagina aussah, war diesem jungen Mann sicherlich einerlei, er wollte bloß eine weitere Kerbe in der Serie seiner Eroberungen haben. Tatsächlich entschied ich schon in jungen Jahren, einen ersten Mann an mich heranzulassen, der mich schlecht und demütigend behandelte. So kam ich vom Regen in die Traufe. Für lange Zeit war ich die Geliebte meines Vaters gewesen, danach gab ich mich einem jungen Mann hin, der nichts als sein Vergnügen wollte und mich bloß demütigte.

Opfer suchen immer wieder unbewusst weitere Täter – ich sollte das noch für lange Zeit in meinem Leben tun.

Nach dieser ersten sexuellen Begegnung mit Christian erzählte ich meiner Mutter von diesem Ereignis und davon, dass ich gar nicht geblutet hatte und er mich nicht als anormal empfunden hätte. Solche Gespräche waren meiner Mutter jedoch derart peinlich, dass sie in keiner Weise darauf näher einging. Sie meinte unverzüglich, sie hätte auch beim ersten Mal keine Blutung gehabt und war scheinbar etwas entsetzt darüber, dass ich mich getraut hatte, noch vor meiner Operation Sex zu haben. Es war ihr doch die Hinauszögerung bis zur Operation nur recht gewesen, um mich möglichst lange als *Jungfrau* zu halten. Das offenbarte sie mir allerdings erst viele Jahre später. *War ihr ein Mann an meiner Seite überhaupt wirklich recht?*

Nicht nur, dass ich diese Operation über mich ergehen lassen musste, wurde sie auch noch hinausgezögert, was meine Belastung um vieles gesteigert hatte.

Letztendlich wurde ich in den Osterferien operiert. Ein Teil meines Körpers wurde mir genommen– einfach weggeschnitten – wodurch mein Vater noch einmal seine Macht bestätigt bekam. Während ich im Spital lag, erklärte ich meinem um mich bemühten Verehrer Gregor, dass ich eine Leistenbruchoperation vornehmen musste und in Zukunft lieber von ihm in Ruhe gelassen werden wollte.

Vielleicht wäre er ein Mann gewesen, der mir wirklich Achtung entgegen gebracht hätte – ich allerdings entschied mich für einen, der mich immer und immer wieder demütigte.

Mit meinen 17 Jahren fing ich an auszugehen und auch meine ersten Erfahrungen mit Alkohol zu machen, Erfahrungen, die sich in keiner Weise gut auswirkten – zum einen erlebte ich mit dem alkoholisierten Christian kurze Zeit nach unserer ersten Begegnung einen gefährlichen Schleuderunfall und Überschlag auf einer Gott sei Dank unbefahrenen Straße, andererseits kam zu diesem Zeitpunkt auch mein Cousin erneut in mein Leben.

Wollte er womöglich meinen Vater ablösen, um diesen weiterhin zu informieren?

Nicht nur mit ihm, sondern auch mit anderen Burschen und Männern hatte ich seltsame sexuelle Begegnungen, die aber meist nicht zu Vereinigungen führen sollten. Ich war durch meine Schutzengel, zu denen ich zwar keinen direkten Zugang mehr hatte, sichtlich immer noch geschützt.

Ein junger Mann namens Stefan wird mir immer in guter Erinnerung bleiben und Gott möge seine Seele in Frieden empfangen haben, als er mit 23 Jahren an Krebs starb. Mit ihm und seinem Freund Gert erlebte ich ein eigenartiges Wochenende in der Almhütte von Gerts Eltern, an dem mich die Burschen mit Schnapspflaumen gefügig machen wollten. Dies führte zu meinem ersten und einzigen Dreier mit zwei Burschen, der jedoch relativ harmlos endete – wir machten unsere gemeinsame Pettingerfahrung, bei der ich betrunken einschlief und beim Erwachen kein weiteres Interesse mehr an ihnen hatte. Beide blieben jedoch gute Freunde von mir, mit denen ich öfter etwas unternahm. Meine sehr dominante Mutter hatte die Gabe, einige meiner Verehrer in die Flucht zu schlagen – so auch Stefan, der mich einmal liebenswürdigerweise eines Abends bis zu meiner Haustüre begleitete. Meine Mutter empfing ihn mit einem Schrei des Entsetzens: „Aha, der ist es!“ Sie hatte ihn mit Christian, meinem ersten Sexualpartner, verwechselt und gemeint, mich auf diese Weise vor weiterem Unheil schützen zu müssen. Manchmal konnte sie eine wirkliche Furie sein. Stefan flüchtete mit einem Satz nach hinten, verschwand im Aufzug und wagte es nie wieder, in die Nähe unserer Wohnung zu kommen. Meine Mutter war eine sehr bestimmende und manipulierende Frau, die noch lange Zeit versuchen sollte, über mein Leben zu bestimmen und einigen den Garaus machte.

Sie wollte immer nur das Beste für mich.

Ich war unfähig, mich gegen ihre Übermacht zu wehren.

Dennoch sollte letztlich in diesem Sommer meines 18. Lebensjahres mein Traum – der Traum eines jeden jungen Mädchens – in Erfüllung gehen. Ich verliebte mich in einen anderen Christian, der schon längere Zeit in meiner Jugendclique war, den ich jedoch zuvor nicht wirklich wahrgenommen hatte, weil ich noch zu sehr auf den fixiert gewesen war, der mir dauernd Schmerz zufügte und mich benutzte. Außerdem war Christian schon jahrelang in einer Beziehung, die sich aber in diesem Sommer dem Ende nähern sollte.

Wir hatten uns im Sommer am Bodensee wieder getroffen, wo ich mit meiner Cousine Kate ein paar Tage verbracht hatte und er mit einer großen Clique Jugendlicher war.

Eines Tages machte er mit mir eine Spritztour mit dem Motorrad.

Es war der Tag, an dem ich mich in ihn verliebte.

Als er mich zwei Wochen danach – Anfang September – das erste Mal zu Hause besuchte und wir einander achtsam näher gekommen waren, stellte ich ihm ein Ultimatum – er sollte sich bis Mittag des nächsten Tages entscheiden, „Sie oder Ich!“ Er kam noch am selben Abend zu mir zurück und sagte, er hätte sich für mich entschieden. Ich war damals so sicher, was ich wollte, dass ich keinen Moment gezögert hatte, diese Entscheidung zu fordern. Endlich wollte ich die Nummer Eins Frau sein und meinen Freund mit keiner anderen teilen. Ich war wahrhaft mutig und bereit, mit jeder Entscheidung seinerseits zu leben.

Er und ich wurden ein Paar, auch wenn es anfangs noch ein paar Hürden bezüglich seiner Ex-Freundin, die nicht ganz kampflos aufgeben wollte, zu überwinden gab. Doch Christian war klar und eindeutig in seiner Abgrenzung, weshalb sie uns sehr bald in Ruhe ließ. Ich war glücklich, endlich mit meiner ersten wirklichen Liebe zusammen gekommen zu sein. Und wäre es vermutlich auch noch längere Zeit geblieben, wenn ich nicht bald darauf schwanger geworden wäre. Jener Frauenarzt, der mir zwar problemlos meine weibliche Scham verstümmelt hatte, hatte gemeint, ich sei nicht reif genug für die Pille. Daher hatte er sich geweigert, mir diese zu verschreiben.

Ich merkte, dass sich, kurz nachdem mir die Verhütung per Pille verboten worden war, mein Körper sehr schnell zu verändern begann – meine Brüste wurden größer und spannten, meine oralen Gelüste waren eigenartig. Dennoch wollte ich den Weg zum Gynäkologen vermeiden, hatte ich auch immer wieder Zwischenblutungen, die mich beruhigten und vermuten ließen, dass ich die Menstruation hatte. Ich wollte es einfach nicht wahrhaben, wie sehr sich mein Körper veränderte, war ich doch in der letzten Klasse vor meinem Schulabschluss in Vorbereitung auf unseren Abschlussball und keinesfalls bereit, Mutter werden zu wollen. Noch dazu war ich Schülerin einer katholischen Privatschule. Erst im Jahr zuvor hatte in meiner Parallelklasse ein Mädchen ein Kind bekommen, was dazu geführt hatte, dass sie von den Lehrerinnen massiv schikaniert und ignoriert wurde.

Soweit zum christlichen Denken – eine junge Frau wird Mutter und zugleich geächtet.

Wäre es besser gewesen, sie hätte es vertuscht und das Baby abgetrieben, um nicht ein äußeres Zeichen ihrer sexuellen Aktivität zu zeigen?

Vermutlich wäre dies wirklich besser gewesen, denn hinter vorgehaltener Hand wird so oft viel Schlechtes und Grausames gemacht – es wird geschlagen, gefoltert und vergewaltigt und all das im Namen der Kirche.

Welch eine heuchlerische Welt doch in unserem menschlichen Dasein zum Ausdruck kommt!

Ähnlich erging es auch einer Religionslehrerin, deren schmerzvolle Geschichte mir einst erzählt wurde. Eine liebende Frau, die von einem Priester schwanger geworden war. Sie bevorzugte es, ihr Kind abzutreiben, um nicht ein „unerlaubtes", uneheliches Kind zu bekommen und dadurch auch noch ihre Arbeit zu verlieren, wenn es schon dem Vater des Kindes nicht möglich gewesen wäre, zu seinem eigenen Kind zu stehen.

Welch eine Scheinheiligkeit!

Ich wollte keine Geächtete sein und aus diesem Grund womöglich meinen Schulabschluss nicht schaffen.

Ich ging noch zwei Tage vor meinem 18. Geburtstag auf meinen Schulabschlussball, den ich wegen starker Übelkeit vorzeitig verlassen musste, feierte meinen Geburtstag mit einer großen Party und verspürte immer mehr Unwohlsein, das meinen wahren Zustand mehr und mehr erahnen ließ. So blieb mir nichts anderes übrig, als doch zum Gynäkologen zu gehen. Leider Gottes bestätigte mir dieser das, was ich schon lange geahnt hatte – ich war schwanger – bereits am Ende des dritten Monats, kurz vor Ablauf der 12-Wochen-Frist.

Ich war total verzweifelt.

Was sollte ich jetzt tun?

Ich versuchte in meine Welt zu fliehen und fand dort niemanden, mein Engel war für mich nicht mehr erreichbar. War ich schon so tief in die Abgründe des Menschseins gesunken, dass ich nun ausschließlich in der Welt des menschlichen Daseins gefangen bleiben musste ohne Möglichkeit des Entkommens? Ich suchte den Weg in meine Unterwasserwelt zu meinen Freunden, den Delfinen und Walen und fand auch diesen Weg nicht mehr. Auch die Wesen der Natur folgten meinen Rufen nicht. Ich war vollkommen alleine und wollte nur mehr sterben. Es war so schwer, das zu leben, was ich mir einst so sehr gewünscht hatte – *eine Menschenfrau zu sein, die sich vorgenommen hatte, einen Teil des Leids dieser Welt auf sich zu nehmen, durch alles Schwere zu gehen und erst danach gereinigt und geläutert zurückzukehren in die Unendlichkeit, in die Ewigkeit – zurück in das Reich Gottes.*

Doch sollte dieses Ziel für mich nach menschlicher Zeitrechnung noch lange Zeit nicht erreicht werden.

Ich weinte, war verzweifelt und einfach nur fassungslos. Mein Freund Christian wollte das Kind nicht. Schon meine Vorgängerin hatte ein Kind von ihm abgetrieben und nun sollte ich die Nächste sein, von deren Kind er die Vaterschaft nicht annehmen wollte. Wir besuchten meinen Vater, der wie so oft in seinem Leben im Krankenhaus lag und dort in einem Zimmer erster Klasse auf Versicherungskosten residierte. Wir betraten den Raum und sagten ihm, was geschehen war. Das Einzige, das er dazu sagte, war: „Weg, weg, weg mit dem Pamper!" Ja, was hätte ich mir anderes von diesem Menschen, sollte ich nicht lieber sagen von diesem *Unmenschen*, erwarten sollen? Wie hätte dieser Mann ein Kind von seinem ersten offiziellen Konkurrenten ertragen können – er, der genau aus Angst vor einer möglichen Schwangerschaft von mir Abstand halten musste. In all meiner Verzweiflung wandte ich mich an meine Mutter. In diesem Fall hatte ich das Glück, dass sie genau zu dieser Zeit seit kurzem mit einem Mann liiert war, für den es nur eine Möglichkeit gab – dieses Kind zur Welt zu bringen und das entstehende, neue Leben zu bejahen. Er selbst hatte kurze Zeit zuvor sein eigenes Leben fast verloren und dadurch einen großen Bewusstseinswandel vollzogen. Durch ihn unterstützt wäre meine Mutter zwar zu mir gestanden, doch wusste ich auch, dass sie sich keinesfalls um mein

Kind hätte kümmern können oder mir wirklich hilfreich zur Seite gestanden wäre. Sie hatte einen 40-Stunden-Job und war auch sonst eine Frau, die ihre Freizeit auf allen Linien genoss. Da wäre kein Raum gewesen, mir mit einem Baby zu helfen.

Ich hatte nur mehr wenige Tage Zeit, eine Entscheidung zu treffen. Ich war unglücklich darüber, dass ich eine Woche zu früh zum Arzt gegangen war, denn danach wäre es von selbst entschieden gewesen. In der Woche darauf wäre eine Abtreibung nicht mehr legal vorzunehmen gewesen. Mein Vater tat alles, um diese Abtreibung in die Wege zu leiten, noch dazu auf Kosten der Versicherung, die er zu dieser Zeit noch für mich finanziert hatte und bei der er eine Fehlgeburt angab. Der Arzt, der mich untersuchte, weigerte sich, eine Abtreibung vorzunehmen. Hätte ich bloß dieses Zeichen als Entscheidungshilfe wahrgenommen! Wieder war es der Frauenarzt, der mich in Absprache mit meinem Vater beschnitten hatte, der nun mit meinem Vater vereinbarte, mir das Kind zu nehmen. Vielleicht wurde ihm ein Extrahonorar dafür geboten, mein Kind zu töten.

Ich war nur mehr, wie schon so oft zuvor in diesem kurzen Leben, eine Marionette fremder Entscheidungen – unfähig, eine eigene zu treffen. Allzu groß war meine Angst, es mit einem Kind nicht zu schaffen.

Wie sehr bewunderte ich damals meine erste Volksschulfreundin, Katharina, die gegen den Widerstand ihrer eigenen Mutter mit 16 Jahren ihr Kind zur Welt gebracht hatte. Sie hatte es zwei Jahre vor Schulabschluss geboren. Zu ihrem Glück hatte sie danach doch genügend Unterstützung von ihren Eltern bekommen und konnte so parallel dazu die Schule beenden und zur Matura antreten.

Ich musste mein Kind gehen lassen – war ich doch inzwischen so weit von meiner innersten Welt entfernt, dass ich nicht einmal fähig war, mit dieser Seele in meinem Inneren in Kontakt zu treten und sie nach ihrer Absicht zu befragen.

Wie in Trance ließ ich mich am 31. Januar, am Geburtstag meiner geliebten Großmutter zu ihr fahren, um ihr zu gratulieren und zu sagen, dass ich übers Wochenende Skifahren gehe und mich erst am folgenden Montag bei ihr melden würde. All das nur, um sie mit dieser Situation nicht zu belasten. Mein Vater hatte von mir verlangt, Großmutti zu schonen. Was wäre gewesen, wenn ich es ihr gesagt hätte – hätte sie vielleicht alles getan, um diesen Eingriff in letzter Minute zu verhindern? Ich vermute es.

Anschließend fuhr mich Christian ins Sanatorium, in dem mir unter Vollnarkose mein Kind genommen wurde, das ich niemals kennenlernen durfte.

Meine Abtreibung vollzog sich zu der Zeit, in der einer meiner hochverehrten Beatles, nämlich John Lennon, der nicht nur ein genialer Musiker, sondern auch ein bekannter Friedensaktivist war, von einem geistig verwirrten Attentäter in New York durch mehrere Schüsse getroffen und getötet wurde. So folgte meine kleine Kinderseele der Seele dieses berühmten Mannes kurze Zeit später. Sie befand sich nun in jener Welt, nach der ich mich noch allzu oft in meinem weiteren Leben sehnen sollte.

Ob sie tatsächlich befreit war?

Ob die Seelen in der All-Einheit einander tatsächlich begegnen? Zur damaligen Zeit war mir das in meinem Alltagsbewusstsein keineswegs zugänglich, heute frage ich mich oft, was denn tatsächlich in den anderen Dimensionen sein kann. Ob diese Seele inzwischen doch wieder hier inkarniert ist?

Ich blieb über das Wochenende im Sanatorium, hatte Schmerzen, ein zutiefst schlechtes Gewissen und war einfach nur unglücklich. Vermutlich war dieses gravierende Ereignis, die Entscheidung gegen unser gemeinsames Kind, schon der Beginn vom Ende unserer Beziehung, die aber doch im Außen noch relativ lange halten sollte.

Rein aus systemischer Sicht gesehen, bedeutet eine Abtreibung auch eine Entscheidung gegen die Beziehung selbst.

Zumindest war es in diesem Jahr, in dem ich es auf meine Art und Weise schaffte, mich von meinem Vater erstmals langsam abzugrenzen. Ich wehrte mich gegen die vom ihm gewünschte Brustoperation. Er sandte mich mit meinem Brustwarzenproblem zu einer Ärztin, die mich davon abgehalten hatte. Sie betonte, dass es mir niemals mehr möglich sein würde, mit korrigierten Brüsten ein Kind zu stillen. Ich entschied mich gegen die Operation – so gelang es mir endlich, mich den Vorstellungen meines Vaters zu widersetzen. Er wollte tatsächlich aus mir einen perfekten Barbiepuppenkörper gestalten. *Warum dürfen denn Körper nicht auch ihre Be-*

sonderheiten haben? Muss denn wirklich alles perfekt sein? Und wenn ja – wer bestimmt, was tatsächlich perfekt ist?

Auch eine Korrektur meiner Beine ließ ich nicht über mich ergehen – sie waren ihm zu wenig schlank.

Außerdem schaffte ich es erstmals, ihm zu sagen, dass er mir niemals ein richtiger Vater gewesen war und ich mit ihm nichts mehr zu tun haben wollte. Das war ein kurzer und hilfloser Versuch, mich von jenem Menschen abzugrenzen, der mir in meinem Leben so viel Leid zugefügt hatte und den ich doch scheinbar in meinem tiefsten Innersten in einer verstrickten Abhängigkeit liebte.

Als Entschädigung und Ablenkung oder möglicherweise als Ablösung hatte ich die glorreiche Idee, ihm eine schöne, blonde, junge Geliebte zu vermitteln. Ich bestellte dieses Mädchen im Sommer zu einem vereinbarten Zeitpunkt in das Haus meines Vaters, ließ mir von ihm ein Zeichen geben, ob sie ihm gefiel, um die beiden dann allein zu lassen und das Feld zu räumen. Was für ein Motiv mich zu dieser Handlung bewogen hatte, kann ich bis heute nicht wirklich erklären. Vielleicht wollte die Gefalltochter, die selbst nicht mehr die Geliebte sein durfte, ihm einen passenden Ersatz zur Verfügung stellen. Vielleicht wollte ich einfach nur Niki aus dem Feld räumen.

Er fing tatsächlich ein Verhältnis mit Evelyn an.

Meine eigene Distanziertheit war auch nicht von langer Dauer.

Zwar gab es zur damaligen Zeit noch keine Mobiltelefone, doch schaffte es mein Vater immer wieder, alle Menschen seiner näheren Umgebung zu belästigen. Er war ein absolut distanzloser Mensch und respektierte niemals die Grenzen anderer Menschen. So wie er seine Mutter, meine Großmutter, täglich mindestens fünf Mal anrief, ließ er niemals locker, den Kontakt zu mir aufrechterhalten zu wollen. Er wollte mit allen Mitteln die Kontrolle über mein Leben nicht verlieren.

Nachdem ich in diesem Jahr 1981 meinen Schulabschluss mit gutem Erfolg absolviert hatte, kamen schon im Sommer und im Herbst desselben Jahres noch weitere gravierende, lebensverändernde Situationen auf uns zu, vor allem in meinem Familiensystem.

Meinem Vater gelang es, mich davon zu überzeugen, Betriebswirtschaft zu studieren, um eventuell in ferner Zukunft sein Unternehmen zu übernehmen. Welch eine subtile Manipulation, um mich weiterhin in seiner Nähe zu wissen! Schon in den Ferien hatte ich zwei Mal dort gearbeitet, um auch am Arbeitsplatz zu erkennen, dass er dort sämtlichen Frauen zu nahe kam – heute würde dieses Delikt des sexuellen Übergriffs angezeigt werden – damals wagte es keine der Frauen, sich abzugrenzen, wenn sie nicht womöglich ohnedies eine seiner Geliebten war.

Mein größter Wunsch wäre es damals gewesen, Innenarchitektin zu werden oder Kunstgeschichte zu studieren. Beides wurde mir nahegelegt, nicht zu machen – das eine sei eine brotlose Kunst, das andere kein akademisches Studium. Ich als angepasstes Kind fühlte mich verpflichtet, das zu tun, was man von mir verlangte. Ich wurde vor die Wahl gestellt, Betriebswirtschaft oder Rechtswissenschaften zu studieren.

Also würde ich mein Betriebswirtschaftsstudium im Herbst beginnen, nur um meinen Eltern den Gefallen zu tun, eine Akademikerin zu werden. Sie selbst hatten beide nicht studiert. Mein Vater hatte das elterliche Unternehmen übernehmen müssen und meine Mutter war mit 16 Jahren eine vorzeitige Schulabbrecherin ohne weitere Berufsausbildung, die mit 17 mich bekommen hatte.

Mein Vater hatte dann allerdings schon bald das von meinem Großvater aufgebaute und von meiner Großmutter – die ihren Mann mit 45 Jahren verloren hatte – weitergeführte Unternehmen, das sie mit viel Energie und Kraft für ihre Kinder aufrecht erhalten wollte, in den Ruin geführt.

Ihn in seinem Unternehmen zu unterstützen war nicht mehr möglich, weil er dieses wirklich florierende Familienunternehmen durch seinen Größenwahn knapp ein Jahr nach meinem Studienbeginn endgültig in den Konkurs geführt hatte. Sein Geschäftsführer schien einen ähnlichen Charakter gehabt zu haben wie er – er unterschlug höhere Geldsummen und hatte Sex mit Mitarbeiterinnen in den Räumen des Unternehmens.

Da haben sich wahrhaft zwei unseriöse, skrupellose Menschen gefunden.

Um das Unternehmen doch noch zu retten, bat er meine Großmutter um ihre Anteile an Zinshäusern und ihre Ersparnisse. Leichtgläubig gab sie ihrem einzigen verhätschelten Kind alles. Vermutlich wollte sie bei ihm alles gutmachen, was sie als Mutter in früheren Jahren oftmals versäumt hatte. Die beiden anderen ihrer Kinder hatte sie in deren Kindheit, wie ich erst viele Jahre später erfahren musste, jahrelang immer wieder schwer verprügelt – woraus vermutlich die vollkommene Instabilität meines Onkels herrührte.

Das Unternehmen war nicht mehr zu retten – er trieb es endgültig in den Konkurs.

Somit wurde meine von mir so sehr geliebte Großmutter durch die Leichtsinnigkeit ihres Sohnes, der in seinem Leben nie irgendwelche ethischen oder moralischen Werte beachtet hatte, an die Armutsgrenze gedrängt. Dies war für sie besonders schmerzlich, weil sie aus einer sehr wohlhabenden Familie stammte und großen Wert auf Eleganz und gesellschaftliche Anerkennung legte. Sie war immer eine außergewöhnlich stolze, würdevolle Frau gewesen und hatte in ihrer Gutgläubigkeit all ihr Vermögen ihrem selbstherrlichen egozentrischen Sohn überschrieben, um nun von anderen – vor allem von staatlicher Unterstützung – abhängig zu werden. Nun war auch sie eine von vielen Frauen, die mein Vater im Laufe seines Lebens auf die eine oder andere Weise ruinierte. Entweder verloren sie ihr Geld oder ihre Gesundheit.

Der schlimmste Schicksalsschlag für meine Großmutter war jedoch in derselben Zeit der Tod meines Onkels, ihres Sohnes Friedrich. Schon all die Jahre zuvor erlebte ich ihn unter schwerem Medikamenteneinfluss, arbeitsunfähig und zumeist von meiner Großmutter mit Essen versorgt. Ich erfuhr von seinem Suizid auf einer Geburtstagsfeier, bei der ich mit meinem Freund Christian eingeladen war, durch einen Telefonanruf meines Vaters, der mir diese Botschaft mit folgenden Worten überbrachte: „Hallo Alma, du, der Onkel Friedrich hat sich jetzt endlich endgültig umgebracht. Jetzt hat er es endlich geschafft, es war ja eh zu erwarten, endlich ist er richtig gesprungen, der Idiot, aber der Großmutti geht's ganz schlecht!“ Ich war sprach- und fassungslos, obwohl es klar war, dass dieser Mann, der schon lange unter schwersten Depressionen gelitten hatte, die meine Großmutter, aber auch mich bei meinen vielen

Besuchen bei ihr, unglaublich belastet hatten, nach zwei erfolglosen Suizidversuchen es ein weiteres Mal versuchen würde. Dennoch verursachte sein Tod einen überaus großen Schmerz für meine Großmutter. Womöglich spürte sie auch Reue für das, was sie ihm in seiner Kindheit zugefügt hatte.

Mich traf dieses Unglück besonders stark – es war an einem Sommertag geschehen, an dem ich voller Lebensfreude ein Fest mit jungen Menschen genoss. Lange Zeit sollte es mir nicht bewusst sein, dass sich mit dem Ableben meines Onkels meine eigene Todessehnsucht immer stärker bemerkbar machte. Erst viele Jahre später musste ich erkennen, dass seine Seele nicht bereit gewesen war, das Feld der Erde zu verlassen und er sich immer öfter und immer stärker an meine Lebensenergie hängte. So geschah es, dass nicht nur mein Vater mir scheinbar Teile meiner Seele genommen hatte, sondern auch mein Onkel sich an meiner Energie zu nähren versuchte.

Wie oft in meinem Leben war ich bereit, meine Energie an Männer abzugeben, nur um den Preis geliebt und anerkannt zu werden – in diesem Fall sogar über seinen Tod hinaus.

Mein neuer Lebensabschnitt begann in einer Ära, in der die Technik in einer derart rasanten Geschwindigkeit Fortschritte machte, die unfassbar erschienen. Es war das Jahr 1981, in dem der erste Computer auf den Markt gebracht wurde. Zwei Jahre später, 1983, begann mit dem ersten Mobiltelefon eine neue Möglichkeit der Kommunikation, auch wenn das erste Gerät noch knapp 800 g wog. Aus der heutigen Sicht erscheint es fast unglaublich, ohne Computer oder Mobiltelefon sein Leben zu führen. Damals brachte der technische Fortschritt für uns alle eine unwahrscheinliche Veränderung der Lebensumstände.

Zur selben Zeit wurden auch die vermeintlichen Tagebücher von Adolf Hitler veröffentlicht, die sich jedoch sehr bald als Fälschungen herausstellten. Es ist für mich unfassbar, dass dieses Monster von einem Menschen fast 30 Jahre nach seinem Tod noch immer in den Schlagzeilen war und es noch lange Zeit bleiben sollte. Wie lange sollte es weitergehen, dass eine so elende Kreatur des menschlichen Seins immer wieder in Erinnerung gerufen wird? Wie war es möglich, dass Menschen nicht aus diesem Wahnsinn gelernt hatten, sondern viele seinem Beispiel über lange Zeit hindurch folgten? Ich kann so etwas nicht verstehen, geschweige denn nachvollziehen. Sitzt in uns Menschen das Böse tatsächlich so tief verwurzelt? Gibt es wirklich so viele Menschen, die diesem Bösen folgen? Es sollte noch lange dauern – in Österreich wurde es sogar notwendig, neue Gesetze zu erstellen – bis den Menschen verboten wurde, den Spuren dieses Unmenschen zu folgen. Ich bin zutiefst entsetzt, dass es sogar noch im Jahre 2012, in dem ich diese Geschichte niedergeschrieben habe, Prozesse wegen Wiederbetätigung in unseren Gerichten geben musste und Menschen, die sich mit Adolf Hitler identifizieren, verurteilt wurden.

Ja, das Böse wird noch lange Zeit seine Wirkung entfalten, so lange bis die Menschen endlich bereit sein werden, Bewusstheit zu leben.

Ich war zu diesem Zeitpunkt – nach dem Verlust meines Kindes – weiterhin mit Christian zusammen. Wir befanden uns in einer Clique von Studenten und studierten beide dasselbe. Ich hatte nach dem ersten Semester zum Studium der Rechtswissenschaften, dem scheinbar geringeren Übel, gewechselt, wobei mir Christian einige Semester voraus war. Er war ja auch drei Jahre älter als ich. Für ihn war es noch möglich das Doktorat ohne Dissertation zu erreichen. Ich konnte in der neuen Studienordnung nur den Grad einer Magistra machen.

Aus der Sicht meiner Mutter, der ich später immer wieder mein Leid geklagt habe, das Falsche studiert zu haben, war es niemals so gewesen, dass ich nicht frei entscheiden durfte.

Allerdings war sie es, die mir lange Zeit sehr übel nahm, nicht auch mein Doktorat gemacht zu haben. Meine Dissertation hatte ich schon nach einem Semester abgebrochen.

Da stellt sich die Frage, wem meine akademische Zukunft wichtiger war – ihr oder mir?

Immer wieder fuhren Christian und ich gemeinsam auf Geschäftstouren durch Österreich, weil er alles daran setzte, das sehr marode Unternehmen seines Vaters aufrechtzuerhalten. Er hatte scheinbar einiges mit meinem Vater gemeinsam – zumindest war er ein schlechter Geschäftsmann, der es seinem Sohn zu danken hatte, für ihn im Einsatz zu sein. Ich begleitete meinen Freund aus Liebe, obwohl ich schon damals Autofahrten hasste. Umso schlimmer war es, dass wir auf einer dieser Touren einen schweren Unfall hatten, bei dem Christian in einer Kurve die Gewalt über den PKW verloren hatte und in eine Mauer fuhr. Wir hatten großes Glück, dass wir nur einen Blechschaden erlitten hatten.

Langsam fühlte ich mich ein wenig sicher und war auch wirklich glücklich an seiner Seite. Ich wurde Teil seines Familienverbandes, der aber auch seine Tücken hatte.

Selbst in unserer Beziehung war ich vor Übergriffen nicht wirklich geschützt.

Bei einem Wochenendbesuch im Landhaus seiner Familie kam mir möglicherweise sein Vater zu nahe. Er hatte ein Alkoholproblem, das ihn offensichtlich nicht mehr klar handeln ließ. An einem Abend, als ich mit Christian bereits im Bett lag, betrat sein Vater alkoholisiert unser Zimmer, setzte sich auf unser Bett, weckte uns auf und fing ein fadenscheiniges Gespräch an. Während er in seinem Rausch belanglose Dinge schwatzte, spürte ich schlaftrunken wie ich war, eine Hand zwischen meine Schenkel gleiten.

Ich erstarrte und war zutiefst entsetzt, dass mein Freund es wagen konnte, mich intim zu berühren, während sein Vater bei uns saß. Ich rührte mich nicht, wurde atemlos – und verschwand aus der Situation. An Weiteres konnte ich mich nicht erinnern – große Leere war um mich – wie ein Traum, dem ich nicht entkommen konnte…

Als ich ihn nach dem Weggehen seines Vaters auf diese eigenartige Situation ansprach, schwieg er dazu und reagierte in keiner Weise auf diesen Übergriff. Allerdings hatte er vehement geleugnet, mich an meiner Vagina berührt zu haben. Ich konnte es doch nicht geträumt haben und war es gewohnt zu schweigen. Wer es tatsächlich war, weiß ich bis heute nicht. Ich wagte es nie mehr, darüber zu sprechen oder etwas zu dieser Situation zu äußern.

Wie so vieles davor vergrub ich auch dieses Erlebnis in meinem Innersten!

Interessanterweise hatten wir beide Väter, die keine Ahnung von richtiger Unternehmensführung hatten. Wie schon erwähnt ging durch das Versagen meines Vaters das gesamte Privatvermögen der Familie verloren. Ein Schicksal, das in meiner Familie in beiden Familiensystemen vorhanden war. Es hatte einst auch meine Großmutter mütterlicherseits getroffen, die mit ihren Kindern auf der Straße stand, nachdem mein Großvater das gesamte Geld verspielt hatte und dann mit seiner Geliebten untertauchte. Diesmal war es die Frau meines Vaters mit ihren vier Töchtern, die plötzlich vor dem Nichts stand. Hätte nicht die älteste Tochter, die inzwischen die Misswahl gewonnen und sich dort einen reichen amerikanischen Geschäftsmann angelacht hatte, durch ihre Beziehung ihre Mutter und ihre vier Schwestern finanziell unterstützt, wäre diese Familie ebenso am Abgrund gestanden – eine Tatsache, die meinen Vater nicht einmal betroffen machte. Mich selbst traf es nur am Rande, weil mein Vater schon zuvor keinen Unterhalt mehr für mich gezahlt hatte und ich mithilfe von Nebenjobs und der Unterstützung meiner Mutter mein Studium finanzieren konnte. Meinem Vater fehlte ein kraftvoller und ehrgeiziger Sohn, der ihm helfen hätte können, das ursprünglich florierende Unternehmen vor dem Ruin zu bewahren.

Christian hingegen, der mich an seiner Seite hatte und scheinbar in meinem Leben der erste Mann sein sollte, für den ich als perfekter Katalysator dienen durfte, um seinen zukünftigen Erfolg mitzugestalten, schaffte es, das Unternehmen seines Vaters über Wasser zu halten und letztlich mit großem Erfolg zu sanieren. Er war ein wirklich tüchtiger Geschäftsmann, der alles tat, um später daraus ein Imperium aufzubauen und ein wirklich reicher, doch leider in Folge ein allzu oberflächlicher Mann zu werden. In unserer gemeinsamen Zeit war er ein herzlicher, liebenswerter Mensch, mit dem ich viele schöne Stunden verbrachte. Ich liebte ihn sehr. Niemals konnte ich jedoch den Tod meines Kindes vergessen und zog mich innerlich immer mehr zurück.

Irgendwann beschloss ich – ich war gerade 20 Jahre alt – auch einen reichen Mann haben zu wollen, so wie meine Stiefschwester und einige andere junge Frauen aus meiner Umgebung. Zu dieser Zeit dachte ich, dass dies doch ein Kinderspiel sein müsste. Ich war mir sicher, dass auch mir eine solche Beziehung schnell gelingen müsste, wo ich doch jung, intelligent und ausgesprochen schön war.

Somit verließ ich Christian und fuhr mit einem guten Freund auf Skiurlaub nach Kitzbühel. In diesen hatte ich mich als 14-Jährige bei einem Volkstanzkurs verliebt – er hatte sich damals überhaupt nicht für mich interessiert, sich jedoch später, als ich zu einer jungen, schönen Frau herangereift war, oftmals um mich bemüht. Wir hatten immer zu unterschiedlichen Zeitpunkten aneinander Interesse. In Kitzbühel hoffte er, mich zu erobern. Dort eskalierte die Situation, weil ich ihn abwies, nachdem er für uns beide nur ein gemeinsames Zimmer gebucht hatte, um mich auf diese Weise „herumzukriegen". Das machte mich so wütend, dass ich provozierend mit seinem besten Freund zu flirten begann. Daraufhin räumte er tobend und schreiend vor Eifersucht und Wut einen Tag nach unserer Ankunft das Feld und reiste wieder ab.

Manchmal konnte ich tatsächlich sehr bösartig werden, vor allem dann, wenn ich das Gefühl hatte, manipuliert zu werden.

Schon am Tag seiner plötzlichen Abreise tauchte er tatsächlich auf – jener reiche Mann, der mich mit allen Mitteln – vor allem finanziellen – erobern wollte. Er hätte mein Vater sein können, von dem ich ja erst seit kurzer Zeit getrennt war. Ich war gerade 20 Jahre alt geworden und er war 47, ein reicher, deutscher Industrieller und nur ein Jahr jünger als mein Vater. Noch am selben Abend zog ich aus meiner kleinen Pension aus und übersiedelte in Jens' Apartment, natürlich ins Gästezimmer, in dem ich jedoch keine Stunde allein sein sollte. Noch in derselben Nacht kam er zu mir und ich erlebte mich zurückversetzt in meine Vergangenheit – ein Teil in mir wollte Sex, ein anderer verachtete und hasste sich dafür. Ich ließ es geschehen, ich ließ ihn gewähren und genoss es einerseits, um andererseits danach ihn – und noch mehr mich selbst – tief zu verachten. Ab dieser Nacht hatte ich den gesamten Mund voller Herpesbläschen, die mir noch lange Zeit schmerzhaft erhalten blieben. Über viele Monate konnte mir kein Arzt helfen – genauso lange, bis ich nach einigen weiteren vermeintlich reichen Männern reumütig zu meinem Freund Christian zurückkehrte.

Die erste Chance, mich einem reichen Mann zu verkaufen, hatte ich bereits in diesem Urlaub bekommen. Christian, der nicht so schnell aufgab und mich zurückerobern wollte, holte mich nach meinen Tagen in der Haute-Volée in Kitzbühel vom Bahnhof in unserer Heimatstadt ab und bat mich, zu ihm zurückzukehren. Doch ich, die ich zu sehr von diesem Luxus geblendet war, entschied mich anders. Jens hatte mich tatsächlich mit allen Mitteln gelockt. Kurze Zeit später fuhr ich nach Innsbruck, wo mich Jens im Ferrari vom Bahnhof abholte und mit mir, nach einer Übernachtung bei seinen Freunden, nach München in ein Luxusapartment fuhr, vor dem ein Fuhrpark von Jaguars, einem Rolls Royce und Jeep sowie einigen anderen Autos stand. Er hatte mich mit dem Angebot gelockt, mit ihm in München zu leben, dort zu studieren und alle drei Monate mit ihm eine weite und teure Reise zu machen. Zum Einstand bekam ich einen wertvollen Allianzring mit einem Saphir und zwei Brillanten und unser erster Urlaub ging zum Skifahren nach St. Moritz, einem Nobelort in der Schweiz. Wir fuhren gemeinsam mit seinem 15-jährigen Sohn, neben dem ich mir eher als dessen ältere Schwester vorkam, als die Geliebte seines Vaters zu sein. Ich wurde von Tag zu Tag kranker im Körper und in meiner Seele. Ich verzweifelte, ich begann ihn zu hassen und wollte nur mehr zurück nach Hause. Allerdings hatte ich mich ihm vollkommen ausgeliefert – und dafür forderte er Sex. In diesem Urlaub hatte ich erstmals entschieden, dass es für mich am besten sei, mich von hinten nehmen zu lassen, wenn man sein Gegenüber nicht mehr erträgt. In dieser Position musste ich ihm wenigstens nicht in die Augen sehen. Dies war von nun an immer wieder jene Position, in der ich ungewollten Sex mit Männern über mich ergehen ließ und es sollte noch lange so bleiben – bis ich es irgendwann schaffte, mich diesen Übergriffen zu widersetzen.

Während dieses Aufenthaltes in der Schweiz hatte ich das Gefühl, dass es mir unmöglich war, diesen Mann zu verlassen, obwohl mein Körper immer stärker rebellierte. Zwischendurch konnte ich nur breiige Nahrung zu mir nehmen, so sehr lehnte sich mein Körper gegen diese intime Nähe auf. Ich hatte Schmerzen und mein gesamter Mund war wie eine einzige, offene Wunde. Der Herpes wollte es sichtlich vermeiden, mich von einem Mann, der mich so sehr abstieß, küssen zu lassen. Irgendwie schaffte ich nach einiger Zeit doch die Flucht aus dieser unerträglichen Lage – ich packte meine Sachen, kaufte mir heimlich ein Zugticket, ließ meine Ski und Skischuhe zurück und fuhr nach Hause. Erleichtert wurde dieser Entschluss, weil meine Mutter angerufen hatte und mir mitteilte, dass sie eine schwere Lungenentzündung hatte. Schon damals wählte meine Mutter unbewusst Krankheiten als Manipulationsmittel, um mich aus Situationen zurückzuholen, die ihr nicht zusagten. Das war nun eine neue Methode von ihr, über mich zu bestimmen. Zu groß war damals ihre Angst, ich könnte verschwinden und mich in die Abhängigkeit eines viel älteren Mannes begeben. Vor allem wäre ich dann auch nicht mehr in ihrer Nähe gewesen. Sie setzte mich sehr unter Druck, weil ihr bewusst war, dass ich aufgrund unserer häufigen, argen Streitereien sehr leicht zu verlocken war, sie zu verlassen und von zu Hause wegzuziehen. In diesem Moment kam mir ausnahmsweise dieser Druck, den meine Mutter auf mich ausübte, sehr gelegen. Endlich hatte ich eine Möglichkeit, meine Entscheidung vermeintlich von ihr abhängig zu machen. Nach diesem Anruf blieb ich nur noch eine Nacht und versuchte dem Ärger und der Aggression meines Liebhabers zu entgehen, indem ich mich erneut von ihm wegdrehte und meinte, er solle mich doch einfach nehmen. Wie gut hatte ich es schon gelernt, mich nur zur Verfügung zu stellen und mich dabei in andere Dimensionen dieses Seins zu begeben.

Meinen Körper konnte ich vollkommen gefühllos werden lassen.

Allerdings landete ich von nun an bei dieser Flucht aus der realen Situation, in meiner Berechnung nur mehr in tiefer Dunkelheit, im Nichts, in Abgründen – nicht mehr in Welten, die mir vertraut waren. Es offenbarten sich mir keine Lichtwelten mehr – keine Engel, keine Meereswesen oder Feen, keine Elfen und Märchengestalten waren um mich und auch keine Naturwesen. Ich erlebte bloß ein atemloses Sein in Dunkelheit und im Grauen. In diesen Momenten starrten meine Augen in die Leere, mein Atem wurde flach und hörte auf, ich hielt die Luft solange ich konnte an und wartete, bis es vorbei war. Meine andere Möglichkeit war eine Flucht in die orgastische Ekstase, um mich in den kleinen Tod zu begeben und für kurze Zeit nichts mehr um mich herum wahrzunehmen. Doch ist diese Zeit des Orgasmus zu kurz, um die Leere danach zu ertragen.

Ich schrie mich schon in dieser Zeit lauthals in meine Orgasmen.

Mit meinem wenigen Geld, das ich mithatte, fuhr ich zurück nach Hause. Meine Skischuhe und Ski sollte ich nie mehr bekommen. Ich wollte nur weg aus dieser unerträglichen Situation, weg von diesem so viel älteren Mann, der mich an all das erinnerte, was vor nicht allzu langer Zeit zwischen meinem Vater und mir geschehen war.

Erst Jahrzehnte später sollte ich erkennen, dass mein Vater für mich damals anscheinend doch ein begehrenswerter, schöner Mann gewesen war, den ich jedoch zu keiner Zeit hätte begehren dürfen, weil er immer mein Vater sein würde. Selbst mein Geruchsempfinden war für lange Zeit auf die Intensität künstlicher Düfte, wie sie mein Vater liebte, konditioniert.

Schon diese Tatsache erhöhte meine eigenen Schuldgefühle in solchen Situationen um ein Vielfaches. Sex schien etwas Unerlaubtes zu sein, für das ich mich immer wieder auf seltsame Weise bestrafen musste.

Kaum zurück in meiner Heimatstadt rief mich mein verlassener Liebhaber an, um den teuren Ring, den er mir geschenkt hatte, zurückzufordern. Ich fragte ihn, ob er aus diesem Schmuckstück einen Wanderpokal machen wollte, der bei der Frau verbleiben sollte, die das erfüllte, was seinen Vorstellungen entsprach. Daraufhin legte ich auf und ließ das Kapitel eins zum Thema „Reicher Mann" abgeschlossen sein.

Leider sollten noch weitere Erlebnisse dieser Art folgen – mit Erniedrigung und Selbstaufgabe. In den nächsten Monaten begegnete ich drei weiteren Männern – davon zwei sehr wohlhabenden – in meinem späteren Leben noch allzu vielen anderen, bevor ich irgendwann dann endlich ankommen durfte.

Es war Faschingszeit und ich bewegte mich in der sogenannten Schickeria. Eines Tages lernte ich dabei wieder einen Industriellen kennen. Er war 15 Jahre älter als ich und sehr gut situiert. Er lud mich ein, führte mich aus und ging mit mir zu einer Party mit dem Motto High Noon. Ich war als Westernnutte – wie symbolisch – verkleidet und wurde noch in derselben Nacht von diesem Mann genommen, vor dem ich mich danach noch mehr ekelte als je zuvor. In meiner Verzweiflung wollte ich mich nach dieser Nacht des Grauens, in der er wie ein brüllendes Tier auf mir zum Orgasmus kam, meiner Mutter anvertrauen, um Trost zu finden. Kaum hatte ich jedoch zu erzählen begonnen, wie unglücklich ich sei und wie abstoßend ich diesen Mann fände, ohne zu sagen, dass ich schon Sex mit ihm hatte, kam von ihrer Seite der lapidare Rat: „Schlaf doch mit ihm, dann wird vielleicht alles besser." Dies war der Rat meiner Mutter, die sich für mich eine gute Partie gewünscht hatte. Am liebsten wäre ihr ein Aristokrat gewesen – immer wieder hatte sie versucht, mich mit jungen Aristokraten zusammenzubringen. Mit einem wohlhabenden Unternehmer wäre sie aber auch zufrieden gewesen. Ich war von ihrer Reaktion zutiefst betroffen. Sie wollte ihre Tochter als Akademikerin sehen, die nun auch wohlsituiert heiraten sollte. Ob ich mit dem, was von mir erwartet wurde, glücklich war, spielte scheinbar keine Rolle, weil ich ohnedies immer bereit war, mein Bestes zu geben. In meinem Inneren begann sich jedoch alles immer stärker zu wehren. Mein Körper zeigte mir auf, dass ich andauernd selbst über meine Grenzen ging und dies damit auch anderen zugestand. Ich sagte meiner Mutter, dass es genau der Sex mit diesem Mann gewesen war, der meine Abscheu massiv verstärkt hatte. Damit wurde unser Gespräch beendet und Kapitel zwei war ganz schnell abgeschlossen.

Nun kam es zu Kapitel drei der Geschichte „Reicher Mann", von dem auch nichts als eine tiefe Verletzung bleiben sollte.

Männer kennenzulernen fiel mir nie schwer, vermutlich zu leicht.

Der neue Mann an meiner Seite war bloß einige Jahre älter als ich. Er war gut aussehend, hoch intelligent und ein wenig langweilig, aber ich versuchte ihn zu erobern. Er gefiel mir wirklich gut – aufgrund seines Aussehens, seiner Bildung und seines Status, den er schon in jungen Jahren als Arzt hatte. Er jedoch meinte es nicht ernst mit mir, versetzte mich immer wieder und ignorierte mich oftmals. Irgendwann, als ich weinend allein und verlassen in seiner Wohnung saß, in der wir uns hätten treffen sollen, rief ich in meiner Verzweiflung meinen Vater an, der mich sofort mit Sack und Pack abholte. Er wurde wieder einmal zum Retter seiner Tochter, der doch bereit war, ihr scheinbar jeden Wunsch zu erfüllen – vor allem wenn es darum ging, sie von anderen Männern wegzuholen.

Wie zuvor bei meiner Abtreibung und der Schönheitsoperation mischte er sich ohnedies andauernd in mein Leben ein. Ich war damals so verblendet, tatsächlich meinen ersten Geliebten zu Hilfe zu rufen, um mich aus der Wohnung eines weiteren Geliebten zu befreien.

Wie grotesk war doch diese Situation!

Ich fühlte mich unendlich gedemütigt und war zutiefst unglücklich. Ein bisschen versöhnte es mich damals, dass mein Vater nach kurzer Zeit begann, sich wieder sehr um mich zu bemühen, so wie es noch viele andere Männer nach einer Trennung von mir tun sollten. Ich war die Frau, die später im Leben ihre Macht erst richtig kennenlernen sollte, die sie als sexuelle, lustvolle Frau im Leben eines Mannes hatte. Ich war die ekstatische Geliebte, die auf Männer sehr anziehend wirkte und manche davon auch in Abhängigkeit brachte.

Zu diesem Zeitpunkt war ich jedoch wieder einmal soweit, sterben zu wollen. Eines Abends stand ich vor dem Medikamentenkasten meiner Mutter und fand darin einige Tabletten namens Valium. Mit den Tabletten in der Hand stand ich da und überlegte, sie zu nehmen. Ich hatte nicht den Mut dazu – irgendetwas hielt mich wieder davon ab, nach Hause zurück zu gehen.

Meine Herpesviren im Mund kamen immer wieder und verschwanden zwischendurch nur für wenige Tage. Ich litt so sehr, dass ich Monate lang bloß halbflüssige Nahrung zu mir nehmen konnte, weil die Schmerzen immer unerträglicher wurden. Kein Arzt konnte mir helfen. Ich quälte mich nicht nur mit den Problemen in meinem Mund, viel unerträglicher erlebte ich noch meine ständig wiederkehrenden Migräneanfälle.

Am schlimmsten waren vermutlich jedoch die Schmerzen meiner Seele zu ertragen, die ich zu diesem Zeitpunkt nicht mehr wahrnehmen wollte. Ich war nun endgültig eine von vielen Gefangenen in den Niederungen der Menschheit, unfähig aus dem Wahnsinn auszusteigen.

Drei Männer hatte ich nun hintereinander in kurzer Zeit verlassen und immer wieder kam ich zu meinem Vater zurück.

Doch war unsere gemeinsame Zeit vorbei.

Er lebte inzwischen in einer fixen Beziehung mit Niki, die ihm immer noch zur Seite stand, obwohl er alles verloren hatte.

So ging ich weiter, ließ die beiden endgültig miteinander sein, und begann mich dem Kapitel vier zum Thema „Reicher Mann“ zuzuwenden.

Es war zu Beginn des Sommersemesters 1983.

Der neue Auserwählte war nicht reich, er begann gerade eine Tennisplatzanlage zu errichten und ich bildete mir ein, alles für ihn tun zu wollen, damit er Erfolg haben sollte. Ich hatte mich tatsächlich verliebt und ließ mit mir geschehen, was immer er wollte. Also bemühte ich mich erneut um einen Mann, der mich abwertete und ließ andere Verehrer ziehen, die sich ehrlich für mich interessierten.

Dieser Mann war unfähig, wirkliche Nähe zuzulassen. Er belog mich, er betrog mich, er erniedrigte mich und er demütigte mich. Erst später kam ich darauf, dass meine Rivalin eine Ex–Schülerin von ihm war, die ich sogar kannte. Er benutzte mich, weil ich mich scheinbar unbewusst allzu gern benutzen ließ, um geliebt zu werden. Ich bettelte um seine Liebe und Anerkennung und er nahm von mir, was er bekam, ohne Rücksicht auf Verluste. Ich hatte niemals gelernt, was es bedeutete, mir meines eigenen Wertes bewusst zu sein, wurde dieser Wert doch von Anbeginn meines Lebens untergraben.

Ich war wieder Opfer und sollte später zur Täterin werden, zu einem Racheengel in der Männerwelt. Scheinbar war durch all das Geschehene der Teil in mir erweckt worden, der Männer zutiefst verachtete – ein Phänomen, das sich in unserer Familie durch viele Frauengenerationen zog. Beinahe alle meine Ahninnen verachteten Männer. Wie sollte es bei mir aber auch anders sein, da ich vom ersten Mann in meinem Leben so sehr benutzt worden war?

Meine Rache lebte ich erst viele Jahre später aus.

Zu dieser Zeit wurde ich sehr krank und wusste mir nicht mehr zu helfen, bis er mich dann wegen seiner ehemaligen Schülerin tatsächlich endgültig verließ. Ich hatte einen Brief von ihr gefunden, aus dem ich schloss, dass sie Sex miteinander hatten. Sie hatte diesen vermutlich bewusst hingelegt und ihn nun scheinbar endlich erhört. Meine Hilfe im Aufbau seiner Anlage benötigte er nun doch nicht mehr – ich hatte genug für ihn getan.

In Wirklichkeit hatte sie dasselbe Machtspiel gespielt, das ich in späterer Folge selbst noch einige Male spielen sollte. Die Zusammenhänge hatte er mir erst Jahrzehnte später bei einer kurzen Wiederbegegnung erzählen können. Zur damaligen Zeit jedoch ließ er mich fallen und wurde dann knapp 12 Jahre später auch ein Objekt meines Racheplans. In dieser Begegnung benutzte ich ihn, verführte ihn einmal, spielte meine sexuelle Macht aus und ließ ihn ziehen, als er mich wiedersehen wollte!

In Bezug auf Männer war meine Mutter anders – sie hätte sich von einem Mann niemals erniedrigen lassen, dafür war sie zu klar verstandesorientiert. Es war für sie entsetzlich mitzuerleben, wie sehr ich um seine Liebe gebettelt hatte, ohne jedoch zu erkennen, wie oft ich schon in meiner gesamten Kindheit flehentlich um ihre Liebe gebettelt hatte, wenn sie mir diese entzog oder mich bestrafte.

Somit ging meine Abenteuersuche nach dem reichen Mann zu Ende, vom letzten Mann in den Monaten unseres Beisammenseins oftmals erniedrigt und gedemütigt.

Er war eiskalt und scheinbar herzlos. Allerdings begann sein Geschäft nun zu florieren.

Ich erkannte, dass ich nicht ohne Liebe leben wollte und unmöglich nur des Geldes wegen bei einem Mann bleiben konnte. Ich war nicht käuflich und keinesfalls berechnend, denn das entsprach nie meinem innersten Sein. Viel eher gab ich mich selbst für meine Partner auf als von ihnen etwas zu nehmen. Ich war keine Frau, die sich verkaufen konnte – ich war es nie und würde es auch niemals sein, zu zart und zerbrechlich war mein weibliches Wesen.

Somit war mir klar, nie wieder nur des Geldes wegen einen Mann an meiner Seite zu dulden.

Ich kehrte vernünftig und reumütig zu Christian zurück.

Er nahm mich mit offenen Armen auf und ich war zutiefst erleichtert. Endlich konnte ich wieder gesund werden. Mein Mund wurde frei von all den Bläschen, weil ich nun wieder den richtigen Mann küsste. Mein Körper konnte allmählich zur Ruhe kommen. Am allermeisten freute sich Christians Großmutter, die mich wie ihre eigene Enkeltochter liebte und ich sie. Sie war ein wirklich gütiger Mensch und ich war froh, wieder in einem geborgenen Sein zu leben So war ich nach neun Monaten meiner Suche nach einem reichen Mann zu jenem liebenswerten Studenten zurückgekehrt, der mich wirklich geliebt hatte, aber zu dieser Zeit *noch nicht reich* war.

Christian ist ein wahrhaft reicher Mann geworden – doch bloß im materiellen Sinne.

Die Ernte der Samen, die ich ihm zu säen geholfen hatte, trugen dann die anderen Frauen ein.

Wie seltsam doch die Schicksalswege jedes einzelnen Menschen verlaufen.

Kapitel 4 - Der Märchenprinz

1984-1991

Endlich wurde mein Leben wieder friedvoll und ruhig – es war nun erneut in geordnete Bahnen gekommen.

In der Weltgeschichte erfolgten allerdings immer weitere Umbrüche, insbesondere innerhalb der katholischen Kirche. In diesem Jahr, in dem ich meinen 21. Geburtstag feierte, wurde die Kirche vom Staat getrennt, weswegen Rom den Ehrentitel abgeben musste, als Heilige Stadt bezeichnet zu werden. Stattdessen wurde der Vatikanstaat errichtet. Ab nun war die kirchliche Ehe vor dem Staat nicht mehr anerkannt, doch konnte auch nur mehr eine Zivilehe geschieden werden, was bedeutet, dass man in der Kirche und vor Gott immer als Ehepaar gelten soll.

Wie sehr reifte in mir zu dieser Zeit der Wunsch nach einem Märchenprinzen, der mich auf seinem weißen Ross erobern und vor Gottes Altar führen sollte. Meine Beziehung zu Christian wurde nie mehr wirklich harmonisch, weil das Vertrauen und die Verbindung durch die Zeit, die dazwischen gelegen war, ziemlich getrübt waren. In meinem Gefühlsleben begann sich ein Muster abzuzeichnen, das mich noch lange Zeit begleiten sollte. Schon in dieser ersten Liebe, die ich lebte, begann mich offensichtlich meine Vergangenheit einzuholen und mich zu prägen, was mich noch Jahrzehnte verfolgen sollte. Ich verlor in meiner Beziehung mehr und mehr die Lust auf Sex, ließ diesen jedoch oftmals zu, ohne es zu wollen, nur aus Angst, den Partner zu verlieren, wenn ich es nicht tue. Dadurch begann ich ihn und mich zu verachten, was zur Folge hatte, dass mein Körper irgendwann absolut gefühllos wurde und ich mich nur mehr wie eine tote, leere Hülle fühlte. Dieser Zustand führte letztlich dazu, dass ich meine Beziehungen immer wieder beenden musste, weil ich nicht ohne körperliche Empfindung bei einem Mann bleiben konnte, auch wenn ich ihn in meinem Herzen noch liebte. Sobald sich das kleine, verletzte Mädchen in mir missbraucht und benutzt fühlte, verließ es den Körper, der dann leblos und gefühllos zurückgelassen wurde. Die erwachsene Alma hatte keine Möglichkeit, dem zu entkommen, was dazu führte, dass sie irgendwann jeden Mann verlassen musste, um sich selbst wieder zu spüren.

Die Kleine war wahrhaft eine Meisterin im Inszenieren von Tragödien. Sie konnte es schaffen, jeden Mann zu einem Missbrauchstäter werden zu lassen, während sie selbst jedoch hilflos, sprachlos, einfach gefühllos zu werden begann, um einen Grund zu finden, ihn zu verlassen und sich in die Einsamkeit zurückzuziehen. Diese unendliche Einsamkeit sollte sie noch lange in diesem Leben begleiten und belasten.

So sehr ich eine lustvolle und lebensfrohe Frau sein konnte, holten mich dennoch immer wieder die Gefühle ein, die mich zu Eiseskälte erstarren ließen und meinen Partner nicht mehr an mich heranlassen konnten.

Ich verließ Christian im März 1985, in dem Jahr, in dem der Blick bereits stärker auf die Armut in den Ländern der Dritten Welt gelenkt wurde und erste Hilfsaktionen für Afrika gestartet wurden. Es gab Konzerte für diese Kontinente und seine Bewohner. Während im Außen die Globalisierung immer größere Formen annahm, musste ich im Inneren beginnen, mich im Alleinsein und in der Einsamkeit zu üben. Es war keine lange Phase des Alleinseins, die ich nach dieser ersten Jugendliebe erfahren musste – ich genoss es sogar, alleine zu sein, einige Verehrer zu haben und niemandem verpflichtet zu sein. Ich ließ mich ausführen, einladen und hofieren, hatte eine kurze Affäre mit einem Studenten und war nicht auf der Suche, doch offen für einen neuen Mann.

So sollte ich tatsächlich bald danach den Mann kennenlernen, der mein Leben in besonderem Maße verändern würde.

Nun erschien tatsächlich mein Märchenprinz, mit dem ich glücklich werden wollte bis ans Ende meines Lebens.

Es war der 18. Mai 1985, als ich von einem lieben Bekannten und einer anderen jungen Frau zu einem griechischen Osterfest mitgenommen wurde. Vermutlich fiel er mir dort gleich auf, doch nahm ich zuerst seine Ex-Freundin – von der ich zu dieser Zeit nichts wusste – stärker wahr. Sie hatte die Energie einer Furie, die mich erschauern ließ. Möglicherweise wurde ich zu dieser Zeit vor dieser bösen Schlange schon gewarnt, von der ich später viel Leidvolles erfahren musste. Sie war eine ehemalige Miss Germany und wurde dann als Autorennfahrerin von einem Rennstallbesitzer gesponsert. Bei diesem Fest umschlich sie Gottfried, ihren Ex-Freund und beäugte alle Frauen, die er mit wohlwollenden Blicken betrachtete. Mit aggressiver Ablehnung und Bösartigkeit mischte sie sich in alles ein, was dort geschah. Diese Beobachtungen hätten mich schon vorwarnen müssen, doch war Gottfried mit seinen Holzpantoffeln, seiner Hochwasserjeans und seinem wirrem Haarschopf an diesem Abend nicht der Mann, der mich anzog, weswegen ich dem Verhalten dieser Frau keine große Bedeutung schenkte. Eigentlich war er ein attraktiver, großgewachsener und sportlicher Hüne, den ich aber nicht wirklich bemerkte. Wie erstaunt war ich dann, als vier Tage später ein Anruf von ihm kam und ich mich nicht einmal an ihn erinnern konnte. Es war ein wahrlich seltsames Gespräch, bei dem er mir mitteilte, dass er auf dem griechischen Osterfest war und mich dort kennengelernt hatte. Ich begann zu lachen und sagte: „Das finde ich ja sehr eigenartig. Da hat doch gestern schon ein anderer Mann angerufen. Aber könntest du bitte so nett sein, mir zu beschreiben, wie du genau ausgesehen hast?“ Er bemühte sich redlich, sich mir gut in Erinnerung zu rufen und mich zuletzt zu einem Date zu überreden. Den jungen Mann vom Vortag wollte ich nicht treffen, bei ihm sagte ich spontan zu. Allerdings war es klar, dass dieses Treffen erst viel später stattfinden konnte, weil er als Basketball-Bundesligaspieler am darauffolgenden Wochenende auf ein Turnier fahren musste und ich anschließend mit einer Runde von meiner Jugendclique ans Meer fahren wollte. So verabredeten wir uns erst für den 31. Mai. In meinem damaligen Stammlokal, in der Nähe der Universität, welches auch gleich um die Ecke seiner eigenen Studentenbude lag, sollte unser erstes Date stattfinden.

So entspannt und unaufgeregt ich vor dem Treffen war, so unglaublich aufgewühlt fühlte ich mich nach unserer ersten Begegnung. Man könnte in diesem Fall sagen, es war Liebe auf den zweiten Blick. Nach diesem Rendezvous ging ich zu meiner Großmutter zum Mittagessen. Ich erzählte ihr vollkommen aufgeregt, dass ich soeben den Mann meines Lebens kennengelernt hatte.

Eigentlich wäre es genauso gewesen, wäre da nicht in der Folge erneut viel Leidvolles geschehen.

Tatsächlich war ich meiner großen Liebe begegnet.

Wir kamen uns sehr schnell nahe und ich war mir bald sicher, dass er der Mann sein würde, mit dem ich mein Leben lang glücklich sein wollte.

Ich war unglaublich verliebt, mit Schmetterlingen im Bauch und voller Glücksgefühle. Für kurze Momente konnte ich aus dieser Glückseligkeit heraus wieder in meine Welten eintauchen – die Tore wurden mir ein wenig geöffnet. Mein Engel freute sich mit mir, doch konnte ich zu diesem Zeitpunkt den Schleier, den er scheinbar um sich hatte, nicht erkennen. In meinem Unterwasserreich wurde ich für Momente herzlich empfangen, um Glückwünsche für mein menschliches Dasein und meine neue Liebe entgegen nehmen zu dürfen. In der Welt der Naturwesen tanzten wir einen Reigen der Liebe und Freude und auf der Erde war ich eine unbeschreiblich glückliche junge Frau. In Wahrheit wäre unser Glück viel erfüllter gewesen, wenn uns nicht die Ex-Freundin von Gottfried viel Schlimmes zugefügt hätte. Ihre Wahnsinnshandlungen sollten schnell beginnen, unsere Liebe zu beeinflussen. Sie erzeugte einige Jahre hindurch Terror und Unfrieden. Mit unserem jetzigen Verständnis würde man sie als schwere Stalkerin bezeichnen, damals jedoch gab es dieses spezielle strafrechtliche Delikt noch nicht. Offensichtlich hat sich das erst in den letzten Jahrzehnten unseres Erdendaseins verstärkt, dass Menschen andere verfolgen, ihnen Leid zufügen, ihnen auflauern und versuchen, sie im Netzwerk unserer Medien zu vernichten. Das, was Jessica zu diesem Zeitpunkt tat, war Telefonterror mit bis zu 30 Anrufen pro Tag, zu einer Zeit, als wir alle noch kein Mobiltelefon hatten.

Sie lauerte uns im Treppenhaus auf, sie beging Sachbeschädigungen, Körperverletzungen und Hausfriedensbruch und es gab damals so gut wie keine Möglichkeit, sich rechtlich davor zu schützen.

Eines Tages erwartete sie uns wieder einmal im Treppenhaus, in dem sie oft stundenlang gesessen war. Sie schrie, tobte, verbiss sich in meinem Oberarm, sodass ich blaue Flecken davontrug, schleuderte mir ihre Stöckelschuhe nach und schlug auf Gottfried ein. Sie war eine wahrhaft bösartige Furie. Wann immer wir versuchten, etwas gegen diese Situation zu unternehmen, war die Polizei auf ihrer Seite, waren es doch damals ausschließlich männliche Polizisten. Diese Männer waren natürlich begeistert, eine Ex-Miss und Rennfahrerin persönlich kennenzulernen und sich deren Geschichten anzuhören, die sie so veränderte, dass sie sich selbst ins rechte Licht zu rücken wusste. Außerdem behauptete sie natürlich immer wieder, Sex mit Gottfried gehabt zu haben.

Es genügte schon, dass sie Ex-Miss Germany war, um die Männer auf ihre Seite zu bekommen. Auch ich war eine schöne Frau, doch Jessica war zusätzlich eine bekannte Persönlichkeit. Die einzige Verurteilung, zu der es wegen Sachbeschädigung in dieser Situation kam, wurde wiederum von einem Richter verhängt, der ein Ex-Fußballer war und ein Mann, der schöne Frauen sehr bewunderte und verehrte. Entsprechend milde fiel das damalige Urteil für sie aus. Ich stand stets zwischen den Fronten, forderte von meinem Partner, dass er härter durchgreifen müsse, fing manchmal an, an seiner Treue zu zweifeln und wurde auch von vielen Menschen durchaus mitleidig als die betrogene Freundin beäugt, die scheinbar nicht der Realität ins Auge blicken wollte. Damals wollte ich Gottfried unbedingt vertrauen und an seine Ehrlichkeit glauben, nur so konnte ich all das auch durchstehen – später fragte ich mich oft, ob ich nicht zu blauäugig gewesen sei. Meine Intuition hatte mich immer vermuten lassen, dass er mich zwischendurch mit ihr betrogen hatte.

Wenn ich heute mit dem Wissen um Gottfrieds Persönlichkeit auf dieses Drama zurückblicke, neige ich zur Annahme, dass er ihr zumindest immer wieder Anlass zu Hoffnung gegeben hat. Er leugnete zwar auch später stets, mich mit ihr betrogen zu haben, doch war mir klar, dass es ihm sehr wichtig war im Gegensatz zu mir mit reingewaschenen Händen nach unserer gescheiterten Ehe da zu stehen.

Da dieses Drama drei Jahre andauerte, mischte sich schon zu Beginn unserer Liebe viel Gift und Unsicherheit in diese sonst so glückliche Beziehung.

Wer jemals den Film *Eine verhängnisvolle Affäre* mit Glenn Close gesehen hat, weiß, was ich mitgemacht habe, denn so gut wie alle Szenen dieses Films waren für mich in der Realität erlebt. Bis auf die Szene mit dem Hasen im Kochtopf und das grausame Ende dieses Films, in dem die Frau um sich schoss, war ich absolut mit denselben Situationen einer wahnsinnigen Frau konfrontiert und hoffte nichts mehr, als dem Mann glauben und vertrauen zu können, den ich so sehr liebte. Bei uns endete das Drama damit, dass sie uns in den Osterferien des Jahres 1988, die wir bei Gottfrieds Mutter in Tirol verbrachten, nachgereist kam, um sich dort wie eine Verrückte zu gebärden.

Doch davon später mehr.

Bis heute bin ich mir sicher, dass meine Intuition, die mich selten getäuscht hatte, richtig war – den Beweis werde ich nie erbringen können. Letztlich frage ich mich aber, ob es eine Rolle spielt, was der Wahrheit tatsächlich entspricht. Die Welt und alles um mich herum wird sich ja doch immer so darstellen, wie ich selbst sie wahrnehme – mit allen Erfahrungen, mit allem Schönen und allem Grauen, das ein menschliches Dasein beinhalten kann. Vermutlich kreieren wir unsere Realität in starkem Ausmaß selbst. Ich sollte hier auf dieser Erde die gesamte Palette durchleben, um dann hoffentlich irgendwann erlöst und befreit von allen Anhaftungen – vor allem an jene meiner Vergangenheit – in das Große Ganze zurückkehren zu dürfen.

Vieles stand mir jedoch noch bevor.

Mit Gottfried schien sich zu dieser Zeit vorerst alles in glückliche Bahnen zu lenken.

Er war der Mann, mit dem ich mir wahrhaft wünschte, alt zu werden, mit dem ich alle meine Träume verwirklichen wollte. Dieser junge Mann, in den ich mich so sehr verliebt hatte, entsprach natürlich nicht den Vorstellungen meiner Eltern. Gottfried hatte nichts als seinen durchtrainierten, schönen Körper und das Talent, als Basketballspieler sein Studium finanzieren zu können. Er selbst stammte aus einer Bergbauernfamilie in einem großen Familiensystem. Somit hatte er starke familiäre Wurzeln und den Zusammenhalt einer Familie – all das, was ich in meinem Leben niemals erfahren durfte. Mit ihm war es mir für die Zeit, die wir als Familie zusammen waren, möglich, ein Teil dieses Gefüges zu sein. Es war ein vollkommen neues Gefühl, in eine große Familie eingebunden zu sein und dort auch sofort aufgenommen zu werden. Obwohl Gottfried schon damals nicht viel Geld hatte, war es ihm wichtig, mich so gut er konnte von Anfang an zu verwöhnen. Von seinem ersten Auswärtsspiel in Ungarn brachte er mir kitschige, unechte, rosarote Ohrgehänge mit. Doch damals waren diese Ohrgehänge für mich das allerschönste Geschenk, das mich unendlich glücklich machte. Ich, das verwöhnte Mädchen, das es gewohnt war, eine Cartier Uhr und ausschließlich wertvollen Goldschmuck zu tragen, freute mich nun über billigen Modeschmuck.

Das Mädchen, das sich üblicherweise in Markenware a la Jetset, Armani, Trussardi und Ähnlichem kleidete, war nun mit diesem billigen Schmuck so zufrieden wie nie zuvor. Als meine Mutter in dieser Zeit meiner ersten Verliebtheit von ihrem Urlaub, in dem ihr der gesamte Schmuck gestohlen worden war, zurückkehrte, kam sie verzweifelt nach Hause zurück. Bei den gestohlenen Sachen war auch jener einkarätige Brillantring dabei, den sie mir später zu meiner Promotion schenken wollte. Sie kam bei der Türe herein und sagte: „Alma dein zukünftiges Promotionsgeschenk ist mir gestohlen worden.“ Ich antwortete: „Mutti, das spielt doch keine Rolle, darf ich dir Gottfried vorstellen.“ Ich schwebte in himmlischen Sphären, auch wenn ich für lange Zeit meine Herkunft vergessen sollte, meine wahre Heimat, aus der ich auf diese Erde gekommen war. Ich hatte nun für mich den Himmel auf Erden mit einem Mann, den ich von Herzen liebte. In dieser Zeit erschien mir mein Leben wunderschön. Im ersten Sommer konnten wir keinen gemeinsamen Urlaub machen, weil Gottfried den Militärdienst ableisten musste. Da er allerdings Sportler war und in der Militärsportakademie diente, war er viel freier als viele andere Präsenzdiener, weshalb er diese Zeit auch gut mit seinem Sport und seinem Studium verbinden konnte. Wir beide studierten Recht, allerdings konnte er noch nach der alten Studienordnung das Doktorat-Studium absolvieren. Er promovierte im Dezember des Jahres 1985, in dem wir uns kennengelernt hatten. Auch ich war in diesem ersten gemeinsamen Sommer nicht mehr so frei und unbeschwert und hatte keine durchgehenden, langen Ferien, weil ich zu diesem Zeitpunkt zu arbeiten begann. Ich verdiente mir mein Studiengeld in einer Zahnregulierungspraxis, um meine Mutter finanziell zu entlasten und mein eigenes Geld zu haben. Jeden Mittwoch musste ich zwölf Stunden in dieser Praxis als Chefassistentin tätig sein. Ich war rundum mit meinem Leben zufrieden – war verliebt und verdiente mein eigenes Geld. Ich hatte mich in einen armen Bergbauernbuben verliebt und bin damit weder den Wünschen meiner Mutter, die einen Adeligen für mich wollte, noch denen meines Vaters, der einen reichen Geschäftsmann als Schwiegersohn erwartete, gerecht geworden.

Dafür war ich wirklich glücklich.

Dementsprechend ablehnend und abwertend behandelte meine Mutter Gottfried auch. Mit meinem Vater hatte ich zu dieser Zeit den Kontakt ohnedies sehr reduziert.

Somit verbrachten Gottfried und ich in unserem ersten gemeinsamen Sommer nur ein verlängertes Wochenende in Grado, einem oberitalienischen Ferienort. Mehr Urlaub hatte ich nicht und Gottfried hatte weder Freizeit noch Geld. Doch nichts konnte meine Lebensfreude trüben – zu diesem Zeitpunkt strahlte ich, lachte viel und war mit meinem Leben wirklich erfüllt.

Abgelenkt durch dieses Liebesglück passierte es mir, dass ich in meinem Studium eine große Prüfung, die ich im anschließenden Herbst ablegen musste, mit „Nicht Genügend" absolvierte – es war dies das erste und letzte Mal in meinem Leben. Selbst diese Tatsache konnte mich ausnahmsweise nicht zur Verzweiflung bringen. Üblicherweise war ich schon unglücklich, wenn ich eine schlechtere Note als „Gut" bekam, weil ich mich immer unter großen Leistungsdruck gestellt hatte. Ich wiederholte diese Prüfung mit gutem Erfolg im Januar 1986, als mein aufgewühltes Herz schon ein wenig ruhiger geworden war.

Es war das Jahr, in dem sich das wissenschaftliche Interesse an Lebensformen außerhalb unseres Planeten verstärkte, weshalb auch die sowjetische Raumstation *Mir* in die Erdumlaufbahn geschossen wurde. Diese Raumstation sollte noch viele Jahre sowjetische wie auch westliche Astronauten beherbergen. Wir Menschen versuchten im Weltall zu forschen und waren nicht einmal imstande, hier auf unserem Planeten ein friedvolles Miteinander zu finden. Auf den Abwurf der ersten Atombombe auf Hiroshima folgte die erste schreckliche Atomkatastrophe, als sich am 26.04.1986 im sowjetischen Atomkraftwerk Tschernobyl ein Super Gau ereignete, der eine große Anzahl an Menschenleben forderte, die Umwelt im Umkreis vernichtete und dessen Auswirkungen noch viele Jahrzehnte unseren Planeten belasteten.

Zum Zeitpunkt dieser Katastrophe befand ich mich gerade am Campus meiner Universität, als plötzlich die Alarmsirenen in unserer Stadt losgingen und die Menschen aufgefordert wurden, die nächsten drei Tage ihre Häuser möglichst nicht zu verlassen. Die Strahlungen verbreiteten sich durch das gesamte Europa. Es ist wirklich unfassbar, welche Ausmaße die menschliche Gier und der Zerstörungswahn annehmen sollten. Damals ahnte niemand die wahren Folgen solcher Ereignisse. Wenigstens gelang es uns Österreichern einige Jahre danach, die Inbetriebnahme unseres eigenen Atomkraftwerks in Zwentendorf durch eine Volksabstimmung zu verhindern.

Sollte dies ein winzig kleiner Schritt in Richtung Bewusstheit gewesen sein? Wenn ich aus meinem heutigen Bewusstsein und meiner jetzigen ganzheitlichen Sicht auf die Dinge auf diese Situation blicke, kann ich nur ausrufen: „Nein!" Es sollte wahrhaftig noch viel Schlimmeres geschehen, bis das Erwachen der Menschheit endlich beginnen würde – wenn überhaupt!

Mich jedoch konnte nichts aus meinem Glücksgefühl herausreißen außer die immer ärger werdenden terrorisierenden Attacken von Gottfrieds wahnsinniger Ex-Freundin, die es tatsächlich geschafft haben musste, das Gift in kleinen Dosen in unsere Liebe hineinzumischen. Noch war die Dosis zu klein, um die Wirkung zu spüren, doch mein Körper nahm sie mehr und mehr wahr. Ich bekam immer öfter Fieberattacken, verlor teilweise an Gewicht und erlitt verstärkt Migräneanfälle, die natürlich unsere Beziehung belasteten, weil ich dann oft zwei bis drei Tage – meist an den Wochenenden, an denen ich mich auf unser gemeinsames Zusammensein gefreut hatte – im Bett verbringen musste. Meine Schmerzen wurden unerträglich. Noch kurz vor unserem ersten gemeinsamen Sommerurlaub in Griechenland kam es zu einer gewalttätigen Aktion dieser damals 28-jährigen Frau. Sie trat beide Autotüren von Gottfrieds altem PKW ein und danach auch die Türe seines Zimmers in einer Studentenwohnung, in die sie unglücklicherweise von der Raumpflegerin der Vermieterin eingelassen worden war. Dort verwüstete diese Verrückte das gesamte Zimmer. Es war das erste und leider einzige Mal, dass Gottfried ihre Tat zu einer Strafanzeige brachte, die dann – wie zuvor beschrieben – zu einer viel zu milden Verurteilung führte.

Mich hätte es ja nicht gewundert, wenn sie uns auch noch nach Griechenland gefolgt wäre, wo wir aber glücklicherweise in Ruhe einen wirklich wunderbaren Urlaub auf der Insel Paros verbringen konnten. Wir waren unbeschwert wie Kinder und glücklich, voller Leichtigkeit und Lebensfreude und wir hatten unendlich viel Spaß miteinander. Gottfried war ein ruhiger und ausgeglichener Mensch, der mir oftmals half, aus meiner extremen Nervosität und Unruhe etwas herauszukommen. Ich werde niemals die allerschönsten Momente am Golden Beach vergessen, die wir in einzigartiger Zweisamkeit erleben durften, fern von allen Schwierigkeiten in der Heimat. Hier gab es weder Terror von der Ex-Freundin noch Annäherungen der Kanzlei-Kollegin, die beim selben Anwalt wie er beschäftigt war, sowie anderer junger Frauen, die Gottfried anhimmelten.

Gottfried hatte bereits mit Beginn des Jahres 1986 angefangen, als Rechtsanwaltsanwärter in einer Anwaltskanzlei zu arbeiten, unmittelbar nachdem er sein Studium abgeschlossen hatte. Dort arbeitete eine Frau, die unverzüglich ihr Interesse auf Gottfried lenkte. Offensichtlich spüren nur Frauen, was andere Frauen von einem Mann wollen. Seine neue Kollegin wollte ihn mir eindeutig ausspannen – er behauptete aber, davon niemals etwas gemerkt zu haben. Kann es sein, dass eine Beziehung nur glücklich bleiben kann, wenn sie fern von allen Außeneinflüssen gelebt wird? Heute weiß ich, dass es bloß des eigenen Selbstwerts und ehrlicher, aufrichtiger Liebe bedarf, um in einem klaren Ja einander zugewandt zu sein.

Ich war letztlich unglaublich erleichtert, dass er diese Kanzlei verlassen musste, weil die abgewiesene Frau nun Gottfrieds Chef dazu gebracht hatte, ihn zu kündigen. Er fand ohne Unterbrechung eine neue Stelle in einer anderen Kanzlei, ohne jedoch ein besseres Gehalt zu beziehen. In diesen Kreisen war es üblich, die Angestellten bei eigenem hohem Einkommen auszubeuten.

Wie oft habe ich mir gewünscht, auf einer einsamen Insel zu leben, ganz allein mit meinem geliebten Mann und natürlich unseren vielen Kindern, die ich mir mit diesem Mann so sehr wünschte!

Welch ein Mädchen–Traum! Einer, der in dieser Form nicht lebbar zu sein scheint! Es war der Traum eines Mädchens, das inzwischen seinen Engel wie auch seine Elfen, Feen und all die Wesen, die ihm so hilfreich zur Seite gestanden waren, verloren hatte, weil sie sich durch seine immer stärker gewordene Unbewusstheit weiter und weiter hinter den Schleiern zurückgezogen hatten. Endlich hatte sie ihren Traummann getroffen – doch allzu viel Gift wurde dieser Liebe eingeflößt. Auf ungewöhnliche Weise kam ich vom Regen in die Traufe – einst war ich dem Hass der Stiefmutter und Stiefschwester ausgeliefert, nun den terrorisierenden Angriffen einer Konkurrentin. Somit blieb mein Traum ein Traum jenes *Mädchens*, das unter schweren Migräneanfallen litt, enorme Ängste hatte und in den Nächten oftmals schreiend aus seinen sich ständig wiederholenden Albträumen aufwachte. Ich tat alles, um die im Traum bevorstehenden Vergewaltigungen nicht sehen zu müssen – so wie ich in früheren Zeiten durch meine Reisen aus dem Körper jedes Mal ins Vergessen gehen konnte. Ich war damals eine Träumerin und ich bin sicher, dass ich nur dadurch für lange Zeit hindurch mein Leben ertragen konnte, weil ich nie aufgehört hatte, von einem schönen Leben zu träumen. Bis ich endlich angefangen hatte, mein Leben tatsächlich mehr und mehr in Bewusstheit anzunehmen – dies sollte jedoch noch lange nicht wirklich möglich sein.

Mein Leben glich auch jetzt eher einem Überlebenskampf, den ich an allen Fronten zu kämpfen hatte, im Moment gegen Furien, die scheinbar meinen Mann wollten. Zurückgekehrt in meine Heimatstadt ging der Terror sofort weiter. Wir beschlossen in eine gemeinsame, kleine Wohnung zu ziehen in der Hoffnung, dass uns die Wahnsinnige, wie wir sie inzwischen bezeichneten, dort nicht mehr finden würde. Wie naiv ich doch damals war! Wie hätte uns ein Ortswechsel innerhalb der Stadt davor schützen können?

Allerdings mussten wir unseren Umzugsplan kurzfristig verschieben, weil das Schicksal auf andere Weise zuschlug.

An einem schönen Oktobertag, an dem meine Mutter und ich mit meiner schon sehr alten Großmutter einen Ausflug machten – es sollte für uns der letzte gemeinsame in ihrem Leben sein – erhielt ich bei meiner Heimkehr einen Telefonanruf. Mir wurde mitgeteilt, dass Gottfried ins Landeskrankenhaus eingeliefert worden war, weil er am Vorabend beim Basketball-Bundesligaspiel – auch dieses sollte sein letztes gewesen sein – schwer verletzt worden war. Voller Angst und Aufregung fuhr ich ins Krankenhaus und wartete, während er noch im Operationssaal war. Er hatte eine ganz schwere

Knieverletzung erlitten, die natürlich auch das Ende seiner aktiven Basketballkarriere bedeutete.

Die Zeit, die auf diesen Unfall folgte, war für uns sehr schwer. Nicht nur, dass die stalkende Ex-Freundin wieder auftauchte und sogar im Krankenhaus Terror machte, wo sie tobte, schrie, Gottfried im Bett eine Blumenvase über den Kopf leerte und die gesamte Abteilung in Aufruhr versetzte, bekam er kurz nach seiner Entlassung auch noch eine septische Infektion und musste erneut ins Krankenhaus eingeliefert werden. Er wurde **10** Tage, durchgehend, ohne aufstehen zu dürfen, mit antibiotischen Spülungen für sein Knie behandelt.

Letztendlich ging alles gut aus, nicht ohne den Hinweis einer Ärztin, den sie mir unter vier Augen gab, dass ich vielleicht doch mit meinem Freund über sein Verhalten und seine Treue sprechen sollte. Vermutlich hatte auch sie Unklarheiten in der Geschichte zwischen ihm und der Stalkerin wahrgenommen. Ich wollte weiterhin nicht hinschauen. Ich wollte diesen Mann mit allen Mitteln halten. Wir zogen zwei Monate später in ein kleines Apartment, welches sich in einem grauenvollen Haus an einem noch grauenvolleren Platz befand. Es war unsere erste gemeinsame Wohnung, die wir so gut wie möglich nett gestalteten. In dieser Wohnung verstärkten sich unglücklicherweise meine schon lange vorhandenen Schlafstörungen, weil ich dort einem ständigen hohen Lärmpegel von der Straße ausgesetzt war. Wir wohnten in einem schlechten Viertel unserer Stadt an einer Straßenkreuzung. Ebenso stieg mein Stresspegel enorm an, einerseits wegen des bevorstehenden Abschlusses meines Rechtsstudiums und andererseits wegen des immer massiver werdenden Terrors der wahnsinnigen Frau. Sie lauerte jetzt auch mir auf, versuchte in die Wohnung einzudringen und rief ununterbrochen an, um wieder aufzulegen oder verrückte Dinge zu sagen. Ich erlitt Fieberschübe und hatte manchmal sogar Todesängste, weil man ja mit allem rechnen musste. Dieser Frau traute ich inzwischen das Schlimmste zu. Gottfried bewahrte stets Ruhe, doch meine Zweifel und mein Misstrauen verstärkten sich, besonders zu jenem Zeitpunkt, als ich bei einer polizeilichen Vernehmung der beiden ausgeschlossen wurde und danach mitleidige Blicke der Polizisten auf mir spürte. Natürlich hatte sie dort wieder behauptet, Sex mit Gottfried zu haben. Ich fühlte mich hintergangen und ausgeschlossen. Schutz durch die staatlichen Instanzen gab es keinen.

Während dieser gesamten Zeit verschlimmerte sich auch zusehends die Krebserkrankung meiner Großmutter.

Ein letztes Mal sah ich sie strahlen, als ich am 1. April 1987 meinen Studienabschluss feierte und meinen akademischen Grad erhielt. Ich war zu dieser Zeit bereits um einige Kilos abgemagert, mit 38 Grad Fieber und von allen Belastungen vollkommen überfordert. Dennoch veranstaltete ich ein großes Fest, zu dem viele Freunde von mir, aber noch mehr von meiner Mutter kamen, die unendlich stolz auf ihre akademische Tochter war.

Kurze Zeit nach meinem Studienende wurde meine Großmutter von einer Krankenanstalt in die andere überstellt und sollte letztendlich mit einem lange dauernden Leidensweg nie mehr aus den Krankenanstalten entlassen werden.

Während ihrer Krankenhausaufenthalte schaffte es mein Vater, der für mich einer der skrupellosesten und schlechtesten Menschen zu sein schien, die allerletzten Ersparnisse meiner Großmutter – seiner Mutter – zu verprassen. Er war sich ohnedies sicher, dass sie nicht mehr weiterleben würde.

Ich zog mit Gottfried nach kurzer Zeit in eine andere Wohnung, weil ich weder den Lärmpegel noch den anhaltenden Terror ertragen konnte. Diesmal bezogen wir ein ruhiges, aber nach Schimmel riechendes Souterrain-Apartment, wo ich begann, an meiner Dissertation zu arbeiten, weil mich meine Mutter unbedingt als Frau Doktor sehen wollte. Zu diesem Zeitpunkt war ich allerdings schon öfter krank als gesund, weil es nichts gab, was mein Leben hilfreich erleichterte. Ich hatte nach monatelangen schweren Fieberschüben weiter an Gewicht verloren und alles in mir wehrte sich gegen dieses fremdgesteuerte Leben und den Terror der anderen Frau, der kein Ende nehmen wollte und unsere Beziehung immer stärker belastete.

Den einzigen Höhepunkt in diesem Jahr stellte unsere nächste gemeinsame Griechenlandreise dar. In unserem Urlaub wurde ich wieder für kurze Augenblicke in eine Welt des Glücks und Glücklichseins getragen, denn dort durfte ich erneut mit jeder Faser meines Seins spüren, wie sehr ich Gottfried liebte und mir ein gemeinsames Leben mit ihm wünschte. Am Meer – fern von allen Belastungen – konnte ich für kurze Zeit wieder unbeschwert und ausgelassen sein.

Noch im Dezember des Jahres 1987 begann ich mit meiner Gerichtspraxis, weil ich nun endgültig beschlossen hatte, einen weiteren Wunsch meiner Mutter nicht zu erfüllen und somit mein Doktorrat sein zu lassen. Es war schon genug, eine Ausbildung gemacht zu haben, die so sehr meinem Inneren widersprach.

Ein Teil in mir wollte in die Selbstbestimmung gehen – ich hatte mir ja auch den Mann gewählt, der nicht den Vorstellungen meiner Eltern entsprach. Er war bloß ein Bergbauernbub, der nun als Rechtsanwaltsanwärter für eine 60- bis 70-Stundenarbeitswoche ein geringes Einkommen bezog. Es zeigt sich in unserer Welt immer wieder, dass die Reichen mehr und mehr wollen, während die anderen durch deren Gier und Machtmissbrauch weiter verarmen. Ein Anwalt mit hohem Einkommen zahlt seinem Rechtsanwaltsanwärter einen Hungerlohn.

Kaum hatte ich mit meiner Arbeit am Gericht begonnen, wurde der Gesundheitszustand meiner Großmutter noch schlechter. Sie war abgemagert und kaum noch ansprechbar und kurze Zeit darauf wurde sie von ihren Leiden erlöst. Es geschah genau fünf Tage nach meinem 25. Geburtstag und am Geburtstag meines zukünftigen Stiefvaters. Meine Großmutter wollte offenbar noch meinen Studienabschluss erleben – danach überließ sie ihr Leben Gottes Hand.

An dem Tag, an dem sie starb, tröstete mich Gottfried mit folgenden Worten: „Alma, sie konnte jetzt gut gehen, weil sie wusste, dass du nun von mir in deinem Leben beschützt werden wirst." In gewisser Weise sollte er trotz aller kommenden Widrigkeiten Recht behalten. Er wurde mein Lebensbegleiter, weil er der einzige Mensch war, der für sehr lange Zeit wirklich für mich da war, wenn es darauf ankam, auch all die Jahre nach unserer allzu frühen Scheidung.

Somit überschlugen sich die Ereignisse auch in dieser Zeit.

Kurze Zeit darauf bekam ich die Zusage einer Bank, dass ich ab Juni desselben Jahres zu arbeiten beginnen könnte. Ich musste meine Gerichtspraxis abbrechen und begann die Arbeit, die ich durch Beziehungen eines bekannten, befreundeten Politikers meiner Mutter bekam und die für mich meine einzige Vollzeitbeschäftigung in meinem weiteren Leben sein sollte. Eine Beschäftigung, die mir jedoch wie ein Gang durch die Hölle oder das Fegefeuer erschien. Ich war in einem Unternehmen gelandet, das primär von männlichen Machthabern beherrscht wurde und Frauen eher verachtete. Die allerschlimmste Zeit erlebte ich in der Wertpapierabteilung, in der ich einem Chef zugeteilt wurde, der Frauen offensichtlich hasste und alles tat, um sie zu erniedrigen. Noch dazu war er kein Akademiker und ich die einzige Akademikerin in seiner Abteilung. Er quälte mich so sehr, dass ich oft nicht mehr ein noch aus wusste – heute würde man seine Behandlung mir gegenüber als Mobbing bezeichnen. Er brachte mich damit in die vollkommene Überforderung – heute würde man dazu Burnout sagen. Schwäche konnte ich jedoch nicht zulassen, musste ich doch Geld verdienen, um die neue Wohnung, die wir bald beziehen wollten, finanzieren zu können. So hielt ich durch, erlitt Panikattacken, hatte Schweißausbrüche und schlief immer schlechter. Nun war ich mit Erniedrigung in meinem Arbeitsumfeld konfrontiert – das Resonanzprinzip schien bei mir auf allen Ebenen zu wirken.

Ich zog Täter und Täterinnen in mein Leben.

Zu dieser Zeit hatte nur ich Ersparnisse und ein wenig finanzielle Unterstützung durch meine noch lebende Großmutter mütterlicherseits, mit der ich kurz nach dem Tod meiner anderen Großmutter ein besonders schönes Schlüsselerlebnis hatte, das unsere Herzen eng zusammenführte.

Dieses besondere Ereignis geschah, als meine Mutter verreist war.

Auch Gottfried war an jenem Tag nicht zu Hause, an dem ich einen starken, unerträglichen Migräneanfall erlitt, der mich vor Schmerzen schreien ließ. Zu diesem Zeitpunkt rief meine Großmutter an und merkte, wie schlecht es mir ging. Eine halbe Stunde später stand diese Frau, die üblicherweise so gut wie nie ihr Haus verlassen wollte, weil sie die meiste Zeit selbst krank war, vor meiner Wohnungstür. Ich hatte mich an diesem Wochenende in mein immer noch mir zur Verfügung stehendes Kinderzimmer in der Wohnung meiner Mutter zurückgezogen. Im ersten Moment war ich nur entsetzt, weil ich ausschließlich schlafen und meine Ruhe haben wollte. Omi aber blieb bei mir und als ich Stunden später aufwachte, saß sie immer noch still und ruhig in unserem Wohnzimmer und wartete auf mich, um für mich da zu sein. Ich, die ich gewohnt war, durch all meine Schmerzen alleine gehen zu müssen, hatte plötzlich meine Großmutter an meiner Seite. Auch wenn ich nichts von ihr brauchte, hatte sie mein Herz damit so sehr berührt, dass ich nur mehr tiefe Liebe und Dankbarkeit verspürte. Es war der Moment, in dem eine neue Beziehung zwischen uns beginnen konnte.

Durch meine ständigen Kopfschmerzen und Schlafstörungen war ich schon damals arbeitsmäßig nicht sehr belastbar – noch dazu in dieser krankmachenden Abteilung. Ich musste jedoch arbeiten und durchhalten.

Zu jener Zeit begann auch die erste große Krise mit Gottfried.

Als wir endlich von der Ex-Freundin befreit waren, hatten wir unsere erste wirklich ernsthafte Auseinandersetzung. Der Terror dieser Frau endete drei Jahre nach Beginn unserer Beziehung im Haus von Gottfrieds Mutter – mit einem grauenvollen Höhepunkt.

Wir verbrachten die Osterfeiertage in seiner Heimat. Ich hatte schon tagelang eine unangenehme Vorahnung und sah sogar in meinen Träumen, dass etwas passieren würde. An jenem Tag des Eklats sagte ich in der Früh zu Gottfried: „Sie kommt, bitte lass uns sofort nach Hause fahren!“ Wir waren zu langsam, weil mir niemand Glauben schenkte – nach einer längeren Zeit, in der Ruhe geherrscht hatte. Als wir dann endlich das Haus verlassen wollten, ging polternd die Türe auf und Jessica kam schreiend und tobend herein. Sie begann in der Küche wie wild um sich zu schlagen und unglaublich aggressive Kraftausdrücke zu verwenden, sodass Gottfried und sein Bruder sie an den Händen und Füßen packten und vor das Haus beförderten, um sie dort auf der Wiese fallen zu lassen. Ich hatte Angst, sie würde eines der Küchenmesser erwischen und auf uns losgehen, so unberechenbar erschien sie. Seine Mutter folgte den beiden und versuchte, die Wahnsinnige zu beruhigen. Wir packten inzwischen schnell unsere Sachen und stiegen ins Auto. Der kuriose Abschluss der gesamten Situation bestand jedoch in einer filmreifen Szene. Sie rannte uns nach, um sich auf die Motorhaube zu hechten und an den Scheibenwischern festzuklammern, bis es Gottfrieds Bruder gelang, sie vom Auto herunterzuziehen, und wir so schnell wie möglich starteten, um loszufahren.

Interessanterweise bedeutete diese Aktion das Ende ihrer Wahnsinnstaten.

Jahre später erfuhr ich dann, dass sie kurz danach durch ein unvorsichtiges Überholmanöver in einem Tunnel einen entgegenkommenden PKW touchierte, wodurch der Fahrer so schwer verletzt wurde, dass er für sein weiteres Leben an den Rollstuhl gefesselt blieb. Als ich selbst nach einem schweren Unfall von einem Arzt in einem Rehabilitationszentrum behandelt wurde, erzählte mir dieser, dass sich Jessica nie bei jenem Autolenker entschuldigt hatte, obwohl sie sein Leben zerstört hatte, indem er durch ihre Schuld zu einem Schwerbehinderten geworden war. Er wurde vom selben Arzt betreut, der mich damals behandelte.

Was war es bloß, dass ich in meinem Leben immer wieder mit wirklich bösen Menschen zu tun hatte? Welcher Anteil in mir musste da noch erlöst werden?

Erst viel später beschäftigte ich mich in diesem Zusammenhang mit der Frage, ob es irgendeinen Anteil von mir gegeben hatte, der ein Mitverschulden an dem Geschehenen bewirkte, weil ich ihr immer eine schwere Verletzung, ja manchmal sogar den Tod gewünscht hatte. Zu Beginn ihrer Terroraktionen hatte ich auf den Fotos, die ich von ihr fand, mit Nadeln ihre Augen durchstochen und ihr ganz Schlimmes gewünscht, wusste aber zu dieser Zeit in keiner Weise, was so ein Verhalten möglicherweise auslösen konnte. Erst als ich auf meinem Bewusstseinsweg erkannte, was Energien möglich machen, wurde mir mein eigenes, negatives Verhalten bewusst. Ich entschuldigte mich dafür oftmals beim Universum und hoffte, dass es keine weiteren Auswirkungen haben würde.

Unbewusst hatte ich auf diese Weise schwarzmagisch gearbeitet.

Und wie es so im Karma heißt, von dem ich damals noch nichts wusste: „Was du säst, wirst du vielfach ernten!"

Die Erkenntnis, wie viele böse Menschen es auf diesem Planeten Erde gibt, wurde für mich immer tiefgehender, nachdem ich in meiner Unbewusstheit und tiefen Verletztheit wahrlich unwissend und oftmals anscheinend selbst böse war. Ich sollte in meinem weiteren Leben noch einigen Menschen dieser Art begegnen. Nun waren wir zwar endlich von den Aggressionen, Angriffen und Verfolgungen dieser Frau befreit und hätten unsere Beziehung leicht und ruhig leben können, wenn nun nicht verstärkt unsere ersten eigenen Probleme aufgetaucht wären. Gottfried hatte sich entschieden, entweder nach Wien zu ziehen, um in einer Bank seine Karriere zu beginnen, oder aber in seine Heimat Tirol zurückzukehren, um dort möglicherweise später eine eigene Rechtsanwaltskanzlei zu eröffnen. Ich wehrte mich zu diesem Zeitpunkt unglücklicherweise gegen alles. Ich wollte nur in meiner Heimatstadt bleiben. Ich setzte Gottfried damit unter Druck, forderte von ihm Dinge, die sehr lieblos und respektlos waren, und versuchte, ihn dadurch zu zwingen, hier zu bleiben. Wie starr und konsequent ich doch mein Ziel verfolgte! Ich forderte von ihm, mich zu heiraten, weil ich nur unter dieser Bedingung bereit gewesen wäre, mit ihm nach Wien zu ziehen oder ihm in seine Heimat zu folgen. Wie oft überlegte ich später, ob nicht jede andere Entscheidung besser gewesen wäre, um unsere Ehe und Familie zu erhalten.

Doch niemals macht es irgendeinen Sinn, darüber nachzudenken, was im Falle einer anderen Entscheidung eingetreten wäre!

Ich war stur und wollte ausschließlich meinen Willen durchsetzen und Gottfried gab nach.

Wir blieben.

Erst aus meiner heutigen Sicht erkenne ich, wie wichtig es für mich gewesen wäre, aus dem Umfeld wegzukommen, in dem ich so viel Leid erfahren habe – bis jetzt ist es mir nicht gelungen! Offensichtlich habe ich die Aufgabe, hier das Wesentliche zu erlösen.

Wie sehr hatte ich mir dadurch auch die Chance genommen, möglicherweise einen schönen, romantischen Heiratsantrag zu bekommen. Ich bekam zwar einige Monate später *einen Heiratsantrag*, jedoch war mir klar, dass vermutlich mein Druck und meine Forderungen dazu geführt haben mussten.

Es geschah an dem Tag im März 1989, als mir der Schlüssel für meine erste Eigentumswohnung übergeben wurde.

Am Abend nach der Schlüsselübergabe hatte Gottfried mich und meine Mutter zum Essen eingeladen. Hier kam nun der erwartete Antrag, aber natürlich nicht so, wie es sich die Prinzessin in ihrer Märchenwelt vorgestellt hatte. Mit dem Blumenstrauß, den Gottfried anlässlich dieses Ereignisses meiner Mutter überreichte, zeigte sich wieder einmal sein Zynismus und Sarkasmus. Es war der Zynismus, den mein zukünftiger Ehemann schon immer hatte und leider in seinem Leben auch nie mehr ablegen sollte. Wie sehr brauchte er doch immer die Bestätigung größer und besser zu sein, indem er andere Menschen abwertete, teilweise sogar erniedrigte. Auch ich sollte davon noch oftmals betroffen sein. Gottfried hatte in den Blumenstrauß für meine Mutter, seiner zukünftigen Schwiegermutter, einen Kaktus gesetzt – man nennt dies einen sogenannten *Schwiegermutter-Sitz.* Er fand dies unglaublich komisch, meine Mutter so gar nicht. Sie war entsetzt und beleidigt, obgleich in gewisser Weise die Symbolik auf sie zutraf. Er war tatsächlich der abgelehnte, aus der Sicht meiner Mutter niveaulose und arme Mann, den sie sich für ihre Tochter keinesfalls gewünscht hatte, was er auch immer wieder zu spüren bekam.

Erst viel später sagte er mir, wie sehr er unter den Abwertungen meiner Mutter gelitten hatte.

Das Blatt wendete sich allerdings, als er Rechtsanwalt wurde – noch dazu ein sehr erfolgreicher.

Dann wurde ich von ihr dafür verurteilt, nicht bei diesem Mann geblieben zu sein.

Es führte zu dieser Zeit dann sogar dazu, dass meine Mutter sich mit meinem Exmann zu verbünden begann.

Wie schnell sich das Blatt wenden kann – je nachdem wer den Erwartungen entspricht!

Dennoch fühlte ich mich im Augenblick des Heiratsantrages als die glücklichste Frau der Welt, ich fühlte mich wie eine Prinzessin, die nun endlich ans Ziel kommen sollte. Nun konnte sich der Traum des Mädchens erfüllen, ein glückliches Leben mit dem Mann zu führen, mit dem ich viele Kinder haben wollte.

Gottfried wollte zu dieser Zeit noch keine Kinder, weil sein Einkommen auch nach einer Gehaltserhöhung weit davon entfernt war, eine Familie erhalten zu können. Noch sollte er drei Jahre als Rechtsanwaltsanwärter arbeiten müssen, bevor er seine eigene Anwaltskanzlei eröffnen konnte. Ich jedoch war so euphorisch und begierig, so schnell wie möglich schwanger zu werden – nicht nur deshalb, weil ich mir ein Kind wünschte, sondern auch, um dem Fegefeuer meines mich krankmachenden Bankjobs zu entkommen. Ich setzte unverzüglich meine Pille ab. Mit allen Mitteln wollte ich meinen Willen durchsetzen und meine Arbeit beenden. Durch den enormen Stress, dem ich dort ausgesetzt war, geriet mein Menstruationszyklus allerdings vollkommen aus dem Gleichgewicht, sodass es auch bei sofortigem Absetzen meiner Verhütung an ein Wunder grenzen würde, wenn ich schnell schwanger werden könnte.

Dieses Wunder sollte allerdings eintreten.

War mein Geist, mein Wunsch, mein „ich will" denn so stark oder war es eine glückliche Fügung?

Wenn tatsächlich die Energie unserer stärksten Aufmerksamkeit folgt, musste es damals möglich geworden sein, unser Kind zu zeugen, so sehr hatte ich mir das gewünscht.

In Aussicht auf meine bevorstehende Hochzeit war ich überglücklich und beschloss, diese am 18. Juli haben zu wollen, hatte ich doch am 18. Januar Geburtstag, am 18. März meine letzte Prüfung im Studium mit „Sehr Gut" absolviert und am 18. Mai Gottfried kennengelernt.

Ich wollte wie immer unbedingt meinen Willen durchsetzen.

Auch diesem Wunsch unterwarf sich Gottfried, wenngleich ein Dienstag doch ein eher ungewöhnlicher Tag für eine Hochzeit war.

Es musste der 18te sein!

Also bereitete ich voller Begeisterung dieses Fest vor und konnte Gottfried sogar dazu überreden, mich in meiner Konfession römisch–katholisch zu ehelichen, weil ich ja unbedingt die große Treue- und Liebesformel mit ihm in der Kirche sprechen wollte. Er, der selbst evangelisch war, war auch mit dieser Entscheidung einverstanden. Bald sollte das große Ereignis stattfinden.

Der große Tag in meinem Leben kam.

Ich sah wirklich aus wie eine Prinzessin, die in einem weißen Seidenkleid kam, ließ mich von meinem *ersten Geliebten*, meinem Vater, der nun als König seine Tochter freigeben musste, dem *Prinzen* übergeben und war unendlich glücklich, weil mein größter Herzenswunsch endlich erfüllt wurde.

Ich war davon überzeugt, dass nun alles gut werden sollte in meinem Leben – ALLES!

Das wurde es auch, leider nur für ganz kurze Zeit.

An diesem großen Tag war ich die junge Königin.

Doch bereits in der Hochzeitsnacht sollte sich das Blatt wenden. Ich war nach diesem langen Tag – mit einer standesamtlichen und kirchlichen Hochzeit – unbeschreiblich müde. Wir kamen um drei

Uhr früh nach Hause. Gottfried wollte natürlich unbedingt „die Ehe vollziehen“, wie es bei uns in der Fachsprache der Juristen heißt. Er wollte Sex, ich wollte es nicht. Ich erstarrte und sagte nichts. Ich ließ es bloß geschehen und während wir uns vereinigten, war folgender Gedanke in meinem Kopf: „O Gott, jetzt wird alles zur Pflicht!“ Ist es doch in unserem Rechtssystem so, dass man seine ehelichen Pflichten vollziehen muss. Wie konnte es sein, dass solche verrückten Gedanken im Kopf einer vermeintlich überglücklichen jungen Frau Platz fanden?

Meine destruktiven Gedanken hatten in meinem Leben schon vieles zerstört.

War das das Ende dessen, was so märchenhaft begonnen hatte?

War es die Vergangenheit, die mich immer wieder einholen sollte?

Hatte mich mein Vater meinem Manne schon mit der Überzeugung übergeben, dass ich eigentlich ihm bis an mein Lebensende treu bleiben müsste? War es nun das Gefühl, durch diese Nähe und Verbundenheit einem Zwang ausgesetzt zu sein? Was hatte mein Unterbewusstsein in mir ausgelöst?

Nein, niemals, ich wollte doch nichts anderes als endlich die glückliche Familie zu haben, nach der ich mich so sehr gesehnt hatte. Ich wollte endlich das Leben führen, von dem ich immer geträumt hatte – endlich wirklich glücklich sein. Am nächsten Tag flogen wir auf unsere Hochzeitsreise nach Santorin, auf eine griechische Insel. Ich fühlte mich wieder als die glücklichste Frau der Welt – die Gedanken der Nacht waren vergessen. Doch schon hier war dieses seltsame Gefühl in mir, mich oftmals sexuell nur zur Verfügung zu stellen, ohne es wirklich zu wollen, immer wenn mein Mann es so wollte oder es nur zu tun, um etwas zu erreichen. Eine große Ausnahme von diesem Gefühl war der eine magische Abend, an dem wir unser erstes Kind zeugten. Dies geschah am 25. Juli, genau eine Woche nach unserer Hochzeit und 10 Wochen nach meiner letzten Menstruation, an einem Tag, an dem ich, wie ich erst viele Jahre später erfahren sollte, meinen kosmobiologischen Eisprung hatte. Zu diesem Zeitpunkt erschien mir die Möglichkeit, schwanger geworden zu sein, als Wunder, doch erfuhr ich viele Jahre später, dass jede Frau an dem Tag, an dem der Mondstand am

Himmel so ist wie er zum Zeitpunkt ihrer eigenen Geburt war, einen Eisprung haben kann, unabhängig von ihrem Menstruationszyklus. Außerdem sollte dieser kosmobiologische Eisprung viel häufiger zu einer Befruchtung führen als der klassische Zykluseisprung. Bei mir war es ein Tag des abnehmenden Halbmondes, an dem unser Sohn Philipp in einer berauschenden Liebesnacht gezeugt wurde, was interessanterweise zur Folge hatte, dass auch sein errechneter Geburtstermin der 18. April war. Unser erstes Kind sollte somit genau neun Monate nach unserem Hochzeitstag zur Welt kommen. Perfekter hätte die Planung dieses zukünftigen Kindes gar nicht funktionieren können. Kurze Zeit nach unserer Rückkehr von unserer wunderschönen Hochzeitsreise sollte sich meine Schwangerschaft bestätigen. Mein Traum wurde zur Wirklichkeit und ich war unendlich erleichtert, dass ich nun bald auch den so ungeliebten Arbeitsplatz verlassen durfte, obwohl ich inzwischen glücklicherweise in eine andere Abteilung mit einem sehr netten Chef versetzt worden war.

Mein Ziel war absehbar und ich freute mich unbeschreiblich auf mein erstes Kind.

So lasse ich nun Philipps Seele zu Euch sprechen:

„Ihr könnt Euch gar nicht vorstellen, wie begierig ich war, endlich wieder auf diese Erde kommen zu dürfen, endlich wieder Mensch zu sein und mitzuspielen. War ich doch schon einige Zeit in der Zwischenwelt, in der Welt des Eins-Seins mit allem, was ist und es langweilte mich sehr. Nein, nicht so wie ihr Langeweile verstehen könnt. Es ist hier reine Einheit und ich sehnte mich wieder danach, die Vielfalt zu erleben. Ich begab mich also schon ins Feld der Erde und plötzlich entdeckte ich sie – diese beiden da unten – ein scheinbar sehr glückliches Paar. Gerade noch waren sie in der griechischen Taverne. Die junge Frau ein wenig beschwipst und heiter, so voller Lebensfreude, und schon gingen sie in ihre schöne kleine Höhlenwohnung. Es war mir bereits klar: Sie würden sich lieben in dieser Nacht und ich machte mich bereit für die Rückkehr auf diesen wunderbaren Planeten Erde, nach dem ich mich schon wieder gesehnt hatte. Dass es da auch einiges an Schwierigkeiten geben würde, war mir schon bewusst. Aber für diese Frau, meine zukünftige Mutter, die mich dringend in ihrem Leben brauchen würde und ich sie, bin ich bereit, diese zu bewältigen. Sie und ich

werden uns in unserem Geist immer ähnlicher sein und uns dadurch zu gegenseitigen Lehrern und Meistern entwickeln, ich, weil ich niemals allzu tief ins Vergessen gesunken war und sinken werde und meine Mutter, die nach schwierigen Zeiten in den nächsten Jahren und nach all dem, was sie schon hinter sich hat, erwachen wird, um zu erkennen, wer sie wahrhaft ist. Außerdem habe ich die Gewissheit, die nächsten 9 Monate in einem wohlbehüteten Bauch zu sein, um all das Urvertrauen zu gewinnen, das mir für mein menschliches Dasein notwendig erscheint.

Nun denn, ich bin bereit.

Ja, und mein Vater, der im Gegensatz zu meiner Mutter eine ganz junge Seele ist, in seinem menschlichen Ausdruck ein wenig holprig und unbewusst, aber im Grunde seines Herzens ein wirklich guter, ehrgeiziger und warmherziger Mann, wird mir helfen, stabil zu bleiben, wenn meine liebe Mutter straucheln und beinahe fallen wird und sich verzweifelt in den Abgründen ihres Daseins nicht zurechtfinden kann. Er wird mir helfen, in meine männliche Kraft zu kommen, will ich doch einer jener Männer werden, welche die männliche Energie auf diesem Planeten in den Zeiten des Umbruchs auf eine neue Ebene bringen werden. Und heute spüre ich auch, dass diese Frau mich wirklich empfangen will in einer Vereinigung der Leichtigkeit und Freude, in einer Vereinigung der Liebe zwischen zwei Menschen.

Wie schön es ist, den beiden zuzusehen.

Sie lieben sich wirklich…

Ja, schon spüre ich den Sog und freue mich mit ihnen.

Ich trete ein in Eure Welt, geliebte Eltern! Ich bin bei Euch und werde bei Euch bleiben.

Ich sehe Euch nun erschöpft und zufrieden, glücklich und geborgen einander in den Armen liegen und ich bin eins geworden mit dir, geliebte Mutter, auch wenn du mich jetzt noch nicht wahrnimmst.

Ich bin mit Euch für eine lange Zeit auf Erden verbunden.“

So war es wirklich geschehen – mein geliebter Philipp von dem ich nicht einmal wusste, ob es ein Junge werden sollte oder ein Mädchen, war neun Monate wohl behütet, geliebt, mit Freude getragen, weil ich diese Schwangerschaft so sehr genoss. Meine Güte, wie stolz war ich, als mein Bauch immer größer wurde und alle sehen konnten, dass ich ein Kind in mir trug. Als ich dann im vierten Schwangerschaftsmonat war, entsprach auch im Außen ein Ereignis diesem Freudenereignis in meinem Inneren.

Zu diesem Zeitpunkt fiel die Berliner Mauer, genau am 9.11.1989, und dies bedeutete den Zusammenbruch des kommunistischen Regimes. Die deutsche Wiedervereinigung folgte in den nächsten Jahren und die Sowjetunion erlebte ihren Zusammenbruch. Schon begann sich ein Umbruch auf diesem Planeten abzuzeichnen. Es sollte ein stärkeres Miteinander entstehen, mehr Verbundenheit und eine Annäherung an die Einheit spürbar werden. Dies zeigte sich vor allem in immer mehr Kindern, die in Zukunft schon mit erhöhtem Bewusstsein auf diese Erde kommen sollten. Ich erlebte zu diesem Zeitpunkt die allerhöchste Form menschlichen Einheitsgefühls. Ich hatte ein Kind in mir, mein Kind. Ich durfte Mutter werden und darauf freute ich mich aus tiefstem Herzen.

Rückblickend war dies die allerschönste Zeit meiner Ehe. Gemeinsam freuten wir uns auf unser Kind. Auch Gottfried versuchte, so gut es ihm möglich war, mit diesem kleinen Wesen in meinem Inneren in Kontakt zu treten. Wir nannten ihn Wurschtel, weil er ständig lebhaft und lustig in meinem Bauch herumwurschtelte.

Die Geburt war ebenso leicht, erfüllend und unkompliziert wie die gesamte Zeit der Schwangerschaft. Allerdings kam er nicht am vorgesehenen Geburtstermin, sondern 16 Tage später. Unser Sohn Philipp kam am 3.5.1990 zur Welt und blickte mich gleich nach seiner Geburt mit seinen großen Augen ganz aus der Tiefe seiner Seele an.

Wir beide sollten noch viel Schönes miteinander erleben.

Doch kurze Zeit danach begannen meine Ängste, meine Zwänge und meine ganze Unsicherheit zum Tragen zu kommen. Anstatt meinem Kind tiefe Geborgenheit und Nähe geben zu können und mein Sein mit ihm nur zu genießen, ließ ich mir einreden, ihn nur alle vier Stunden stillen zu dürfen. Er hatte natürlich auch dazwischen Hunger und ich ließ ihn warten. Sogar in dieser Phase des Lebens folgte ich nicht meinem Gefühl, sondern ließ mich auch weiterhin von der Außenwelt – von den vermeintlich erfahrenen Frauen um mich – so sehr beeinflussen, dass ich keinerlei Kontakt zu meinem Innersten hatte, um einfach meinem Mutterinstinkt zu folgen. Dadurch schrie er viel, weil er Hunger hatte und Liebe wollte und ich war überfordert mit dem Geschrei und dem Gefühl, Zeitplänen folgen zu müssen. Meine Wasch- und Putzzwänge verstärkten sich, schien mich doch weiterhin meine Vergangenheit einzuholen. Alles, was sich in mir beschmutzt fühlte, wollte nun im Außen gesäubert werden. Mein armes Kind litt am meisten darunter. Ich sterilisierte alles – sein Fläschchen, sein Spielzeug, meine Hände, bis sie wund wurden.

Philipp bekam schon nach wenigen Monaten eine schwere Neurodermitis, unter der er noch Jahre lang leiden sollte und wir beide mit ihm. Viel schlimmer war jedoch die Tatsache, dass ich nun auch anfing, mich von Gottfried benutzt zu fühlen und dadurch den Sex mit ihm vermehrt abzulehnen. Ich tat es immer öfter nur für ihn, worunter wir beide litten, ohne jemals fähig gewesen zu sein, darüber wirklich zu sprechen. Zusätzlich erfasste mich die massive Angst, es nicht zu schaffen, ein Jahr nach Philipps Geburt wieder arbeiten zu gehen und das alles mit Kind und Haushalt vereinbaren zu können.

Also beschloss ich kurze Zeit darauf, wieder schwanger werden zu wollen, noch bevor ich in die gehasste Bank zurückkehren musste. Nach sechs Monaten stillte ich Philipp ab, nur um die Möglichkeit einer weiteren Schwangerschaft zu bekommen. Es sollte sich jedoch wieder kein Menstruationszyklus einstellen. Daher wollte ich es mit Zwang und Druck erreichen. Ich ließ mir eine Spritze geben, um eine Blutung auszulösen, und täuschte Gottfried im März des Folgejahres vor, dass ich ihn unendlich begehrte und tatsächlich, mit diesem großen Wunsch, nochmals ein Kind zu empfangen, auch wieder mehr Lust empfinden konnte. Allerdings hielt dies nur bis zu dem Zeitpunkt an, in dem ich erfuhr, erneut schwanger zu sein. Wie sehr musste sich mein Mann von mir zurückgewiesen gefühlt haben, als ich ihm danach deutlich und klar vermittelte, vollkommen ohne Lust die Sexualität mit ihm zu erleben. In Wahrheit hatte ich ihn für diese gewollte Schwangerschaft missbraucht, ohne zu wissen, was ich da eigentlich tat.

Hätte ich damals das Wissen von heute in mir getragen, wären wir vermutlich gemeinsam aus dieser Situation achtsam und in gegenseitigem Verständnis herausgekommen. Ich empfehle jeder

Frau, aber auch Männern, die ähnliche Erfahrungen in ihren Partnerschaften machen, unbedingt das Buch der Sexualmedizinerin Elia Bragagna mit dem Titel *Weiblich, Sinnlich, Lustvoll* zu lesen und sich möglicherweise professionelle Hilfe zu suchen. Erst jetzt wird mir bewusst, dass mein Zustand nicht abnormal war, sondern auch eine natürliche Folge der bestehenden Lebensumstände. Es hätte bloß der richtigen Kommunikation mit dem Partner und gemeinsamer Veränderungen bedurft.

So war ich aber schon in der Verstrickung der Rollen von Opfer und Täterin gefangen, dass es scheinbar keinen Ausweg geben konnte. Wie tief musste mein Kind spüren, wie sehr seine Mutter unfähig war, ihm die echte Liebe und Zuwendung zu geben, die sie ihm so gerne gegeben hätte. Philipp schrie jede Nacht vor Schmerzen, seine Haut war wund und offen. Wir versorgten ihn mit den teuersten Pflege- und Heilprodukten – was er jedoch viel mehr gebraucht hätte, wäre meine Nähe gewesen, meine Mutterwärme, meine Liebe, meine Fürsorge. Anstatt ihn zu mir ins Bett zu nehmen, saß ich erschöpft und verzweifelt stundenlang an seinem Bettchen und hielt meine Hand durch die Gitterstäbe, um ihn zu beruhigen. Ich konnte mein Kind so versorgen wie es vorgeschrieben war, doch war es mir unmöglich, ihm wirkliche Nähe, Wärme und Geborgenheit zu geben. Ich verweigerte alle sozialen Kontakte nach außen, ging mit meinem Mann nie mehr aus, weil ja kein Fremder dieses Kind anfassen sollte und hatte dadurch wieder stärkere Migräneanfälle, die mir jede Lebensqualität nahmen. Wie sehr wollte ich die beste Mutter der Welt sein und war doch unfähig, überfordert und gefangen in meinen Zwängen, die mich keinen Moment mein Familienglück wirklich genießen ließen.

Ganz im Gegenteil – alles wurde von Tag zu Tag, von Woche zu Woche, von Monat zu Monat friedloser, liebloser und letztlich lebloser.

Mein Traum vom Märchenleben schien nur für kurze Zeit wieder aufzuflackern, als ich im April desselben Jahres erfuhr, ein zweites Kind zu erwarten.

Nun war ich erneut schwanger und Mutter eines Kindes, das von mir viel Liebe und Zuwendung forderte, einfach die Liebe, die ein so kleines Wesen zum Gedeihen gebraucht hätte, weil es auch noch sehr schmerzvoll unter seiner Neurodermitis litt. Meine Mutter kam zwischendurch vorbei, um mit Philipp zu spielen. Was es wirklich heißt, Mutter zu sein und dem Kind ausreichend Mutterliebe und Fürsorge zu geben, hatte sie mir nicht vermitteln können, war es doch auch für sie niemals möglich gewesen, aus der Tiefe ihres Herzens heraus ein Kind zu lieben. Ich hatte kein Vorbild und war selbst zu unsicher und zwanghaft. Meine Mutter war nie bereit und vor allem auch nicht wirklich imstande, als Großmutter hilfreich da zu sein, um mir zur Seite zu stehen und mich in irgendeiner Weise in meiner vollkommenen Überforderung zu entlasten. Ihr größter Wunsch war allerdings, dass ich in dem Karenzjahr mit Philipp nun endlich meine Doktorarbeit schreiben sollte, weil ihr mein Studienabschluss erst mit dem Doktorrat vollendet erschien. Wie hätte ich das schaffen sollen, wo ich schon alleine mit dem Kind und meinem Haushalt überfordert war und wirkliche Hilfe bei der Aufsicht meines Kindes hätte sie mir bei ihrem Fulltime-Job und ihrer Lebenslust nicht anbieten können.

Ich war vollkommen unfähig, noch irgendetwas anderes neben meinem Kind zu tun, völlig erschöpft und nun auch noch ein zweites Mal schwanger.

So möge nun Sophie aus ihrer Sicht sprechen.
Sophie sollte unsere zukünftige Tochter heißen.

Kapitel 5 – Zerbrochen

1991-1998

„Oh mein Gott, ich soll zu dieser Mutter, warum gerade ich? Ja, ich weiß, dass sie sich ein Mädchen wünscht, aber diese Frau ist doch schon mit ihrem ersten Kind heillos überfordert. Ich hätte gerne eine ganz ruhige und ausgeglichene Mutter. Außerdem will ich ein einfaches Leben führen. Nein, das wird mir alles viel zu kompliziert". So sprach die Seele meiner zukünftigen Tochter. *Azrael* und die anderen antworteten ihr: *„Wir bitten dich, diesen Auftrag zu übernehmen – du bist diejenige, die sie so ganz in ihr Muttersein bringen kann – damit das Gesetz der Serie in dieser Familie endlich erlöst werden darf!" „Was meint ihr damit? Bin ich dann die Nächste, die all das Leid der Kindheit, das sie ertragen musste, auch erfahren muss, nur um die Familie zu erlösen? Oh nein, das will ich nicht!" „Mach dir keine Sorgen, d e i n Vater ist ein guter Mann, ein wenig unbedacht in manchen Momenten, dafür aber ein wahrlich guter Mensch und Vater, eine ganz junge reine Seele. Er wird dir nichts tun und auch kein anderer. Für dich ist deine Mutter bereit, all das zu erlösen, was ihr widerfahren ist, für dich will und wird sie alles tun, um selber frei zu werden. Sie wird irgendwann wissen, dass sie durch ihre eigene Befreiung sich selbst, dich und alle Frauen der Vergangenheit in ihrem System von all dem Leid, das schon durch Generationen geht, erlösen kann. Übernimmst du den Auftrag nicht, ist die Gefahr allzu groß, dass sie vor ihrem Erwachen ihr Leben auslöschen wird und niemals dazu kommen kann, ihren wahren Auftrag und ihre Bestimmung zu erfüllen. Und auch du wirst später durch sie und mit ihr wachsen können und in eine höhere Dimension aufsteigen." „Nein, das wird viel zu anstrengend, das weiß ich jetzt schon. Lasst mich doch noch eine Zeit lang hier bei Euch sein, ich will nicht zurück auf den Planeten Erde – noch nicht. Ja, ich weiß schon, dass ich auch noch einiges dort zu erledigen habe, aber nicht mit ihr." „Du weißt doch um die Erlösung aller*

Beteiligten, wenn im menschlichen Sein eine Seele bereit ist, einen ganz großen Auftrag zu erfüllen. Deine zukünftige Mutter hat sich dafür bereit erklärt, doch ist im Moment ihr Vergessen allzu groß, um dies zu erkennen. Sie hat sich für einige Umwege entschieden, um noch mehr aufzulösen, als es ihr ursprüngliches Bestreben war. Ja, wir wissen darum, dass einige Jahre für dich und deinen Bruder Schmerzvolles zu erfahren sein wird. Doch wisse, geliebte Seele, dass genau du diesem Erlösungsplan der weiblichen Linie dieser Familie entsprichst. Sieh dir an, wie tief verzweifelt sie ist, wie sehr ihr dieses Leben und ihre zukünftige Arbeit, die sie nun wieder vor sich hat, Angst machen und wie sehr sie deinem möglichen Bruder nicht all die Liebe geben kann, die sie ihm so gerne von ganzem Herzen geben wollte, dies aber in ihrem eigenen Unvermögen nicht tun kann.“ „Nun gut, und Ihr versprecht mir, dass sich wirklich alles zum Besten wenden wird, wenn ich diese Aufgabe übernehme?“ „Du wirst ihr Leben retten, wenn sie versuchen wird, uns aufzusuchen – einmal wird sie tatsächlich an dieser Schwelle stehen. Dort wird ihr unter großem Schock stehend klar werden, dass sie für deinen Bruder und vor allem für dich überleben muss. Sie wird überleben und erkennen – danach wird sie dir wahrlich mit aller Liebe Mutter sein und dann wird auch dein Leben als Frau sich langsam zur Blüte entfalten können.“

„Gut, und wann muss es soweit sein?“

„Jetzt!“

Schon wurde diese Seele von einem Sog erfasst und in die Erdatmosphäre gezogen. Es sollte für lange Zeit das letzte Mal sein, dass ihre Mutter ihren Vater wirklich begehrte – zu dieser Zeit nur, um dieses Kind empfangen zu können und nicht um seinetwillen. Er wusste nicht einmal, dass es so gewesen war und sie wusste nicgeliebt. Und dennoch wurde ihr Körper immer gefühlloser und leerer, so sehr hatte sie der Fluch der Vergangenheit nun tatsächlich wieder eingeholt.

Ein Fluch, dem sie noch für lange Zeit nicht entkommen sollte.

Aber sie wurde wieder schwanger.

Kurze Zeit darauf erfuhr ich, dass ich schwanger war – ab diesem Zeitpunkt wies ich Gottfried immer öfter und stärker von mir, erfüllte nur mehr meine ehelichen Pflichten und verachtete mich und ihn dadurch mehr und mehr. Niemals waren wir beide fähig, uns mit dieser Tatsache auseinanderzusetzen, an der Veränderung unserer Sexualität miteinander zu arbeiten. Wie hätte ich die Hintergründe auch verstehen können, wo ich doch schon für so lange Zeit ins Vergessen gegangen war! Da ich niemals ein Vorbild dafür hatte, was es bedeutete, eine glückliche Familie zu gestalten, malte ich mir dies nur in meiner Fantasie aus, überlegte mir, wie es funktionieren könnte und zerbrach doch an der Realität. Denn Märchen sehen wahrlich anders aus als die gelebte Welt des Erdenlebens.

Meine Unfähigkeit mit dieser Lebenssituation zurechtzukommen, zeigte sich im Außen verstärkt durch meine Putz- und Waschzwänge, meine Migräneanfälle, meine Albträume, meine Reizblase – als Ausdruck meiner tiefen Ängste – meine Nervosität und vollkommene Überforderung. Gottfried unterstützte mich neben seiner 60-Stunden-Woche so gut er konnte und massierte mich oftmals hingebungsvoll, weil mich diese Schwangerschaft in meiner momentanen Situation der totalen Überforderung körperlich sehr belastete.

Kurz vor meinem Arbeitsbeginn nach meinem Karenzjahr mit Philipp eskalierte dann noch alles. Die Tagesgroßmutter, die für Philipp ins Haus hätte kommen sollen, sagte eine Woche vor Beginn ab und ich musste für mein Kind kurzfristig eine andere Versorgung finden. Doch wie so oft im Leben, kommen die besten Dinge immer dann, wenn sie nicht allzu sehr geplant werden. Eine liebe Nachbarin wurde Philipps Tagesmutter und noch mehr ein wenig Mutterersatz, als ich nach Sophies Geburt immer unfähiger werden sollte, mit beiden Kindern zurechtzukommen. Ich musste am 4. Mai, einen Tag, nachdem Philipp ein Jahr alt wurde, erstmals wieder arbeiten gehen, schwanger mit meinem zweiten Kind. Ich hatte einen fleißigen Mann, der zu dieser Zeit jedoch viel zu wenig verdiente, um eine Familie erhalten zu können. Ich selbst hatte eine gut bezahlte, aber für mich absolut unerträgliche Arbeit. Jeden Tag lieferte ich in aller Frühe Philipp bei der Tagesmutter ab, um dann zur Bank zu hetzen. Als ich diese eines Morgens betrat, verspürte ich plötzlich heftige wehenartige Krämpfe, die natürlich mit der Gefahr verbunden waren, mein Kind zu verlieren. Inzwischen war ich zwar in einer Abteilung mit einem wirklich angenehmen Arbeitsklima, dennoch war ich dieser Situation der Mehrfachbelastung einfach nicht gewachsen. Von nun an verspürte ich jeden Tag schwere Krämpfe in meinem Unterleib, sobald ich meine Arbeitsstelle betrat. Der große Erfolg für mich war aus dieser Gefährdung, mein Kind zu verlieren, dass ich nun nur mehr für kurze Zeit in dieser so verhassten Bank arbeiten musste und bald darauf in vorzeitigen Mutterschutz gehen konnte, genau zwei Monate nach meinem Arbeitsbeginn. Ich war zu diesem Zeitpunkt im vierten Schwangerschaftsmonat und musste mich bereits schonen, um mein Kind gesund zur Welt bringen zu können. Endlich konnte ich wieder zu Hause bleiben.

Eigentlich hätte ich nun wirklich glücklich und ausgeglichen sein können. Doch zu diesem Zeitpunkt konnte geschehen, was wollte, ich war mit jeder Situation überfordert. Philipp brachte ich weiterhin halbtags zur Tagesmutter, weil ich sogar mit dieser Belastung nicht zurechtkam. Ich fühlte mich verzweifelt und hilflos. Somit war auch die Schwangerschaft bei Weitem nicht so erfüllend wie bei meinem ersten Kind.

Es ist wahrlich verblüffend, wie sich schon diese Tatsache auf die Unterschiedlichkeit der beiden Kinder später auswirken sollte. Philipp war ein Kind voller Urvertrauen, Sophie hingegen war für lange Zeit ziel- und haltlos. Allerdings wusste sie, dass sie ein wahrhaft erwünschtes Kind war und ihr Leben weit entfernt von meinem eigenen Schicksalsweg verlief.

Eigentlich ist es sinnlos, darüber zu grübeln, ob alles anders verlaufen wäre und ihnen einige schmerzvolle Erlebnisse erspart geblieben wären, wenn ich meine Kinder nicht unter so großen Druck bekommen hätte, wenn ich ein wenig mehr Vertrauen gehabt hätte und vor allem, wenn wir fähig gewesen wären, wirklich in der

Tiefe miteinander zu kommunizieren. Niemals ist eine Entscheidung rückblickend zu verändern und sicher war alles zum Zeitpunkt dieser Entscheidung nur so und nicht anders möglich. Dennoch quälten und quälen mich immer wieder diese Gedanken. Ich wollte doch meinen Kindern ausschließlich eine schöne Kindheit bieten. Zumindest kann ich dankbar sagen, dass mir das Leben diese beiden wunderbaren Kinder geschenkt hat, die lange Zeit für mich hier auf dem Planeten Halt bedeuten sollten. Ohne sie wäre ich vermutlich nicht mehr hier geblieben, um diese Lebensgeschichte mit vielen anderen Menschen teilen zu dürfen und hoffentlich vielen – vor allem Frauen – damit Mut zu machen, aus ihrem eigenen schweren Schicksal noch etwas Gutes zu kreieren.

In meiner Schwangerschaft war vor allem der Sommer sehr belastend für mich. Ich litt unter der enormen Hitze, sodass wir sogar unseren Urlaub in Italien vorzeitig abbrechen mussten. Philipp litt mehr und mehr unter seiner Neurodermitis – ich war nervös und fahrig und er war meist am ganzen Körper blutig gekratzt. Helfen konnte ihm einzig und allein die unglaublich teure Goldnerzcreme, die ich durch Recherche entdeckt hatte und die angeblich kortisonfrei war.

Mein märchenhaftes Familienleben war alles andere als von Glück erfüllt. Gottfried war immer wieder der ausgleichende Pol in dem ganzen Gefüge, auch wenn er mir als Mann nicht wirklich Hilfe sein konnte. Einerseits hatte er mehr als eine Vollzeitbeschäftigung andererseits war er zu sehr im Muster seines Zynismus gefangen, sodass er mich zwar liebevoll behandelte, mich aber auf der anderen Seite immer wieder abwertete – zumindest empfand ich viele seiner Aussagen als tiefe Abwertung. Er konnte nicht einfach nur sagen, dass er mich schön fand, dass er mich liebte, dass er mich als Frau wertschätzte. All seine Aussagen waren mit einer Doppelbotschaft behaftet und was bei mir hängen blieb, war der mir abwertend scheinende Teil. Er war der Mann, der meinte: „Du bist wunderschön, a b e r.........“ Schon meine Mutter hatte mich als Kind zuerst als die Prinzessin auf den Thron gehoben, um mich bei der kleinsten Kleinigkeit wieder im wahrsten Sinne des Wortes von meinem Thron herunter zu ohrfeigen. Wie sollte ich in der Verwirrung all dieser Doppelbotschaften meinen Selbstwert je erkennen? Ich war bisher immer, und noch für lange Zeit danach, auf die Bestätigung von anderen Personen, vor allem von Männern, angewiesen.

In meiner Schwangerschaft mit meinem zweiten Kind konnte ich bei Weitem nicht diese Vorfreude und Leichtigkeit erleben, die ich noch bei meiner ersten empfunden hatte.

Sophie sollte nun nach dieser eher mühevollen Schwangerschaft auch wesentlich schmerzhafter das Licht der Welt erblicken, als es bei Philipp gewesen war. Ich hatte in der Nacht vor ihrer Geburt wieder einmal einen schweren Migräneanfall. Somit war ich die halbe Nacht wach, musste erbrechen und versuchte, ohne Tabletten die Schmerzen zu überwinden. Dieser Anfall hatte mich so sehr geschwächt, dass die Geburt in der darauffolgenden Nacht um einiges anstrengender und vor allem auch um vieles mühsamer war. Die Hebamme gab ihr Bestes, um Sophie, die feststeckte, normal zu holen – dafür musste sie beinahe eine halbe Stunde in meinem Unterleib nachhelfen, mein Kind herauszuziehen. Das war eine heftige Erfahrung, ersparte mir aber einen Kaiserschnitt. Dennoch dauerte das Ganze bloß knapp über zwei Stunden, ein wenig länger als bei Philipps Geburt. In solchen Momenten wurde ich offensichtlich immer wieder mit meiner Urnatur verbunden. Gott sei Dank hatte ich diese hervorragende Hebamme, die inzwischen auch meine Freundin geworden war, mich allerdings zwei Jahre später aufs Schlimmste verraten und hintergehen sollte. In diesem Moment jedoch ging alles gut.

Sophie blickte mich mit ihren wunderschönen Mandelaugen an und wir wussten beide, dass noch einige Herausforderungen auf uns zukommen sollten. Vorerst war ich nur glücklich und erleichtert, als dieses Kind am 26.11.1991 kurz vor sechs Uhr morgens in meine Arme gelegt wurde.

Wie spannend es doch ist, dass in jenem Jahr kurz zuvor ein menschliches Skelett aus der Bronzezeit entdeckt wurde. Es war die Mumie jenes in den Ötztaler Alpen gefundenen Menschen namens *Ötzi,* der vom Gletscher freigegeben worden war und als Sensation durch die gesamte Weltpresse ging. Nach tausenden von Jahren wurde dieser Rest eines menschlichen Körpers gefunden, eine Erinnerung an längst vergangene Zeiten und doch hier im Jetzt lebendig gemacht. So kann man wieder einmal erkennen, dass alles immer im Jetzt ist – Vergangenheit, Gegenwart, Zukunft – ein stetes Werden und Vergehen. Bloß wir Menschen bekommen die Möglichkeit, aus allem das Beste oder aber auch das Schlechteste zu machen. Das Leben sollte von uns doch mit viel größerer Dankbarkeit und Hingabe gelebt werden, als wir dazu meist imstande sind.

Zumindest sollte zu dieser Zeit die Entwicklung der Menschheit immer mehr Richtung Zusammengehörigkeit und Friedensbedürfnis gehen.

Kurz nach Sophies Geburt wurde im Jahr 1992 durch die Unterzeichnung des Vertrages von Maastricht die *Europäische Union* begründet, der Österreich im Jahr 1995 beitreten sollte.

1993 wurde auch Nelson Mandela für seinen friedvollen Einsatz gegen die Apartheid in Südafrika nach 27 Jahren Haft der Friedensnobelpreis verliehen. Welch ein mutiger Mann, der, so wie Gandhi bereit war, sein eigenes Leben für den Frieden zu geben!

Damals sollte auch das Festland Europas mit dem Vereinigten Königreich verknüpft werden. Es wurde dann im Jahr 1995 durch den 50 km langen Tunnel unter dem Ärmelkanal realisiert, der Frankreich und England von nun an verband.

Wenn sich alle diese äußeren Zeichen für mehr Verbundenheit doch nur mehr im Bewusstsein der Menschen verankert hätten! Wie sehr sehnten wir uns alle nach Frieden und lebten tagein, tagaus in Unfrieden mit uns selbst und unserer Umgebung.

Obwohl ich nun mein zweites so sehr ersehntes Kind geboren hatte, sollte auch ich selbst mehr und mehr in Unfrieden geraten. Nichts mehr war mir von meinem Einheitsbewusstsein geblieben. Zu tief war ich in die Abgründe des menschlichen Seins, seiner Verstrickungen, Irrwege und Machtspiele abgerutscht. Niemals mehr konnte ich mit den Meinen in Kontakt treten und wollte es vermutlich auch nicht. Das Einzige, was mir geblieben war, war das Gebet, das mich meine Großmutter in Kindertagen gelehrt hatte. Es war dies noch meine letzte Verbindung zur göttlichen Ebene. Sophie war eigentlich ein ganz ruhiges Baby – allerdings nur tagsüber. Am frühen Abend begann sie stundenlang zu schreien. Bei Sophie konnte ich nun besser meinem Instinkt folgen, indem ich sie immer bei Bedarf stillte. Was das betraf, war ich mit meiner mütterlichen instinkthaften Natur gut verbunden, Nahrung hatte ich mehr als genug für sie. Dennoch war ich hochgradig überfordert und übertrug damit meine Unruhe auf meine Kinder. Philipp musste weiterhin vormittags zur Tagesmutter und fühlte sich dadurch noch mehr von mir weggestoßen, während ich mit Sophie alleine war und versuchte, ein wenig zur Ruhe zu kommen.

Alles eskalierte in der Nacht vor Weihnachten, vier Wochen nach Sophies Geburt. Gottfried war an diesem Abend mit seinen Kanzleikollegen zur Weihnachtsfeier gegangen. Ich blieb mit den beiden Kindern alleine zu Hause und litt unter einem plötzlich auftretenden, schweren Migräneanfall. Sophie begann wie immer pünktlich um 20 Uhr zu schreien und hörte für Stunden nicht auf. Völlig außer mir fing ich an, sie zu schütteln. Wie dankbar bin ich Gott, dass sie dadurch keinen Schaden erlitten hat – damals hatte noch niemand darüber gesprochen, was so eine Handlung auslösen konnte. Erstmals war ich so weit, jene Mütter in gewisser Weise zu verstehen, die ihr Kind an die Wand geschmissen hatten. Ich konnte einfach nicht mehr, ich war vollkommen verzweifelt. Wie gut, dass mir mein Intellekt dabei half, keine Kurzschlusshandlung zu begehen. Ich lag mit unerträglichen Schmerzen im Bett, mein Kind lag schreiend auf mir. Ich wusste nicht mehr ein und aus. Philipp fing kurze Zeit danach auch zu schreien an. Zu dieser Zeit gab es kein Mobiltelefon, über das ich meinen Mann hätte erreichen können. In diesem Ausnahmezustand fand uns Gottfried um drei Uhr in der Früh vor, als er nach Hause kam – die beiden Kinder schreiend, mich weinend und vor Schmerzen windend.

Ein „wunderschönes" Weihnachtsfest in meiner erträumten, heilen Familie hatte so schrecklich begonnen und mir erneut bestätigt, wie grauenvoll unsere familiären Weihnachtsfeste sind – nicht einmal jetzt konnte ich es mit meiner Familie genießen.

Auch unsere kleine Wohnung, die nur zwei Zimmer hatte, wurde für vier Menschen viel zu klein. Somit begann das neue Jahr mit Wohnungssuche, die sehr schnell erfolgreich war, weil meine Mutter wie immer gute Beziehungen hatte. Ich musste die zukünftige neue Wohnung jedoch wieder alleine finanzieren, weil Gottfried noch immer ein schlecht bezahlter Rechtsanwaltsanwärter war. Seine Chefs hatten kein Einsehen mit einem jungen Familienvater, um ihn für seinen unglaublichen Arbeitseinsatz etwas würdiger zu entlohnen. Die Welt ist einfach zu stark von Macht und Gier beherrscht. Wie viel schöner wäre es gewesen, wenn Gottfried als Hochzeitsgeschenk von seinen beiden gut verdienenden Chefs eine Gehaltserhöhung bekommen hätte statt eines *Gutscheines für eine Übernachtung mit einem 12 Gang Abendmenü und einem fulminanten Frühstück in einem noblen „Zwei Hauben" Hotel,* den wir nach der Rückkehr von unserer Hochzeitsreise eingelöst hatten. Für mich war es schon damals unverständlich ein 12-Gänge-Menü zu essen und es erschien mir für uns zwei junge Menschen, die mit relativ wenig Einkommen gerade dabei waren, eine Familie zu gründen, dekadent und sinnlos.

In Aussicht auf unser schönes neues Zuhause verbrachte ich das nächste halbe Jahr auf der Baustelle unserer zukünftigen Wohnung, um alles zu planen und zu überwachen. Mit großer Freude richtete ich auch diese Wohnung schon am selbst gezeichneten Grundriss ein und war damit so voll und ganz in meinem Element. Endlich hatte ich eine Aufgabe, die mir Freude bereitete. Ich hatte mich wahrlich für die vollkommen falsche Berufsausbildung entschieden, besser gesagt, überreden lassen. Mein Glück in dieser Situation war, dass ich die alte Wohnung familienintern verkaufen konnte. Da meine Tante Fanny, die Schwester meiner Mutter, und ihr Mann unsere alte Wohnung samt aller Einbaustücke übernehmen wollten, war unsere finanzielle Situation so gesichert, dass ich mir finanziell alles gut einteilen konnte. Sie hatten die andere Wohnung mit allen beinahe neuwertigen Möbeln gekauft.

Unsere einzige Ablenkung in diesem Jahr war im September unser Kurzurlaub in Oberitalien, den wir in Jesolo verbrachten, wo ich einige Tage mit den Kindern und einem befreundeten Ehepaar, das ebenfalls zwei Kinder hatte, alleine bleiben musste, weil Gottfried nicht einmal für diese kurze Zeit durchgängig frei bekommen hatte. Dort fand jene verhängnisvolle Begegnung statt, die neun Monate später den Beginn unseres Beziehungsendes darstellen sollte. Im Hotel, in dem wir wohnten, arbeitete ein sehr junger Kellner, der mich zu bewundern und zu verehren schien und mir täglich eine Blume vor meine Zimmertüre legte. Zu diesem Zeitpunkt ignorierte ich ihn mehr oder weniger – zu sehr war ich noch mit meinem Muttersein und dem Stillen meines 10 Monate alten Kindes beschäftigt. Ich fühlte mich bloß geschmeichelt, als junge Mutter von zwei kleinen Kindern von einem so viel jüngeren Mann verehrt zu werden. Doch etwas in mir spürte die Gefahr, die auf uns beide zukommen sollte, wenn wir dorthin zurückkehren würden. Es war eine innere Warnung in mir, die ich nicht erkennen wollte.

Wir planten einen weiteren Urlaub im selben Hotel im Juni 1993 – welch ein fataler Fehler!

Im November, zwei Tage nach Sophies erstem Geburtstag, zogen wir noch voller Hoffnung und neuer Visionen in unsere schöne, große Familienwohnung. Wie perfekt wäre nun alles gewesen, doch innerlich brach ich schon aus der Beziehung aus. Der Schein nach außen war gewahrt, im Inneren brodelte es – und es gab scheinbar kein Entrinnen mehr. Langsam begann ich mich aus meinen Fesseln zu lösen, die mir seit meiner Kindheit angelegt waren, was interessanterweise zur Folge hatte, dass, genau als ich aus meinem Korsett auszubrechen versuchte, mein Vater ernsthaft krank wurde.

Über Jahre hinweg konnte ich seinen Krankheitsverlauf beobachten, der immer schlimmer wurde, je mehr ich mich aus meinen alten Strukturen befreite. Begonnen hatte es damit, dass ihm beim Sex mit seiner dritten Ehefrau Ulli, die auch bloß um 5 Jahre älter war als ich, sein Penis brach und das Blut zu spritzen begann. Wie stolz er das bei Tisch erzählt hatte – einfach ekelhaft. Dennoch

– welch eine symbolhafte Verletzung zu diesem Zeitpunkt? In den folgenden Jahren sollten sich Krankheiten durch seinen ganzen Körper von unten nach oben manifestieren. Sein Zustand verschlimmerte sich die nächsten Jahre und Jahrzehnte hindurch, er wurde immer schwächer und letztendlich zu einem Pflegefall. Alle Energiezentren in seinem Körper begannen zu rebellieren und eine schwere Krankheit nach der anderen sollte ihn treffen.

Somit scheint doch die höhere Gerechtigkeit die einzige hier auf Erden zu sein, die es wahrlich gibt. Oder war es genau das, was er sich mit all seinen Handlungen erschaffen hatte? Auch wenn er in seinem Leben niemals Zusammenhänge erfasste, vermutete ich in diesem Fall den gerechten Ausgleich für seine Lebensführung. In Wahrheit kann es nur diesen Ausgleich geben – wir Menschen sind dazu niemals imstande, Gerechtigkeit walten zu lassen.

Nach außen hin schienen Gottfried und ich immer ein glückliches Paar zu sein, eine perfekte Familie mit zwei entzückenden Kindern. Jeder, der uns sah, vermutete genau das. Scheinbar hatten wir alles, um dieses Familienleben genießen zu können, vor allem ein neues, geräumiges Zuhause. Inzwischen hatte Gottfried auch seine Lehrjahre abgeschlossen und sich als Rechtsanwalt selbstständig gemacht. Er konnte in seiner Kanzlei als Kompagnon einsteigen und hatte dadurch langsam ein steigendes Einkommen, das ihm auch als Mann in seiner Kraft mehr Selbstbewusstsein gab.

Ich hatte zwar meine zwei Wunschkinder mit meinen so sehr erwünschten Ehemann, doch nur mehr einen leblosen Körper, der nicht mehr funktionieren wollte, der unter Schmerzen litt und auf liebevolle Berührungen meines Mannes empfindungslos reagierte.

Ich konnte für meinen Mann einfach keine Lust mehr empfinden! Welch ein Fluch lastete da auf mir!

So fuhren wir im Sommer nach unserem Wohnungswechsel ein weiteres Mal in dieses Hotel nach Jesolo. Auf die Begegnung mit dem jungen Kellner hatte ich schon lange wieder vergessen, zu viele andere Ereignisse hatten in diesem Jahr Priorität gehabt.

In dem Augenblick jedoch, in dem wir den Speisesaal betraten und ich ihn wieder sah, war ein explosionsartiges Beben in meinem Körper, das mich durchschauerte. Lange zuvor hatte ich überhaupt keine sexuelle Lust mehr verspürt, am allerwenigsten für meinen eigenen Mann. Mein Körper schien wie abgedreht gewesen zu sein. Ich hatte absolut nichts mehr gespürt, am allerwenigsten Lust und Ekstase. Doch schon bei diesem ersten Blickkontakt war alles vollkommen anders. In mir begann ein neues Feuer der Leidenschaft zu lodern. Ich begann am ganzen Körper zu zittern, verspürte ein lustvolles Pochen in meinem Unterleib und sollte in der nächsten Woche, die wir dort gemeinsam verbrachten, einige Kilos abnehmen.

Dieser Urlaub war der erste, den uns Gottfried als eingetragener Rechtsanwalt alleine finanzieren konnte. Er wollte uns verwöhnen und all das anbieten, was uns Freude bereiten würde. Gottfried war glücklich, weil ich doch scheinbar wieder lustvolle Sexualität mit ihm leben konnte, dies jedoch ausschließlich deshalb, weil ich zwischendurch heimlich den anderen Mann für wenige Minuten traf und wir uns verstohlen küssen konnten. Bei den Vereinigungen mit meinen Ehemann dachte ich an eine Vereinigung mit dem anderen. Ich fühlte mich unendlich schuldig und verdorben, war mir doch Treue so außerordentlich wichtig. Es war eine fürchterliche Situation, in die ich dort geraten war. Aber zumindest konnte ich meinen Körper endlich wieder durch und durch spüren.

Nach diesem Urlaub begann mich mein schlechtes Gewissen zu zerfressen – obwohl ich nicht einmal Sex mit dem anderen gehabt hatte. Ich war schon immer ein Mensch, der ausschließlich mit der Wahrheit leben wollte, weswegen ich beschloss, mich Gottfried anzuvertrauen. Wir wollten doch einen Monat später dorthin auf Kurzurlaub anlässlich unseres Hochzeitstages fahren. Ich wusste, dass das nicht geschehen durfte. Mein Hilferuf, den ich aussandte, indem ich Gottfried alles Geschehene erzählte, und hoffte, damit unsere Beziehung retten zu können, endete damit, dass er mir einen Tag nach meiner Beichte den Scheidungsvergleich auf den Tisch knallte und mich aufforderte, sofort zu unterschreiben. Er hatte bereits einen Scheidungstermin für den 6. Juli 1993 vereinbart. In diesem Moment erfasste mich Panik, ich begann zu schreien, warf mich auf die Knie, bat um Vergebung und war geschüttelt von purer Angst. Gottfried genoss sichtlich seine Vormachtstellung, mein Flehen und Betteln. Wieder einmal bettelte ich um Liebe und war dafür bereit, alles zu tun, wie schon so oft zuvor. Ich war bereit, jeden Preis zu zahlen, um nur ja weiterhin geliebt zu werden. Rückblickend betrachtet, ist mir natürlich klar, dass dieser Mann mich nicht um meinetwegen wirklich lieben konnte, sondern das Bild, dem ich entsprechen musste. Er war in seinem männlichen Stolz verletzt und wollte nur mehr siegen. Wie konnte dieses so verletzte Ego sonst so schnell bereit sein, unverzüglich eine Familie zu zerreißen, ohne davor alles zu tun, um die Beziehung zu retten?

Dennoch weiß ich heute – er liebte er mich auf seine Weise – die wenigsten Menschen sind zu einer bedingungslosen, vergebenden Liebe fähig. Dazu bedarf es wahrer Größe und eines wirklich stabilen Selbstwerts.

Gottfried ließ sich letztlich erweichen und sagte den Termin ab. Wir versuchten, einander wieder zu finden. Doch wie sollte es funktionieren, ohne dabei in die Tiefe zu gehen? Für kurze Zeit besuchten wir gemeinsam – teilweise auch ich alleine – eine Psychotherapeutin, die mir jedoch nicht wirklich fähig erschien. Bald musste ich erkennen, dass sie sich mehr an mir therapierte als mir Hilfestellung anzubieten. Ich konnte mit ihrer Therapie nichts erreichen und brach diese ab. Nur durch Gespräche, endlose Diskussionen und viel Mühe konnte unsere Beziehung nicht gerettet werden.

Liebe ist wahrlich ein Geschenk, Liebe kann niemals bloß durch Gespräche wieder erfahren werden. Vermutlich waren wir beide nicht zu wirklicher Liebe fähig. Dennoch glaubten wir, ineinander die große Liebe gefunden zu haben – welch eine egobehaftete Liebe.

Leider hatte sich in diesem Jahr die Situation um vieles verschlimmert. Zuvor wäre vermutlich alles mit mehr Achtung und Respekt zu einem Ende gekommen.

Nun begannen wir einen kleinen Rosenkrieg, indem wir uns immer tiefer verletzten und ich meinen Mann letztendlich doch betrog. Da ich oftmals mit meinen Kindern in der Stadt unterwegs war, lernte ich einen rumänischen Straßenmusikanten kennen, der kurze Zeit zuvor aus seiner Heimat geflohen war, um in unserer Stadt Fuß zu fassen. Dieser Mann, ein unglaublich machoider bulliger Mann, sollte mir erstmals wieder Lust bescheren und mir die Möglichkeit zurückgeben, nach drei Jahren tiefster Gefühllosigkeit meinen Körper in Ekstase zu erleben. Ich hatte in dieser Begegnung sogar die Chance plötzlich multipel orgastisch zu werden, was noch nie zuvor geschehen war. Ich erlebte mit diesem Mann für kurze Zeit unglaublich lustvollen, allerdings sehr harten Sex. Natürlich tat ich es heimlich, war doch meine Angst, mit zwei Kindern arbeitslos und vollkommen alleine dazustehen, allzu groß.

Ich vermute, dass Gottfried mich ebenfalls betrogen hat, was er jedoch immer wieder vehement leugnete. Auch in dieser Zeit gab es eine gemeinsame Freundin aus unserem Bekanntenkreis wie schon vor Jahren seine Ex-Freundin, die oftmals behauptet hatte, sie hätte mit ihm Sex gehabt. Gottfried stritt immer alles ab, auch als ich ihn Jahre später darauf angesprochen hatte. Evelyn hatte mir erzählt, dass sie kurz vor unserer Trennung mit ihm einige Male Sex gehabt hatte.

Wem sollte ich glauben?

Wie schon erwähnt, werde ich die Wahrheit nie erfahren und das einfach akzeptieren müssen.

Wir alle leben hier in diesem menschlichen Dasein mit unseren eigenen Wahrheiten und Unwahrheiten und oftmals wissen wir vermutlich nicht einmal mehr, was Wahrheit und was Lüge ist, zu sehr vermischt sich alles im menschlichen Leben. Warum sollte er mich allerdings nicht betrogen haben, wenn er auch nach unserer Scheidung über beinahe zwei Jahrzehnte immer wieder mit mir liebevolle sexuelle Begegnungen hatte? Schöner wäre für mich natürlich die Vorstellung, dass es einfach deswegen war, weil ich für ihn – ebenso wie er für mich – die große Liebe war, auch wenn wir es nicht geschafft hatten, miteinander zu leben. Er war für mich in dieser Zeit immer wieder mein Rettungsanker und jener Mensch, der mir einen Hauch von Geborgenheit vermitteln konnte – der Mann, den ich niemals aufhören würde zu lieben, auch wenn sich die Form in der sich meine Liebe für ihn ausdrücken konnte, verändert hatte.

Mit all dem Geschehenen war mein gesamter Lebenstraum endgültig zusammengebrochen.

Zur Bank bin ich nicht mehr zurückgekehrt.

Als Sophie zwei Jahre alt war, hätte ich diese Arbeit wieder aufnehmen sollen, doch ich hatte schon Monate davor angekündigt, nicht mehr zu kommen. Es wäre für mich absolut undenkbar gewesen, weiterhin dort zu arbeiten. Vermutlich wäre ich irgendwann schwer krank geworden und an dieser Arbeit zerbrochen, weil ich mich dadurch zu sehr gegen mein Innerstes gestellt hätte. Oftmals hatte meine Mutter, die meinen Lebensweg nie wirklich akzeptieren konnte, später gemeint: „Wärst du bei der Bank geblieben, könntest du schon Bankdirektorin sein.“ Ich konnte ihr immer nur dasselbe darauf antworten: „Nein Mutti, ich hätte Krebs bekommen und würde heute schon am Friedhof liegen.“

Ich wäre zerbrochen an dieser Arbeit.

Vorerst war ich zerbrochen an meiner gescheiterten Ehe und meiner verlorenen Familie.

Glücklicherweise bekam ich die Möglichkeit, die restliche Zeit meiner Gerichtspraxis zu absolvieren, die ich wegen meiner Anstellung bei der Bank zuvor nicht beenden konnte. In meiner Vorahnung, dass meine Ehe nicht mehr lange halten sollte, ging ich zum Vorsteher der Personalabteilung des Gerichtes und bat diesen, statt drei Monate – die mir nur mehr zugestanden wären – noch sechs Monate absolvieren zu dürfen, weil ich erst nach dieser Zeit auch Anspruch auf ein Arbeitslosengeld bekommen würde. Dieser Mann behandelte mich sehr einfühlsam und respektvoll. Er empfahl mir auch – als ich ihm meine Ehesituation offenbart hatte – das Buch von Erich Fromm über *Die Kunst des Liebens* zu lesen. Selbstverständlich kaufte ich mir dieses Buch, doch helfen konnten mir die Botschaften darin nicht mehr. Wir standen tatsächlich kurz vor dem Ende unserer Ehe.

Inzwischen ging ich heimlich zu einer Therapie bei einem Psychologen, der mir immer wieder in meinem Stammcafé begegnete und mir seine Hilfe angeboten hatte. In dieser gesamten Zeit erlebte ich einen Zustand, der mir *höllenähnlich* erschien. Ich war täglich schweißgebadet, zitterte und bebte, hatte Panikattacken und beendete auch mein Verhältnis mit dem Straßenmusiker nach sehr kurzer Zeit wieder, weil ich diese Untreue selbst nicht ertragen konnte. Ich wollte doch die glückliche und immer treue Ehefrau bis ans Ende meines Lebens sein – so hatte ich mir das Märchen der Heilen Welt eigentlich vorgestellt. Das hatte ich mir immer vorgenommen, zu leben. Ich fühlte mich tatsächlich wie eine Schlampe – mein Vater hatte doch schon immer behauptet, ich sei eine Schlampe und Hure! Diese Prägung sollte mich noch lange Zeit in meinem Leben verfolgen. Außerdem erlebte ich täglich noch tiefergehende Vorwürfe von Gottfried, indem er mir Gerüchte über mich erzählte, die niemals der Wahrheit entsprachen. Es musste im Hintergrund irgendeine Person geben, die mich zutiefst denunziert hatte – aber Gottfried war nicht bereit, mir zu sagen, wer es war. Ich konnte mir nur vorstellen, dass es ein Mensch sein musste, der mich zutiefst hasste und vernichten wollte.

Kurze Zeit später sollte ich herausfinden, dass es sich sogar um zwei Menschen aus meinem direkten Umfeld handelte, die Gottfried Lügengeschichten über mich erzählten. Eine davon war meine damals vermeintlich beste Freundin, die Hebamme meiner Kinder, von der ich natürlich annehmen musste, dass die Belohnung für die Geschichten, die sie Gottfried tagtäglich servierte, Sex mit ihm gewesen war. Sie erzählte ihm direkt all das, was ich ihr als meine Freundin anvertraut hatte. Sie hatte sogar versucht, mich zur Untreue zu bringen, indem sie mich mit einem Gynäkologen aus ihrem Bekanntenkreis verkuppeln wollte. Dadurch hätte sie Gottfried noch besser helfen können, mich am Scheitern unserer Ehe schuldig zu machen. Die zweite Person war mein eigener Vater. Wie sehr mussten mich diese beiden Menschen gehasst haben, um mir das anzutun? Somit hatte ich alle gegen mich. Sogar meine eigene Mutter, die den zuerst so sehr abgelehnten Schwiegersohn nun, weil er Anwalt geworden war, doch langsam zu schätzen begann, stellte sich gegen mich und verbündete sich mit ihm – natürlich nur im Sinne der Enkelkinder, wie sie immer behauptete. Niemand gab mir Halt in meiner verzweifelten Lage.

Ich fühlte mich verloren und verlassen. Der einzige Mensch, der in dieser Situation scheinbar auf meiner Seite stand, war mein Psychologe.

Doch mit welchem Zweck?

Geschieden wurde ich am 29. Juni, zwei Tage, bevor ich mit meinen beiden Kindern als alleinerziehende Mutter auch arbeitslos geworden war.

Der Tag meiner Scheidung war auch der Tag, an dem mein Verhältnis mit meinem Psychologen begann – nein, es begann zwei Tage später, weil ich ihm am Scheidungstag erzählt hatte, dass ich eine Stunde nach dem Gerichtstermin noch einmal und nach langer Zeit erstmals wieder erfüllenden Sex mit meinem frisch geschiedenen Ex-Mann hatte. Er wollte nicht am selben Tag Sex mit mir haben. Wie grotesk das doch alles war! Vermutlich konnte ich mich bei meinem geschiedenen Mann endlich wieder fallen lassen, weil ich keine ehelichen Pflichten mehr erfüllen musste. Welch eine Befreiung diese lustvolle Begegnung doch war! ... Aber es war zu spät!

Gottfried wollte den Psychologen anzeigen, weil er das Gefühl hatte, dieser Mann hätte mich aus der Ehe therapiert, um mich zu missbrauchen und zu benutzen. Er sollte das Richtige gespürt haben. Um mich jedoch zu schützen und in der Hoffnung, ich würde mich in dieser Beziehung wieder finden und stabilisieren, unterließ er eine Anzeige bei der Berufsvereinigung. Oftmals hatte Gottfried ein gutes Gespür gehabt, leider nicht gut genug, um eine Lösung zu finden, wie wir unsere Ehe hätten retten können. Dafür hätte ich mich von den Dämonen meiner Vergangenheit befreien müssen...

Aus heutiger Sicht wäre vielleicht vieles verhindert worden, hätte er seinem Gefühl vertraut und diese Anzeige gemacht – es sollte anders kommen.

Das Gegenteil war nun der Fall. In dieser neuen Abhängigkeitsbeziehung konnte ich mich keinesfalls stabilisieren, der Mann war ein weiteres Fegefeuer, das mich in *eine neue* Hölle führen sollte. Es war die Geschichte der Re-Inszenierung meiner Kindheitstraumata – eine vollkommene Missbrauchswiederholung. Er fand in mir das lebendige Versuchsobjekt für alle seine *sexuellen* Phänomene, die er bis zu diesem Zeitpunkt nur aus verschiedenen Lehrbüchern gekannt hatte. Auf meine oftmals verzweifelte Frage, was meine sich ständig wiederholenden Albträume verursachte, die mich immer kurz vor Vollzug einer Vergewaltigung aus dem Schlaf schreiend aufwachen ließen, antwortete er bloß lapidar: „Alle Frauen sehnen sich doch danach, vergewaltigt zu werden!“ Damit war das Thema für ihn abgetan und scheinbar beantwortet. Kurz nach Beginn unserer Beziehung lud er mich für ein verlängertes Wochenende nach Hamburg ein, um mich dort auch auf die Reeperbahn zu führen. Dort entdeckte ich meine seltsame Faszination für diese eigene Welt. Ich fand mich plötzlich inmitten einer großen Anzahl von Prostituierten wieder und beobachtete den sogenannten Babystrich, wo minderjährige Mädchen zwischen 12 und 14 Jahren auf und ab gingen. Es war erschütternd, das zu sehen. Er führte mich auch in die Herbertstraße, die besondere Attraktionen für Männer anpries. Allerdings durfte ich diese nur von außen sehen, weil Frauen Zutrittsverbot hatten. Meine außergewöhnliche Neugier reizte die Prostituierten, sodass ich vor Ort beinahe von einer der Frauen körperlich attackiert wurde, weil sie mich als Eindringling in ihr Revier betrachtete. Ich musste davonlaufen, um keiner weiteren Gefahr ausgesetzt zu sein. Emil, mein ehemaliger Psychologe und jetziger Liebhaber, betrachtete das Geschehen ohne jegliche Gefühlsregung. Ich fand mich hier in einer Welt wieder, die für mich anziehend und abstoßend zugleich war.

Mit ihm sollte ich noch viel mir Unbekanntes erleben. Ich bat ihn, mir diese mir fremden Welten zu eröffnen.

In seinem Schlafzimmer ließ Emil bald darauf sein Bett umbauen, um Gurte zu befestigen, mit denen er mich ans Bett fesseln konnte. Aus einem Gürtel ließ er eine Peitsche anfertigen, mit der er mich schlagen konnte. Ich selbst begann mir immer öfter Ketten um den Hals zu legen, nachdem er angefangen hatte, mich oftmals zu würgen, um meine Orgasmen noch zu verstärken. Auch trieb er mich so lange in meine multiplen Orgasmen, bis ich manchmal vor Übelkeit fast zusammenbrach. Seine Lust wurde gesteigert, wenn er mit mir im PKW an öffentlichen Plätzen Sex hatte, weil wir dort gesehen und ich gehört werden konnte. Mit ihm schlitterte ich Schritt für Schritt in ein sexuelles Suchtverhalten, das meine Psyche noch um vieles mehr destabilisierte. Letztendlich behauptete er auch noch, dass er nun durch mich ko-abhängig geworden wäre und mich deswegen nicht mehr allzu lange ertragen würde.

Welch ein armer Mensch! Einer, der in seinem Wesen genauso hässlich war wie in seinem Äußeren und mich offensichtlich nur deswegen erobern konnte, weil er scheinbar der einzige Mensch war, der mich in dieser schweren Zeit unterstützte und an meiner Seite stand. Vermutlich war alles nur zu seinem Eigennutz geschehen. Einerseits wollte er mit mir Hof halten, andererseits seine theoretischen Phänomene in die Praxis umsetzen.

Ich war das perfekte Opfer – für alles bereit.

Wie sehr hatte es auch mein Vater genossen, mich zuerst bei Gottfried zu denunzieren und ihm all die bösartigen Lügengeschichten über mich zu erzählen, die beinhalteten, dass unsere Tochter Sophie ein Kind vom Bankdirektor meines ehemaligen Arbeitsplatzes sein sollte, ich ein Verhältnis mit dem Rechtsanwaltsanwärter aus Gottfrieds Kanzlei gehabt hätte und ich ohnedies eine Schlampe und Hure sei, um sich dann im Anschluss detailgenau alle meine Sexualpraktiken von meinem Therapeuten und Liebhaber erzählen zu lassen. Ich kann so etwas in keiner Weise nachvollziehen. Was muss in einem Menschen vorgehen, der so etwas tut? Er wollte sich sichtlich nach wie vor nicht aus meinem Leben zurückziehen, mich vernichten und weiterhin an meiner Sexualität – wenn auch nur indirekt – teilhaben.

Welch ein böser und bösartiger Mensch er doch war – mein eigener Vater!

Und nun war ich einem begegnet, der sich ebenso verhielt.

Erst nach einem Jahr schaffte ich es, mich von diesem Mann endgültig zu befreien.

Der eigentliche und endgültige Auslöser, mich von ihm zu lösen, war wieder jener junge Kellner aus Jesolo, dem ich durch Zufall ein weiteres Mal begegnete. Im Sommer des Jahres 1995 – ich war noch mit Emil zusammen – fuhr ich mit meiner Mutter und den beiden Kindern zurück an jenen Ort, wo zwei Jahre zuvor die erste verhängnisvolle Begegnung mit ihm stattgefunden hatte. Ich hatte bereits von meiner Freundin, die damals mit ihrer Familie auch dort gewesen war, erfahren, dass er nach dieser kurzen Begegnung mit mir gekündigt worden war, weil die Hotelleitung von unserer Geschichte erfahren hatte. Somit gab es keine Gefahr, ihm wieder zu begegnen.

Als ich an einem Nachmittag – die Kinder machten gerade ein Mittagsschläfchen – auf der Hotelterrasse saß und las, kam Roberto in mein Blickfeld. Ich erstarrte im selben Moment. Ich reagierte auf dieselbe Weise wie bei unserer Erstbegegnung. Mein Körper begann zu beben, ich begehrte ihn, ich wollte Sex mit ihm. Doch wieder war es mir zu dieser Zeit nicht möglich, meiner Lust zu folgen, waren diesmal doch meine Mutter und meine beiden Kinder mit mir – außerdem war ich auch diesmal nicht frei. Ihm erschien es gleich zu ergehen wie mir. Unsere Anziehung war magnetisch. Ich erklärte ihm meine Situation. Somit blieben wir in Kontakt und verabredeten uns für einen späteren Zeitpunkt in diesem Sommer, um endlich unserer Lust folgen zu können.

Dafür musste ich meine Beziehung mit Emil beenden. Das Ende kam in einer Begegnung, bei der wir Analsex hatten und er mir unterstellte, dass ich das sicher schon vor ihm gelebt habe, da mein Körper vollkommen bereit gewesen sei. Er meinte, ich hätte ihn angelogen, es das erste Mal zu erleben. Ich konnte mich zu diesem

Zeitpunkt nicht erinnern, aber vieles, was mir als Kind zugefügt worden war, war ins Vergessen gesunken. Irgendwann, viele Jahre später, erlebte ich mit einem wunderbaren, einfühlsamen und faszinierenden Liebhaber einen heftigen Flashback, nachdem wir Analverkehr hatten, den ich zu diesem Zeitpunkt erstmals in meinem Leben genossen hatte. Diese Begegnung hatte mich in die Erinnerung an meine Vergangenheit geführt, um sie ein Stück weiter zu heilen. Ich hatte in diesem Moment über eine Vision aus der Vergangenheit erkannt, dass ich im Erleben meines Missbrauchs offensichtlich auch Analverkehr gehabt hatte: Mein Vater lag im Bett hinter mir und umfasste mich aus dieser Position – ich selbst schien im Halbschlaf zu sein und wusste nicht, was mit mir geschah. Somit erschien es mir nicht mehr verwunderlich, dass ich mich immer in dieser Position zur Verfügung stellte, wenn ich selbst keine Lust auf Sex hatte – damit konnte ich mich am besten aus dem Geschehen ausblenden.

Schon als junges Mädchen war ich unbeschreiblich fasziniert von sehr seltsamen, erotischen Gemälden eines bekannten Malers gewesen, der ganz junge, fast kindhafte Mädchen darstellte, die sich teilweise Flaschen oder andere Gegenstände in ihren Genitalbereich einführten. Möglicherweise hatte ich auch Ähnliches dieser Art erfahren. Ich hatte immer wieder das seltsame Gefühl, dass mir einst Fremdkörper eingeführt worden waren.

Welch ein Psychologe war doch dieser Mann, der sich eines Opfers bediente, um seine eigene menschliche Unzulänglichkeit zu vertuschen? Wie viele Frauen sollten ihm möglicherweise noch über den Weg laufen und von ihm zu eigenen Zwecken benutzt werden, ohne Konsequenzen für ihn selbst?

Gottfried hatte mit seiner Vorahnung tatsächlich Recht gehabt – vermutlich wäre ein Jahr zuvor eine Anzeige bei der Berufsvertretung die richtige Entscheidung gewesen, um einen solchen Menschen an weiterer Schadenszufügung an Frauen zu hindern und mich noch rechtzeitig wieder herauszuholen.

Ich hatte mich nach einem Jahr von diesem Dämon, der mir als leibhaftige Fratze allzu oft während unserer Sexualakte entgegenblickte, endgültig befreit. Allerdings war ich nun sexsüchtig – *eher* orgasmussüchtig – geworden, immer noch arbeitslos und der Gefahr ausgesetzt, einen Nebenjob, den mir dieser Mann ursprünglich vermittelt hatte, durch seine Rache womöglich auch wieder zu verlieren. Tatsächlich hatte er bald darauf versucht, mir meine Existenzgrundlage zu zerstören, doch waren meine Leistungen zu gut, um gekündigt zu werden. Dennoch verlor ich einige meiner Aufträge, hatte er doch die besseren Beziehungen. Er war tatsächlich bereit, eine Frau mit zwei kleinen Kindern vernichten zu wollen – ein weiterer Dämon, der mir in meinem Leben begegnet ist! Zu dieser Zeit war ich unfähig, selbst zu reflektieren, weshalb ich meinen Anteil in solchen Situationen niemals erfassen konnte.

Somit stand ich nun endgültig ganz allein und ohne geregelte Arbeit mit meinen beiden Kindern da – ich bekam Unterhalt bloß für die beiden Kinder, keinen Cent – damals noch Schilling – für mich selbst.

Ich musste eine geregelte Arbeit finden.

Mein Leben wurde für mich immer schwieriger, ich war zerrissen in meinen Vorstellungen, wie ein anständiges Leben einer Frau aussehen müsste und konnte doch alldem nicht entkommen, was mich auf unergründliche Weise von innen heraus trieb.

Noch während meiner Beziehung mit Emil – kurz vor unserer Trennung – hatte es sich ergeben, dass ich von einer herzensguten Direktorin einer katholischen Privatschule die Zusage auf eine kleine Lehrstelle bekam. Ich brauchte diese Stelle ganz dringend, weil ich sonst auch meine Lehraufträge während meiner Arbeitslosenzeit im Zuge einer Gesetzesänderung zu dieser Zeit nicht mehr annehmen hätte dürfen, ohne das gesamte Arbeitslosengeld zu verlieren. Irgendeinem Schutz schien ich immer unterlegen zu sein, da ich in letzter Konsequenz nicht ganz gefallen war.

Welch ein Hohn – ich, die ich abhängig von Sex war, durfte nun Rechtslehrerin an einer katholischen Privatschule werden.

Hier kann man wahrlich sagen – *die Heilige und die Hure*!

Zur Heiligen hatte mich meine Großmutter gemacht, die mich durch das Gebet mit Gott verbunden hatte, zur Hure hatte mich mein Vater gemacht, der mich benutzt und verkauft hatte, und mich beschneiden ließ, um mich dann für immer fallen zu lassen. Der Mann, der niemals aufhören wollte, an meinem Leben – vor allem an meinem Sexualleben – teilzuhaben, und wenn es nur durch Erzählungen meiner Partner und Liebhaber sein sollte. Ein Leben lang bin ich meiner Großmutter dankbar, die für mich in meinem Leben eine wahre Heilige war und mir geholfen hat, dem vollkommenen Untergang zu entrinnen, auch wenn sie es nicht wirklich wissen sollte. Ich wollte niemals etwas Schlechtes über sie erzählt bekommen, weil ich das Bild von ihr nicht verlieren durfte, an das ich mich immer klammerte. Erst zwei Jahrzehnte später konnte ich dort hinschauen, um zu erkennen, warum mein Vater so geworden war – und um zu vergeben!

Ich war sicher, dass Gott mir diesen lebenden Engel, in Form einer Schuldirektorin, gesandt hatte, um nicht endgültig in den Abgrund zu fallen.

Dies geschah zu jener Zeit, in der Österreich durch eine Volksabstimmung der EU beigetreten und nun zum Teil einer Gemeinschaft von 15 Staaten geworden war. Ich wurde in den Schoß der katholischen Kirche zurückgeführt, war ich doch 15 Jahre meiner Kindheit und Jugend Teil einer katholischen Gemeinschaft gewesen, in der mir eine gewisse Sicherheit gegeben worden war. Auch wenn ich mit meinem jetzigen Bewusstsein, aus dem heraus ich all dies hier niederschreibe, erkennen muss, dass immer nur das Große fähig ist, das Kleine einzuschließen, was bedeutet, dass ich mich zutiefst als Christin empfinde, doch schon lange nicht mehr als praktizierende Katholikin. Ich fühle mich auch hier zerrissen, in dem Wissen, was im Namen der Kirche an Gräueltaten geschehen ist. Es ist einfach entsetzlich, zu wissen, wie viel Leid und Tote die katholische Kirche im Namen Gottes schon auf dieser Erde hinterlassen hat. Viel zu oft hatte ich erlebt, dass die katholischen Gläubigen oder auch Priester alles andere ausschlossen, das nicht ihren

Konzepten entsprach, all die Vielfalt, die Gott doch als das Eine erschaffen hatte.

Wie kann ein wirklicher Vater – wenn wir ihn nur als männlich sehen wollen – oder auch eine Mutter, wenn wir unseren Schöpfer als das Allumfassende erkennen, nicht alle seine Geschöpfe im gleichen Maße lieben? Wie können es dann diejenigen, die sich als seine Vertreter bezeichnen, wagen, so viele aus deren Liebe und Achtung auszuschließen?

Maria jedoch – so hieß meine Schuldirektorin – sollte für mich für lange Zeit eine Wegbereiterin und eine stille, verstehende, „wissende" Begleiterin in meinem Herzen und im Außen werden. Wie eigenartig es doch war, als ich erfuhr, wie ich tatsächlich zu dieser Stelle gekommen war. Ich hatte mich kurz vor Sommer des Jahres 1995 in jener Schule beworben und erfuhr von der Direktorin, dass sie mir die Stelle nur geben könne, wenn der junge Bewerber vom Tag zuvor, dem sie bereits die Aussicht auf diese Stelle zugesagt hatte, absagen würde. So hoffte und betete ich und bekam tatsächlich wenige Tage später ihre Zusage. Kurze Zeit danach lernte ich bei einem Sommerfest, zu dem ich kurz vor unserer Trennung mit Emil gegangen war, einen jungen Mann kennen, der mich nach meinem Beruf fragte. Ich erzählte ihm ganz euphorisch, dass ich ab Herbst eine kleine Lehrstelle in einer katholischen Privatschule bekommen würde. In dem Moment starrte er mich mit großen Augen an und sagte: „Nein, so etwas, du bist diejenige, die mir die Stelle weggenommen hat." Ich war sehr erstaunt und meinte, dass ich gedacht hatte, er habe abgesagt. Also erfuhr ich auf diesem Wege, dass sich meine zukünftige Direktorin tatsächlich *für mich* entschieden hatte. Wie dankbar ich ihr dafür war! Unglaublich wie das Leben spielt – ich hätte dies sonst nie erfahren. *Ich wurde um meinetwillen aufgenommen.*

Somit wurde ich ab Herbst 1995 Rechtslehrerin in einer Schule und konnte nebenbei weiterhin meine Lehraufträge in der Erwachsenenbildung annehmen.

In jener Zeit, als ich in meine Sexsucht gefallen war, war auch

Gottfried mir wieder nahe gekommen. Es war der Beginn vieler Jahre, in denen wir oftmals versuchten, einander zu finden. Diese Versuche ließen mich möglicherweise nie ganz frei werden, um eine neue, wirklich erfüllende Partnerschaft leben zu können. Außerdem kam dazu, dass ich nach der Trennung von meinem Psychologen einen indirekten Rachefeldzug gegen die Männerwelt begann.

Nun wurde ich zur Täterin, wie es ja so oft mit Opfern geschieht.

Da ich in dieser Zeit schon nach zwei bis drei Tagen ohne Sex Entzugserscheinungen bekam, die sich darin äußerten, schmerzhafte Zustände zu bekommen, indem mein Körper zu beben begann, mein Unterleib sich zusammenkrampfte und ich das Gefühl hatte, unbedingt einen Mann zu brauchen, war ich ständig auf der Suche nach einem Sexpartner. Noch dazu wollte ich einen Mann, der es mir ermöglichte, all meine erwünschten Orgasmen zu bekommen, die mich scheinbar erfüllen sollten. Sucht beinhaltet immer das Wort Suche – ich suchte nach einem neuen Opfer, einem potenten Mann. Ich wollte nur Männer, die mir das erfüllten, was ich brauchte und schaffte es einer nicht, verhöhnte ich ihn und sandte ihn weg. Wie grausam ich in dieser Zeit doch war! Ich wurde kalt und gefühllos. Nur Gottfried, den ich mir auch immer wieder ins Bett holte, konnte mir ein wenig das Gefühl von Geborgenheit und Nähe geben, ein Gefühl, das ich sonst bei keinem Mann empfand. Ganz das Gegenteil war der Fall, ich wurde immer leerer. Alles, was für mich zählte, waren multiple Orgasmen – keine Gefühle, keine Liebe, keine Zärtlichkeit.

Ich fiel in einen Zustand lebloser Leere.

All das begann im Sommer des Jahres 1995. Ich trennte mich von Emil und war nun tatsächlich die arbeitslose, alleinerziehende Mutter, die in dieser Situation heillos überfordert war. Als kurz danach Gottfried die Kinder für eine Woche übernahm, fuhr ich ein zweites Mal nach Jesolo, diesmal alleine. Dort traf ich in einem Lokal bei der Ortseinfahrt Roberto wieder – da unsere *Gier* aufeinander so übermächtig war, fuhren wir sofort gemeinsam an einen

Fluss und hatten Sex im Auto. Interessanterweise kann es manchmal sehr schnell gehen, dass der Zauber wieder verschwindet. Ich erwachte wie nach einer Betäubung und war nur mehr zutiefst entsetzt – über mich, über ihn, über die gesamte Situation – über dieses vollkommen unbefriedigende Sexerlebnis. Wie oft doch unsere Realität weit weg ist von den Träumen, die wir haben. Ich hatte einer möglichen schönen Begegnung, wie wir sie für ein paar Tage geplant hatten, keine Chance gegeben. Wer weiß – vielleicht hätten wir eine schöne und liebevolle Erfahrung machen können, wenn wir nicht so unverzüglich unserer Gier gefolgt wären, sondern eine sanftere Annäherung zugelassen hätten. Es war einfach viel zu ungestüm und danach ausschließlich leer und frustrierend. Ich wollte ihn gar nicht mehr wiedersehen. So fuhr ich enttäuscht sofort weiter in meine Pension und ging an den Strand. Kurze Zeit darauf tauchte ein kleines Touristenschiff auf. An den Strand kam ein braun gebrannter Italiener, der laut rief, um Menschen für seine Schifffahrt zu gewinnen. Wir sahen uns und kamen ins Gespräch. Anschließend verabredeten wir uns für den nächsten Tag. Er hieß Marcelo und war endlich ein Liebhaber, wie ich ihn mir schon lange gewünscht hatte – ein Mann, der stundenlang für mich da war, um mich zur Befriedigung zu bringen. Wir verbrachten auch viele lustvolle Stunden auf seinem Privatboot, mit dem wir in der Nacht aufs Meer hinausfuhren. In dieser kurzen Zeit, die ich dort verbrachte, war er allerdings bereits mein dritter Liebhaber. In meiner Sucht sollte ich unmittelbar nach der Enttäuschung mit Roberto eine weitere, nicht erfüllende sexuelle Begegnung erleben, mit einem Mann, den ich noch am Abend meiner Ankunft – wenige Stunden nach meiner Begegnung am Strand – kennengelernt hatte. Mit diesem hatte ich noch in derselben Nacht ebenfalls Sex. Auch ihn ließ ich stehen. Marcelo war nun der erste Liebhaber nach meiner Trennung, der mir das geben konnte, was ich zu dieser Zeit anscheinend brauchte – einen Orgasmus nach dem anderen. Ich war schier unersättlich, doch jedes Mal danach noch leerer. Diese Leere sollte für mich erst später erkennbar werden. Marcelo war von mir so fasziniert, dass er mich nach meiner Heimkehr mit zwei italienischen Freunden besuchte. Zu dieser Zeit war bereits der Zauber unserer Begegnung schon um vieles geringer, doch blieben wir in Kontakt. Erst im nächsten Sommer war unser gegenseitiges Begehren nach einem einzigen Treffen auf seinem Boot wie weggeblasen und wir hatten einander nichts mehr zu geben.

Was ist es bloß, dass Menschen sich so sehr in Spielen von Lust, Gier, Macht und Geld bewegen wollen, um scheinbar ihre Befriedigung zu erleben? Was hätten mir diese Abenteuer je bringen können – außer jener abgrundtiefen Leere, in die ich immer tiefer fiel!?

Ich selbst sah mir fassungslos dabei zu und konnte dennoch nicht entrinnen. Es war für mich wie ein Sog – wie wenn mich eine fremde Macht in ihren Fängen hatte und leitete. Wenn es so etwas gibt wie eine Besetzung – in der Zwischenzeit glaube ich durchaus an solche Phänomene – so war ich vermutlich besetzt und besessen. *War es ein Wesen, eine unerlöste Seele? War es der Dämon selbst?* Ich konnte es nicht sagen, konnte es nicht spüren, ich war immer mehr von meinen Gefühlen abgeschnitten, getrieben, verzweifelt und fremdgesteuert. Von meinem Verstand her wollte ich ganz anders sein und konnte dem doch nicht entkommen. Ich war zutiefst verzweifelt und lebte ein Doppelleben. Auf der einen Seite war ich Rechtslehrerin in einer katholischen Privatschule, auf der anderen Seite eine Frau, die durch die Nächte zog – auf der Suche nach einem Liebhaber, um ihre Sucht zu befriedigen und dabei immer mehr ihre Kinder vernachlässigte. Wie fürchterlich muss diese Zeit auch für meine Kinder gewesen sein, wenn sie in den Nächten ihre Mutter mit ihren Lustschreien – in der Zeit mit dem Psychologen auch die Schläge – hörten und gleichzeitig neben ihr emotional verhungerten. Ich war eine zutiefst verzweifelte, getriebene Frau. Glücklicherweise war ich stark genug, um aus der sadomasochistischen Sexualität, in die ich durch meinen ehemaligen Liebhaber getrieben worden war, wieder auszusteigen. Wie so oft ging ich durch die verrücktesten Phasen meines Lebens relativ schnell durch.

Irgendetwas – eine höhere himmlische Macht – hatte mich scheinbar immer auf eine besondere Weise beschützt.

Zurück blieb jedoch eine erschöpfte und haltlose Frau.

In meiner tiefsten Verzweiflung wurde ich noch starrer und gefühlloser. Damals lernte ich Edith kennen, die meine Freundin wurde. Sie war zu dieser Zeit die einzige Frau, die mir Mut zusprach und sich sicher war, dass ich aus dieser Phase bald aussteigen könne, um meinen eigenen Weg zu finden. Doch auch diese Freundin sollte mich später hintergehen und verraten. Welch seltsames Leben ich doch wahrlich führte!

Eine einzige kurze, aber auch schmerzhafte Episode in dieser Zeit sollte mich ein wenig zu meinen Gefühlen zurückführen. Wieder geschah dies durch den übermächtigen Wunsch, mit einem Mann zusammen zu sein, der mich bloß verletzend und entwürdigend behandelte und um dessen Liebe ich bettelte. Er war Arzt, hieß Marco, kam aus Südtirol, war gut aussehend und hatte zur Zeit unserer Erstbegegnung ein Verhältnis mit einer blonden Frau, die ich kannte. Ich meinte, mich in ihn verliebt zu haben, zumindest fühlte sich meine Anziehung zu ihm anders an, als alles, was ich in der letzten Zeit erlebt hatte. So beschloss ich, ihn zu erobern. Bei meinem ersten Besuch in seiner Wohnung löschte ich den mit Lippenstift geformten Kussmund auf seinem Badezimmerspiegel und war froh, endlich wieder mehr zu fühlen als bloße Lust auf sexuelle Befriedigung. Doch sollten diese Gefühle nur von allzu kurzer Dauer sein. Als ich Marco kurz vor seiner Abreise zu seiner Familie in Südtirol, wo er die Weihnachtsfeiertage verbringen wollte, nicht erreichen konnte und er auch nicht zu unserem verabredeten Frühstück kam, beschloss ich, ihm einen für ihn verfassten Liebesbrief zu Hause vorbeizubringen. Wie wenig Selbstwertgefühl hatte ich zu diesem Zeitpunkt – wie auch sonst allzu oft in meinem Leben – um diese Entscheidung zu treffen. Einem Mann, der mich hängen ließ, nachzulaufen? Ich konnte nicht anders handeln, als verzweifelt an seiner Türe zu läuten. Die Putzfrau öffnete mir und sah mich verwundert an. Mit einem Blick in sein Vorzimmer sah ich geschnürte High Heels einer anderen Frau und wusste im selben Moment sofort, wer diese Frau war. Sie war ein ehemaliges Penthouse-Covermodel und eine Freundin jener Frau, deren Lippenstiftspuren ich an seinem Spiegel beseitigt hatte – eine Frau mit sehr geringem gesellschaftlichem und menschlichem Niveau. Wie tief war ich gesunken, die Konkurrentin einer solchen Frau zu werden. Ich erstarrte und war nicht stark genug, mich umzudrehen, um zu gehen. Statt diesem Mann, der mir nun im Bademantel begegnete, eine schallende Ohrfeige zu geben, rannen mir unvermittelt meine Tränen herunter und ich überreichte ihm – hilflos wie ein kleines Mädchen – meinen Liebesbrief.

Wie konnte ich so etwas nur tun?

Ich wurde zum Gespött in meinem Stammcafé, in dem sich die Schickeria damals traf. Dort hatte Judith, das Ex-Model, alle Details meines Briefes, den sie gemeinsam mit Marco im Bett gelesen hatte, verbreitet. Welch eine Demütigung für mich, doch erkannte ich noch immer nicht, was zu tun war. Ich war zu dieser Zeit in keiner Weise anders als diese Frau – niveaulos und selbstsüchtig. Es sollte allerdings nicht lange dauern, bis es ihr mit ihm genauso erging wie mir zuvor, was sie dazu veranlasste, mich kurz darauf anzurufen, um mit mir gemeinsam einen Rachefeldzug gegen ihn planen zu wollen. In Wahrheit musste ich erkennen, dass auch ich nicht anders agiert hatte – er löste eine Frau nach der anderen ab. Noch tiefer wollte ich nun doch nicht sinken und lehnte dieses Angebot unvermittelt ab. Doch allein die Tatsache, in welchen Kreisen ich mich damals bewegte – einerseits waren es Anwälte und Geschäftsleute, die in der Kokainszene mitwirkten und Frauen bloß als Ware betrachteten und benutzten, andererseits Frauen, die nichts anderes lebten, als sich über ihren Körper zu definieren – sollte mir deutlich machen, dass ich mich immer näher an der Grenze zum wahren Untergang befand.

Nach all diesen schmerzhaften Ereignissen kamen nun die Weihnachtsferien und Gottfried fuhr mit den Kindern nach Tirol. Damit konnte ich in dieser Zeit noch ausschweifender und hemmungsloser meiner Sucht folgen. Ich ging jede Nacht aus, auf der Suche nach einem Mann, doch was ich eigentlich suchte, war Liebe, Wärme und Geborgenheit – was ich mir holte, war Sex. Ich stand am Rande des Abgrunds und wer mich vor dem Fall bewahrte, war indirekt mein Sohn Philipp. Kurze Zeit nach der Abreise rief mich mein geschiedener Mann an, um mir mitzuteilen, dass Philipp krank war, weswegen er mir die Kinder wieder nach Hause zurückbringen würde. Ich war wütend, weil ich das Gefühl hatte, dass er mir mit dieser Situation ausschließlich meine Freiheit nehmen wollte. Tatsächlich brachte er mir die vermeintlich kranken Kinder zurück. Da ich an diesem Abend nun keine Chance hatte, einen neuen Liebhaber zu finden, verführte ich wieder einmal meinen Ex-Mann. Wir hatten Sex miteinander – danach überließ er mir die Kinder und fuhr wieder zu seiner Familie. Ich blieb verzweifelt und verlassen zurück.

Zumindest hatte ich anstelle von billigem Sex ein wenig Nähe und Geborgenheit bekommen. Diese Begegnung hatte mich scheinbar weicher werden lassen...

Wie viel später konnte ich erst erkennen, dass Philipp mir oftmals geholfen hatte, mich vor dem Abgrund zu schützen, indem er krank wurde. Zu jenem Zeitpunkt war ich bloß zornig und wütend, zumal Philipp in dem Moment, als er wieder nach Hause gekommen war, sofort wieder gesund wurde. Wie verbunden doch unsere beiden Seelen waren. Wie oft er dieselben Krankheitssymptome hatte wie ich und immer dann krank wurde, wenn ich kurz davor stand, noch tiefer zu fallen. So geschah es auch diesmal – doch wollte ich mir mein Vergnügen in dieser Situation nicht nehmen lassen. Da ich nun gezwungen war, zu Hause zu bleiben, versuchte ich mich abends mit einem Fläschchen Piccolo-Sekt zu betäuben – da ich Alkohol nicht vertrug, ging das sehr leicht. Und wenn ich ausgehen wollte, beschloss ich eine Babysitterin zu bestellen, damit ich meine Freiheit ausleben konnte.

Es war der 30.12.1995 – das letzte Wochenende dieses Jahres.

Nachdem ich am Vormittag in einem Kaffeehaus einen Mann namens Angel kennengelernt hatte und beschloss, diesen auch abends wieder zu treffen, um mit ihm Sex zu haben, ließ ich meine Kinder von einer Babysitterin beaufsichtigen. Ich fuhr zu ihm und holte mir den Sex, den ich brauchte, um anschließend sofort wieder nach Hause zu fahren. Angel, ein sehr einfühlsamer Mann, war entsetzt und enttäuscht und sagte zu mir, bevor ich ging: „Warum gehst du denn schon, jetzt, wo es doch erst richtig schön miteinander werden könnte?“ Mit großen Augen starrte ich ihn an und ging. Doch irgendwie hallte sein Satz in mir nach.

Waren es nicht Wärme und Geborgenheit, wonach ich mich so sehr sehnte?

Scheinbar hatte Angel seinen Namen – *Engel* – nicht umsonst getragen. Etwas fing in mir zu arbeiten an, doch die darauffolgende Nacht sollte noch ganz schrecklich für mich werden. Angel hatte schon vor unserer Begegnung geplant, über die Jahreswende nach München zu fahren, und versprach mir, am 2. Januar wieder zurückzukehren. In dieser Silvesternacht sollte ich noch einmal in ein abgrundtiefes Loch fallen. Meine Kinder schliefen und Babysitterin fand ich für diesen Abend keine. So versuchte ich, mich mit ein wenig Alkohol zu betäuben und mich stundenlang durch Selbstbefriedigung zu multiplen Orgasmen zu treiben, nur um meiner absoluten Gefühllosigkeit zu entfliehen. Hätte mich nicht kurz nach Mitternacht eine Freundin durch einen Telefonanruf wieder aus dem selbstzerstörerischen Wahnsinn herausgeholt – ich weiß nicht, was geschehen wäre. Ich war vollkommen verzweifelt und fühlte mich leblos und apathisch. Am nächsten Tag war ich so krank, dass ich mich nicht mehr aus dem Bett bewegen konnte, hatte hohes Fieber und war außerstande, meine beiden kleinen Kinder zu versorgen. In meiner Hilflosigkeit rief ich Gottfried an, um ihn zu bitten, die Kinder wieder zu holen, weil ich mich weder um mich selbst, geschweige denn um sie kümmern konnte.

Er tat es, weil er meinen verzweifelten Zustand erkannte, doch blieb ich allein und sehr krank zurück, nachdem er die Kinder abgeholt hatte. Am Tag danach kam Angel wie versprochen zurück und fand mich erschöpft und krank vor. Er kümmerte sich unverzüglich liebevoll um mich und irgendwann begann mein Bann zu brechen. Tränen flossen aus mir, der Tränenfluss wollte kein Ende finden. Angel hielt mich, wenn ich gehalten werden wollte und ließ mich los, wenn ich mich wie ein Embryo irgendwohin zurückzog und einrollte, um in Ruhe gelassen zu werden. Er war wirklich für mich da und durch ihn fing ich an, mich langsam zu spüren, meine Gefühle wieder wahrzunehmen und mich fallen lassen zu können. In seiner Gegenwart musste ich nicht schön sein, nicht funktionieren und nichts tun, um akzeptiert und geliebt zu werden. Ich konnte einfach nur mehr ich selbst sein, so authentisch, wie ich es in diesem Moment sein konnte durch all meine Künstlichkeit hindurch, die ich mir zum Überlebensprinzip gemacht hatte.

Angel wurde zu meiner Brücke in eine neue Welt, eine Brücke, die ich binnen eines Monats überschreiten konnte. Danach musste ich ihn dennoch wieder verlassen. So liebevoll und sanft er war, so wenig verstand er es mit Geld umzugehen. Als ich wieder gesund war, lud er mich in eines der teuersten Hotels nach München ein, doch zahlen musste dort ich, weil ihm seine Bankomatkarte vom Automaten eingezogen wurde. Das sollte nicht die einzige, unangenehme Situation bleiben. Angel hatte grundsätzlich immer Geldprobleme.

Zu dieser Zeit feierte ich auch meinen 33. Geburtstag.

Es war die Zeit, in der ich offensichtlich meinen spirituellen Weg beginnen sollte.

Angel verwöhnte mich stets auf seine Weise. Doch immer wieder lieh er sich Geld von mir aus, wodurch meine Achtung vor diesem Mann verloren ging. Als er dann binnen kürzester Zeit eine beträchtliche Summe an Schulden bei mir hatte, nahm ich mir einen wunderschönen Nappaledermantel, den er einige Monate zuvor in New York gekauft hatte – er war dort einem Kaufrausch erlegen, der natürlich seine hohen Schulden nur vervielfachte – und verabschiedete mich mit dieser Schuldenbegleichung von ihm. Was zurückblieb, war große Dankbarkeit dafür, dass er mir, ohne es gewusst zu haben, geholfen hatte, mich vor dem endgültigen Fall in den tiefsten Abgrund zu bewahren.

Durch ihn wurde ich mit Raphaela, einer sehr spirituellen Frau, zusammengeführt, die mich nun ein Stück des neuen Wegs begleiten sollte. Ich sah sie sofort als Freundin – viel zu schnell öffnete ich mich all den Menschen, die ich mochte – und war bereit, alles für sie zu tun. Bei ihr konnte ich wahrlich erkennen, wie unglaublich solidarisch ich bei Freundinnen war, wenn es um Männer ging, selbst in der Phase meines Lebens, in der mir männliche Eroberungen am wichtigsten zu sein schienen. Raphaela war zum Zeitpunkt unseres

Kennenlernens mit einem Sonnyboy unserer Schickeria-Gesellschaft zusammen, der mir schon 15 Jahre zuvor und dann immer wieder den Hof gemacht hatte. Ich hatte einen Flirt mit ihm auch immer genossen, bis zu dem Zeitpunkt, als ich erfuhr, dass sie nun mit ihm liiert sei – ab diesem Moment interessierte mich dieser Mann in keiner Weise mehr. So war es mein ganzes Leben – ich war bei Frauen, die ich liebte oder gar nur schätzte, absolut klar in meiner Distanz zu ihren Männern, dennoch spürte ich von den Frauen immer wieder Misstrauen und Eifersucht mir gegenüber. Wie oft hatte ich darunter zu leiden und wurde dadurch immer wieder in die Einsamkeit gedrängt.

Bei Raphaela bekam ich ein anderes Thema gespiegelt. Bei ihr bin ich im Resonanzprinzip, als das kleine, bedürftige Mädchen, das ich oftmals war und noch lange Zeit bleiben sollte, nun einer Frau begegnet, die einen großen Machtanspruch hatte und mich auch noch sehr verletzen sollte. Sie war ein wenig wie meine Mutter – wenn ich entsprach, wurde ich geliebt, wenn nicht, wurde ich abgewiesen und bestraft. So wie ich zu dieser Zeit Schritt für Schritt ihre damals beste Freundin ablöste, wurde zwei Jahre später mein Platz für eine andere Frau freigemacht, die zu diesem Zeitpunkt ihren Erwartungen besser gerecht wurde. Dennoch begann nun eine für mich außerordentlich wichtige Zeit, die den allmählichen Übergang von der ausschließlich auf äußere Werte und Vorstellungen ausgerichteten Frau zur spirituell denkenden und lebenden Frau darstellte. Raphaela half mir sehr auf diesem neuen Weg.

Mein 34. Lebensjahr war jedoch parallel zu diesem neu eingeschlagenen Weg immer noch von meiner Sexsucht geprägt, meinen eigenen Machtspielen und dem ständigen Gefühl, immer schön sein zu müssen, um den Männern zu gefallen.

Es war ein Jahr, in dem ich auf dem Seil zu tanzen schien, unter mir der Abgrund.

Aber nein!

War nicht mein ganzes Leben ein Seiltanz ohne Netz?

Durch Raphaela fing ich an, Einblicke in die spirituelle Welt zu bekommen. Sie stellte mir kurze Zeit später auch Daniel vor, der noch ein wichtiger Begleiter für mich wurde. Daniel war Yoga- und Meditationslehrer sowie Reinkarnationstherapeut. Erstmals fing ich an, mich auch mit dem Thema Reinkarnation zu befassen.

Konnte es denn sein, dass wir mehrere Leben haben als nur dieses eine hier? Als katholisch erzogene Frau war ich mit dem Glauben aufgewachsen, es gäbe nur dieses eine Leben hier auf Erden und danach das Himmelreich Gottes oder aber die Hölle und das Fegefeuer – je nachdem, ob wir ein guter oder schlechter Mensch gewesen waren. Nun war es soweit zu beginnen, mich mit anderen Möglichkeiten auseinanderzusetzen.

Wir befanden uns im Jahr 1996, in dem es zum ersten Mal gelang, ein Lebewesen zu klonen, als ein Schaf namens *Dolly* auf diese Weise in die Welt gesetzt wurde. Ich weiß noch, wie entsetzt ich darüber war und nicht verstehen konnte, wie das geschehen konnte. *War es von Gott gewollt, künstliche Lebewesen zu erschaffen?* Mir erschien dies so sehr wider die Natur und ich betete inständig zu Gott, dass es nie möglich werden sollte, auch Menschen auf diesem Wege *herzustellen*. Was würde in einem solchen Fall mit diesem künstlich geschaffenen Wesen geschehen? Wie würde sich das auf das Leben dieses jeweiligen Menschen auswirken? Was könnte da alles möglich werden: Kranke Menschen, die genetisch identische Kinder als Organspender heranzüchten lassen. Das wirft viele grundexistenzielle Fragen auf: Darf ein Mensch zu einem nützlichen Zweck geboren werden, nur um anderen zu dienen und was ist dieser künstlich erzeugte Mensch für ein Wesen? Wie wirkt sich eine Kopie auf die Einzigartigkeit jedes Menschen aus, die auf seiner unantastbaren Würde beruht? Für mich war diese Vorstellung einer Horrorvision gleich, wie diese schon durch *Frankenstein* dargestellt worden war.

Durch die Begegnungen mit Menschen, die ein anderes Weltbild hatten als ich, begann ich, mich sehr intensiv mit den Hintergründen anderer Sichtweisen zu befassen und spürte, dass ich die Zusammenhänge langsam immer besser erkannte. *Es konnte keinen guten und keinen bösen oder strafenden Gott geben, wenn Gott das höchste Wesen war und ist. Gott stellt die Einheit dar, in der es keine Urteile geben kann.* So fing ich an das Prinzip von Karma zu verstehen, das davon ausgeht, dass alles hier auf unserem Planeten dem Prinzip von Ursache und Wirkung folgt. Ja, es erschien mir durchaus plausibel, dass wir Menschen selbst die Auslöser und Schöpfer unserer Lebenssituationen sind. Es heißt: „Was du säst, wirst du ernten, im Guten wie im Bösen, und zwar vielfach". Und würde sich das alles nur in einem Leben ereignen, so gäbe es wahrlich nichts als Ungerechtigkeit auf dieser Erde. So fing ich an – die ich Juristin und Rechtslehrerin war – immer weniger an menschliches Recht zu glauben, sondern nur mehr an die höhere Gerechtigkeit, die irgendwann am Ende dieses Kreislaufs von Werden und Vergehen alles zum Ganzen fügen sollte. In Folge musste ich mich natürlich auch tiefer mit mir selbst und meinen eigenen Handlungen auseinandersetzen. Doch allzu tief konnte ich zu diesem Zeitpunkt noch nicht wirklich blicken. Zu sehr war ich noch gefangen in den Spielen des menschlichen Seins, was leider trotz meiner zunehmend tieferen Bewusstseinsprozesse noch viele Jahre dauern sollte. Ich war zu sehr gewohnt zu locken, zu verführen, zu spielen – gefangen in diesem Katz- und Mausspiel menschlicher Eitelkeiten. So war es auch mit Daniel, dem spirituellen Lehrer, der nun in mein Leben getreten war und natürlich zu meinem Liebhaber wurde.

Bevor wir uns jedoch näher kamen, fuhr ich in meinen Osterferien auf Urlaub nach Tunesien. Rückblickend betrachtet kann ich nur sagen, dass ich dankbar bin, heil und unversehrt von dieser Reise zurückgekommen zu sein, denn dort ging wieder ganz und gar der dunkle Teil meines weiblichen Seins mit mir durch. An meinem ersten Abend sah ich im Restaurant des Hotels eine deutsche Familie den Raum betreten – Vater, Mutter, zwei kleine Kinder und eine der beiden Großmütter. Sofort begann ich den Mann mit meinen Blicken zu fixieren und schaffte es, ihn bereits am nächsten Tag nach dem Mittagessen in mein Bett zu locken. Zu diesem Zeitpunkt machte ich mir noch keinerlei Gedanken über karmische Zusammenhänge. Ich hatte einfach keine Skrupel. Ich wollte diesen Mann in mein Bett bringen. Ich war wie die Spinne, die ihre Beute suchte. Als er mich jedoch kurz nach diesem Urlaub für ein Wochenende in meiner Heimat besuchen kam, war er mir schon wieder viel zu langweilig. Ich hatte das Interesse an ihm längst verloren.

Offensichtlich ging es mir tatsächlich nur darum, mir beweisen zu wollen, dass ich jeden Mann, den ich wollte, verführen konnte.

Zu dieser Zeit waren meine narzisstischen Persönlichkeitsanteile sicher am stärksten ausgeprägt.

Narzisstische Personen sind gekennzeichnet durch einen Mangel an Einfühlungsvermögen und Überempfindlichkeit gegenüber Kritik, was sie mit einem großartigen äußeren Erscheinungsbild zu kompensieren versuchen. Häufig hängt das mit ihrem brüchigen Selbstwertgefühl zusammen. Die Goldene Regel: „Was du nicht willst, das man dir tu, das füg auch keinem anderen zu" ist Narzissten fremd. Sie behandeln Mitmenschen so, wie sie selbst nicht behandelt werden möchten. Sie besitzen einen Blick für das Besondere, können leistungsstark (in Schule, Beruf, Freizeit) sein und haben oft gepflegte und statusbewusste Umgangsformen. (Auszug aus Wikipedia)

Ich hatte beschlossen in dieser Woche viele Abenteuer zu erleben. Nach dem Erlebnis mit dem Deutschen hatte ich bereits am nächsten Tag Sex mit dem DJ der Hoteldiskothek in einer dunklen Seitengasse der Stadt. Als ich am dritten Tag meiner Urlaubswoche mit High Heels und im Stretch Minikleid alleine ausging, konnte ich in einer Diskothek nur ganz knapp einer Vergewaltigung durch drei Männer entgehen. Ich wollte mir keine Gedanken darüber machen, wie sehr ich in einem muslimischen Land als alleinstehende Frau, die noch dazu alles tat, um zu reizen, gefährdet war. So ging ich unbedarft in die Diskothek und wurde sofort im Eingangsbereich von drei Männern angesprochen. Auf ihre Fragen gab ich äußerst provokante Antworten, was dazu führte, die Situation noch gefährlicher werden zu lassen. Sie kreisten mich ein und drängten mich langsam immer mehr gegen die Wand.

Genau in diesem Moment tauchte ein Mann auf und erkannte sofort, in welcher Gefahr ich mich befand. Er griff ein, holte mich aus der Mitte dieser drei Männer heraus und machte mir messerscharf klar, was ich da gerade provoziert hatte.

Doch auch das konnte mich vor weiteren Dummheiten nicht bewahren. Ich wollte einfach um jeden Preis gefallen. Weiter ging es damit, dass ich mich mit dem Enkel eines bekannten ehemaligen tunesischen Politikers, für ein tête-à-tête am nächsten Tag in dessen Fitnessstudio verabredete, um dort Sex zu haben und am selben Abend auch noch dem Fakir der Feuershow schöne Augen machte. Irgendwie entkam ich schlussendlich dann doch den tieferen Abgründen, in die ich zu fallen drohte. Der Fakir hatte mich am nächsten Tag – wie mir erzählt wurde – im gesamten Hotel gesucht. Ich jedoch hatte mich kurzfristig entschlossen, eine Tagestour zu einer Moschee und anderen Sehenswürdigkeiten zu machen. Scheinbar gab es wieder einmal eine höhere Kraft, die mich davor schützte, endgültig zu kippen. Somit entging ich den sexuellen Begegnungen mit dem Enkel des Politikers und dem Fakir. Tags darauf war die ereignisreiche Woche zu Ende und ich flog zurück nach Hause. Der Enkel des bekannten Politikers sollte mir jedoch noch länger in Erinnerung bleiben, weil wir nach meiner Rückkehr einige Wochen hindurch aufregenden Telefonsex zwischen Österreich und Tunesien hatten. Er wollte mich unbedingt zu Hause besuchen kommen. Das verhinderte ich, war mir doch durch unsere Distanz eine Begegnung schon wieder unwichtig geworden.

Nun hatte ich mein Zuhause wahrlich nur mehr auf Erden. Meinen Engel sah ich nie wieder, zu sehr war ich gefangen in diesen Tiefen und Abgründen des menschlichen Seins. Ich konnte ihn nicht mehr spüren, ich konnte mich nicht mehr erinnern, doch in den entscheidenden Momenten war er scheinbar immer wieder unsichtbar da, um mich zu schützen und um mich vor dem letzten, tiefen Untergang zu bewahren.

Zurück in meiner Heimatstadt begann nun mein Verhältnis mit Daniel. Er war um 22 Jahre älter als ich und ich wurde in dieser Zeit seine Drittfrau, die zumindest sehr schnell zur Zweitfrau aufstieg. Da Daniel aber zu dieser Zeit bereits über viele Jahre eine Lebensgefährtin hatte, die in einem anderen Bundesland wohnte und er somit Pendler zwischen beiden Orten war, wurde diese Frau schon lange von ihm betrogen. Er hatte mit dieser Handlungsweise absolut kein Problem, obwohl er ein hoch spiritueller Mensch war.

Er fühlte sich im Recht parallel mehrere Frauen lieben zu dürfen – allerdings durfte seine Lebensgefährtin davon nichts erfahren.

Wir leben in einer Welt von Lug und Trug und scheinen doch wahrlich Weltmeister darin zu sein, uns alles, was wir tun, schön zu zeichnen – auch wenn wir vermeintlich noch so spirituell sein wollen.

Darin war auch ich selbst Meisterin.

Die Spiritualität hilft einigen Menschen sogar, alles was geschieht, unter dem Aspekt karmischer Notwendigkeit zu definieren, um damit eine perfekte Erklärung für alle ihre Handlungen zu ermöglichen. Die letzten drei Jahre, bevor Daniel und ich zusammengekommen waren, war eine andere Geliebte von ihm sogar zur Prostituierten geworden. Er hatte sie nicht davon abgehalten, sondern sie bei dieser Entscheidung sogar noch unterstützt. Einerseits verstand er sich als der große Guru und spirituelle Lehrer, andererseits war er ein Mann, der es liebte, sich mit schönen Frauen zu umgeben. Noch war ich selbst nicht ganz frei von dieser Ambition, als Prostituierte arbeiten zu wollen und erfuhr von ihm, dass meine Vorgängerin in einem Nobelhaus in München vielen prominenten Männern zu Diensten stand. Diese Frau hatte dort allerdings das Glück, ihren Mann kennenzulernen, den sie auch geheiratet und der sie somit sehr schnell aus diesem Leben herausgeholt hatte. Auch in dieser Lebenssituation schien das Resonanzprinzip für mich seine Gültigkeit zu haben, nicht umsonst sollte ich im selben Jahr ein kurzes Verhältnis mit einem Zuhälter, nein, wenn ich ganz ehrlich bin, sogar mit zwei Zuhältern haben. Der eine war mein Nachbar und Psychologiestudent. Dieser schien sehr gute Beziehungen zu verschiedenen Bordellen gehabt zu haben, weil er mich auch in eines dieser Häuser vermitteln wollte. Er hatte schon die Zusage eines Nobelbordells, in dem ich hätte arbeiten können. Der andere war Porschefahrer und ein eiskalter, harter Mensch, mit dem ich zwei Mal im Bett landete.

Doch wie so oft zuvor schien mich mein Engel davor bewahrt zu haben, noch tiefer zu sinken.

Wie hätte ich auch ein solches Doppelleben verheimlichen können?

Welch ein Mehrfachleben ich dennoch zu dieser Zeit lebte!

Das eine als Mutter sowie Rechtslehrerin und Vortragende in der Erwachsenenbildung. Mit Herbst dieses Jahres war ich auch an einer zweiten Schule und in einigen anderen Institutionen tätig. Das andere als spirituelle Frau, die sich mit Atlantis und Lemurien auseinandersetzte und ein weiteres als Geliebte vieler unterschiedlicher Männer, von denen ich mich abwerten ließ, weil ich ohne Sex nicht sein konnte.

Durch Daniel wurde ich in eine Meditationstechnik eingewiesen und ließ sogar meine beiden Kinder bei ihm meditieren. Schritt für Schritt wurde Daniel ein immer wichtigerer Mensch in meinem Leben, der mir letztendlich sehr geholfen hatte, aus den Abgründen herauszufinden. Wir machten gemeinsam auch meine erste Rückführung, die mir helfen sollte, mehr Verständnis dafür zu bekommen, warum ich so tief gesunken war, mir scheinbar so wenig Wert gegeben hatte und sogar bereit gewesen wäre, meinen Körper zu verkaufen. Wir mussten bei dieser Arbeit allerdings mein höchstes Selbst – mein Überbewusstsein – wie man es nennt, befragen, ob denn die Zeit reif war, dieses Thema zu betrachten und Antworten zu bekommen. Selbst bei meinem ersten Termin für eine Rückführung konnte es Daniel nicht lassen, mich vor dieser doch sehr tief gehenden inneren Reise zu fragen: „Machen wir es davor oder danach?“ Ich entschied mich für Sex davor, kam ich doch schon mit großer Lust zu ihm und hätte es mir vermutlich ohnedies nicht nehmen lassen, ihn zu verführen.

Danach versetzte er mich in Trance, um endlich mehr Klarheit in meine Getriebenheit zu bringen. Das Ergebnis dieser gemeinsamen Reise in meine Kindheit waren Bilder des Grauens. Doch als ich die Frage nach tieferen Erkenntnissen stellte, sah ich nichts als Schwärze vor mir. Ich war noch nicht bereit, mich all den Erfahrungen zu stellen. Die Seele gibt tatsächlich immer nur den Teil frei, der zu jener Zeit auch verarbeitet werden kann.

In meinen inneren Bildern hatte ich mich auf einem Altar gefesselt liegen gesehen. Ich war von Gesichtern, die Teufelsfratzen glichen, umgeben. Plötzlich erkannte ich Satan selbst durch eine Türe in diesen Raum kommen, um mich auf dem Altar zu nehmen. Ich begann zu schreien, doch ich konnte ihm nicht entrinnen. Er vergewaltigte mich und ließ nicht mehr ab von mir. Das geschah immer und immer wieder. All die anderen sahen uns zu und grinsten mit hämischen Gesichtern.

Als Daniel mir sagte, ich sollte *diesem* Satan die Maske wegreißen, sah ich im ersten Moment ganz kurz das Gesicht meines Vaters, danach schemenhaft noch andere Männergesichter und zuletzt das Gesicht meines ehemaligen Psychologen und Liebhabers, bevor wieder alles in Dunkelheit versank und aufgehende Flammen weitere Bilder zu sehen verhinderten.

Offensichtlich war meine Seele zu dieser Zeit nicht bereit, noch mehr des Grauens zu erkennen. Dennoch erschien es mir unglaublich aufschlussreich, wie sehr wir in unserem Bewusstsein alles abgespeichert haben und mit welchen Bildern sich uns diese Szenen dann zeigen. Wir mussten die Sitzung abbrechen, nicht ohne danach noch eine weitere intensive sexuelle Vereinigung zu erleben.

So befand ich mich immer und immer wieder in der Verstrickung mit Männern, die einerseits Lehrer oder Therapeuten für mich waren und andererseits zu meinen Liebhabern wurden.

Daniel blieb weiterhin beides für mich.

Nach unserer Sitzung kamen immer mehr Erinnerungen, einerseits jene, die mich in meinen jungen Jahren immer und immer wieder schreiend aus Albträumen erwachen ließen, in denen ich vergewaltigt werden sollte, andererseits erkannte ich, wie sehr ich von grausamen Filmen fasziniert gewesen war, in denen oftmals Frauen Prostituierte waren – wie zum Beispiel *Belle de Jour* mit Catherine Deneuve.

Séverine Sérizy ist eine junge schöne Pariser Bürgersfrau, die mit dem Arzt Pierre verheiratet ist. Séverine liebt ihren Mann, je-

doch ist es ihr nicht möglich, physisch intim mit ihm zu werden. Stattdessen gibt sie sich erotischen Tagträumen hin, in denen BDSM und insbesondere Bondage und Demütigung eine entscheidende Rolle spielen. Im Laufe eines Gesprächs mit einer Freundin erfährt sie, dass eine andere Bekannte in einem Bordell arbeiten würde. Séverine ist abgestoßen und fasziniert zugleich. Henri, ein Bekannter von Pierre, nennt ihr die Adresse dieses Bordells. Da sie ihre Träume nicht mit ihrem Mann umsetzen kann, beginnt sie zunächst sehr zögerlich, nachmittags im Etablissement von Madame Anaïs unter dem Namen Belle de jour (deutsch: Schöne des Tages) zu arbeiten und abends zu ihrem Mann zurückzukehren. Diesem verschweigt sie ihr Doppelleben (Wikipedia).

Außerdem faszinierte und ekelte es mich zugleich, wenn Frauen missbraucht oder vergewaltigt wurden oder beeindruckten mich Szenen, in denen sich Frauen an Männern rächten, wie jene, in der eine Frau einen Mann drei Tage lang an ihr Bett fesselte und sich von ihm nahm, was sie wollte. Ein bisschen klarer wurde mir nun endlich jene jahrelang andauernde Wiederholung meiner Vergewaltigungsträume. Ich musste endlich meine Vergangenheit aufarbeiten, um frei zu werden.

Noch war ich nicht wirklich bereit, alles zu erkennen und mich zu verändern.

Ich begann zu meditieren, machte Yoga und hatte viele außergewöhnliche Visionen, die meine Familienmitglieder dazu veranlassten, mich nun als Verrückte einzustufen. Parallel dazu war jedoch meine Sucht zu stark, um mich von alldem zu befreien, das mich selbst verletzte. Es ging sogar so weit, dass ich in Restaurants oder Kaffeehäusern Männer, die an einem anderen Tisch saßen, begann, mit meinen Blicken zu fixieren und mich über die Energie des Blickkontakts zu einem Orgasmus hochzuatmen. Raphaela war jedes Mal zutiefst entsetzt, wenn wir gemeinsam an einem Tisch saßen und ich plötzlich in orgastischer Ekstase entschwand. Ich bemühte mich, dabei so leise wie möglich zu bleiben, bemerkte aber auch die Unruhe in meiner Umgebung, die ich damit auslöste. Offensichtlich war ich tatsächlich ein wenig verrückt. Ich wurde durch die Meditation ein wenig ruhiger und durch die Begegnung mit Daniel eröffnete sich mir auch ein neuer Zugang zur Sexualität. Durch meine vielen spirituellen Visionen, die ich seit einiger Zeit hatte, wurde mir eine ganz neue Welt offenbart.

Ich sah mich im Licht, ich sah mich in immer wieder vertrauteren Welten, ich sah mich in meiner schönsten Reinheit und Unschuld als jenes Wesen, das ich ursprünglich war. Endlich kam ich wieder in Verbindung mit mir vertrauten Erinnerungen. Ich erkannte neue Möglichkeiten und bekam ein vollkommen neues Weltbild. Alle in meiner Familie hatten Angst, ich wäre nun in einer Sekte gelandet. O nein, das konnte mir, der Einzelgängerin und Einzelkämpferin, nicht wirklich passieren. Ich wäre nie bereit gewesen, mich irgendwelchen Gruppenzwängen zu unterwerfen. Ich hörte in dieser Zeit auf, Fleisch zu essen, trank kaum noch Alkohol, weil es mich davor nun noch mehr graute, und ließ immer ein Stückchen mehr das Pendel auf die neu entdeckte Seite schwingen.

Doch plötzlich verschwanden meine wunderbaren Visionen wieder und ich suchte verzweifelt nach neuen, die sich mir nicht mehr offenbaren wollten. Als ich meine geistige Welt befragte, warum ich keine mehr haben durfte, bekam ich folgende Antwort: *„Du weißt nun wohin dein Weg dich führen soll, aber ab jetzt heißt es Schritt für Schritt selbst dorthin zu gelangen! Öffne dich der Spiritualität und du wirst von uns geführt werden."* Nun wusste ich endlich wohin ich kommen wollte, dennoch war ich nicht wirklich fähig, mich sofort auf diesen neuen Weg zu begeben. Ich wollte Lust und Ekstase erleben. Allerdings beendete ich in jenem Sommer in *Jesolo* die Affäre mit meinem italienischen Liebhaber Marcelo – zu sehr war meine Sexualität durch die Begegnungen mit Daniel schon in eine ganzheitlichere Ebene gekommen. Da er mich jedoch ganz zu Beginn nur als heimliche, dritte Geliebte gesehen hatte, war auch ich noch nicht bereit, auf andere Männer zu verzichten. Sogar mit einem ehemaligen Schüler, der nun ab Herbst 1996 auch einer meiner Babysitter geworden war, hatte ich Sex. Wie es mein Ex-Mann trocken ausgedrückt hatte: „Zuerst kümmert er sich um die Kinder, dann um die Mutter!" Damit hatte er Recht. Ich kam nach Hause und *vernaschte* diesen jungen 18-jährigen Mann mit großer Lust. Er sollte nicht mein einziger jugendlicher Liebhaber in meinem Leben bleiben.

Die Männer, die ich anzog, waren rückblickend zum größten Teil erschreckende Spiegel meiner eigenen Bedürftigkeit und scheinbaren Liebesunfähigkeit. Erst aus meiner heutigen Sicht kann ich erkennen, welche Männer ich mir in mein Leben geholt hatte. Ich, das bedürftige Mädchen, das sich nach nichts mehr sehnte als nach Schutz, Geborgenheit und männlicher Stärke, zog oftmals jene an, die mindestens genauso bedürftig waren wie ich selber, viele vor allem schwach oder nicht frei und manche mittellos. So sollte es noch lange bleiben. Ich interessierte mich unbewusst bloß für Männer, die nicht frei waren oder solche, die ich retten konnte. Wie konnte ich wirkliche Liebe empfangen, wenn ich mir selbst so wenig Wert gab, diese auch wirklich zu verdienen? Ich wurde zum Katalysator für viele Männer, brachte sie auf ihren Weg, gab ihnen Energie, Kraft und Unterstützung, vergaß in dieser Zeit auf mich selbst, verwechselte auf jeden Fall Hingabe mit Selbstaufgabe und konnte immer nur so lange bleiben, bis der Mann scheinbar auf seinem Weg zu seinem Ziel war und ich nichts mehr zu geben hatte. Ich blieb oftmals leer und geschwächt zurück, meist um eine Erfahrung reicher, aus der ich jedoch nicht bereit war, zu erkennen und zu verändern. Von manchen erhielt ich auch schöne Geschenke für mein weiteres Leben.

Was allerdings parallel zu all diesen unbefriedigenden Verhältnissen, zu meinen vielen Lehraufträgen, zum Aufziehen meiner Kinder geschah, war verblüffend. Ich, jene Frau, die immer perfekt geschminkt und hergerichtet sein wollte, bekam aus dem Nichts heraus eine schwere Augenlidentzündung. Alles versuchte ich dagegen zu unternehmen, nichts konnte mir helfen, außer eine Zeit lang ungeschminkt auf die Straße zu gehen. Auf Schminke wollte ich allerdings nicht ganz verzichten, war sie für mich doch die perfekte Maske, hinter der ich mich wunderbar verstecken konnte. So entschied ich mich für die Lösung, mir Kortison auf meine Augen zu schmieren, um dann dezent darüber zu schminken und meinen Fokus auf knallrote Lippen zu lenken. Die Reaktion meines Mundes darauf war ebenfalls eine Entzündung, die sich um meinen Mund

und auf meinen Lippen ausbreitete.

Mir sollte scheinbar wirklich meine Maske endgültig abgeräumt werden. Bei einem Arzt für Alternativmedizin zeigte sich, worauf ich allergisch reagiert hatte. Er bat mich, all meine Mittel in die Ordination zu bringen, die ich für mein Gesicht beim Schminken und bei meiner Körperpflege verwendete. Interessanterweise reagierte mein Körper intuitiv, ohne zu wissen, welches Mittel er mir gerade zur Testung hinhielt, auf das Baby Öl, jenes Öl, mit dem ich meine Augen jeden Tag am Abend abschminkte. Erst Jahre später konnte ich erkennen, dass genau diese allergische Reaktion auf Baby Öl jener Hinweis war, der mich verstärkt auf die Erfahrungen meiner Kindheit hinweisen sollte, damit ich sie endlich aufarbeitete. Mein Körper war immer schon mein deutlichster Signifikator, wenn Situationen für mich nicht in Ordnung waren. Er gab mir alle Signale, die ich so oft in meinem Leben übersah und überhörte oder einfach ignorierte. Was noch dazukam, war eine Art Pubertätsakne, die ich nicht verstand, weil ich zuvor immer eine wunderschöne, reine Haut gehabt hatte. Nachdem ich dann endlich dafür offen war, mir alles anzusehen und aufzuarbeiten, beruhigte sich meine Haut wieder langsam und nicht allzu lange danach konnte ich meine Augen wieder ohne allergische Reaktionen mit Baby Öl abschminken.

Zwei Jahre später erst sollte mir eine Therapeutin, die ich in einem Hotel kennengelernt hatte und die Spezialistin für Kindheitsmissbrauch war, erklären, dass sexuell missbrauchte Frauen oftmals im Alter zwischen 30 und 40 Jahren eine Art Pubertät erlebten, weil sie ja ursprünglich als junge Frauen bzw. Mädchen übergangslos zur Frau gemacht worden waren. Das hatte natürlich viele von meinen allzu verrückten Verhaltensweisen erklärt – schlimm für mich war nur, dass meine Kinder unter der pubertierenden Mutter so sehr leiden mussten. Dazu kam noch, dass ich in diesem Sommer des Jahres 1996 ununterbrochen Frauen kennenlernte, die mir von ihren eigenen sexuellen Missbrauchs-erfahrungen berichtet hatten.

Den Höhepunkt davon erlebte ich zu Beginn meines neuen Schuljahres. Ab Herbst hatte ich einen weiteren Lehrauftrag an einer anderen Schule bekommen. Bereits zwei Wochen nach Schulbeginn kam ein Mädchen auf mich zu. Es war eine Schülerin, die ich in den ersten beiden Schulwochen noch nicht gesehen und von der ich erfahren hatte, dass sie kurz nach Schulbeginn einen Suizidversuch im Internat vollzogen hatte, indem sie vom obersten Stockwerk hinunterspringen wollte. Dieses Mädchen kam nun direkt auf mich zu, um mich rechtlich zum Thema Verleumdung zu befragen. Mit großen Augen starrte ich sie an und aus mir brach es heraus: „Wirst du denn von deinem Vater missbraucht?" Sie nickte und sah mich ebenfalls mit großen, starren Augen an. Ich bot ihr ohne nachzudenken meine Hilfe an – nicht ahnend, was da auf mich zukommen sollte. Agnes – wie ich dann später erfuhr – wurde nicht nur von ihrem Vater, sondern ab ihrem siebten Lebensjahr auch von ihrem Großvater und ihrem Bruder missbraucht. Ich begleitete sie mit Raphaelas Hilfe durch das gesamte Schuljahr und lud sie sogar zu unserem Weihnachtsfest in der Familie ein, weil sie Angst hatte, dieses Fest zu Hause zu verbringen. So geschah es, dass ich mich um ein drogenabhängiges, missbrauchtes Mädchen kümmerte, während ich nicht einmal für meine eigenen beiden Kinder eine gute Mutter sein konnte. Offensichtlich war ich von einer Notwendigkeit getrieben, um mich endlich mit meiner eigenen Geschichte auseinanderzusetzen und Befreiung von dieser anzustreben. Agnes war nur der Beginn einer Serie von jungen missbrauchten Frauen, die meine Hilfe suchten.

Auch im darauffolgenden Schuljahr betreute ich ein missbrauchtes Mädchen, das direkt auf mich zukam, um mich um Hilfe zu bitten. Sie war von drei Männern aus dem Umfeld ihrer Mutter missbraucht worden. Es wurde mir alles zu viel. Irgendwann beschloss ich, den Vorhang meines Wissens wieder zu schließen. Zu groß wurden die Belastungen, augenblicklich erkennen zu können, welche Mädchen einer Schulklasse Missbrauchsfälle waren. Meine Intuition und Empathie waren so stark gewachsen, dass ich, sobald ich in eine Klasse kam, sofort erkennen konnte, welches Mädchen dieses Schicksal erlitten hatte. Vermutlich wollte ich durch all die Hilfe, die ich jungen Mädchen anbot, von der Aufarbeitung meiner eigenen Schicksalsgeschichte noch ablenken. Hier hatte der Spruch *„Wenn du immer helfen willst, bist du selber hilflos"* wirklich Gültigkeit.

Hilflos war ich in dieser Zeit tatsächlich – rastlos und orientierungslos, getrieben von Lust auf Sex und auf immer neue Männer.

Daher kehre ich nun zurück zu meinen Liebschaften.

Für einen Kurztrip nach London im Oktober desselben Jahres, hatte ich mich mit einem in London lebenden Türken, den ich durch Raphaela im Sommer bei einer gemeinsamen Reise dorthin kennengelernt hatte, verabredet, um einige Liebesnächte zu verbringen. Ich kehrte nach einer ziemlich enttäuschenden, sexuellen Begegnung – dieser arme Mann hatte den Penis in der Größe eine zehnjährigen Jungen – aber auch schönen Stunden im Flair dieser Großstadt wieder nach Hause zurück. Es war eine weitere unnötige sexuelle Erfahrung, die ich auf meiner Liste abhaken konnte.

Kurz nach meiner Rückkehr hatte ich eine Begegnung mit Hannes, einem verrückten Künstler. Er war der Sohn eines Baumeisters, lebte immer noch vom Geld seines Vaters und trank zu viel. Während ich mit ihm eine ungesunde Abhängigkeitsbeziehung begann, vernachlässigte ich meine Kinder mehr und mehr. Inzwischen hatte ich Philipp und Sophie in meiner eigenen Unzulänglichkeit und Verzweiflung in eine psychotherapeutische Gruppe des Vereins Rainbows gegeben, in der Therapeutinnen mit Kindern arbeiteten, die Situationen des Verlassen-Werdens hinter sich hatten – in unserem Fall die Scheidungssituation. Einerseits war ich zu diesem Zeitpunkt unfähig, liebevoll für sie als Mutter da zu sein, andererseits wollte ich alles tun, damit diese Situation sich verändern konnte. Ich war eine vollkommen Getriebene und gefangen in meiner eigenen Hilflosigkeit.

Somit fuhr ich zu Silvester zu Hannes, um mit ihm die Jahreswende zu verbringen. Er betrank sich in dieser Nacht vollkommen und wurde plötzlich ziemlich aggressiv. Nun war mir klar, warum in seiner Wohnung so viele beschädigte Sachen herumlagen. In seinem Rausch begann er, Dinge sinnlos und wahnsinnig durch den Raum zu werfen. Ich bekam Angst, dass er auch mir etwas antun würde. Eiligst verließ ich am nächsten Morgen mit großen Schwierigkeiten – in der Eiseskälte der Nacht ist bei meinem Auto die Batterie eingegangen – das Haus und kehrte verängstigt und unglücklich zurück in meine Wohnung.

Wieder einmal hatte ich einen Jahresübergang im Wahnsinn erlebt. Sollte mir das Außen immer wieder meine Innenwelt spiegeln?

Damals verstand ich noch keineswegs die ungewöhnlichen Situationen, die ich immer wieder erlebte. Ich war bloß jedes Mal danach noch ein Stück leerer und erschöpfter.

Eines Nachts hatte ich einen Traum.

Es war ein fürchterlicher Albtraum: *Ich fuhr mit meinen beiden Kindern in der Straßenbahn. Immer mehr Menschen kamen hinzu. Immer mehr Menschen waren plötzlich um uns. Es wurden so viele, dass ich meine Kinder in der Menschenmenge aus den Augen verlor und verzweifelt nach ihnen suchte. Unerwartet sah ich sie plötzlich vor der Straßenbahn stehen und war nicht mehr imstande, selber auszusteigen, um zu ihnen zu kommen. Die Straßenbahn fuhr weiter und ich hatte meine Kinder verloren!*

Schweißgebadet wachte ich aus diesem Traum auf und wusste im selben Moment, dass nun die Gefahr bestand, meine Kinder tatsächlich zu verlieren, obwohl ich doch schon vermeintlich alles getan hatte, um diese Situation zu verbessern. Einerseits hatte ich sie in die sogenannte Rainbows-Gruppe gegeben, andererseits hatte ich mich bemüht, eine liebevollere Mutter zu werden – trotz meiner haltlosen und rastlosen Situation, in der ich mich befand. Endlich hatte ich es wirklich geschafft, meine Kinder nie mehr zu schlagen. Wie sehr hatte ich mir jedes Mal Vorwürfe gemacht, wenn es passiert war. Es war nicht oft geschehen – doch jedes Mal war ein Mal zu viel gewesen. Schon als Kind hatte ich mir geschworen, dass ich meine eigenen Kinder niemals schlagen würde. Und doch tat ich es. Wie sehr hatte ich mich dafür verachtet und schuldig gefühlt. Ich, das selbst geschlagene Kind, das niemals dieses eigene Schicksal wiederholen wollte, hatte dann die Schläge weitergegeben. Noch einige Jahre sollte Philipp mich an diese Situation erinnern, indem er seine Hände immer wieder schützend vor sein Gesicht hielt, wenn ich nur ein wenig unachtsam eine Handbewegung in seiner

Gegenwart machte. Jedes Mal wurde mir der Schmerz meines Kindes durch diese Reaktion wieder in Erinnerung gerufen.

Ich hatte allerdings nichts verdrängt und vergessen. Nicht so wie meine eigenen Eltern, die offensichtlich beide all das Leid und all die Schmerzen, die sie mir zugefügt hatten, selber verdrängt hatten, um ihre Schuld zu ertragen und damit niemals bereit waren, mir zur Seite zu stehen, um meine Geschichte mit ihrer Hilfe zu erlösen. Ich musste alles alleine durchleben und verarbeiten.

Jede einzelne Handlung, die ich meinen Kindern zugefügt habe, wird mir ein Leben lang in Erinnerung bleiben. Ich werde immer bereit sein, mich damit auseinanderzusetzen, sollten es meine beiden Kinder möglicherweise von mir brauchen. Ich werde jederzeit da sein, gemeinsam mit ihnen alte Themen zu erlösen und mich all dem zu stellen, was jemals gewesen ist. Vielleicht wird dies schon durch diese Erkenntnis nicht mehr notwendig sein und meinen Kindern in Zukunft ermöglichen, gesund und frei in ihr Leben zu gehen.

Möge Gott ihnen diese Gnade zuteilwerden lassen.

Ich werde alles tun, um ihre alten Wunden zur Heilung zu bringen.

Ich war nun endlich bereit, wirklich alles zu tun, um ihnen diesen Schritt in ihr Leben zu erleichtern.

Genau zu diesem Zeitpunkt hatte ich diesen grauenvollen Albtraum und Angst überkam mich. Schon einige Tage später meinte Gottfried – als er mir die Kinder von den Weihnachtsfeiertagen zurückbrachte – er habe beschlossen, die Kinder zu sich und seiner Lebensgefährtin zu nehmen. So hatte ich mit meiner Vorahnung doch Recht. Ich flehte und bettelte ihn an, mir noch etwas Zeit zu geben, damit ich ihm beweisen könne, dass alles noch anders und wieder gut werde. Doch verstand ich ihn auch aus tiefstem Herzen. Unsere beiden Kinder wiesen zu diesem Zeitpunkt immer wieder relativ starke Verhaltensauffälligkeiten auf – Philipp war aggressiv und zerstörte alles, was er in die Hände bekam, und Sophie war außergewöhnlich lethargisch, meist still und stumm.

Sie war das Kind, das auch schon einiges an Schicksalserfahrungen hinter sich hatte.

Als sie mit eineinhalb Jahren, genau zu der Zeit, in der das Ende der Ehe sich abzeichnete, von ihrem Hochbett stürzte und sie sich alle vier oberen Schneidezähne und ihr gesamtes Zahnfleisch verletzte, hatte ihr Leidensweg mit ihrem Kiefer begonnen. Nicht viel später sollte sich die Instabilität ihrer Zähne auch in ihrer äußeren Welt zeigen. Doch wusste ich zu dem Zeitpunkt noch nicht, dass Zähne ein ganz starkes Symbol für alles, was sich im Körper abspielte, darstellten. Sophie sollte noch sehr lange keinen Biss in ihrem Leben haben. Erst nach vielen Jahren meiner Aufarbeitung würde sie ihren eigenen Weg gut gehen können.

Sophie war ein wildes Mädchen. Als dieses Kind dann mit dreieinhalb Jahren mit dem Fahrrad eine Rampe in unserer Siedlung hinuntergefahren war und sich dabei den Arm brach, war dies das erste Mal, dass Gottfried den Verdacht hegte, ich würde unser Kind misshandeln. Damals schon gab mir seine Anschuldigung sehr zu denken. Dennoch hatte sie mich auch zutiefst verletzt.

Wie konnte ich nur eine solche Mutter sein, der sogar zugetraut wurde, ihr Kind zu misshandeln? Ich war in vielerlei Hinsicht unberechenbar und instabil, aber misshandelt hätte ich meine Kinder wahrhaft niemals.

Inzwischen ist mir klar geworden, dass alles, was wir an unseren Eltern ablehnen, von uns selbst wiederholt wird. Ich wollte doch alles viel besser machen, als meine eigene Mutter es getan hatte, war aber durch meine Lebensumstände unfähig, haltlos, hilflos und verzweifelt.

Aber wirklich misshandelt hatte ich mein Kind wahrlich nicht.

Gottfried gewährte mir nun eine Frist von sechs Monaten und es wurde wirklich vieles anders.

Für eine kurze Zeit blieb ich noch in dieser krankhaften Verbindung mit Hannes und wollte auch meinen Geburtstag mit ihm feiern. Dafür fuhr ich zu ihm nach Wien. Als er mir dort mitteilte, dass ihn Geburtstage in keiner Weise interessierten und ihm mein Bedürfnis, diesen zu feiern auf die Nerven ging, fuhr ich weinend und verletzt nach Hause zurück. In meiner Verzweiflung rief ich Daniel an, dem ich zu seinem Geburtstag gratulierte, weil dieser einen Tag vor meinem eigenen war und kehrte alleine und verzweifelt in meine Wohnung zurück. Wieder einmal wurde ich so sehr krank, dass es an meinem Körper keine Stelle gab, die nicht zutiefst schmerzte. Außerdem bekam ich bis zu 40° Fieber und befand mich in einem Fieberdelirium. Derart geschwächt fand mich am nächsten Tag Daniel. Es war mein eigener Geburtstag und ich hätte mir nichts mehr gewünscht, als zu diesem Zeitpunkt einfach nur zu sterben. Obwohl ich krank war, ließ er es sich nicht nehmen, mich dennoch am Küchentisch sexuell zu nehmen, etwas, wofür ich mich genau ein Jahr später rächen würde. Ich war wirklich nie fähig, meine Grenzen zu setzen. Nach dieser Lusterfüllung versorgte mich Daniel jedoch drei Tage mit vollkommener Hingabe, bekannte mir seine Liebe und seinen Wunsch, mit mir leben zu wollen. Daniel hatte durch diese Pflege, die er mir zuteilwerden ließ, mein Herz berührt. Er zeigte mir mit seiner Hingabe in dem Moment, als ich so krank, blass und eingefallen in meinem Bett lag und alle meine Masken gefallen waren, dass es nicht darauf ankommt, eine strahlende Schönheit sein zu müssen, um geliebt zu werden. Das war der Zeitpunkt, in dem meine Beziehung zu Daniel begann – zuvor war ich nur das heimliche Verhältnis gewesen – dem ersten spirituellen Mann in meinem Leben. Er bekannte sich klar zu mir, wenngleich er sich noch immer nicht von Irmgard trennen wollte. Er genoss es offensichtlich eine Frau hier, die andere an einem anderen Ort zu haben und von beiden geliebt zu werden. Allerdings erfuhr sie kurze Zeit darauf von unserer Verbindung und da ich scheinbar die erste Geliebte war, von der sie erfahren hatte, projizierte sie all ihren Hass auf mich, obwohl sie mich nicht einmal kannte.

Irmgard war verzweifelt und ließ kein gutes Haar an mir. Alle anderen davor hatte er geheim gehalten. Somit wurde ich zu ihrer perfekten Angriffsfläche. Dennoch stand er mir nun wirklich immer hilfreich zur Seite.

Erst Jahre später hatte ich Irmgard kennengelernt, die sich zu diesem Zeitpunkt bei mir entschuldigte und wir uns danach in Herzlichkeit begegnen konnten. Es war doch wahrhaftig der Mann, der sie betrog, nicht ich, die sie gar nicht kannte.

Wie dankbar bin ich diesem Mann noch heute für vieles, hat er mir doch geholfen, meine Kinder zurückzugewinnen. Sogar in der *Rainbows-Gruppe* bekam ich die Rückmeldung der Therapeutin, dass Philipp, der ursprünglich ausschließlich zu seinem Vater wollte, nun vollkommen sein Verhalten geändert hatte und sogar meinte, dass er lieber bei mir bliebe. All das geschah binnen weniger Monate. Auch die Psychologin war verblüfft über diesen schnellen Wandel. Ich war zutiefst erleichtert. Somit überließ Gottfried mir die Kinder, die in gewisser Weise noch für lange Zeit mein einziger Halt in diesem Leben bleiben sollten.

All diese wichtigen und gravierenden Veränderungen geschahen in jenem Jahr, in dem wir auch immer mehr globale Informationen aus dem All bekamen. Es war das Jahr, in dem der Komet *Hale-Bopp* für große Aufregung sorgte und die Erdbevölkerung 18 Monate lang in ein sogenanntes Kometenfieber versetzte.

Ich begann nun, mich für universelle Erfahrungen zu öffnen und meinen eigenen spirituellen Weg zu beschreiten. Mit Daniel tauchte ich immer tiefer in Dimensionen ein, die mir zuvor verschlossen gewesen waren, mit Daniels Hilfe wurde ich für meine Kinder eine stabilere Mutter und kam nun etwas mehr zur Ruhe. Auch meine Sexualität begann sich mehr und mehr für neue Erfahrungen zu öffnen.

Es scheint wirklich so zu sein, dass die sexuelle Energie die Basisenergie für jede spirituelle Erfahrung ist. Sollte ich mich so stark über die Sexualität ausgedrückt haben, weil meine Seele ständig nach Verwandlung strebte, oder war dies einfach meine stärkste, kreative Ausdrucksform? Ich hatte über diese Ebene meinen größten Schmerz erlebt und dennoch immer das Gefühl, dass Sexualität mein intensivstes Potenzial an hoher Ekstase und Transformation beinhaltet. Möglicherweise war es zu dieser Zeit auch der verzweifelte Versuch, der menschlichen Realität zu entrinnen, um durch den kleinen Tod, wie der Orgasmus auch genannt wurde, der Einheit zuzustreben. Welch hohen Preis bezahlte ich für diese kurzen Momente des Entfliehens! Doch schien mir dies die einzige Möglichkeit zu sein.

Als Mutter mit zumindest ein wenig Verantwortungsbewusstsein hatte ich keine Erlaubnis mehr, mir das Leben zu nehmen, auch wenn ich es mir so oft gewünscht hatte. Somit wollte ich in dieser verrücktesten Zeit meines Lebens auf Umwegen die Möglichkeit erschaffen, sterben zu dürfen. Erst Jahre später erkannte ich, wie unachtsam und respektlos ich meinem Leben gegenüber gewesen war, indem ich mir einmal sogar gewünscht hatte, AIDS oder Krebs zu bekommen, um auf diesem Wege meinem Leben ein Ende zu setzen. Wie dankbar bin ich im Nachhinein, dass mir durch Gottes Schutz diese schweren Krankheiten verwehrt blieben. Niemals werde ich vergessen, dass ich mich in der kurzen Zeit meiner Sexsucht nicht schützen wollte, um möglicherweise doch von einem kranken Mann infiziert zu werden und mir dann mit der Ausrede, *meine Kinder vor ihrer eigenen Mutter schützen zu müssen*, die Möglichkeit des Suizids zu erschaffen.

Wie sehr hatte ich doch dieses Leben missachtet!

Es war vermutlich stets eine schützende Hand über mir, die mich vor dem Allerschlimmsten bewahren wollte. Auch in Bezug auf AIDS wurde mir der Spiegel meines eigenen Wahnsinns hingehalten. Durch Raphaela hatte ich zu dieser Zeit Ina kennengelernt, eine liebevolle, junge Frau, die von Beruf Erzieherin und Künstlerin war. Ich hatte sie gebeten, stundenweise auf meine Kinder aufzupassen, sie zu versorgen und als Babysitterin da zu sein. Unverzüglich sagte sie mir zu, um kurze Zeit darauf aus heiterem Himmel genauso spontan wieder abzusagen. Von ihr erhielt ich dafür keine plausible Erklärung und verstand ihre Reaktion erst, als mir Raphaela unter dem Deckmantel des Vertrauens mitteilte, dass Ina sich nicht traute, meine Kinder zu versorgen, weil sie *HIV positiv* war. Natürlich wollte sie mir dies nicht mitteilen aus Angst, dafür von mir verurteilt zu werden. Ich war zutiefst betroffen und sollte sie, obwohl ich Ina jahrelang aus den Augen verlor, neun Jahre später auf ihrer Reise nach Hause begleiten. Die letzten zwei Jahre ihres Lebens verbrachten wir sehr intensiv miteinander. Ich wurde zu ihrer Vertrauten, ihrer Freundin und energetischen Heilerin. Somit musste ich einige Zeit nach meiner wahnsinnigen Entscheidung erkennen, wie schlimm das Ende eines Menschen sein konnte, der an AIDS zugrunde geht. Es war ein schlimmer Leidensweg für Ina und ich danke Gott, dass mir selbst dieses Leid erspart worden war.

Durch Daniel wurde ich endlich ein wenig stabiler und in unseren innigen Begegnungen erlebte ich mich immer mehr in neuen, schönen Welten. Ich wurde in Erfahrungen der Einheit katapultiert, die sich durch unsere sexuellen Vereinigungen für mich erschlossen. Endlich begann ein neues Erleben für mich spürbar zu werden. Meine Orgasmen wurden tiefgehender erlebbar und um vieles erfüllender, als alles, was ich zuvor erlebt hatte. Ich begann, einen neuen, immer stabiler werdenden Weg zu beschreiten, ebenso einen neuen Weg der sexuellen Erfüllung. Erst später erkannte ich, dass ich in dieser Form eigentlich schon meinen tantrischen Weg begann. Was sich auch langsam zu öffnen begann, war der Rückblick und damit Einblick in meine größtenteils verdrängten, schlimmen Kindheitserfahrungen. Daniel war nur um wenige Jahre jünger als mein Vater und sein Körper schien mich unbewusst in die Erinnerungen zu führen. Oftmals verstand er nicht, warum ich plötzlich aus dem Nichts heraus Abscheu gegen seinen Oberkörper empfand und in Momenten der sexuellen Begegnungen immer öfter für kurze Zeit in meine Kinderstimme regredierte, in der ich dann zu ihm sprach. Zuerst noch selten, doch später geschah dies immer öfter und kam damit auch stärker zum Ausdruck. Daniel war sich sicher, dass das mit meinen schlimmen Kindheitserfahrungen zu tun hatte, die er von Anfang an zu erkennen vermochte.

Da unsere gemeinsame Freundin Raphaela in der Weihnachtszeit in Glastonbury in England war, an jenem mystischen Ort, der einst *Avalon* gewesen sein soll, und an dem ich sie in einer Vision an drei Orten gesehen hatte, die sie mir bei ihrer Rückkehr beschrieb und die es dort tatsächlich gegeben hatte, wollte ich unbedingt so schnell wie möglich zu diesem magischen Ort reisen. Besonders faszinierend war meine Vision des schiefen Baumes, in dessen Nähe ich sie auf einer Bank sitzen gesehen hatte. Raphaela zeigte mir nach ihrer Rückkehr eine Fotografie von diesem Baum, der tatsächlich meiner Vision vollkommen ähnlich war. Es war der berühmte Holy Thorn, jener Busch, der angeblich dort gewachsen ist, nachdem Joseph von Arimathäa nach dem Tod von Jesus Christus mit dessen Blut in einer Schale dorthin gekommen war und den Stab in die Erde gestoßen hatte, um das Blut von Jesus dort zu vergießen und dann irgendwo an einem nie gefundenen Ort den Heiligen Gral zurückzulassen. Zu diesem Zeitpunkt begann die Legende um den Heiligen Gral, der niemals gefunden wurde und möglicherweise doch nur ein Symbol darstellt. Vermutlich gilt der *Gral* als jenes Symbol, das als *Verkörperung der Weiblichkeit im Innersten jeder Frau verborgen ist – „as the holy grail and the holy womb of every woman"(„als der Heilige Gral und der Heilige Schoß in jeder Frau").*

Vielleicht stellt er tatsächlich die Nachkommenschaft von Jesus und Maria Magdalena dar, wie es auch Dan Brown in seinem Buch und Film *Sakrileg (Der Da Vinci Code)* in gewisser Weise darlegt: *Am Schluss ist Langdon in seinem Zimmer im Pariser Hotel Ritz und rasiert sich. Er verletzt sich dabei zufällig, und Blut tropft in das Waschbecken, was ihn an die Rosenlinie (die historisch auch als Blutlinie bezeichnet wird) erinnert. Jacques Saunière hatte in einer verschlüsselten Botschaft an Sophie Neveu, welche im Film, im Gegensatz zum Buch, nicht seine leibliche Enkelin ist, gesagt, dass der Heilige Gral unter der Rose (Rosenlinie) versteckt ist. Langdon erinnert sich daran, dass durch Paris der ursprüngliche Nullmeridian führte, der im Film als Rosenlinie bezeichnet wurde. Dieser erste Nullmeridian wird in Paris durch 135 in das Pflaster eingelassene Messingtafeln gekennzeichnet, welche somit die Rosenlinie darstellen. Langdon folgt diesen Tafeln und erreicht so den Louvre. Er erkennt, dass dort, unter der von den Arrago-Medaillons gekennzeichneten Rosenlinie und unter den einander an den Spitzen berührenden Pyramiden, das Grab Maria Magdalenas, also der Heilige Gral, liegt. Er kniet auf dem Glasdach der Pyramide über ihrem Grab nieder, wie es schon die Tempelritter vor ihm getan hatten.* (siehe Wikipedia)

Ob sich die Wahrheit über den Heiligen Gral je finden lässt? Manche Dinge mögen ihre Mystik und das Geheimnis bewahren, indem sie einfach nicht zu entschlüsseln sind.

Somit beschlossen Daniel und ich im Mai 1997 für ein verlängertes Wochenende nach England zu fliegen und – wie verrückt wir doch waren – dort spontan und heimlich zu heiraten. Scheinbar ist es jedoch wirklich so, dass uns der große Schicksalsweg vorgegeben ist und wir Menschen nur die kleinen Weichen stellen können. Diese Hochzeit sollte auf jeden Fall verhindert werden. Ich hätte es vermutlich auch nur getan, um als Siegerin aus dieser Dreiecksbeziehung auszusteigen. Als wir zum Flughafen fuhren und einchecken wollten, bemerkten wir, dass Daniels Reisepass wenige Tage zuvor abgelaufen und somit ungültig war. Wir mussten den Flug verfallen lassen. Daniel warf unsere beiden Tickets in den Mülleimer, gab mir mein Geld für den Flug zurück und fuhr mit mir in seine Wohnung, wo wir die nächsten drei Tage miteinander verbrachten. Es waren Tage, die uns weitere und unglaubliche Sphären in unserer neuen Sexualität eröffneten. Wir tauchten in außergewöhnliche Erfahrungen ein. *Irgendwann schien es uns, als würden wir ein heiliges Blutritual – ich hatte zu dieser Zeit meine Menstruation – machen, in dem wir Jesus, Maria Magdalena und Mutter Maria begegneten. Ich erlebte mich in Dimensionen, die sich für mich wie Offenbarungen einer unbeschreiblichen Welt darstellten.*

All das, was sich damals ereignete, mag für jene Menschen unwahrscheinlich klingen, die sich nur der Welt des Sichtbaren öffnen können, doch jene, die um die Heiligkeit und Schönheit eines Liebesaktes wissen, werden mich verstehen. So hatten wir unsere eigene Art der Hochzeit gefeiert, die im Außen nicht möglich war – was auch wirklich gut war.

Ich hätte vermutlich sehr schnell eine zweite Scheidung erlebt.

Als wir dann im Juli tatsächlich für eine Woche nach England reisten, war ich weit davon entfernt, Daniel immer noch heiraten zu wollen, schon gar nicht als jenen Mann, der eigentlich immer noch ein Doppelleben mit zwei Frauen führte. Unsere Reise war dennoch ein mystisches Erlebnis, dessen Höhepunkt für mich eine unglaubliche Erfahrung in einem Kornkreis darstellte. Auf der Fahrt nach Avebury sah ich aus der Ferne eine wunderschöne, vollkommen symmetrische Anordnung in einem Kornfeld – einen Kornkreis. Diese Formation bildete 12 Kreise, die wiederum zu einem großen Kreis geformt waren – wahrlich undenkbar, dass menschliche Hände ein Werk in dieser absoluten Regelmäßigkeit und Perfektion und noch dazu ungesehen von anderen Menschen erzeugen konnten. Unvermittelt wollte ich zu diesem Platz fahren.

Daniel fuhr uns dort hin und wir durften gegen ein Eintrittsgeld in dieses Kunstwerk eintreten. Die Bauern an diesen Orten nützen natürlich diese unerklärlichen Phänomene als zusätzliche Einnahmequelle. Ich war vollkommen fasziniert, weil jede einzelne Ähre des Kornkreises in dieselbe Richtung gelegt war und dennoch nicht geknickt schien. Mein Wunsch war groß, dort ganz alleine zu sein und in die Tiefe der Erfahrung kommen zu können. Nachdem ich diesen Wunsch in mir gedacht hatte, vergingen kaum fünf Minuten bis ein heftiger Regenguss begann, der alle Menschen aus dem Kreis verjagte. Wir waren nun alleine. Ich setzte mich ins Zentrum und meditierte, entkleidete mich und legte mich nackt in den Mittelpunkt. Was ich zu diesem Zeitpunkt wollte, war Stille und Meditation. Daniel jedoch wollte Sex. Ich war einfach nur entsetzt. Dieser scheinbar so spirituelle Mann dachte im Moment dieser für mich so großen Heiligkeit ausschließlich an Sex. Eine Situation, die bewirkte, dass ich mich innerlich noch ein Stück mehr von ihm zurückzog. Ich wendete mich in diesem Augenblick mit Entsetzen von ihm ab und begann, nach innen zu gehen und Fragen zu stellen. Alle Antworten, die ich in diesem Kreis bekam, waren für mich tief beeindruckend und berührend. Leider Gottes schrieb ich sie nicht alle nieder, doch die Essenz davon blieb mir folgendermaßen im Gedächtnis:

„Geliebte Wesen auf der Erde, nun ist die Zeit für Euch gekommen, Euch mehr der Einheit bewusst zu werden und wir sind hier, um Euch zu helfen und um Euch zu zeigen, wie dieser Weg vollbracht werden kann. Durch dieses Wunder der Kreise zeigen wir Euch die Zusammengehörigkeit von allem auf. Welcher Mensch, der

nicht zu einer Gemeinschaft, in der er sich befindet, dazugehören will, kann lange in einem gemeinsam geformten Kreis verweilen? Nur jene, die im Miteinander sind, können in einer Gemeinschaft, die einen Kreis bildet, bleiben. So hat auch der Ring, der den Bund Eurer Liebe besiegeln soll, der Ehering, wie ihr ihn nennt, eine Kreisform, so wie alles, was das Gemeinsame zum Ausdruck bringen möchte. Wir formten diese Kreise, um Euch erkennen zu lassen, was über Euer begrenztes Denken hinaus möglich ist. Wir wollen Euch zeigen, dass wir es gut mit Euch meinen und dass ihr Hilfe haben könnt, wenn ihr sie sucht. Wir sind ausschließlich da, um Euch Unterstützung auf dem Weg zum Ganzen, zur Einheit und zur Erfüllung Eures Auftrags auf Erden zu geben, auf Eurem Weg zurück in das Reich Gottes." So lautete die Botschaft in kurzer, zusammengefasster Form und ich war in tiefer Demut und Dankbarkeit für das Erlebte. Erstaunlicherweise war nach kurzer Zeit der Regen wieder vorbei. Ich zog meine Kleider an, die kaum ein Zeichen von Nässe zeigten und wir verließen den Kreis in dem Moment, in dem all die anderen Menschen wieder einströmten. Als Andenken nahm ich mir aus jeder Himmelsrichtung eine Ähre mit.

Wir erlebten auf dieser Reise noch viel Schönes. Von Avebury fuhren wir über Silverbury nach Stonehenge, um dann eine Nacht im Süden Englands zu verbringen. Diese Nacht mussten wir allerdings im Auto verbringen, weil es zu diesem Zeitpunkt kein einziges freies Zimmer gab, war doch die Königin mit ihrem Gefolge auf die *Isle of Wright* gekommen, um dort einer besonderen Veranstaltung beizuwohnen.

Aber auch der Besuch von Glastonbury, wo ich von der Heiligen Quelle *Chalice Well* Heilwasser trinken konnte, und auf dem Tor war, wo sich einst in lang vergangenen Zeiten der Steinkreis von Avalon befunden haben soll, bevor es hinter den Nebeln verschwand, war für mich beeindruckend. Vor allem war ich zutiefst fasziniert von der Abbey mit dem Grabmal von König Arthus und Guinevere.

Mir erschien es immer wieder, als würde ich in eigene, lang vergangene Erinnerungen eintauchen.

So schön die Erfahrungen dieser Reise waren, so sehr begann ich mich innerlich weiter von Daniel zu entfernen. Besonders verlor ich die Lust mit ihm Sexualität zu leben. Das geschah scheinbar immer dann, wenn meine Grenzen von einem Mann aus meinem Empfinden nicht beachtet wurden oder echte Nähe entstehen konnte. Mein Körper fing an, gefühllos zu werden und sich zurückzuziehen. Damit wurde diese ekstatische Frau, die ich sein konnte, durch bestimmte Auslöser zu einer immer gefühlloseren, körperlichen Hülle. Das führte auch dazu, dass Daniel, der sich nun endlich entschieden hatte, Irmgard für mich verlassen zu wollen, mit dieser Entscheidung tiefes Entsetzen in mir auslöste.

Kurz nach unserer Reise kam er freudig auf mich zu, um mir diese Nachricht zu vermitteln. In dem Moment, in dem er mir sagte: „Ich bin nun ganz frei für dich", wich ich mit erstarrtem Blick vor ihm zurück. Oftmals hat er mir später mitgeteilt, wie schockierend dieser Moment für ihn gewesen war. Innerlich bin ich zu diesem Zeitpunkt schon von ihm getrennt gewesen. Doch wie so oft versuchte ich noch bei ihm zu bleiben, war doch mein Wunsch nach Beziehung, Nähe, Geborgenheit und männlichem Schutz allzu groß. Nur mein Körper wehrte sich mehr und mehr und sollte es noch für lange Zeit tun. Ich bekam immer ärgere Schmerzen, immer öfter wieder Migräneanfälle und letztendlich auch Infektionen von Candida, die es mir unmöglich machten, weiterhin sexuelle Nähe zuzulassen. *Mein Körper war mein bestes Sensorium oder das innere Kind mein großer Blockierer – ich konnte den Unterschied nicht wirklich erfassen.* So musste ich aus jeder Beziehung zu irgendeinem Zeitpunkt wieder gehen. Bei Daniel und mir kam es zum Höhepunkt dieser ausweglosen Situation auf unserer zweiten Reise nach Glastonbury, die wir über die Jahreswende geplant hatten. Endlich war ich zu Silvester nicht einsam und verlassen. Doch als es so weit war, dass Daniel Sex von mir wollte und ich es einfach ohne Lust über mich ergehen ließ, brach eine Kinderstimme aus mir heraus, die aus tiefster Verzweiflung rief: *„Ihr alle missbraucht mich doch immer! Lasst mich endlich in Ruhe! Ich will das alles nicht mehr!"* Hier sprach das kleine, verängstigte, verletzte Mädchen aus mir und es war das erste Mal, dass es sich traute, wahrhaftig zu sprechen und sich zu wehren. Daniel ließ in diesem Moment sofort von mir ab und wir waren beide entsetzt über diese Situation. Da ihm jedoch klar war, was eigentlich mit mir geschehen war, war er weniger verwundert als ich selbst.

Unsere Beziehung war damit aber eigentlich vorbei.

Das endgültige Ende führte ich an meinem Geburtstag herbei, an dem ich ihn noch einmal als Täterin benutzte, um mich zu rächen. Es war genau ein Jahr nach Beginn unserer offiziellen, doch heimlichen Beziehung. Ich verführte ihn auf meinem Küchentisch, dort, wo er mich ein Jahr zuvor genommen hatte, obwohl ich damals krank gewesen war und mich in diesem Moment von ihm eher benutzt gefühlt hatte. Unmittelbar danach sagte ich ihm, dass nun unsere Beziehung beendet wäre. Erstmals fing ich an, mich gegen ungewollten Sex zu wehren.

Dies geschah einen Tag nach seinem 57. und genau an meinem 35.Geburtstag.

Ich musste ihn verlassen. Mein Körper rebellierte auch gegen diesen Mann, obwohl ich meinte, ihn immer noch zu lieben.

Gottfried hatte ich nach meinem damaligen Verstehen von Liebe noch viel tiefer geliebt und musste dennoch gehen, obwohl er meine große Liebe war.

Ich musste in meinem Leben immer wieder gehen, weil ich offenbar jeden Mann verachtete, der mich scheinbar benutzt hatte, und ich fühlte mich von jedem Mann irgendwann benutzt. Mich selbst verachtete ich in dieser Situation noch viel mehr. So war in diesen Jahren meine Märchenwelt, wie ich sie einst leben wollte, endgültig zerbrochen.

Vor allem musste ich verlassen, wenn es zu viel Nähe gab – denn Nähe bedeutete für mich offenbar „Zwang“ – nur in der Distanz konnte ich meine Sexualität genießen, nicht mehr sobald zu viel Vertrautheit dazukam. War nicht mein erster vertrauter Mann mein eigener Vater?

Nachdem ich mich von dem Mann, mit dem ich unbedingt alt werden wollte, mit dem ich fünf Kinder haben und glücklich sein wollte bis an das Ende meines Lebens, getrennt hatte, war für mich scheinbar alles zerbrochen, was ich mir von diesem Leben zutiefst gewünscht hatte.

Mein Leben führte mich danach auf einen Weg, den zu leben ich nicht einmal in meinen Vorstellungen als möglich erachtet hätte.

Nun war auch diese Liebe zu Daniel für mich nicht mehr lebbar geworden.

Ich fühlte mich verzweifelt und zerbrochen.

Ich war zur Gefangenen zwischen Opfer und Täterin geworden.

>Es ist ein Geburtstag tiefster Verzweiflung. Ich habe ihn soeben verlassen. Ich sitze zusammengekauert auf dem Boden und es erscheinen viele Bilder:

Die Dämonen der Vergangenheit holen mich ein.

Ich sehe die kleine Alma, die bereit ist, alles zu tun, nur um geliebt zu werden. Ich sehe sie geschlagen am Boden kauernd, ich sehe sie verzweifelt bettelnd, dass doch die Mutti wieder mit ihr sprechen sollte. Ich sehe ihren Vater, der sie mit gierigen Augen voller Liebe, aber auch Lust zugleich betrachtet. Ich sehe sie, wie sie zu ihm will und doch zurückschreckt vor dieser Nähe. Ich sehe das Mädchen, das immer brav und artig ist und sich nicht traut, sich aufzulehnen. Ich sehe ein Kind, das mit fünf Jahren schwere Migräneanfälle bekommt, ich sehe das sechsjährige Kind, das mit einem schweren Blasenleiden im Krankenhaus liegt und von einer sadistischen Krankenschwester genötigt wird, erbrochenes Essen erneut zu sich zu nehmen. Zu dieser Zeit hat das Kind schon fünf Operationen – davon vier am Bauch – binnen vier Jahren hinter sich. Ich sehe eine Runde von Menschen an einer Tafel sitzen. Es sind um die 30 und die kleine 10-jährige Alma ist lästig oder möchte etwas von ihrer Mutter. In diesem Moment bekommt sie eine schallende Ohr-

feige in Anwesenheit aller. Am liebsten möchte sie im Erdboden versinken vor Scham. Den körperlichen Schmerz spürt sie schon lange nicht mehr, hat sie doch beschlossen, immer stark zu sein. „Ein Indianer kennt keinen Schmerz", wurde ihr schon als kleines Mädchen gesagt. Nur nicht weinen, nur keine Schwäche zeigen. In diesem Moment fühlt sie sich gedemütigt und beschließt, für immer zu siegen, immer die Stärkere zu bleiben, sich niemals unterkriegen zu lassen.

In diesem Moment gibt sie sich selbst auf.

Ich sehe die heranreifende Alma, sie kommt nicht zu der Zeit nach Hause, wie es ihre Mutter von ihr verlangt – sie hat sich ein wenig verspätet. Sie öffnet die Wohnungstüre, es ist kurz nach Mitternacht und sie bekommt wieder einmal eine schallende Ohrfeige. Ich sehe das junge, heranreifende Mädchen, das der Vater immer mehr begehrt. Ich sehe den Vater auf sie zukommen, immer wieder schaut er sie an und sagt: „Meine Güte, siehst du geil aus, wie du geil riechst". Sagt das ein Vater zu seiner Tochter? Ich sehe die 17-Jährige am OP-Tisch, an dem ihr ein Arzt ihre inneren Schamlippen wegschneidet, nachdem ihr drei Jahre lang eingeredet worden war, sie sei eine anormale Frau mit überlappenden, inneren Schamlippen. Sie wäre vielleicht ein Zwitter. Sie hatte keine freie Wahl zu dieser Zeit – sie musste diese „Schönheitsoperation" über sich ergehen lassen, um schön genug zu sein. Ihr wurde ein Teil ihres Körpers und damit möglicherweise ihrer „Lustempfindungen"(zu dieser Zeit stand sie ihrem Vater nicht mehr zur Verfügung) durch die Intervention ihres Vaters einfach entfernt. Ich sehe die 17-jährige Alma, sie lehnt sich das erste Mal gegen die Schläge auf. Die Mutter will ihr wieder eine Ohrfeige geben, doch sie aktiviert alle Kräfte, packt ihre Mutter und drückt sie gegen die Eingangstüre.

Im nächsten Moment bereut sie dies schon wieder: Wie kann sie sich gegen ihre Mutter auflehnen?

Ich sehe die 18-Jährige, die vom Vater wieder aufgefordert wird, ihren Körper schöner machen zu lassen – sie sollte ihre Schlupfwarzen herausoperieren lassen. Ihr Glück ist, dass sie von ihm zu einer

Ärztin geschickt wird – diese hält sie davon ab. Mit dieser Operation wären ihre Milchdrüsen zerstört worden und sie hätte niemals ihre Kinder nähren können.

Auch meinte er, dass es gut wäre, ihre Beine schlanker zu machen…

Sie war ihm nie perfekt genug!

Ich sehe die junge Frau erstmals glücklich mit ihrem ersten Freund Christian. Doch sehe ich auch hier die Dominanz seiner Eltern, gegen die auch er sich nicht wirklich auflehnen kann. Ich sehe Alma erneut am OP-Tisch liegen, ihr Kind wird abgetrieben. Ihr Freund und ihr Vater wollten es so. Ich sehe Alma geliebt von ihrer Großmutter und geliebt von Christians Großmutter, doch kommen immer wieder Bilder der Verzweiflung, Bilder der Sehnsucht, nach Hause zurückzukehren. Ich sehe sie vor der Lade ihrer Mutter, in der die Valium-Tabletten liegen, stehen – sie überlegt, ob sie sie einnehmen soll. Sie malt sich aus, wie es möglich sein könnte, im Tod schön auszusehen. Sie musste doch immer schön sein. Doch ist sie zu eitel, sich umzubringen – um womöglich hässlich auszusehen als Tote.

Sie lässt die Tabletten liegen und bleibt. <

Wie oft schon hatte ich mir all diese Szenen meines möglichen Todes ausgedacht: *„Wie kann ich eine schöne Tote sein?“* An diesem Geburtstag blickte ich in die Vergangenheit, doch dann auch in die Zukunft.

>“*Oh nein, ich sitze hier und weiß, ich muss weiterleben und wenn es nur dafür ist, meine Kinder in ihr Leben zu begleiten und ihnen zu ermöglichen, ein kraftvolleres, freudvolleres und leichteres Leben zu leben.*

Wie sehr ist meine Welt im Moment zusammengebrochen. Immer und immer wieder zerbreche ich. Ich sehe mich als Mutter meiner beiden Kinder, für die ich die allerbeste Mutter der Welt sein wollte. Ich wollte doch alles besser machen, alles schöner gestalten. Ich wollte diesen Kindern einen Start ins Leben geben, der sie glücklich, frei und leicht werden lassen sollte. Und was ist geschehen? Ich bin zerbrochen an meiner Vergangenheit und bin nun hier, gebrochen, verzweifelt und wieder einmal alleine. Wirklichen Halt in diesem Leben geben mir nur meine Kinder, indem ich weiß, dass ich für sie am Leben bleiben muss, am Leben bleiben will.“

In diesem Moment verspreche ich mir selbst, dass ich alles tun werde, damit meine beiden Kinder freier in ihre Zukunft gehen können und meiner Tochter Sophie nicht dasselbe Schicksal widerfahren soll wie mir. *„Noch ist alles im Dunkel, im Nebel, doch da ist etwas, das sich immer mehr ins Licht bewegen möchte, mir zeigen will, was zu tun ist. Ich gebe nicht auf, ich werde es schaffen, ich weiß, dass ich noch ein wunderbares Leben leben werde.*

Irgendwann werde ich meine Mitte gefunden haben.

Irgendwann werde ich eine bewusste Frau sein.

Irgendwann werde ich meinen Kindern ein wahres Vorbild sein können.

Ich gebe meine Hoffnung nicht auf – niemals!“<

Kapitel 6 – Die verzweifelt Suchende

1998-2005

So fing nun meine große Suche an, die Suche nach meinem Lebenssinn, nach dem, was mir Erfüllung bringen sollte, und nach einem Mann, mit dem ich endlich ein schönes Leben kreieren konnte. Es war unglaublich, wie sich durch meine Suche und mein Finden von vielem mehr als uns die sichtbare Welt offenbaren kann, mein Weltbild verändert hatte. Es war vollkommen anders als das jener Gesellschaft, in der ich aufgewachsen war, lebte und arbeitete.

Ich bekam das erste Mal Schwierigkeiten in der Schule, in der ich unterrichtete. Ich hatte im neuen Schuljahr wieder einmal ein Mädchen im Unterricht, das scheinbar Erfahrungen gemacht hatte, die sie nicht verarbeiten konnte. Ihre Reaktion darauf war, immer wieder Anfälle von Hyperventilation zu bekommen, bei denen sie in Ohnmacht fiel. Andere Lehrer holten sofort die Rettung und ließen sie ins Krankenhaus bringen, ich hingegen versuchte, sie achtsam und liebevoll durch diese Situation zu begleiten.

Es stellte sich heraus, dass ihr bester Freund an Drogen gestorben war und sie dieses schreckliche Erlebnis nicht vergessen konnte. Doch ahnte ich noch Schlimmeres hinter all dem und beging die Unvorsichtigkeit, mich um sie zu kümmern. So kam ich erneut in den Zwiespalt meiner Rolle als Lehrerin und als sensible Frau, die sehr bald erkannte, welche dieser jungen Menschen dringend Hilfe benötigten. Ich bot ihr an, bei Daniel – zu dieser Zeit begleitete ich selbst keine Reinkarnationssitzungen – eine Rückführung zu machen, bei der ich dabei sein würde.

Nach telefonischer Absprache mit ihren Eltern, bei der ich den großen Fehler machte, mir ihre Zustimmung nicht schriftlich geben zu lassen, begannen wir mit dieser Arbeit mit Margret. Als dann, wie von mir vermutet, ein Missbrauch durch den Großvater ans Tageslicht kam, zeigten mich die Eltern bei meiner Schuldirektorin an, die, obwohl sie mir wohlgesonnen war, eine Weitermeldung an die katholische Schulbehörde machen musste. Ich wurde danach in der Diözese vom Vorsitzenden für die katholischen Schulen sehr genau befragt. Mit ihm hatte ich ein wunderschönes, offenes Gespräch, an dessen Ende er mich jedoch bat, freiwillig aus dem Schulunterricht auszuscheiden, sobald mein Weltbild mit dem der katholischen Kirche nicht mehr übereinstimmen sollte.

Ich versprach es ihm trotz meiner Überzeugung, dass mein Weltbild sehr tief den christlichen Werten entsprach, die allerdings aus meiner Sicht mit den Werten der katholischen Kirche vielfach schlecht vereinbar sind. Meine Grundhaltung im Leben wurde immer stärker von Achtung, Wertschätzung und Liebe geprägt. Maria, meine Direktorin, stand menschlich so ganz an meiner Seite.

Erst als im nächsten Schuljahr in meiner anderen Schule, an der ich unterrichtete, eine weitere sehr belastende Situation für mich entstand, entschloss ich mich, von der Hilfestellung für Schülerinnen und Schüler Abstand zu nehmen. In diesem Fall ging es um einen Schüler, der zu Hause erzählt hatte, dass ich ihn in den Sommerferien zu mir eingeladen hätte, um mit ihm zu beten. Daraufhin wurde ich wieder zu einem Gespräch aufgefordert, das zwischen mir, der Schuldirektorin, seiner Mutter und seiner Schwester stattfand. Wie dankbar war ich, als auch diese Schuldirektorin, die wie ihre Kollegin aus meiner Stammschule ihr Herz mehr sprechen ließ als ihren Verstand, ganz auf meiner Seite stand, weil sie vermutete, dass Raphael – so hieß dieser Schüler – sich in mich verliebt hätte. Seine Mutter und Schwester gingen jedoch auf mich los und wollten die ganze Schuld für Raphaels Haltlosigkeit an mir abladen.

Erst ein Jahr später, als ich es schaffte, ihn vor dem Suizid zu schützen, weil er mich in seiner Verzweiflung anrief, war ich die geschätzte und bewunderte Frau, nachdem ich seine Schwester ausfindig machen konnte, um sie zu dem Standort, den ich aus ihm herausgelockt hatte, zu schicken. Sein Magen musste tatsächlich ausgepumpt werden. Nach seiner Rettung wurde ich sogar von ihnen gebeten, Raphael weiter zu begleiten, was ich jedoch aus Selbstschutz ablehnte, obwohl er zu dieser Zeit nicht mehr mein

Schüler war.

Allzu sehr verausgabte ich mich bei der Begleitung anderer Menschen. Ich gab stets mehr als mir guttat. Immer wieder versäumte ich es dadurch, meine eigenen Grenzen zu erkennen. In meiner Sensibilität vergaß ich mich selbst zu stabilisieren, bevor ich schadlos anderen geben konnte. Zu nehmen war für mich viel schwerer als zu geben.

Erst durch Daniel lernte ich, auch bedingungslos nehmen zu dürfen. Bis dahin hatte ich immer das Gefühl, dass ich sofort etwas zurückgeben musste, wenn ich ein Geschenk erhalten hatte oder jemand gut zu mir war. Männern war ich bereit, meinen Körper zu geben, den sie doch am meisten wollten – dieser war mein größtes Geschenk an sie!

In diesen schwierigen Situationen in den beiden Schulen wurde ich durch die Schulleiterinnen in jeder Hinsicht unterstützt. Umso schlimmer war für mich, dass bereits im nächsten Schuljahr in beiden Schulen ein Wechsel der Schulleitung vollzogen wurde und an die Stelle dieser respektvollen, achtsamen Frauen ein Direktor bzw. eine Direktorin traten, deren Hauptanliegen Selbstbestätigung und Machtausübung waren. In beiden Schulen wurde binnen kürzester Zeit das Schulklima, vor allem für uns Lehrerinnen und Lehrer, sehr bedrückend. Ich war wirklich froh in beiden Schulen nur wenige Stunden anwesend sein zu müssen, was mir die neue Situation ein wenig erleichterte.

Das Wichtigste in dieser Zeit war für mich jedoch die Suche nach Erkenntnis.

Kurz nach meinem 35. Geburtstag wurde ich von Daniel zu seinem einwöchigen Yoga- und Meditationsseminar eingeladen. Obwohl ich ihn verlassen hatte, betonte er, noch nie zuvor eine Frau so tief geliebt zu haben, und versuchte, mich mit allen Mitteln zurückzuerobern. Als ich dort mein Einzelzimmer betrat, fand ich es geschmückt mit Rosen, Spitzenwäsche, wunderschönen Kleidern und von einem köstlichen Duft durchflutet. Ich genoss es, so verwöhnt zu werden, doch war ich nicht bereit, zu ihm zurückzukehren. Da ich Daniels Erwartungen nicht erfüllen konnte, kam es in den ersten zwei Tagen des Seminars zur Eskalation. Er, der große spirituelle Lehrer, bekam sogar Fieber und wurde krank vor Eifersucht, als er mich mit Sebastian, einem krebskranken Mann, der Leukämie hatte, und mit dem ich mich bloß gerne unterhielt, sprechen sah. Er verließ wutentbrannt den Ort, setzte sich ins Auto und fuhr direkt in unsere Heimatstadt, um bei unserer gemeinsamen Freundin Raphaela Hilfe zu finden. Ich war einfach fassungslos, erfuhr aber zum Glück am Abend großen Trost durch die Worte einer anderen Kursteilnehmerin. Sie sagte zu mir: „Daniel ist ein wunderbarer Lehrer, aber erwarte nicht von ihm, dass er seine eigenen Botschaften auch lebt. *Verwechsle den Boten nicht mit der Botschaft.*" Dieser Satz sollte mir noch viele Jahre helfen, in denen ich verschiedene Ausbildungen machte und niemals Lehrer traf, die die eigenen Lehren authentisch lebten. Diese Botschaft half mir vor allem dabei, mich selbst auf den Weg zur Authentizität zu begeben und stets zu reflektieren, wie weit ich schon imstande war, meine eigene Vision, mein eigenes Wissen, meine eigenen Botschaften, die ich anderen vermittelt hatte, selbst zu leben. Wie oft sollte ich noch zu Menschen sagen: *„Alles, was ich an Euch weitergebe, spreche ich auch zu mir selber, ich bin noch Lehrerin und muss selbst lernen. Erst wenn es mir möglich ist, Meisterin zu sein, kann ich die Menschen mehr durch mein Sein als durch meine Worte berühren. Dann werde ich die Erkenntnisse schon leben, die ich vermittle! Möge mir der Weg dorthin gegeben sein."*

Ich war Anna Maria für ihre Worte sehr dankbar und konnte Daniel dadurch bei seiner Rückkehr stärker mit den Augen der Liebe und Achtung betrachten – auch in ihm hatte sich etwas gewandelt. Er war nun trotz seiner Trauer über unsere Trennung bereit, mir ganz ohne Bedingungen, wann immer ich es brauchte, zur Seite zu stehen. Also bat ich ihn, mit mir in dieser Woche eine Rückführung zu machen. Im Moment meiner Entscheidung kam jedoch zugleich unglaubliche Panik in mir auf, die bewirkte, dass ich vor der vereinbarten Sitzung, in der ich mich meinem Unterbewusstsein weit öffnen sollte, einen unerträglichen Migräneanfall erlitt. Mein Schmerz wollte mich hindern, dorthin zu sehen. Dennoch war ich endlich bereit, mich den Dämonen meiner Vergangenheit zu stellen.

Daniel führte mich in eine tiefe Trance und endlich zeigte sich tatsächlich all das, was mich bis zu diesem Zeitpunkt so halt- und hilflos hatte werden lassen. Alle Erinnerungen brachen durch und ich wusste, dass nun der Weg der Heilung beschritten werden musste, um endlich frei zu werden für mein eigenes Leben. Wie lange das noch dauern würde, nachdem ich durch allen Schmerz gegangen bin, konnte ich zu dieser Zeit nicht ahnen.

Meine erste Reaktion auf all diese Erkenntnisse war Abscheu und Ekel vor Männern und vor sexuellen Begegnungen. Schon der Gedanke daran ließ mich erschauern, auch wenn die Rückführung eigentlich dazu dienen sollte, alte Energien zu verwandeln und neue entstehen zu lassen. Zu tief war der Schmerz, als dass es mir gleich möglich gewesen wäre, mich alleine davon zu befreien. So begab ich mich auf die Suche nach Möglichkeiten der Unterstützung, wobei mir auch die Nutzung der globalen Vernetzung über Internet weiterhalf, obwohl ich damals noch wenig Gebrauch davon machte.

Es war das Jahr 1998, in dem die Suchmaschine *Google* installiert worden war, die heutzutage für niemanden mehr wegzudenken ist. Ich fand alle möglichen Seiten über Familienaufstellungen, Psychotherapien und energetische Heilmethoden, doch nichts, was mich wirklich begeisterte. Zuerst glaubte ich noch, es ausschließlich über den spirituellen Weg zu schaffen, doch war dafür mein Kindheitstrauma zu tief verwurzelt und zu schwerwiegend. Ich überließ mich meinen Meditationen und Visionen, zog mich zurück und bat meine geistigen Helfer, mich auf den richtigen Weg zu führen. Gottfried und meine Mutter, die inzwischen die besten Verbündeten waren, dachten, dass ich nun endgültig verrückt sei. Beide hatten natürlich absolut keinen Zugang zu diesen Welten, die außerhalb der greifbaren Materie lagen.

Also machte ich im Sommer 1998 alleine eine Reise nach Glastonbury, in der Hoffnung, dort meinen Frieden zu finden. Was sich an diesem Platz ereignete, war wahrlich sehr ungewöhnlich und ließ mich manches Mal selbst glauben, ich sei nun verrückt geworden.

Ich begann in englischen Hexametern zu sprechen, sah ständig die Vision einer Frau, die ich scheinbar selbst gewesen war und begegnete dem *Guardian* des *Chalice-Well-Trust*, der mir am Tag meiner Ankunft im Guesthouse *Little St. Michael* mitteilte, dass er in seinem Garten vor kurzem Maria Magdalena als Vision gesehen hatte. Zur selben Zeit sagte der Gärtner zu mir, dass ich dort einmal gelebt hätte, als dieser Garten noch eine unbebaute Ebene gewesen war und dieses Haus mein eigenes gewesen wäre. Es war, als hätte er mich nach lang vergangenen Zeiten wieder erkannt. Außerdem erhielt ich von meiner geistigen Führung den Auftrag mir ein weißes Tauf-Hochzeits-Kleid zu kaufen, welches ich in reiner Spitze in einem Geschäft der Ortschaft fand – ich wurde wie magisch dorthin geführt. Am Weg dorthin wurde ich jedoch Zeugin eines Unfalls, bei dem sich ein Auto direkt vor dem Garten meines Retreathauses überschlug und am Dach liegen blieb – Gott sei Dank ohne Verletzung der Insassen, die unversehrt ausstiegen. Wie in Trance ging ich danach weiter und leitete die Autos um, um den Einsatzkräften den Weg dorthin freizuhalten. Ebenso in Trance kaufte ich dieses sündteure weiße Spitzenkleid mit weißem Spitzenumhang, um unverzüglich wieder in meinen geschützten Garten zurückzukehren, ohne zu wissen, wofür ich es noch benötigen würde.

Was sollte mir dieses Ereignis mitteilen?

Am Abend dieses Tages der seltsamen Ereignisse erfuhr ich bei einem Besuch eines Channel-Mediums namens Solaria, die ich im Jahr zuvor mit Daniel kennengelernt hatte, dass ich in Zukunft noch eine wichtige Aufgabe erfüllen müsste und vielen Menschen Heilung bringen sollte. Sie meinte, ich würde schon beim Betreten eines Raumes anfangen, die Energien der anderen Anwesenden zu transformieren. Außerdem sei ich nun für einen Neubeginn und die Aufnahme des *Holy Grail* in meinem eigenen Innersten bereit. Folgende Botschaft bekam ich von Solaria an meinem letzten Abend vor meiner *mystischen Nacht* an diesem Ort:

"Take in the holy vessel for creation, give the seed of the holy grain into your heart to enlighten the flame of unconditional love and open yourself to the holy spirit to light the flame of the holy grail to be settled into your womb!"(Nimm die Heilige Schale auf,

um zu erschaffen, lege den Heiligen Samen in dein Herz, um die Flamme der bedingungslosen Liebe zu entfachen und öffne dich selbst, um den Heiligen Geist zu empfangen, damit er die Flamme des Heiligen Grals in deinen Schoß legen kann.)

Diese Botschaft erhielt ich am 12.8.1998, der einen Schlüsseltag in meinem Leben darstellte, weil dieses Datum die Quersumme 38 beinhaltete, die wiederum die Summe 11 ergab, die meine Geburtszahl und für mich eine magische Zahl war. Allerdings ergab meine Geburtssumme 29-11. Viel später las ich in einem Numerologie-Buch darüber, dass Menschen, die in der Lebenszahl 29-11 geboren sind, in ihrer ersten Lebenshälfte durch außergewöhnlich schwere Lebensbedingungen gehen müssen, eine Tatsache, der ich voll zustimmen konnte. Vielleicht sollten mir nun der Neugeburtsprozess und diese mystische Hoch*zeit* am 12.8.1998 = 38 = 11 zu einem leichteren Neubeginn verhelfen.

Tatsächlich erlebte ich in der Nacht nach diesem Besuch vom 12. auf den 13. August *in meinem Garten* eine Art Taufe und zugleich mystische Hochzeit mit meinem nicht inkarnierten Seelenbegleiter Michael und hatte auch sonst noch viele andere außergewöhnliche Erlebnisse und Visionen. Ich begegnete meiner zukünftigen geistigen Führerin und Begleiterin Maria Magdalena, die zu meiner Namensgeberin und meiner wichtigsten geistigen Quelle wurde und mich durch mein weiteres Leben begleiten würde. Den Abschluss dieser Nacht vollzog ich im Meditationsraum des Retreathauses, in dem eine Tafel gedeckt war, die symbolisch für Jesus und seine Jünger zur Verfügung stand. Auch dort erfuhr ich Außergewöhnliches und erwachte am nächsten Tag in meinem weißen Spitzen-Brautkleid am Boden in der Mitte dieses Raumes. Ich hatte offensichtlich Fieber und konnte ihn bis Mittag nicht verlassen. Als ich danach wie in Trance durch den Garten wandelte, sprachen mich sämtliche Besucher des Gartens als die Eigentümerin dieser Anlage an, während ich wieder meine Botschaften in meinem Inneren in englischer Sprache erhielt:

Wherever you go, wherever you are,
your blood flows through your body to earth.

You have been born again
out of your own womb,
out of your own blood
into your own life to be.

(Wo immer du gehst, wo immer du bist,
fließt dein Blut durch deinen Körper in die Erde.
Du wurdest wieder geboren
aus deinem eigenen Schoss,
aus deinem eigenen Blut
um in deinem Leben zu sein.)

Now you have filled the vessel again
with all your essences of life.
Be a new child, a new virgin,
the new WOMAN and mother
again and again
for all those are to be!
Let it be, let it be, let it be!

(Nun hast du die Schale wieder gefüllt
mit allen deinen Lebensessenzen.
Sei ein neues Kind, eine neue Jungfrau,
die neue FRAU und Mutter
wieder und wieder
für alle jene, für die du es zu sein hast!
Lass es geschehen, lass es geschehen, lass es geschehen!)

And let the life flow!
Give love and happiness,
kindness and warmth
with patience and grace,
with trust and faith,
them they are with you.

(Und lass das Leben fließen!
Gib Liebe und Freude,
Sanftmut und Wärme
mit Geduld und Anmut,

mit Vertrauen und Glauben,
denen, die mit dir sind.)
Be more than you believe
and give all you can give.
But always know, you have to trust.
Now on then Love, begin to love
the all of you, the all of us.

(Sei mehr als du zu glauben vermagst
und gib all das, was du geben kannst.
Aber wisse jederzeit, es gilt zu vertrauen.
Nun denn du Liebe, beginne zu lieben
All die Deinen, all die Unseren.)

Ein wenig verrückt schien ich in dieser Zeit wahrlich geworden zu sein. Ich war überflutet von Energien, die mir bis vor kurzer Zeit noch nicht einmal denkbar gewesen waren, weil ich sie für viele Jahre meines Lebens nicht mehr erleben konnte. Was ich in diesem Garten erfuhr, war erstmalig das Gefühl, Eins-Sein und Ekstase auch ohne Sexualität erleben zu können. Ich machte dort ganz außergewöhnliche Einheitserfahrungen mit der Natur und ihren Wesenheiten – mit einem Schmetterling, mit einer Libelle und einem Dachs, der mich in der Nacht dort immer wieder aufsuchte. Ich erfuhr Einheit mit der heiligen Quelle des *Chalice Well* von Glastonbury und mit den Rosen in diesem Garten.

Ich fühlte mich eins in jedem Moment.

Außerdem hatte ich dort eine Vision von Sebastian, jenem krebskranken Mann, der, wie ich später erfuhr, genau zu diesem Zeitpunkt in Österreich einen englischen Spender für seine Leukämieerkrankung bekam.

Allerdings lernte ich in diesem lichten Umfeld auch einen ehemaligen irischen Priester kennen, der durch Folterungen der IRA für lange Zeit seine Sprache verloren hatte. Er war mit seiner allzu jungen Lebenspartnerin in Glastonbury auf Urlaub und versuchte mein Vertrauen zu gewinnen. Erst einige Wochen später musste ich über unseren Briefwechsel erkennen, dass dieser Mann ein Schwarzmagier war, der mich in seine Energie hineinziehen wollte und sich gewünscht hätte, schwarze sexualmagische Begegnungen mit mir und seiner scheinbar von ihm abhängigen Geliebten zu erfahren. Ich war froh mich aus dieser Geschichte über die Distanz unverzüglich gut zurückziehen zu können.

In dieser Situation durfte ich erkennen, wie nahe Licht und Dunkelheit einander sind und dass an Plätzen, an denen viel Licht ist, die Schatten ebenso zu finden sind.

In diesen Tagen war ich so tief in diese mystische Welt eingetaucht, dass ich beinahe nicht mehr nach Hause zurückgekommen wäre.

Am frühen Morgen meiner Abreise nach Österreich hatte ich eine weitere Vision: *Ich sah meinen Nachbarn von zu Hause verstorben in seinem Bett liegen.*

Es war der 15.8. um 6 Uhr früh – es hätte mich ein bestelltes Taxi abholen sollen. Der Taxifahrer hatte auf mich vergessen, obwohl ich ihm noch von der letzten Fahrt 10 Pfund schuldete. Vielleicht war diese Panne durch meine große Abwehr bezüglich der Heimreise entstanden. Ich wollte nicht zurückfliegen. Beinahe hätte ich dadurch den Bus nach London versäumt. Meine Rettung waren Bäcker, die mich auf ihrem Weg zur Arbeit in ihrem Auto mitgenommen hatten und mit mir zur Busstation fuhren.

So tief wie in dieser Zeit war ich weder zuvor noch danach in das Spirituelle eingetaucht. *Tatsächlich erschienen mir diese Visionen manchmal auch an der Grenze zum Wahnsinn.* Ich bewegte mich tatsächlich auf einem dünnen Seil. *Sind denn nicht die Hexen die sogenannten „Zaungeherinnen" – die Vermittlerinnen zwischen den Welten? Ich war und bin gewiss eine von ihnen – eine, die Gutes durch die Welten vermitteln will.*

Die gesamte Reise hatte ich auch in einem Zustand von Trance erlebt. Somit kam ich nach Hause zurück in meine Realität und erfuhr, dass mein Nachbar tatsächlich an diesem Maria Himmelfahrtstag in aller Frühe verstorben sei. Mir wurde unvermittelt klar, dass es mir möglich war, Seelen auf ihrer Reise nach Hause zu begleiten, wenn ich von ihnen gerufen wurde. Herr Huber ging in meiner Wahrnehmung erst bei seinem Begräbnis mit meiner intensiven Unterstützung in sein eigenes Licht.

Dieser Mann war der Erste, dessen Seele ich auf liebevolle Weise ins Licht begleitet hatte.

Ich selbst war zurückgekehrt in meine Alltagswelt, wo ich mich nur sehr schwer zurechtfinden konnte. Ich war in meiner Spiritualität und den Erfahrungen der letzten Wochen so versunken, dass ich nach meiner Rückkehr sofort begann, alle drei Teile von *Die Nebel von Avalon* zu lesen. An meine Wände hängte ich Bilder englischer Frauen von Malern aus dem 19. Jahrhundert. Ich selbst tauchte so tief ein und blieb in dieser Welt von Avalon gefangen, fern jeglicher Realität. Doch bald war dieser Sommer zu Ende und ich musste zurück in die Welt als Rechtslehrerin, welche für mich einen fast unüberwindbaren Kontrast zu meiner Parallelwelt darstellte.

Gottfried tauchte wieder auf in meinem Leben, gerade getrennt von seiner Partnerin. Wieder einmal war er der Mensch, der mich von dieser Lebensphase in die nächste begleiten sollte. Da er der einzige Mann war, der mir jemals einen Hauch von Geborgenheit vermittelt hatte, war auch er es, der mir wieder half, zu meiner gelebten Sexualität zurückzufinden. Er begleitete mich bei diesem Prozess liebevoll und achtsam und heilte damit vieles, das mich in unserer Ehe so sehr verletzt hatte. Mit ihm war es mir möglich, mich wieder auf meine Gefühle einzulassen und mich zu öffnen. Damit konnte nun auch ich die Verletzungen, die ich ihm am Ende unserer Ehe und danach zugefügt hatte, wieder bei ihm heilen. Wir kamen uns unglaublich nahe. Aus diesem Grund bat ich ihn, mit mir an jenen Ort in Italien zu fahren, an dem wir unser erstes Liebeswochenende vor 13 Jahren verbracht hatten. Ich war bereit, alle Karten auf den Tisch zu legen, um endlich Reinheit und Klarheit in unsere Vergangenheit zu bringen und das Geheimnis zwischen uns, das ich niemals ausgesprochen, das mich aber als wahrheitsliebender Mensch sehr belastet hatte, endlich zu lüften. Wir fuhren gemeinsam nach Grado und genossen eine schöne, kurze, aber sehr intensive Zeit miteinander.

Dort erzählte ich ihm alles, was bisher nie ausgesprochen worden war, vor allem auch von dem Betrug mit dem rumänischen Straßenmusiker und bat ihn dafür um Verzeihung. Im Gegenzug bat ich ihn, mir die Wahrheit über seine Beziehungen zu Frauen zu sagen und mir mit Ehrlichkeit und Offenheit zu begegnen. Doch er behauptete weiterhin, mich niemals betrogen zu haben. Er wollte weiterhin mit einer reinen Weste dastehen. So sollte und wird es wohl dabei bleiben – ich werde niemals erfahren, wie es tatsächlich war. Vermutlich ist es tatsächlich nicht relevant für mich, dies in diesem Leben aufklären zu können, auch wenn es mich noch lange Zeit nicht in Ruhe lassen würde. Er war und ist einfach ein Meister in der Vertuschung der Wahrheit – dafür auch ein hervorragender Rechtsanwalt. Und dennoch ein Mann – ein Mensch, den ich immer lieben werde.

Warum können wir Menschen es nicht lassen, uns immer wieder durch die Vergangenheit zu belasten? Wie viel leichter wäre es doch für uns alle, nur im Hier und Jetzt zu leben, ohne ständig die Vergangenheit zurückzuholen oder uns vor der Zukunft zu ängstigen! Lange noch sollte mir das nicht wirklich gelingen. Immer und immer wieder projizierte ich die Ängste meiner Vergangenheit auf die Zukunft und war nicht fähig, mich von den Schmerzen meiner Vergangenheit zu befreien.

Dennoch fuhr ich sehr erleichtert von unserem gemeinsamen Wochenende nach Hause und hatte nun nach fünf Jahren endlich kein Geheimnis mehr, das ich mit mir herumtragen musste. So sehr ich selbst nicht die Unwahrheit sprechen wollte, belasteten mich auch Unehrlichkeiten anderer Menschen, wurde ich doch schon in ganz jungen Jahren durch meine Mutter damit konfrontiert. Sie ist ein Mensch, der es für wesentlich sinnvoller erachtet, nicht immer die Wahrheit zu sprechen, weil doch Notlügen ihrer Meinung nach das Leben vielfach erleichtern. Mein geschiedener Mann schien dasselbe Prinzip zu vertreten.

Ich habe dazu eine andere Meinung.

Ich konnte nach meiner Begegnung mit meinem Ex-Mann nicht nur die Wahrheit in meinem Leben wieder herstellen, sondern mich auch mehr und mehr einer neuen Sexualität öffnen. Wir beide schafften es leider dennoch nicht einander wiederzufinden.

Die nächste Aufgabe, die ich in diesem Herbst zu erfüllen hatte, war vor allem die Begleitung von Sebastian, jenem krebskranken Mann, den ich bei Daniels Seminar kennengelernt und ab diesem Moment ein wenig auf seiner letzten Lebensreise begleitet hatte. Schon kurze Zeit, nachdem ich aus Glastonbury zurückgekehrt war, begegnete ich Sebastian wieder, der mir erzählte, dass er in dem Moment, als er erfahren hatte, er würde durch einen englischen Spender eine Überlebenschance für seine Leukämie erhalten, mich als *Engel* vor ihm erscheinen sah. Ich hatte offensichtlich parallel zu ihm in England meine Vision gehabt. Wie sehr wir tatsächlich alle miteinander verbunden sind, ist schon faszinierend. *Sollte es mir gegeben sein, mich unbewusst in entscheidenden Situationen für Menschen als Schutzengel zu Luzmarsol zurückverwandeln zu können?* Möglicherweise war es in seinem Fall so geschehen – seine Knochenmarktransplantation durfte er dennoch nur 33 Tage überleben. Jeden Tag hatte ich mich mit Sebastian energetisch verbunden. Plötzlich bemerkte ich in der Nacht vom 12. auf den 13. Oktober eine große innere Unruhe, zündete eine Kerze an und begann intensiv für ihn zu beten. Als ich dann um ca. 00:30 Uhr einschlief, tauchte ich in einen verwirrenden Traum ein:

Ich betrat Sebastians Krankenhauszimmer und sah ihn im Bett liegen. Er war scheinbar schon gestorben, weil an seinem Bettende weinend seine Freundin kauerte. Unverzüglich ging ich zu seinem Körper und forderte ihn zum Tanzen auf. Wir tanzten durch das ganze Zimmer – dann legte er sich wieder hin, um in Frieden zu sein und gehen zu können.

Sein Vater hatte mir am nächsten Tag erzählt, dass er tatsächlich um 00:30 Uhr verschieden sei. Somit hatte ich zum Abschluss mit ihm getanzt, um seiner Seele Flügel zu verleihen. Hatte doch schon Khalil Gibran in seinem Buch *Der Prophet* geschrieben: „*Und wenn die Erde deine Glieder fordert, so wirst du wahrlich tanzen!*“ Ich las diesen Text seinem Vater vor, als dieser mir am 29. Oktober 1998 Sebastians Kater brachte. Meine Tochter Sophie hatte nach Sebastians Tod gemeint, es wäre unsere Aufgabe, ihn zu uns zu nehmen, weil er sonst nach ihrem Gefühl auch sterben würde. Sie hatte das Tier nie zuvor gesehen, sondern nur kurz von dessen Existenz über Sebastian erfahren, als er einmal zu uns auf Besuch gekommen war. Somit wurde ich erstmals in meinem Leben auch Besitzerin eines Tieres, etwas, das ich nach meiner Kindheit nie wirklich sein wollte. Unser neuer Kater bekam den Namen *Raphael* – wie der *Erzengel der Heilung*. Er sollte mich noch 13 Jahre durch viele Höhen und Tiefen meines Lebens begleiten.

Somit war dieser Herbst 1998 von einer großen Vielfalt geprägt. Ich durfte einen Mann auf seiner letzten Reise begleiten, bekam als Nachlass mein erstes Haustier, das für mich sehr wichtig wurde und öffnete mich neuen Lebensmöglichkeiten. Raphaela, die sich nun langsam immer mehr von mir zurückzog und mich auch immer wieder auf verletzende Weise spüren ließ, dass nun eine andere Frau meinen Platz eingenommen hatte, verlor ich als Freundin. Sie stellte mir jedoch einen jungen Fotografen vor, der mich in ihrer Boutique gesehen hatte und unbedingt von mir Fotos machen wollte. Dieser junge, schüchterne Mann erweckte nach dieser sexuell ruhigen Zeit wieder meinen Jagdinstinkt. Wir fuhren gemeinsam in einen schönen Herbstwald, in dem er wirklich sehr beeindruckende Stimmungsbilder von mir machte. Danach lud ich ihn zu mir nach Hause ein und verführte ihn. Erneut wurde ich zum lustvollen Weib, was diesen jungen Mann vollkommen überforderte, wie er mir kurze Zeit später erzählte. Da er meiner allzu intensiven Sexualität nicht gewachsen war, war unsere Liaison nur von kurzer Dauer. Er meinte, er hätte Angst, von mir vollkommen überrollt und vernichtet zu werden – ich sei ihm einfach viel zu wild und dominant gewesen. Eine Aussage, die ich auch immer wieder von meinem Ex-Mann zu hören bekam.

Ich jedoch war wieder offen für Neues.

Kurz darauf tauchte ein weiterer Mann in meinem Leben auf. Sein Name war Martin. Zu diesem Zeitpunkt unterrichtete ich auch Recht im Training für zukünftige Unternehmer. Als ich das erste Mal den Unterrichtsraum betrat, sah ich ihn sofort. Er war ein ausgesprochen attraktiver Mann, der jedoch in seinem Wesen laut und ungehobelt war. Es funkte zwischen uns sehr heftig, doch es war klar, in welcher Position wir zueinander standen. Irgendwann – nachdem er seine Prüfung bestanden hatte – stand er ohne Vorankündigung überraschend vor meiner Wohnungstüre, verunsichert und mit einem Strauß Blumen in der Hand. Ungeschminkt und unvorbereitet öffnete ich ihm die Türe und wusste nicht, wie mir geschah. Ich selbst war peinlich berührt, weil ich zu diesem Zeitpunkt meine perfekt geschminkte Maske nur vor einem Mann fallen ließ, mit dem ich Sex oder eine Beziehung hatte. Ohne Umschweife meinte Martin, dass ich seine absolute Traumfrau sei, er jedoch seit 10 Jahren mit einer anderen Frau liiert wäre, die er nächstes Jahr heiraten würde. *Was wollte er dann von mir?*

Es war für ihn klar, seine Partnerin nicht zu verlassen, dennoch hatten wir einige außergewöhnliche Begegnungen. Wir küssten einander innig und liebevoll, doch sollte niemals mehr geschehen – zumindest nicht in dieser Zeit.

Erst viele, viele Jahre später, an einem wunderschönen Moor-See in der Obersteiermark, sollte unsere Begegnung durch eine wunderbare Vereinigung einen Abschluss finden.

Wann immer er mich besuchte, merkte ich, dass dieser Mann, dem es vollkommen an Manieren mangelte, in meiner Gegenwart – vor allem in meinem Zuhause – einem magischen Wandel unterlag. Er wurde weich, achtsam, respektvoll und sprach mit anderen Worten, die ihm anscheinend selbst fremd erschienen, zu mir. Er bekam dabei allerdings Angst vor seiner eigenen Persönlichkeit, weil auch er selbst diese Veränderung an sich wahrnahm und so immer wieder vor mir flüchten musste. Immer wieder behauptetet er, dass mein Wesen ihn zu einem vollkommen anderen werden ließe. Er schrieb mir wunderschöne, berührende Liebesbriefe und wir beide spürten eine tiefe Liebe zueinander, die allerdings nicht gelebt werden konnte.

Als ich am 14. Dezember mit einer großen Frauengruppe bei einem von Raphaela inszenierten *Moden-Schauspiel* auf einer Bühne mitwirkte, erschien Martin, um mich bei meinem Auftritt zu sehen. Er kam, um sich auch dort ungehobelt und respektlos zu benehmen. Dies war jedoch nicht das einzige Verhalten, das mich an diesem Abend verletzte. Mein erster Auftritt bedeutete ein Eintreten in eine neue Lebensebene und leider das endgültige Ende der Freundschaft mit Raphaela. Sie hatte sich bei den Proben mir gegenüber von Mal zu Mal achtloser verhalten. Sie war eine Meisterin des Machtmissbrauchs und der Manipulation und ich war immer noch – auch für Frauen – das perfekte Opfer, weil ich mir meines Wertes nicht bewusst war. Unterstützt hatte mich dort Astrid, eine andere Freundin, die ich durch Daniel kennengelernt hatte und die Raphaela vehement in ihre Schranken wies. Diese Frau sollte mich dann allerdings ebenfalls neun Jahre später sehr verletzen. Sie eroberte sich mit der Masche, die helfende Vermittlerin sein zu wollen, den Mann, der die zweite große Liebe meines Lebens war, eine Woche, nachdem ich mich von ihm unter großem Abschiedsschmerz getrennt hatte.

Wie das Leben so spielt! So gibt es wohl einen ständigen Wechsel zwischen Opfer, Täter, Freund, Gegenspieler, Liebe, Hass und vielen weiteren Polaritäten. Ich lebte mit diesen Polaritäten für lange Zeit in den Extremen. Für mich gab es nur schwarz oder weiß, aber so gut wie nichts dazwischen. Somit passte bei dieser Modenschau meine Solo-Rolle perfekt zu meiner Außenwelt. Ich versenkte mich auf der Bühne in einem wunderschönen Brautkleid in den Dornröschenschlaf, um mich erst Jahre später selbst aus diesem Schlaf zu befreien. Raphaela las während meiner Performance den von ihr selbst verfassten Text:

Dornröschen schläft
und stirbt zugleich.
Im Tod wird sie geboren,
durch viele Reiche wird sie gehen,
das alte Leben fliehen sehen.

Sie wird nicht wissen,
wer sie ist,
noch was mit ihr geschehen.
Erst wenn sie ganz sich selbst vertraut,
der Spinne Bilder bricht,
wird strömen ihrer Seele Flut,
ihr Herz entflammen sich.

Und wenn der neue Tag beginnt
wird staunend sie erwachen.
Die Braut des Lebens wird sie sein
und über Tode lachen.

Diese Frau, die mich während der Proben vor allen anderen immer wieder demütigte, hatte für mich diesen wunderbaren Text formuliert, dessen Inhalt mir erst viel später Erkenntnis brachte.

Aus meinem Leben musste ich sie ziehen lassen.

Raphaela ist eine Frau, die mich auf *meinen Weg* gebracht hatte, auf meinen Weg nach Bewusstheit zu streben – dafür bleibe ich ihr immer in großer Dankbarkeit verbunden.

In meinem Leben kommen und gehen Menschen, wenige bleiben dauerhaft – das gilt für Männer wie für Frauen – zurück bleibt oftmals tiefe Einsamkeit.

Allerdings stellte sich mir immer wieder die Frage, wie lange Dornröschen auf die Erlösung durch den Prinzen warten würde, bevor sie selbst bereit ist, ihre eigene Erlösung zu feiern?

Sieben Jahre später hatte ich es im Jahr 2005 in einem Tanz zum Ausdruck gebracht, wie sehr ich bereit sein wollte, mir selbst die Befreiung zu ermöglichen, nicht weiterhin auf die Errettung durch einen Prinzen zu warten. Ich tanzte mich selbst in die Freiheit, in der Hoffnung, danach endlich wirklich meinen Weg zu finden. Es war die Begleitperformance der Präsentation eines Kartensets einer lieben Bekannten, die ein Märchentarot auf den Markt gebracht hatte. Dieses Ereignis hatte mich zu einer märchenhaften Rückschau auf mein Leben gebracht:

Wie im Märchen?

Ich bin Dornröschen, bin Schneewittchen,
bin Rotkäppchen und Rapunzel,
sowie auch Aschenputtel.
Von jeder ist ein Teil in mir.

Ich hatte kein geborgenes Zuhause.
Ja doch, im Heim von meiner Großmama,
da war ich sicher und behütet,
da war es warm und liebevoll,
da war gar niemand, der mir etwas antat,
da waren mir Schutz und ganz viel Liebe auch gegeben.

Rotkäppchen liebte diese alte Frau mit ihrem Silberhaar.

Doch draußen dann, da war die Welt oft anders,
das kleine, zarte Mädchen war voller Angst
und wusste nicht, wie sie aus ihrer Ohnmacht
sich befreien sollte.
Dann kam die Zeit der Jugend und des Reifens
Und immer tat sie, was von ihr gefordert,
um nur nicht noch mehr Schmerzen zu erleiden.
Sie war ein braves und gescheites Mädchen,
jedoch erlebte sie viel Leid sowie Erniedrigung.
Der Vater war nicht Vater ihr.
Und seine Frau, die böse Stiefmutter mit ihren Töchtern,
die ahnte wohl, was da geschah,
war voller Eifersucht, erfüllt mit Hass und Gram,
sodass das Mädchen dort im Haus,
im Kreise dieser bösen Frauen
noch mehr Demütigung erfahren musste.

Wie arm und hilflos doch auch Aschenputtel war.

Und auch die Mutter war gar jung,
als sie das Kind gebar,
so sehr nicht wahrlich Mutter –
auch wenn sie sich stets sehr bemühte.
Das Mädchen liebte langes Haar,
doch immer ließ es ihre Mama schneiden.

Rapunzel, oh Rapunzel,
was war aus deinem langen Zopf geworden?
Warum wurde dein Körper noch weiter dir beschnitten?
Was dir geschah ist doch die Sitte Afrikas.
Sie meinten, du seist keine wahre Frau.
Um keinem Liebsten Einlass zu gewähren?

Und irgendwann dann resignierte sie.

Schneewittchen schläft und weiß noch nicht,
was ihr geschehen ist.
Sie ist betäubt und wartet auf den Märchenprinzen.
Und ebenso ergeht es auch Dornröschen,
sie ist im todesgleichen Schlaf.

Wie wunderbar muss doch der Schlaf der Unschuld sein,
wenn nicht die Nächte wären gefüllt mit bösen Träumen,
mit Angst und Schrecken, lauten Schreien,
mit all den Bildern,
die sich immer wieder zeigen und nicht vergehen wollen.

Für kurze Zeit war dann Schneewittchen
gar glücklich und zufrieden.
Der Märchenprinz war auch der Vater ihrer Kinder.
Doch was im Märchen lebbar ist,
ist nicht genauso hier in unserer Welt.

Schneewittchen, Aschenputtel und Rapunzel,
die haben ihren Prinzen bald gefunden,
den Mann, der alles für sie war –
vermeintlich auch ein Leben lang.

Sie hier in diesem Leben
war schon nach kurzer Zeit des Glücks geschieden –
zerbrochen war die heißersehnte, heile Welt.
Rotkäppchen war im Tod der Großmama
ein bisschen mit gestorben.

Und was ist mit Dornröschen?
Ein wenig schläft sie immer noch,
doch spürt sie ganz im Innersten,
dass sie sich nur durch sich erretten kann.
Den Frieden und die Liebe
zuerst in ihrem Inneren erfahren muss,
damit im Außen sich
das Glück einstellen kann,
nach dem ihr Herz zutiefst sich sehnt,
mit diesem Märchenprinzen,
der gar nicht mehr ein Prinz sein muss,
nur einfach ganz und gar ein Mann,
der Herz und Geist in sich vereint.

„Erst wenn sie ganz sich selbst vertraut,
der Spinne Bilder bricht,
wird strömen ihrer Seele Flut,
ihr Herz entflammen sich“
Erst wenn sie wahrlich ihren Wert erkennt
und weiß, welch wunderbares Wesen in ihr ist
wird auch ihr Herz verströmen sich!
Und Leben wird aus diesem Ohnmachts–Tode sich entfalten,
das wahre Leben,
das ihre ganze Schönheit wird zum Ausdruck bringen,
sie strahlen, leuchten und erblühen lassen.

Sie ist so dankbar hier in diesem Sein,
da sie nun weiß, dass nicht der Prinz
sie hier in dieser Welt erlösen kann,
nur sie sich selbst
mit ihrer eigenen Liebe,
eigenen Kraft.
Und in der Einfachheit und Demut,

in der sie sich dem Großen Ganzen hingibt,
wird alles nun geschehen,
was dieses Leben Gutes ihr
noch anzubieten hat.

Ich danke sehr dem Schöpfer allen Seins
für alles, was ich habe, was ich bin.
Und ich verneige mich vor meinem Leben hier auf Erden.
Ganz still und friedvoll
will ich nun in mir
die Braut des Lebens sein.

Nicht mehr im Leben schweben
wie bisher.

Ich will das Leben endlich LEBEN.

Bis dahin sollten dann aber doch noch so einige Jahre vergehen – bis ich bereit war, aus Verrücktheit, krankmachenden Beziehungen und meiner Opferrolle auszusteigen!

Doch nun erlebte ich bei diesem sehr weiblichen Schauspiel mit dem Titel *Frauen und Licht* meinen ersten Bühnenauftritt, dem dann noch einige folgen sollten – Schritt für Schritt entfalteten sich meine künstlerischen Fähigkeiten, die ich immer mehr durch den Tanz auszudrücken vermochte.

Sehr bald sollte ich mich auch als Frau mit starken Heilkräften erkennen.

Die Weihnachtsferien verbrachte ich in diesem Jahr wieder in Glastonbury, während Gottfried die Kinder übernahm. Wie dankbar war ich, mit ihm einen so außergewöhnlich fürsorglichen und liebevollen Vater für unsere Kinder zu haben! Dennoch hatten wir beide unsere subtilen Waffen, die wir noch viele Jahre gegeneinander ausspielen sollten. Er manipulierte mich einerseits über eine gewisse finanzielle Abhängigkeit, in die ich durch den Kindesunterhalt gekommen war, weil ich ja mit meinen unregelmäßigen Arbeitszeiten und Lehraufträgen kein wirklich gesichertes Einkommen hatte und andererseits noch stärker mit seinen zynischen und abwertenden Aussagen über mich als Frau. Er schaffte es immer wieder, dass ich mich von ihm über all die Jahre erniedrigt fühlte.

Ich besaß eine andere Macht, jene der sexuellen Abhängigkeit, in die ich Männer sehr leicht bringen konnte und mit der ich auch häufig zur Täterin geworden war. Es war eine Waffe, die ich noch für lange Zeit einsetzen sollte. Es war dies jedoch gleichzeitig eine, die es mir selbst erschwerte, mich von meinen Ex-Partnern ganz zu befreien, weil auch ich damit in den alten Abhängigkeiten blieb. Am längsten sollte ich an Gottfried, nein – noch länger an meinen Vater – gebunden bleiben, bevor ich wirklich bereit war, eine echte, tiefe und liebevolle Beziehung leben zu können. Oftmals verurteilte ich mich dafür zutiefst, doch war die Lust der Jägerin zu groß, immer wieder eine neue Beute zu erobern. Ich genoss meine Macht, weil ich erkannte, jeden Mann dorthin bringen zu können, wo ich ihn haben wollte, ob jung oder alt. Mir ging es oftmals gar nicht so sehr darum, die Beute zu erobern und zu erlegen, vielmehr reichte mir schon das Erkennen, dass ich diesen Mann ins Bett bringen konnte. Immer subtiler und ausgereifter wurden meine Taktiken des Verlockens. Ich beherrschte sie bis zur Perfektion und genoss dies über viele Jahre. Das Schlimmste dabei war jedoch meine Selbstverurteilung, die mich, statt mich zu bemen immer gut.freien, noch tiefer in das Ganze eintauchen ließ. Irgendwann wurde mir dann doch bewusst, dass ich damit ständig Bestätigung suchte – *die Bestätigung von außen, die ich mir selber als Frau mit geringem Selbstwert nicht geben wollte.*

So tappte ich auch in Glastonbury beinahe in meine eigene Falle. Die ewig verlockende Frau wurde beinahe wieder ein Opfer ihrer eigenen Verführungskünste. Ich lernte in diesem so heiligen, lichtvollen Guesthouse *St. Michael*, in dessen Garten sich der *Chalice Well* befindet, ein Paar kennen. Die beiden schienen mir etwas seltsam zu sein, ganz besonders die Frau, die manchmal in einer eigenen unbekannten Sprache redete. Kurz darauf erfuhr ich, dass der Mann seine Partnerin kennengelernt hatte, nachdem sie Jahre lang alleine in der Natur gelebt und ein quasi autistisches Leben nur mit

Tieren geführt hatte. Es erinnerte mich an den Film *Nell*, in dem es auch um eine Frau geht, die ihre eigene Sprache hat und in der Gesellschaft sozialisiert werden soll. Schon als ich diesen Film das erste Mal gesehen hatte, wunderte ich mich über die Anmaßung anderer Menschen, die behaupten, sie wüssten, welches Leben für einen Anderen das richtige sei.

Wer kann das schon bestimmen? Aber mir ging es ja nicht wirklich anders. Nicht umsonst war ich ständig auf der Suche nach dem, was ich wirklich leben wollte. War ich doch so lange ein immer braves und angepasstes Mädchen und später eine anständige, wohlerzogene junge Frau gewesen. Ganz sicher konnte ich kein Leben in einem klassischen Beruf als Juristin leben, so wie man es von mir erwartete und ganz besonders meine Mutter es von mir verlangen wollte. Nein, ein Leben in dieser engen Struktur passte ganz und gar nicht zu mir. Als junge Frau konnte ich daher gar nicht anders als zu rebellieren, ist doch die Rebellin der Gegenpol des angepassten Kindes, so wie die Heilige den Gegenpol zur Hure darstellt, wobei aber immer beide zwei Seiten derselben Medaille bilden. Vermutlich war auch das der Grund, warum ich ständig zwischen den Welten pendelte, in der Hoffnung, eines Tages das Pendel in seiner Mitte – dem Ort der Stille – zu finden. Als Lehrerin begann ich schon früh, meinen Schülern und Schülerinnen andere Werte zu vermitteln, Werte der Gerechtigkeit und nicht des menschlichen Rechts, das doch wahrlich niemals gerecht sein kann. Daher war es mir schon immer wichtig, ihnen einen Film wie *Nell* und andere Filme dieser Art zu zeigen, um ihr Bewusstsein zu schärfen.

Irgendwie war ich fasziniert von der Begegnung mit diesem seltsamen Paar in Glastonbury, in der eine junge, haltlose Frau scheinbar in die Fänge eines manipulativen Mannes geraten war. Sie war bereits die zweite junge Frau an diesem Ort, die mir zeigen sollte, wie schlimm sich die Abhängigkeit von missbrauchender, männlicher Energie auswirken konnte. Die eine war zu seinem Fetischlustwerkzeug geworden, so wie ich es im Sommer desselben Jahres erlebt hatte, die andere unterwarf sich einem Mann, der behauptete, einen heilenden Penis zu haben. Auf diesem Weg schaffte er es, viele Frauen zum Sex mit ihm zu bringen, um anschließend an das Geld dieser Frauen zu kommen, die ihn für seine Heilung bezahlen mussten. Er erzählte mir seine Geschichten und auch ich ließ mich einlullen – bis ich unvermutet erwachte.

Welch ein Wahnsinniger, dem ich da begegnet war!

Ich entkam diesem Mann nur knapp. Er übte seine Macht so subtil aus, dass auch ich ihm fast verfallen wäre. Er lag schon in meinem Bett, aus dem ich ihn in einem Lichtblick der Erkenntnis voller Entsetzen hinauswarf – glücklicherweise bevor ich mit ihm Sex hatte. Offensichtlich hatten mir meine unsichtbaren Helfer rechtzeitig die Augen geöffnet und mich aus meiner Trance erweckt. Damit war für mich der Zauber dieses Platzes endgültig verloren gegangen. Seit dem Sommer gab es außerdem neue *Guardians* an diesem Ort, ein Ehepaar, das nicht mehr den Geist der Quelle erfassen konnte. Die beiden wollten aus diesem Ort der Stille ein großes Zentrum machen. Ich trat mit der Quelle des *Chalice Well* in geistige Verbindung und erfuhr, dass sich hier einiges gewandelt hatte. Die Antwort der Quelle auf meine Frage, was denn hier anders sei, war folgende:

"Beloved soul, not more you can connect to the inner, deepest spirit of the place – my power has gone as the human beings here don't honor anymore my power and never close the Well for recreation of my source. Before we were connected in the one soul, the one heart, the one spirit, but now the energy has shifted to the material world to which the most of you belong. Take care of yourself, beloved sister, and blessings are with you.“

("Geliebte Seele, du kannst dich hier nicht mehr mit dem innersten tiefen Geist dieses Platzes verbinden. Meine Kraft ist vergangen, weil die menschlichen Wesen hier nicht mehr meine Kraft wirklich ehren und nie mehr den Deckel des Wells für die Erneuerung meiner Quelle schließen. Davor waren wir verbunden mit der einen Seele, dem einen Herz, dem einen Geist, aber nun hat sich die Energie zur materiellen Welt verwandelt, zu welcher die meisten von Euch gehören. Passe auf dich auf, geliebte Schwester, und sei gesegnet.“)

Solange ich dort war, schloss ich jeden Abend den Deckel der Quelle, was zur Erneuerung ihrer Kraft unbedingt notwendig war, wie mir auch schon im Sommer der Gärtner dieser Anlage – Michael – mitgeteilt hatte, der leider nicht mehr hier war.

Diesmal trat ich mit großer Freude meine Heimreise an, weil ich spürte, dass dieser Garten mit seiner Quelle tatsächlich seine ursprüngliche Kraft verloren hatte.

Noch einmal sollte ich nach meiner Heimkehr Martin begegnen. Es war das letzte Mal für lange Zeit. Wir verabredeten uns zu meinem Geburtstag, an dem er mich zu einem Abendessen einlud. Es war ein berührender und für mich auch zugleich trauriger Abend des Abschieds. Sein Geschenk an mich war eine hölzerne Statue der Mutter Maria und dem Jesuskind am Arm. Schlicht und edel ist sie und sie steht heute noch an einem guten Platz in meinem Heim.

Kurz vor meinem Geburtstag erfuhr ich von einem Mann, der angeblich sogenannte Geburtsklänge erzeugen konnte, die der Planetenkonstellation entsprechen sollten, welche zur Stunde der Geburt eines Menschen im Universum erklungen waren. Obwohl ich ein wenig skeptisch war, rief ich ihn an, weil ich jede Möglichkeit wahrnehmen wollte, die mir helfen sollte, meine Geburts- und Kindheitstraumata zu überwinden. Sein Name war Alfons und er meinte, dass er es gerne für mich machen würde und ich mich wieder melden sollte, damit wir einen Termin für die Übergabe meiner Kassette vereinbaren konnten. Ich musste ihm lediglich meine Geburtsdaten per Telefon mitteilen. Als ich ihn dann wenige Tage später von einer Telefonzelle – es gab zu dieser Zeit noch viele davon – anrief, um diesen Geburtsklang zu bestellen, sagte er mir bereits am Telefon, dass er gerade zum dritten Mal Vater einer Tochter geworden war und daher ein wenig länger für die Bearbeitung brauchen würde. Wir verabredeten uns eine Woche später in einem Kaffeehaus, um alles zu besprechen und die Details zu dem Klang zu klären. Dort hatten wir ein sehr langes Gespräch und es war sofort klar, dass mehr zwischen uns war als ein bloß geschäftliches Treffen. Ich war zurückhaltend, da mir seine Familiensituation in Erinnerung war. Also erhielt ich *meinen* Geburtsklang, den ich mir mit

Kopfhörern anhören sollte, um mich in die Geborgenheit des Hier und Jetzt auf der Erde führen zu lassen. Was ich nicht alles tat, um Heilung zu erfahren! Außerdem verabredete ich mich ein weiteres Mal mit ihm, um auch den Obertongesang, jenen Klang, der einem Didgeridoo sehr ähnlich ist, kennenzulernen. Sehr leicht lernte ich diese außergewöhnlichen Klänge. Schnell kamen wir uns auch näher, nachdem er mir die Details zu der Situation bezüglich seines dritten Kindes geschildert hatte. Jene Tochter, die seine Frau gerade zur Welt gebracht hatte, konnte aus seiner Sicht nicht wirklich von ihm sein. Seine Ehe funktionierte schon lange nicht mehr und er hatte angeblich nur einmal in diesem letzten Jahr auf Wunsch seiner Frau eine sexuelle Begegnung mit ihr, bei der vermeintlich dieses Kind gezeugt worden war. Alfons war noch lange Zeit unsicher, ob er einen Vaterschaftstest verlangen sollte, bevor er sich entschloss, das Kind jedenfalls als seines anzunehmen. Das zeigte wahre Größe, obwohl er dennoch sehr bald nach unserem Kennenlernen seine Ehefrau verließ.

Wir beide wurden ein Liebespaar. Ich erlebte mit ihm eine extrem intensive und erfüllende Sexualität, die mich noch ein Stück tiefer in die spirituell-sexuellen Dimensionen eintauchen ließ. Auch er machte eine außergewöhnliche Erfahrung in einer unserer Vereinigungen, die ihm die Möglichkeit tiefer Ekstase und orgastischer Erfahrung eröffnete, ohne zu ejakulieren. Alfons war der erste Mann, dem ich dieses Tor öffnen konnte, als Mann Orgasmen zu erleben ohne ejakulieren zu müssen – man nennt sie auch tantrische Tal-Orgasmen. Da er in Folge auch sofort aus der gemeinsamen Ehewohnung ausziehen wollte, ließ ich mich von ihm überreden, ihn bei mir einziehen zu lassen. Voreilig hatte ich mich überreden lassen – es war keineswegs eine gute Idee. Er war der einzige Mann, der seit meiner Scheidung von Gottfried in diese Wohnung eingezogen war, allerdings bloß für drei Wochen. Nach diesem kurzen Zusammensein in meinem Zuhause forderte ich ihn auf, wieder auszuziehen – ich konnte seine Anwesenheit nicht mehr ertragen. So hatten wir eine sehr intensive, doch kurze Beziehung, die wir dann wie viele andere zuvor auch in eine Freundschaft verwandelten.

Wieder einmal musste ich aus einer Beziehung gehen…

Scheinbar hat die Aussage, dass es in einem Haus, in dem eine Beziehung zerbrochen ist, keinen Platz für einen neuen Partner geben soll, doch etwas Wahres an sich. Bis zum Verkauf und Auszug aus diesem Apartment 18 Jahre nach meiner Scheidung, sollte dort nie mehr ein Mann einen Platz an meiner Seite erhalten.

Durch die Begegnung mit Alfons wurde jedoch in meinem Leben vieles wachgerüttelt. Wofür ich ihm am meisten dankbar war und bin, war seine Empfehlung zu einer wirklich guten Psychotherapeutin zu gehen, die mich danach noch viele Jahre begleitet hatte. Sie war eine wunderbare, intuitive und sehr mütterliche Frau, die mich ein großes Stück auf dem Weg zu meiner Heilung begleitete. Ihr Name war Anna Maria und sie erinnerte mich an Mutter Maria, die mir als innere Quelle Halt gab und Maria Magdalena, die für mich die Quelle aller Weiblichkeit und Heilkraft verkörperte. Außerdem überzeugte Alfons mich davon, sowohl meinen Vater als auch meine Mutter mit der Vergangenheit konfrontieren zu müssen. Er begleitete mich zu meinem Vater, der, wie so oft auch zu diesem Zeitpunkt, im Spital lag und mich, wie es zu erwarten war, bei meiner Aussage, was er mir angetan hatte, für verrückt erklärte.

Da ich in diesem Jahr 1999 auch mein erstes Mobiltelefon gekauft hatte – in erster Linie, um für meine Kinder jederzeit erreichbar zu sein – rief ich sofort nach diesem Besuch bei meinem Vater auch meine Mutter an. Sie war jedoch nicht zu Hause – ich erreichte sie bei meiner Großmutter und ich spürte, dass nun der beste Zeitpunkt gekommen war, um beide Frauen mit dem Problem, das vermutlich in diesem Familiensystem schon durch viele weibliche Generationen Thema war, zu konfrontieren. Alfons begleitete mich auch dorthin und wartete geduldig vor der Türe. Bei meinem Kurzbesuch eröffnete ich beiden Frauen die Tatsache des sexuellen Missbrauchs durch meinen Vater. Sie nahmen diese Mitteilung entsetzt und verunsichert auf. Meine Mutter wollte es in keiner Weise wahrhaben – über viele weitere Jahre hinweg. Die Reaktion beider Frauen war erstmals außergewöhnliche Fassungslosigkeit, danach gab es Schweigen und weiteres Vertuschen. Erst knapp ein Jahr später, als meine Mutter doch beschlossen hatte, diese Sache aufklären zu wollen, forderte sie meinen Vater zu einem Gespräch auf. Sie wollte mit uns beiden sprechen, um für sich mehr Klarheit zu bekommen. Ich fühlte mich in diesem Moment ein weiteres Mal in die Enge gedrängt. Somit erklärte ich meiner Mutter, sehr wohl zu diesem Gespräch bereit zu sein, jedoch nur unter der Begleitung von zwei Therapeuten, einem männlichen, bei dem ich eine sehr intensive Gruppentherapie gemacht hatte und von Anna Maria, die mir zur Seite stehen wollte. Mein Vater, der meine Mutter schon über viele Jahre seit ihrer Scheidung vor allem mit Telefonanrufen belästigt hatte, verschwand, nachdem er dies erfahren hatte, für immer aus ihrem Leben, indem er sich nie wieder bei ihr meldete. Schon alleine diese Reaktion erzeugte in ihr die ersten Verdachtsmomente, doch wollte sie es nach wie vor nicht wirklich glauben. Immerhin erinnerte sie sich plötzlich an die Worte eines ägyptischen Freundes nach meiner Reise als 16-Jährige mit meinem Vater, der gemeint hatte, dass mir dieser dort eines Abends Schlaftabletten gegeben haben soll, vermeintlich um von mir Ruhe zu haben. Nun kam ihr diese Aussage wieder ins Gedächtnis und ließ sie erneut in ihrem Glauben an unsere heile Welt schwanken.

Es war jene Nacht gewesen, aus der ich nur die Erinnerung hatte, einen unerträglich dicken Bauch eines Mannes unter mir zu sehen, dessen Gesicht ich nicht sehen sollte – vermutlich auch nicht wirklich wissen wollte, was tatsächlich alles in dieser Nacht geschehen war, in der ich von meinem Vater betäubt und möglicherweise verkauft worden war. Es schien mir zu unerträglich, um weiter nachzuforschen, obwohl ich irgendwann später doch einmal für kurze Zeit die Ambition hatte, die Hintergründe zu erfahren.

Nicht einmal diese eigenartige Rückzugsreaktion meines Vaters veranlasste meine Mutter, mir wirklich Glauben zu schenken – nach alldem, was in meinem Leben schon passiert war.

Alfons rüttelte mich tatsächlich sehr auf – allerdings nicht immer mit den richtigen Methoden. So erlebte ich mit ihm eine weitere, sehr intensive Situation, die zwar für mich nicht angenehm war, mich jedoch erkennen ließ, welch enorme Kräfte in mir steckten. Es war das erste Mal in meinem Leben, dass ich einen Mann wirklich schlagen musste. Eines Tages fuhren wir an einen Kärntner See – zu dieser Zeit nur mehr als gute Freunde in einer „on and off Beziehung". Wir bezogen ein gemeinsames Apartment, in dem ich auf getrennte Schlafzimmer bestand. Als Alfons in der Nacht heimlich in mein Zimmer geschlichen kam und sich einfach unaufgefordert in mein Bett legte, war ich zutiefst schockiert und retraumatisiert, sodass ich augenblicklich einen schweren Migräneanfall bekam. Diese Situation löste genau das aus, was mich seit meiner Jugend nicht mehr schlafen ließ. Ich schien in der Nacht ständig auf der Lauer zu liegen, um mich davor zu schützen, dass irgendwer mich im Schlaf womöglich vergewaltigen oder verletzen könnte. Alfons jedoch, der sich als mein großer Retter aufspielen wollte, meinte, dass ich diesen Migräneanfall vor allem deswegen bekommen hatte, weil ich die Schläge meiner Mutter aus meiner Kindheit nie verarbeitet hätte. Nach dieser fürchterlichen und schmerzvollen Nacht forderte er mich auf, ihn zu schlagen, um damit meine Hilflosigkeit und Fassungslosigkeit aufzulösen, wie er meinte. Ich wollte ihn nicht schlagen, es gab für mich keinen Grund jemanden zu schlagen. Doch Alfons provozierte mich. Er begann mich zu schubsen und aufzufordern, ihn tatsächlich zu schlagen, damit ich endlich von einem Teil meines Kindheitstraumas befreit werden könnte. Er ließ nicht locker, bis ich wirklich ausholte und ihm eine Ohrfeige verpasste. Unverzüglich schlug er heftig zurück. Das war endgültig zu viel für mich. Meine Wut stieg grenzenlos! Ich holte aus und schlug diesen großen, mächtigen Mann mit einem Schlag bewusstlos. Er fiel zu Boden und blieb dort einige Minuten reglos liegen, was mich zutiefst schockierte und auch ängstigte. Kurz darauf erwachte er wieder. Ich konnte es einfach nicht fassen, wie er mich provoziert hatte, ihn zu schlagen, um mir vermeintlich zu helfen und dann zurückzuschlagen. Bisher hatte es kein Mann gewagt, mich zu schlagen – meine Erniedrigung hatte immer auf anderen Ebenen stattgefunden.

Die einzige Erkenntnis aus diesem Erlebnis war, mich nun endgültig von ihm zu trennen und zu wissen, dass ich – wenn mir Gefahr drohte – tatsächlich unglaubliche Kräfte hätte.

Diese Kräfte sollten mich auch in Zukunft in einigen Situationen beschützen.

Meine verzweifelte Suche nach Befreiung von den Dämonen meiner Vergangenheit ging unbeirrt weiter. In jenem Frühjahr 1999 besuchte ich ein Seminar in München und hoffte dadurch, den nächsten Schritt in die Freiheit gehen zu können. Auch dieses hatte mir Alfons empfohlen. Dieses Seminar war sehr teuer, die Kursleiter waren massiv manipulativ und mir schienen dort sektenähnliche Methoden angewendet zu werden. Leider hatten sie es auch geschafft, mich zur Anzahlung von 150 DM für ein Fortsetzungsseminar zu überreden. Das Geld sollte ich nie mehr zurückerhalten. Zu gut wussten sie, dass sie diese Anzahlungen sofort nach Abschluss des ersten Seminars verlangen mussten, weil zu diesem Zeitpunkt die Menschen noch unter ihrer manipulativen Abhängigkeit standen. Zwei Erfahrungen nahm ich jedoch von diesem Wochenende mit. Die erste war ein Satz einer Trainerin, den ich wirklich oft in meinem Leben weitergab. Er lautete folgendermaßen: „Alles, was du bloß versuchst, wird nie zum Erfolg führen. Du musst es TUN!“ Wie Recht sie damit hatte! Um es zu demonstrieren, ließ sie uns alle von unseren Stühlen aufstehen und meinte: „Versucht, Euch nun hinzusetzen – doch versucht es nur – macht es ja nicht. Und, wie fühlt sich das an?“ Eine wirklich spannende Anregung. Es ist doch wahrhaft ein seltsames Gefühl, knapp über dem Sitz eines Stuhles verharren zu müssen und sich nicht darauf zu setzen. Es kostet unglaubliche Kraft und mühevolle Anstrengung, nur in der Luft zu schweben, ohne sich hinzusetzen. Die zweite Erfahrung kam durch einen weiteren Mann in meinem Leben, einem deutsch-amerikanischen Künstler, der in München lebte und Maler war.

Männer kennenzulernen ist mir niemals schwergefallen.

Schon kurze Zeit später verbrachte ich mit Dorian ein Wochenende bei mir zu Hause, an dem wir beschlossen, im Sommer eine gemeinsame Reise zu machen. Wir planten, zwei Tage in England zu verbringen, wo ich ihm Glastonbury zeigen wollte, das er durch meine Erzählungen sehr interessant fand und kennenlernen wollte, danach eine Woche in Irland. Er wurde dorthin von einem ehemaligen Partner seiner Mutter, der mit seiner Frau in Waterhouse lebte, eingeladen. Bis zu unserer Reise kam er mich in den wenigen Wochen bis zu den Sommerferien immer wieder besuchen, dann fuhr ich zu ihm nach München, um mit ihm gemeinsam nach London zu fliegen. Und wieder einmal sollte alles anders kommen als geplant. In seinem Atelier sah ich seine wunderschönen, großflächigen Bilder, erkannte aber auch in seiner Umgebung die Verrücktheit dieses Künstlers. Schon in Glastonbury hatten wir eine größere Auseinandersetzung und trennten uns tatsächlich nach dieser kurzen Fernbeziehung. Dennoch flogen wir gemeinsam als getrenntes Paar nach Südirland, wo wir von Tim mit einer goldenen Rolex am Arm und einem Bentley vom Flughafen abgeholt und in ein beeindruckendes Landhaus mitten in der Natur gefahren wurden. Obwohl wir Tim schon im Auto unsere Situation der Trennung schilderten, war dieser dennoch fürsorglich und unbeschreiblich hilfreich – vor allem für mich. Er fuhr uns am nächsten Morgen zur Busstation von Waterhouse, an der wir jeweils in einen anderen Bus stiegen, um Irland zu erforschen, das wir eigentlich gemeinsam entdecken wollten. Um mich machte sich Tim – ein wahrer Gentleman – große Sorgen und bat mich, ihn täglich anzurufen, um zu erfahren, wie es mir ging. Da er überall Freunde hatte, ließ er mich von Busstationen abholen, in Pensionen fahren und war aus der Ferne liebevoll um mein Wohlergehen bemüht.

Welch eine seltsame Situation!

Diese Reise, die ich nun sieben Tage allein mit einem Rucksack erlebte, war mystisch und reich an Erfahrungen. Zwei besondere Plätze ließen mich tief in vergangene Dimensionen eintauchen. Der eine war eine kleine, verlassene Insel am Shannon-River, auf der ich stundenlang alleine durch die Ruinen einer alten Kirche wandelte, der andere war die Skelligs Inseln, auf deren einer sich ein Kloster – St. Fionan's monastery – befand, das mitten im Atlantischen Ozean auf der Anhöhe errichtet worden war. Ich musste 670 Steinstufen hinaufsteigen, um in die kleinen Steinhütten der Mönche zu gelangen, die dort ab dem siebenten Jahrhundert gelebt hatten. Jahre später sollte ich in einer Trancereise erkennen, was mich einst in lang vergangenen Zeiten an diesem Ort so tief berührt hatte, dass ich dorthin unbedingt zurückkehren wollte. Mein Gastgeber Tim, der auch Beziehungen zur irischen Regierung hatte, wollte mir diese Möglichkeit verschaffen, wenn ich nochmals nach Irland kommen würde. Er und seine Frau Ellen hatten mich schon bei dieser kurzen Begegnung so lieb gewonnen, dass sie mich für ein nächstes Mal eingeladen hatten. Sie meinten, ich sei jederzeit herzlich willkommen und Tim versprach, mir zu ermöglichen, zwei Tage alleine auf dieser mystischen Insel verbringen zu können. Diese abgelegene Insel ist unbewohnt und wird nur tagsüber von Touristenbooten besucht. Allerdings sollte es nie mehr dazu kommen – es blieb bei dem kurzen Besuch, den ich dort für wenige Stunden machen konnte. Tim bekam ein halbes Jahr später die Diagnose Magenkrebs und verstarb eineinhalb Jahre danach. Welch tiefes Mitgefühl ich damals für Ellen verspürte, hatten diese beiden Menschen einander doch so sehr geliebt. Die beiden waren erstmals ein Paar, dem ich begegnen durfte, gewesen, das für mich eine große Vorbildfunktion hatte. Ein Vorbild dafür, wie ich irgendwann in diesem Leben meine Liebe mit einem Mann leben wollte.

Wie schnell finden jedoch durch den Wechsel von Leben und Tod einschneidende Veränderungen in unserem Leben statt!

Das spannendste Ereignis dieses Aufenthalts in Irland war allerdings die aufsehenerregende, vollkommene Sonnenfinsternis am 11.08.1999, die ich dort erleben konnte. Auch dies war übrigens ein Datum, an dem die Quersumme des Tages eine 11 – meine magische Zahl – ergab. Leider war es sehr bewölkt, weswegen es den ganzen Tag keine Sonne gegeben hatte und damit die Kraft des Naturschauspiels nur bedingt erlebbar wurde. Dennoch spürte ich die besondere Energie dieses Ereignisses, als für kurze Zeit alle Geräusche der Tiere verstummten und die Natur in eine ganz eigene Stimmung und in Dämmerung versank.

An diesem besonderen Tag lernte ich François, einen Schweizer Geschäftsmann, kennen, der mich später noch zwei Mal in meiner Heimatstadt besuchen sollte und der mir ohne Erfüllung seiner männlichen Erwartungen über fünf weitere Jahre durch meine Blumenfrau am Bauernmarkt wöchentlich einen Blumenstrauß zukommen ließ. Er war ein wirklich großzügiger Verehrer, doch schon damals war es für mich undenkbar, mich auf eine Beziehung mit einem wesentlich älteren Mann einzulassen. Die beiden älteren Männer in meinem Leben, mit denen ich jeweils ein Jahr in einer Beziehung war, hatten zur Bearbeitung meines Kindheitstraumas beigetragen. Mein Psychologe, der um vieles älter war, hatte mit mir das Trauma reinszeniert und Daniel war in erster Linie ein Katalysator, um es endlich langsam zu erlösen.

François war allerdings der erste Mensch, an dem sich meine starken Heilkräfte zeigten. Als er im Herbst für ein Wochenende auf Besuch kam, behandelte ich ihn in Bezug auf ein sehr dramatisches vergangenes Ereignis seines Lebens. Ich legte ihm meine Hände auf, ohne konkret zu wissen, was ich tat. Er fiel dabei in tiefe Trance und erlebte am nächsten Tag einen unglaublichen Reinigungsprozess seines Körpers. Mit diesem Erlebnis begann sich nun in mir die Heilerin zu entfalten – ich wurde mehr und mehr ein Kanal für göttliche Heilkräfte.

Offensichtlich erfüllte sich die Prophezeiung einer Numerologin, die mir 1998 mitgeteilt hatte, dass ich mit meiner Lebenszahl 11 eine Künstlerin und Heiler*in* wäre. Beides war mir zum damaligen Zeitpunkt keineswegs bewusst, doch sollte sie Recht behalten. Ich bemühte mich, kurz nach ihrer Aussage mit aller Akribie herauszufinden, welchen Teil der Kunst ich am besten beherrschte. Ich versuchte zu malen, doch das Ergebnis erschien mir fürchterlich, ich formte Skulpturen, die meinem Kunstsinn so gar nicht entsprachen, und gab daraufhin schon den Glauben an meine künstlerischen Fähigkeiten auf.

In diesem Sommer 1999 wurde mir jedoch meine künstlerische Begabung gezeigt – ich begann mit Improvisationstanz, der meine Initiation in meine tänzerische Ausdrucksform war. Als mir im Frühjahr 1999 sowohl meine Cousine Kate als auch eine ehemalige Schulkollegin unabhängig voneinander sagten, dass ich unbedingt bei einem amerikanischen Kontaktimprovisationslehrer einen Tanzworkshop besuchen sollte, den er für zwei Wochen bei den Tanzwochen im Sommer abhielt, meldete ich mich unverzüglich zu diesem Kurs an, ohne zu wissen, was mich wirklich erwartete. Ich begann zu tanzen und entdeckte mein neues Talent. Kontaktimprovisation war nicht wirklich mein Interessengebiet, doch sehr wohl der Improvisationstanz. Ich tanzte, ohne jemals zuvor Tanztechnik gelernt zu haben. Ich wurde Ausdruckstänzerin und sollte von 1999 bis 2003 in verschiedenen Zusammensetzungen 26 Tanzauftritte haben.

Wie so oft in meinem Leben – wenn ich Interesse und Energie verlor – kam danach auch wieder in dieser Hinsicht der Einbruch. Wie oft hatte ich etwas aufgebaut, um es kurze Zeit danach wieder zu verlieren oder mich davon abzuwenden. Durch ein einschneidendes Ereignis im Jahr 2003, und dadurch, dass meine Haupttanzpartnerin und Freundin Rosa, die ich über das Tanzen kennengelernt hatte, unser gemeinsam gegründetes Tanz-Team *Alrosa* verließ, um sich ganz ihrer materiellen Karriere zu widmen, verließ mich die nötige Energie, um alleine weiterzumachen. Vereinzelt sollten jedoch in der Zukunft weitere Tanzauftritte stattfinden, die dazu führten, dass ich auch meine literarischen Fähigkeiten entdeckte. Ich begann Texte zu den Themen meiner Performances zu schreiben, die ich durch den Tanz auf der Bühne interpretierte. Das Schreiben wurde ein weiteres Element meiner kreativen Ausdrucksform. Ernsthaft zu schreiben begann ich dennoch erst viel später – durch ein besonders einschneidendes Erlebnis im Jahr 2008.

Doch schon immer verfasste ich schöne, poetische Liebesbriefe, mit denen ich so manche Männer überraschte.

Dieses Jahr war der Beginn einer neuen Lebensreise. Ich fing an meine intuitiven Fähigkeiten und Begabungen stärker zu entfalten. Ich meldete mich bei zwei Tanzinstituten an, bei denen beide Leiterinnen Ausdrucks- bzw. Improvisationstanz unter-richteten. Ich genoss den Tanz mehr und mehr als meine Form des künstlerischen Ausdrucks.

Außerdem begann ich auch mit meiner ersten neuen Ausbildung, als systemische Lebensberaterin. Damit eröffnete ich meinen Ausbildungs- und Selbsterfahrungsmarathon, der noch viele Jahre dauern sollte und mich unglaublich viel Geld kostete.

Doch Schritt für Schritt führte mich dieser Weg zu meiner Heilung.

Noch vieles ereignete sich in diesem besonderen Sommer.

Ich begegnete Alma wieder, einer Frau, die so hieß wie ich selbst und die ich ein Jahr zuvor in einem Hotel in Tirol kennengelernt hatte. Sie war Psychotherapeutin und ebenfalls alleinerziehende Mutter zweier Kinder. Nachdem wir uns unsere starke Anziehungskraft, die wir schon bei unserer ersten Begegnung auf sexueller Ebene füreinander hatten, gestehen konnten, war nun nach langer Zeit der Distanz eine Wiederbegegnung möglich. Sie war die erste Frau, bei der ich das Bedürfnis hatte, eine sexuelle Begegnung erleben zu wollen – zuvor hatte ich so manches Mal ein kleines, erotisches Geplänkel mit anderen Frauen. Erst viel später wurde mir das Motiv dieser Sehnsucht bewusst. Durch meine Beschneidung hatte ich das Gefühl, eine unvollständige Frau zu sein – offensichtlich wollte ich irgendwann eine unversehrte Vagina sehen. Doch kam es mit Alma nur zu einem zaghaften Versuch, bei dem ich bemerkte, dass eine Frau keinesfalls meine sexuelle Lust befriedigen könnte. Ich liebte Sex, dennoch war für mich die ultimative Erfüllung nur in der Vereinigung möglich. Alma respektierte meinen Rückzug auf der sexuellen Ebene und wurde eine sehr vertraute Freundin von mir, die mich aber später, wie schon andere Frauen zuvor, tief verletzen und demütigen sollte.

Wie schlimm diese oftmals auftretende weibliche Konkurrenz doch war! Ich erfuhr in meinem Leben allzu oft, dass meine Schönheit ein ebenso großer Fluch wie Segen sein konnte.

Immer wieder sagte sie lachend, dass sie sich wie die Magd im Schatten der Königin vorkäme, wenn wir gemeinsam in der Öffentlichkeit waren. Zuerst schien sie es bloß scherzhaft zu meinen, später jedoch wurde sie zu einer grausamen Furie, die alles darauf ansetzte, mich vernichten zu wollen. Nun ging alles Schlag auf Schlag – eine Phase der Regeneration erlebte ich nie.

Bei einem Wochenendworkshop für sensitive Massage lernte ich im Herbst den Seminarleiter kennen, der auch ganzheitlicher Zahnarzt und leider verheiratet war, was ihn jedoch nicht davon abhielt, sich noch am selben Wochenende mit mir einzulassen und ein Verhältnis zu beginnen. Schon am ersten Ausbildungstag landeten wir bereits in der Mittagspause miteinander im Bett. Ich war ihm einmal zuvor bei der Enthüllung einer Stupa begegnet, bei der der Dalai Lama persönlich anwesend war und Gabriel – so hieß dieser Mann – bei einem wunderschönen Eröffnungskonzert gemeinsam mit Alfons, meinem Ex-Freund, mitwirkte. Unsere Blicke hatten sich dort ganz intensiv getroffen. Bei diesem ersten kurzen Blickkontakt wusste ich, was ich von ihm wollte. Ich musste nur eine gute Gelegenheit abwarten.

Noch lange sollte ich Jägerin und Genießerin sexueller Abenteuer bleiben. *Wirkliche Erfüllung konnte mir diese Lebensform jedoch nie bringen, bloß Vielfalt und Aufregung – zugleich Einsamkeit und Leere!*

Gabriel, der gute Beziehungen hatte, ein erfolgreicher Geschäftsmann war und in beiden Welten lebte – in der materiellen sowie in der spirituellen – verhalf mir schnell dazu, einen neuen Weg einzuschlagen. Er meinte, ich sollte das machen, was ich konnte. Binnen zehn Tagen schrieb ich ihm ein Konzept für meine Yoga-Wochenend-Workshops, die er für mich in einige Bildungshäuser Österreichs brachte. Da ich jedoch wieder einmal nicht genug Kraft und Energie in diese Arbeit lenkte, gab es überall zu wenige Anmeldungen, um die Kurse stattfinden zu lassen. Ich spürte andauernd einen großen Zwiespalt in mir – einerseits mich als Mutter um meine Kinder kümmern zu müssen, andererseits meinen Weg gehen zu wollen. Alle Kurse fanden an Wochenenden statt und so war es mir oftmals nicht möglich, diesen Verpflichtungen nachzukommen, um nicht mit schlechtem Gewissen meine Kinder zurückzulassen.

Ich war zerrissen in meinen vielen Parallelwelten – als Rechtslehrerin, Tänzerin, Mutter, Geliebte, Träumerin, Illusionistin. Außerdem hatte ich eine ständige Todessehnsucht in mir…

Auf jeden Fall hatte mir Gabriel den ersten Impuls gegeben, das zu tun, was mir wirklich Freude machte. In Folge begann ich meine Yogakurse selber in meiner näheren Umgebung anzubieten und wählte dafür einen schönen Raum in unserer Shiatsu-Schule aus, die ein weiterer zukünftiger Geliebter von mir leitete.

Meine Yogakurse waren für mich der Einstieg in meine Berufung, um damit erstmals ein wenig berufliche Erfüllung zu finden.

Ich hielt immer wieder schöne Wochenend-Workshops ab. Dennoch wagte ich noch beinahe zwei Jahrzehnte nicht, das zu leben und zu verwirklichen, das so ganz meinem Herzen entspricht. Ich konnte mir scheinbar nicht erlauben, davon gut zu leben und Geld zu verdienen. Noch viele Jahre lebte ich hin- und hergerissen zwischen meinen Welten. Zu lange hatte ich mir eingeredet, man dürfe mit dieser Arbeit nicht Geld verdienen – und es gab einen Anteil in mir, der mir Glück nicht gönnte. In Wahrheit sollte man in der Mitte leben, indem man Spiritualität und Materielles verbindet, entspringt doch alles aus ein und derselben Quelle. Ich, die ich jedoch in Extremen lebte, konnte das „sowohl als auch - Prinzip“ nicht wirklich erkennen und zulassen, ich kannte nur „entweder – oder“, und das auf allen Ebenen meines Lebens.

Gabriel war der erste Mensch, der mich auf meinen neuen Weg leitete. Da er jedoch nicht bereit war, sich von seiner Frau zu trennen, entschied ich mich kurze Zeit später zur Lösung unseres Verhältnisses. Ich litt sehr darunter, bloß in der Rolle der heimlichen Geliebten zu sein. Interessanterweise sollte eine kurze Begegnung von uns beiden zwei Jahre später eine Ehekrise bei Gabriel auslösen. Wie so oft im Leben kommt doch irgendwann die Wahrheit ans Tageslicht. Es war im Jahr 2001, als ich einen Raum betrat, in dem Gabriel ein Konzert geben wollte. Er sah mich unerwartet und überrascht an. Seine Frau, die uns aus der Ferne beobachtete, hatte unsere Blicke gesehen. Er erzählte mir später, dass sie gemeint hatte, er habe sie nie so voller Liebe angesehen wie mich in diesem kurzen Moment. Dieses Ereignis kurz vor seinem 40. Geburtstag hätte beinahe zur Scheidung geführt – und hat die beiden dann doch wieder zusammengebracht.

Wie so oft wurde ich zum Katalysator für einen Mann.

Wir hatten danach über Jahre keinen Kontakt miteinander bis zu jenem ungewöhnlichen Moment, als er ganz intensiv in meinen Gedanken auftauchte und ich einige Tage später über eine Bekannte von seinem Tod erfuhr. Es war kurz vor seinem 50. Geburtstag, den Gabriel nicht mehr erleben sollte. Er verstarb an Krebs. Er war mir zu dieser Zeit im Traum erschienen – vielleicht, um sich von mir zu verabschieden. *Möge seine Seele ihren Frieden gefunden haben!* Ich verspüre für diesen Mann große Dankbarkeit und Liebe.

In meiner Entwicklung begannen sich die Ereignisse zu überschlagen.

Zusätzlich zu meiner Ausbildung als Lebensberaterin begann ich, mich in energetischen Heilbereichen weiter zu vertiefen und wurde binnen eines halben Jahres Pranic Healing Lehrerin. Dadurch verstand ich die heilende Energie, die ohnedies schon lange in mir geflossen war, besser und konnte sie gezielter lenken. Meine Energie war so stark, dass ich schon zuvor bei einigen Menschen extreme Reaktionen ausgelöst hatte, ohne damit wirklich umgehen zu können. Ich wurde mehr und mehr für andere Menschen zum Katalysator und zur Begleiterin auf ihrem Weg. Eine besondere Hilfe war mir meine neue Fähigkeit dann bald darauf für die Begleitung meiner geliebten Großmutter auf ihrer letzten Reise.

Das Weihnachtsfest 1999 sollte das letzte sein, in dem vier Generationen der weiblichen Linie meiner Mutterseite zusammen feierten. Den Silvesterabend verbrachte ich einige Stunden bei Omi. Zu dieser Zeit ahnte ich schon, dass es unsere letzte gemeinsame Jahreswende sein würde. Wir waren uns an diesem Silvesterabend sehr nahe und ich bin dankbar, dort gewesen zu sein. In derselben Nacht ging ich auch zu meiner Eiche, die mir schon viele Botschaften gebracht hatte und mir immer wieder Kraft spendete. Ich nannte diesen Baum meine Großmutter Eiche.

Somit verbrachte ich die Jahrtausendwende über Mitternacht im Wald alleine – tief verbunden mit der Natur und all den Wesenheiten um mich. Alleine – wie symbolisch für mein Leben – schritt ich in das Jahr 2000!

Tatsächlich war es dann so wie meine Großmutter und ich es zwei Jahre zuvor vereinbart hatten. Ich sollte sie auf ihrer letzten Reise begleiten dürfen. Ich hatte ihr damals versprochen, bei ihr zu sein, wenn ich ihren Ruf vernehmen würde.

Wenige Tage nach Ostern sollte sich meine Vorahnung erfüllen.

Im April 2000 musste meine Großmutter, kurz nach der Abreise meiner Mutter nach Israel, dringend ins Krankenhaus eingeliefert werden. Mein Onkel übernahm noch den Auftrag, sie dorthin zu bringen, erkrankte jedoch selbst. Ich rief meine Tante Fanny an, um ihr zu sagen, dass ein Besuch im Spital ihre Chance auf Versöhnung mit ihrer Mutter wäre. Sie wollte nicht hingehen, weil sie fürchtete, es wäre nicht das letzte Wiedersehen – sie wollte keinen Kontakt zu ihrer Mutter. So blieb nur ich, mich um meine Großmutter zu kümmern. Ich besuchte sie jeden Tag. Anfangs sprachen wir noch miteinander – nach drei Tagen fiel sie ins Schweigen und am 28.4. hörte ich sie in meinem Inneren mich rufen. Erstaunlicherweise war es der Geburtstag meines Vaters, zu dem ich jeglichen Kontakt abgebrochen hatte. Zu diesem Zeitpunkt befand ich mich gerade in der Schule bei einem Mittagessen mit Kollegen und Kolleginnen, welches ich mitten im Hauptgang verlassen musste.

Ich hatte ihren Ruf vernommen.

Als ich das Krankenzimmer betrat, lief die gesamte Belegschaft aufgeregt zusammen. Meine Großmutter hatte auf mich gewartet und mein Kommen gespürt. Sie ließ in dem Moment los, als ich die Türe öffnete. Alle Werte am Bildschirm sackten zusammen. Wir beide machten uns gemeinsam auf ihre letzte Reise. Ich begann für sie zu singen, ich berührte sie und ich hielt sie fest, als sie schreiend durch scheinbar schwere Rückschaumomente durchging. Ich sandte ihr meine Reinigungsenergie und ich atmete mit ihr. Mein Atem war am Ende so wie bei meinen Geburtswehen, nur atmete ich in diesem Falle ihre Seele gemeinsam mit ihr aus ihrem Körper hinaus. In dem Moment, als die Seele über ihren Scheitel austrat, kam eine Krankenschwester zu mir und sah auch, wie das Seelenwesen meiner Großmutter den Körper verließ. Danach hörte ich nur noch wenige Atemzüge – sie war tatsächlich erlöst. Fünf Minuten nach ihrem Gehen stürmte meine Mutter aufgeregt und verzweifelt weinend herein. Ich verstand ihren Schmerz, doch war mir klar, sie hätte versucht, ihre Mutter vom Weggehen ins Licht zurückzuhalten. Unsere Vereinbarung war erfüllt – ich durfte sie alleine auf ihrem Weg nach Hause begleiten.

Bei ihrem Begräbnis kam ich in einem weißen Kleid und einem weißen Mantel. Nur der Pfarrer verstand diese Geste. *Ich hatte ihre Seele schon längst losgelassen.* Auch meine Tochter Sophie kleidete ich in Weiß. Mein Kind sollte schon früh erkennen, dass der Tod bloß ein Übergang in eine andere Welt und nicht das Ende darstellt. Philipp wollte nicht mitkommen und ich akzeptierte es, hatte doch schon der Tod seiner Urgroßmutter ein wenig die Vorfreude auf seinen Geburtstag, der nur wenige Tage später war, getrübt. Trotz ihres Todes ließ ich mich nicht davon abhalten, für ihn ein Geburtstagsfest zu gestalten, obwohl mein Stress an diesem Wochenende noch durch den Besuch meines Schweizer Verehrers aus Irland erhöht wurde. Trotz seiner Behauptung, keinerlei Erwartungen an mich zu haben, wollte er zumindest ungeteilte Aufmerksamkeit – obwohl meine Großmutter gestorben war, mein Sohn Geburtstag hatte und ich mich total erschöpft fühlte. Diese konnte ich ihm keineswegs geben. Er reiste vorzeitig ab und kam auf meine Bitte hin nicht mehr auf Besuch. Selbst ein paar Stunden des Alleinseins wären ihm nicht möglich gewesen – er hatte seinen Flug um sechs Stunden vorverlegt, weil ich nicht mehr die Kraft hatte, mich ihm zu widmen. Warum zog ich so oft Männer in mein Leben, die etwas von mir brauchten? Möglicherweise sollte ich hier mein Karma aller Lebenszeiten erfüllen…

Intuitiv hatte ich mich auf die Aufgabe der Begleitung meiner Großmutter gut vorbereitet, indem ich die Osterwoche zuvor beschlossen hatte zu fasten, zu schweigen und mir einen Aderlass geben zu lassen. Danach hatte ich mich in die Asche eines Osterfeuers gelegt und mich somit auch symbolisch vom Feuer reinigen lassen. Zu diesem Osterfeuer hatte mich ein ehemaliger Kursteilnehmer meines zweiten Yogakurses begleitet. Mit ihm feierte ich den Abschluss meiner Woche in Stille mit einem sexuellen Ritual nach dem Osterfeuer. Durch diese Fastenwoche fühlte ich mich zugleich gereinigt und erfüllt – gestärkt für das, was auf mich zukommen sollte.

Im Sommer dieses Jahres 2000 ließ ich meine erste Familienaufstellung machen. Dafür fuhr ich mit einer Gruppe in ein Kloster auf die Insel *Krk* und machte dort schon wieder zwei sehr wichtige, aber auch bittere Erfahrungen. Die erste bestand darin, dass mir Anna Maria, meine Therapeutin, erklärte, wie massiv mein Familiensystem belastet sei. Meine Aufstellung hatte damit begonnen, dass die Darstellerin, die ich für meine Rolle gewählt hatte, gleich zu Beginn an die Wand gelehnt zusammensackte und am Boden liegen blieb. Hier zeigte sich deutlich mein starker Todes-Sog. Die Stimmung im Raum wurde immer bedrückender und die Situation schien irgendwie ausweglos zu werden. Gott sandte mir im Moment wirklicher Aussichtslosigkeit scheinbar ein Zeichen der Hoffnung. Aus dem Nichts heraus flog eine weiße Taube durch ein Fenster in diesem Dachraum herein, überflog alle Köpfe im Kreis, in dem wir saßen, um den Raum dann durch das andere Fenster zu verlassen. *Für mich war das wie ein Signal göttlicher Hilfe, die doch immer da war, wenn etwas ausweglos erschien.* Die Aufstellung endete damit, dass der Rollenspieler meines Vaters, nachdem er den Raum verlassen musste, vor der Türe in die Wände schlug, sodass die zweite Therapeutin ihn aus der Rolle entlassen musste und die Rollenspielerin meiner Mutter nicht aus dieser Rolle herauskam. Als diese Frau mich kurz danach in einer Pause im Außenbereich sah, begann sie mich massiv und aggressiv zu attackieren und beinahe zu schlagen. Anna Maria musste mit ihr ein weiteres Ausstiegsritual machen – so stark wirkten die Energien meines Familiensystems. Ich machte nach dieser Ersterfahrung noch viele weitere Aufstellungen, vor allem auch im Rahmen meiner späteren Ausbildung zur systemischen Aufstellungsarbeit, in denen sich die Schwere dessen zeigte, was auf beiden Seiten meiner Familie derart belastend war.

Langsam begann ich zu erfassen, dass ich scheinbar den Auftrag übernommen hatte, das Karma beider Familiensysteme erlösen zu wollen.

Die zweite belastende Erfahrung an diesem Ort war die Konfrontation mit meiner üblichen weiblichen Thematik von Neid, Hass und Eifersucht. Ich war hier in einem Nonnenkloster, dem interessanterweise ein Abt vorstand. Frauen war es verboten, mit unbedeckten Schultern durch den Klosterhof oder die Klosterräume zu gehen. Was dort dann passierte, war sehr symbolisch für das, was sich häufig in meinem Leben zuvor ereignet hatte und weiterhin ereignen würde. Ich wurde zur Projektionsfläche für all die Unterdrückung der sexuellen Energien an diesem Platz. Ich war die einzige Frau in unserer Gruppe, die unverzüglich bösartig angegriffen wurde, wenn ich einmal vergessen hatte, ein Schultertuch zu nehmen. Bei keiner anderen sah ich je einen Angriff von den Nonnen in derselben Weise. Es kam aber noch härter. Die Co-Trainerin, die mich scheinbar von Anfang an ablehnte – auch diese Ablehnung wurde mir immer wieder von Frauen sehr deutlich gezeigt – erhielt die Nachricht, dass ich irgendwo ganz hinten beim Meer ohne Bikinioberteil gesehen worden war. Jene Frau, die eine Bucht weiter nackt gelegen war, wurde nicht einmal erwähnt. Ich aber wurde ernsthaft ermahnt, mich in dieser Umgebung ordentlich zu verhalten! *Was war ich doch für ein schlimmes Mädchen gewesen!* Sie beschimpfte mich genauso wie in früheren Zeiten meine Mutter, wenn ich nicht entsprochen hatte. Eines Abends eskalierte die Situation aus dem Nichts heraus – der Abt kam auf mich zu und fing an, mich lautstark und wüst zu beschimpfen, so wie es nur jenen Männern ergehen konnte, die ihre nicht gelebte Sexualität und Unterdrückung nicht ertragen konnten und die dadurch Frauen, die sie scheinbar reizten, aufs Schlimmste verurteilen mussten. Wie froh war ich nach dieser Woche wieder von diesem scheinheiligen Ort abreisen zu können.

Genau diese Situation der Scheinheiligkeit zieht sich bereits seit zwei Jahrtausenden durch die gesamte Kirchengeschichte.

Hier wurde mir erstmals so richtig bewusst, dass eine kleine

Kirchengemeinschaft, gelebt in einer eng strukturierten Religion, niemals das große Ganze beinhalten konnte. Daher wird alles verurteilt, das nicht dem entspricht, was die Kirche in ihrer Manipulation für die Menschen für notwendig erachtet – sind doch sexuell freie und Menschen ohne Angst noch nie von Politik und Kirche erwünscht gewesen. Nur unfreie Menschen sind manipulierbar.

Ich musste nun innerlich immer mehr von der Lehre der Kirche – nicht von meinem so sehr verehrten Jesus Christus und dem Grunddenken des Christentums – zurückweichen.

Diese Woche war eine wahrhaft aufschlussreiche Zeit für mich gewesen!

Zusätzlich begann ich in diesem Sommer mit einer weiteren Ausbildung, mit der Basisausbildung in Shiatsu. Es war erneut eine Zeit, in der ich litt, weil mich Andi, der Leiter der Shiatsu-Schule, mit dem ich im Frühjahr ein Verhältnis begonnen hatte, permanent zurückwies. Außerdem erkannte ich, wie sehr mein größeres Potenzial in der feinstofflichen, energetischen Ebene lag als in der direkten Körperarbeit. Nicht nur, dass ich mit verletztem Daumen (ein Zeichen, dass ich vor Antritt der Ausbildung bekam und wieder einmal ignorierte) meine Ausbildung angetreten hatte, hatte ich dort auch noch Liebeskummer und viel Geld investiert.

Nach dieser Erfahrung wendete ich mich der Möglichkeit zu, schamanische Reisen zu machen und begab mich in eine Gruppe, in der diese gemeinsam gestaltet wurden. Mir war es zu dieser Zeit wichtig, alle Möglichkeiten der Heilarbeit kennenzulernen.

Ich hatte den Wunsch, Menschen sowohl durch das Gespräch, die Berührung und über ihre Aura – ihr Energiefeld – als auch über den Zugang durch Yoga und Tanz zu begleiten.

Noch vor diesem Sommer hatte ich ein schamanisches Tanz-Feuerritual zur Sonnenwende am 21. Juni besucht, bei dem ich meine Zukunftsvisionen manifestierte. Dort verbrannte ich ein Bild meiner Vergangenheit, das ich am Tag zuvor gemalt hatte. Es war ein Bild des Grauens und ich wünschte mir von Herzen, dass das Feuer alles zur Transformation bringen möge, um ein neues Bild, das ich am Tag danach gemalt hatte, in die Verwirklichung kommen zu lassen. Bereits damals hatte ich meine Zukunft gemalt, auf der die drei wichtigsten Bereiche meiner Sehnsüchte des Lebens sichtbar waren... bis heute haben sie sich nicht erfüllt. *Ob ich in diesem Leben noch meine größten Lebenswünsche verwirklichen darf?*

In meinem Bild stand ich mit offenen Armen strahlend da und Menschen strömten auf mich zu. Dann gab es eine innige Herzensumarmung mit meinem Liebespartner und zukünftigem Mann und eine darüber schwebende Energie eines Embryos, der eine Möglichkeit darstellen sollte. Ich hatte zu dieser Zeit immer das Gefühl, noch einmal schwanger zu werden und zwar mit 40. Sollte ich tatsächlich noch ein Kind in meinem Leben begleiten? Meine Intuition war richtig, doch die Konsequenzen waren andere! *Der dritte Bereich dieses Bildes beinhaltete meine Lebensumgebung, ein Haus in der Natur in vollkommen ruhiger Lage am Wasser.*

Wie lange noch sollte ich in dieser beschränkten Menschenzeit warten müssen, bis ich all das umsetzen durfte?

Mein erstes Zeichen, meine Berufung leben zu wollen, setzte ich schnell um, doch wurde es über viele Jahre nicht so manifestiert wie ich es mir gewünscht hatte. Scheinbar blockierte ich mich immer wieder mit der Vorstellung, es nicht wert zu sein, meine Berufung zu leben und damit gutes Geld zu verdienen und noch weniger eine glückliche, erfüllte Partnerschaft zu genießen. Wie sonst hätte es sein können, dass ich immer wieder von vorne beginnen musste? Wie oft schrieb und malte ich in Zukunft noch dieselbe Vision und wie lange sollte keiner dieser Bereiche wirklich in die Realität kommen! Meinem Lebenspartner durfte ich bis heute nicht begegnen. Manchmal drängt sich mir die Frage auf, ob mir dies nicht bestimmt ist oder ob ich immer noch nicht bereit bin für diese wirklich tiefe Liebe.

Im selben Jahr eröffnete ich meinen eigenen Praxisraum ohne den Anspruch, sofort darin zu arbeiten. Mein ehemaliger Schlafraum wurde zu einem Meditationsraum umgebaut und ich sandte den Wunsch aus, dass nun Menschen zu mir kommen mögen, die ich mit meiner Arbeit begleiten könnte. Nur wenige Tage danach rief Günther, mein erster Klient, an. So schnell war mir Manifestation möglich, wenn ich mir im Innersten sicher war, was ich wollte. Kurz darauf kam auch die Mutter eines krebskranken Jungen von 18 Jahren zu mir, der im Krankenhaus im Sterben lag. Bei ihm war es mir nur noch möglich, ihn auf seiner letzten Reise liebevoll zu unterstützen und zu begleiten. Das Geld, das mir seine Mutter überreichte, verteilte ich an alle, die mir energetisch geholfen hatten, ihn zu unterstützen. Ich hatte es als Auftrag meiner Seele gesehen, wieder einen wunderbaren Menschen auf seiner letzten Reise begleiten zu dürfen.

Doch Günther konnte mir viel Sicherheit und Vertrauen für meine Fähigkeiten geben, an denen ich immer wieder sehr zweifelte. Er war ein hochsensibler Mann, der mir all das, was er spürte, im Detail rückmelden konnte. Selbst bei Fernbehandlungen beschrieb er mir im Detail, wo ihn meine Behandlung erreicht hätte und was er genau wahrgenommen hatte. Es stimmte immer mit dem überein, was ich tatsächlich gemacht hatte. Diese Übereinstimmung gab mir große Sicherheit in meiner Arbeit. Außerdem vereinbarten wir wöchentlich – ergänzend zu den persönlichen Terminen – Termine für eine Fernbehandlung, weil Günther mit Gallensteinen zu kämpfen hatte. Am Ende unserer Behandlungsserie geschah etwas Ungewöhnliches. Günther, der mich jedes Mal unmittelbar nach Abschluss der Behandlung – so wie vereinbart – anrief, meldete sich nicht bei mir. Ich war jedes Mal verblüfft gewesen, dass er ohne zu wissen, wann ich tatsächlich aufgehört hatte, meistens schon eine Minute nachdem ich fertig war, bei mir anrief. Als er sich an diesem Abend nicht gleich meldete, dachte ich, er wäre eingeschlafen. Genau 15 Minuten später rief er an, um mir mitzuteilen, was er gerade erlebt hatte. Ich erkannte, dass der Fehler bei mir gelegen war. Ich hatte nicht zum vereinbarten Termin mit der Behandlung begonnen, sondern 15 Minuten früher und Günther hatte somit erst 15 Minuten später meine Behandlung wahrgenommen. Günther erzählte ich davon nicht. Alle Energien, die ich ihm sandte, hatte er dennoch zu dem Zeitpunkt erhalten, zu dem er sich hinlegte, um seine Behandlung zu empfangen. Ich war zutiefst verblüfft über dieses Phänomen der Zeitverschiebung und wollte mich nun auf ein Experiment einlassen – zum Thema Zeit. Wie oft hatte ich immer wieder gehört, dass es angeblich keine Zeit gäbe und die messbare Zeit Kronos bloß von uns Menschen erschaffen worden war, um Zeitpläne, Termine und andere Strukturen zu ermöglichen. Nun stellte ich mir die Frage: „War Zeit wirklich existent?“ Somit lud ich Günther ein, die letzte Behandlung in unserem Behandlungsablauf von mir als Geschenk zu empfangen. Er wusste nichts von meiner Absicht. Ich bat ihn, sich am folgenden Abend um 20 Uhr zur Behandlung zu setzen, mich jedoch danach nicht anzurufen, weil ich einen weiteren wichtigen Termin hätte und mit ihm erst später bezüglich des Behandlungsablaufes Rücksprache halten könnte. Was ich tatsächlich tat, war Folgendes: Ich setzte mich zu dieser Behandlung nicht wie vereinbart um 20 Uhr hin, sondern erst um 21:30 Uhr und behandelte Günther aus der Ferne bis 22 Uhr. Dann rief ich ihn an, um seine Empfindungen rückgemeldet zu bekommen. Er berichtete mir detailgenau all das, was er vermeintlich zwischen 20 Uhr und 20:30 Uhr erlebt, gespürt und wahrgenommen hatte. Es war absolut identisch mit dem, was ich eineinhalb Stunden später bei ihm behandelt hatte.

Kann es wirklich sein, dass alles, was ist, immer bloß im Jetzt geschieht?

Energien zu spüren, die ich zuvor gesandt hatte, erschien mir plausibel, doch diese auch schon im Vorhinein zu spüren? Wie konnte das funktionieren? Mein Verstand – und vermutlich kein anderer – kann das wirklich erfassen, doch prägte diese Erfahrung in mir noch stärker das Bild der Gleichzeitigkeit von allem, was ist. Dies würde auch bedeuten, dass Reinkarnation tatsächlich nur in unserer Zeitrechnung möglich scheint, sich alles Geschehen hingegen tatsächlich immer im Jetzt ereignet. Ich konnte es einfach nicht glauben – der menschliche Verstand ist unfähig, diese Erkenntnis zu verarbeiten. Zu diesem Zeitpunkt war ich bloß fassungslos.

Ich bin meinem ersten Klienten sehr dankbar, weil er mir einen tieferen Einblick in das Unfassbare ermöglichte. Wie sehr hätte ich durch diese Erfahrung mehr Vertrauen gewinnen können, meine

Arbeit wirklich gutzumachen, doch sollten mich immer wieder meine Zweifel daran hindern, in Selbstsicherheit und Klarheit mit meiner wahren Berufung nach außen zu gehen. Weiterhin zögerte ich diesen Schritt hinaus, bis ich letztendlich meine Berufung irgendwann beinahe gar nicht mehr lebte, mich aber nach nichts mehr sehnte, als endlich meinen Weg zu beschreiten.

Alles andere machte mich nur immer kranker.

In dieser Zeit hatte ich schon seit zwei Jahren eine wirklich gute Freundin und Begleiterin namens Rosa, die durch das gemeinsame Tanzen in mein Leben gekommen war. Wir teilten ein ähnliches Schicksal, das jede von uns auf ihre eigene Art und Weise verarbeitete. Sie hatte in jungen Jahren eine schwere Vergewaltigung erfahren, bei der sie auch körperlich ziemlich schwer verletzt worden war. Wir unterstützten uns gegenseitig achtsam und liebevoll – ich sie mit meinem spirituellen und energetischen Zugang und Rosa mich mit ihrem psychologisch-analytischem Wissen und Denken. Außerdem tanzten wir miteinander, machten gemeinsam die Ausbildung für Tanzpädagogik und gründeten unser Tanz-Team *Alrosa,* unter dem wir Aufträge für Tanzperformances entgegennahmen – solange bis auch diese Zusammenarbeit wieder zerbrach.

Auf der privaten Ebene schlitterte ich von einem Verhältnis ins nächste, immer in der Hoffnung, irgendwann meinem Mann begegnen zu dürfen.

Die Jahreswende dieses ersten Jahres im neuen Jahrtausend verbrachte ich mit Jochen, einem jungen Mann, der kurz davor seine Ausbildung zum Heilmasseur gemacht hatte – ich war seine Rechtslehrerin. Er war Osttiroler und wir verbrachten einige wunderbare Wochen miteinander. Zu meinem Geburtstag schenkte er mir ein schönes Samtkleid, das er mit Massagen bei der Besitzerin einer Boutique abarbeitete, weil er kein Geld hatte, um es mir zu kaufen. Wie großzügig doch Menschen sein können, wenn sie nichts haben, während andere, die scheinbar alles besitzen, von großem Geiz und Raffgier geplagt werden. Schon bald kehrte er jedoch in seine Heimat zurück und sollte mir erst 11 Jahre später wieder begegnen. Er wäre ohnedies viel zu jung für mich gewesen, um ihn mir als Lebenspartner vorstellen zu können – zu jung und zu instabil in seiner Persönlichkeit, aber unglaublich liebenswert.

Wie seltsam es doch ist, dass eigentlich jeder Mann, der in meinem Leben eine wichtige Rolle spielte, irgendwann wieder in mein Leben zurückkehrte. Es kam dabei mit jedem von ihnen zu einer oder mehreren schönen sexuelle Begegnungen, bevor die Verbindung zu einem vollkommenen Abschluss kam. Doch war die Sexualität auch jene Kraft, die es oftmals nicht zuließ, einander wirklich loszulassen. Manchmal nützte ich diese Macht auch dazu aus, Männer von anderen Frauen fernzuhalten, um ihnen meine Wichtigkeit in ihrem Leben aufzuzeigen. Ich konnte und wollte zwar nicht mehr mit ihnen sein, gönnte dies jedoch auch keiner anderen Frau. Und zwei Mal war mir in meinem Leben dasselbe widerfahren – welch ein gerechter Ausgleich!

Auf diese Weise lebte ich den Machtmissbrauch – damit wurde ich als ehemaliges Opfer oftmals selbst zur Täterin. Ich genoss diese Rolle, in der ich mir viele Male Genugtuung holte, mich darin wohlfühlte und damit immer wieder versuchte, Männer von mir abhängig zu machen. Vermutlich war es genau dieses Spiel mit den Männern, das mir die Erfüllung meines brennendsten Herzenswunsches so lange Zeit nicht ermöglichte. *Ich hatte diese große Sehnsucht nach einer glücklichen, lebenslangen Partnerschaft und konnte sie nicht leben.* Viele Jahre später meinte ein Arzt in einem Reha-Zentrum, in dem ich 2013, nach einer entscheidenden Lebensveränderung im Jahr 2012 wegen eines schweren Burnout landete, dass ich aus seiner Sicht diese extreme Wut, die ich eigentlich auf meinen Vater in mir spüren müsste, in meine überintensive und extreme Sexualität kanalisierte und mich damit indirekt an ihm rächen wollte. Anna Maria, meine Therapeutin, erklärte mir zum damaligen Zeitpunkt, dass ich damit meinem Vater, der doch mein erster Geliebter in diesem Leben war, treu geblieben sei. Solange ich diese Treue und Solidarität mit ihm nicht aufgeben konnte, würde ich mir keine wirklich liebevolle Beziehung gönnen. Sie wusste auch um meine starke Todessehnsucht, die mich immer wieder in Gefahrensituationen brachte. Außerdem sei diese Lebensweise, in der ich nicht zur Ruhe komme und mich immer auf neue Liebschaften einlasse, aus ihrer Sicht ein schleichender Selbstmord, der meine Seele und meinen Körper ruinieren würde.

Wie sehr verausgabte ich mich wirklich bei allem, was ich lebte, ich ging immer bis an meine äußerste Grenze. Dabei wollte ich nur leben und glücklich sein, doch war das, was mich scheinbar innerlich antrieb, viel stärker als die Kraft, es zu verwandeln.

Somit erlebte ich auch den Sommer 2001 voller Höhen und Tiefen.

Gleich zu Beginn dieses Sommers war ich Teilnehmerin eines Seminars *Aggression als Lebenskraft,* bei dem mir dasselbe wie im Sommer davor mit dem Abt des Klosters auf Glavotok passieren sollte. Als wir zu Beginn des Seminars unsere erste Vorstellungsrunde hatten und gefragt wurden, was unser wichtigstes Thema für dieses Seminar sei, erlebte ich einen bösartigen Angriff von einem mir vollkommen fremden katholischen Priester, der mir aggressiv einige Polster zuwarf mit den Worten: „Die da! Diese Frau…" Offenbar hatte ich schon wieder einem Mann seine unterdrückte Lust aufgezeigt. Welch ein armer Mensch, der sich so quälen musste – gefangen im Zölibat! Am Ende dieses Seminars lag er glücklich und zufrieden in den Armen von vier bis fünf Frauen und genoss die Energie der Weiblichkeit. Ob er nach diesem Seminar noch in der Kirche bleiben konnte, weiß ich nicht. Auch mir hatte diese Selbsterfahrung ein unglaubliches Stück weiter geholfen, konnte ich doch endlich Teile meiner aufgestauten Wut auf meine Eltern in einem geschützten Rahmen mit einem sehr guten Therapeuten ausleben. Nach diesem Seminar nahm ich an meiner bereits dritten Sommertanzwoche teil und erlebte eine schöne Zeit mit meinem amerikanischen Improvisations- und Kontaktimprovisationstanzlehrer. Wir genossen nicht nur schöne Tanzimprovisationen miteinander, sondern auch viele lustvolle Stunden der Zweisamkeit in unserem kurzen dritten Sommer, in dem er hierher zum Unterrichten kam. Bald danach flog ich erstmals auf die Insel *La Gomera*, um auch dort auf einer beeindruckenden Finca an einem Fünf-Rhythmen-Tanzworkshop teilzunehmen, den eine Engländerin anbot.

Der Tanz hatte es mir wirklich sehr angetan – ich liebte und liebe es am allermeisten, mich über den Tanz auszudrücken. Am späten Nachmittag kam ich auf dieser wunderschönen Vulkaninsel an, müde und erschöpft nach einer länger als 12 Stunden dauernden Reise und lernte bereits am ersten Abend Roman kennen, weil Claire, die englische Workshop-Leiterin, genau an diesem Abend einen offenen Tanzabend gestaltete, um eventuell noch neue Kursteilnehmer und -teilnehmerinnen dazuzugewinnen. Roman hatte mich gesehen und ich ihn – unsere Energien schaukelten sich im Tanz immer stärker auf. Am nächsten Tag begann eine aufregende Affäre. Nach einer Woche zog ich zu ihm ins Haus – ich glaubte, mich in meinem eigenen Zuhause wiederzufinden. Er hatte dieselbe gelbe Couch, die es bei mir gab, dieselben Bilder von Klimt, die auch an meinen Wänden hingen, und dieselben Teppiche. Seine Dogge hieß wie mein Sohn Philipp, seine älteste Tochter hieß wie meine Tochter Sophie. Er hatte zu diesem Zeitpunkt vier Kinder von drei Frauen, wobei er sich erst vor kurzem von seiner letzten getrennt hatte und noch nicht wirklich frei von dieser Beziehung war.

Es ist jedoch verblüffend, wie stark das Resonanzprinzip in alle Ebenen hineinspielt, denn Roman war ein Suchender mit denselben Sehnsüchten wie ich. Doch er lebte zu diesem Zeitpunkt genau den Gegenpol, den ich in meinem Leben verkörperte. Er war ein reiner Lebenskünstler, der wollte, dass ich sofort zu ihm auf die Insel ziehen sollte. Wie schön wäre es gewesen, auf dieser Insel mit einem großzügigen Mann zu leben! Roman war immer großzügig – auch wenn er nichts hatte, gab er alles, was da war, mit reiner Freude. Abgesehen davon, dass ich Verantwortung für zwei Kinder hatte, wäre mir dieses Abenteuer zu unsicher gewesen. Was ich mir wirklich wünschte, war, die Mitte zwischen unseren beiden Polen zu leben – sein Leben war mir viel zu instabil. Auch bei diesem Mann hatte ich sichtlich den Auftrag, ihn ein Stück seines Heilungsweges zu begleiten. Er hatte kurz zuvor erfahren, dass er dringend eine Rückführung machen sollte, weil er oftmals extreme Atemnot hatte, was schon alleine durch sein Vorleben verständlich war. Roman hatte in seiner Heimat vieles gemacht, was illegal war. Von Drogenkonsum über Drogenhandel, von Diebstahl bis zu Betrug. Er war ein Lebenskünstler gewesen und hatte es geschafft, sich immer wieder sauber aus allen Situationen zu befreien. Er konnte sogar von seiner Unschuld überzeugen, nachdem ein Flugzeug wegen ihm bei einer Landung auf seinem Heimatflughafen am Rollfeld abgefangen worden und er mit Maschinengewehren herausgeholt worden war. Die Insel, auf die er nach all diesen Erlebnissen auswanderte, wurde zu seinem Ort der Heilung und ich als Juristin durfte lernen, Menschen nicht nach ihrem Vorleben zu beurteilen. Roman war einer der liebenswertesten und hilfsbereitesten Menschen, die ich je in meinem Leben kennengelernt habe. Er wird immer ein Herzensfreund für mich bleiben, auch wenn wir uns irgendwann möglicherweise nie mehr sehen.

Es wurde ihm gesagt, dass er für diese Rückführung nach Amerika fliegen müsste, was er sich nicht leisten konnte. Kurze Zeit danach tauchte ich auf der Insel auf und sollte ihm diese Möglichkeit eröffnen. Ich hatte im letzten Jahr schon einige Rückführungen mit unterschiedlichen Themen begleitet.

Aus diesem Zusammenspiel sieht man, wie alles, was wir benötigen, zum richtigen Zeitpunkt zu uns kommt – wenn wir darauf vertrauen.

Wir machten die Rückführung in seinem Haus. Glücklicherweise half mir zu diesem Zeitpunkt ein englischer Heiler, den ich zuvor in meiner Heimatstadt kennengelernt hatte und der mich schon bei der Arbeit mit meinem ersten krebskranken jungen Klienten, den ich auf seiner letzten Reise begleitete, unterstützt hatte. Diesen Mann konnte ich telefonisch erreichen, als die Situation langsam zu eskalieren drohte. Da Roman erfahren wollte, was dieses beklemmende Gefühl in seiner Brust war, das ihm schon so oft den Atem genommen hatte, gingen wir genau mit diesem Thema in die Reinkarnationssitzung. Plötzlich fing er an, ganz unruhig zu werden und zu röcheln, während vor der Türe sämtliche Tiere – sowohl der Hund als auch die Katzen, die Hühner und die Schafe – lauthals zu schreien begannen. Sein Atem wurde immer schwerer ... in diesem Moment sah ich Wesenheiten auf seinem Brustkorb landen. Ich war vollkommen erstaunt und gleichzeitig erschrocken – sie sahen aus wie Aliens, die mir oftmals genauso geschildert worden waren. Sie hatten einen großen Kopf und krakenartige, grausame Arme. Da ich mir nicht weiterzuhelfen wusste, rief ich in meiner Verzweiflung James, den Heiler, an, der mich dabei unterstützte, diese Wesenheiten wegzuschicken. Widerwillig lösten sie sich von Romans Brustkorb, konnten es sich anscheinend aber nicht nehmen lassen, eine Seele mitzunehmen, nachdem sie von ihm ablassen mussten. Ich war enorm erleichtert, weil ich wirklich befürchtet hatte, dass er ersticken würde. Als wir nach Abschluss der Arbeit aus dem Haus gingen, lag am Küchenboden im Freien eine der Babykatzen – unversehrt an ihrem Körper, doch tot – ohne jegliche äußere Anzeichen eines Übergriffes. James warnte mich sehr, solche Arbeiten auf dieser Insel erneut zu machen, weil die Kraft von Atlantis dort angeblich noch immer stark wirken sollte. Dieses erschreckende Erlebnis zeigte mir, wie stark alles miteinander in unserem Universum verbunden ist. Ich weiß, dass wir vieles mit unserem kleinen menschlichen Verstand nicht begreifen können und werde dadurch immer demütiger vor dem Unfassbaren. Wie viel wichtiger wäre es, mit allem hier in diesem Sein voll Achtung und Respekt zusammenzuwirken, anstatt sich ununterbrochen gegenseitig zu bekämpfen und zu konkurrieren.

Bis auf dieses eine unberechenbare Ereignis erlebte ich eine wunderschöne Zeit mit Roman. Meine Arbeit zeigte ihre Wirkung, denn ab diesem Moment konnte er tatsächlich wieder frei und gelöst durchatmen. Möglicherweise waren es doch diese Wesen, in Form einer Besetzung, gewesen, die den Druck auf seiner Brust ausgelöst hatten.

Während dieser zwei Wochen war ich wirklich glücklich. Ich konnte tanzen, war mit wunderbaren Frauen beisammen, hatte einen Mann kennengelernt, der mich mit allen Mitteln, die ihm zur Verfügung standen, verwöhnte und erlebte meine erste Begegnung mit meinen geliebten Meeresfreunden – den Delfinen und Walen – in dieser Hier und Jetzt-Realität. Bis zu diesem Zeitpunkt konnte ich ihnen immer nur in meinen Parallelwelten begegnen. Wir hatten eine Bootsfahrt aufs offene Meer hinaus gemacht und unvermutet schwammen sie ganz nahe bei unserem Boot vorbei. Endlich konnte ich ganz intensiv mit ihnen über mein Herz kommunizieren. Wie gerne wäre ich mit ihnen gemeinsam geschwommen! So sehr ich es mir gewünscht hätte, auf dieser Insel zu leben, musste ich Roman dennoch erklären, dass wir für die Zukunft kein Paar sein könnten, weil seine Welt der meinen doch zu ferne war. Da er meine Argumente mit achtsamen Verständnis akzeptierte, konnte ich gut und erfüllt von neuen Eindrücken von dieser Insel zurückkehren. Allerdings blieben wir in Kontakt und beschlossen, uns wiederzusehen, was auch recht bald möglich wurde.

Also kehrte ich zurück nach Hause, das ich niemals als wirkliches Zuhause empfunden hatte, eher als meinen goldenen Käfig, in dem ich als Löwin gefangen war. Immer wieder flog ich zurück nach Österreich, aber nie zurück nach Hause. Ich fühlte mich auf dieser Erde nirgendwo zu Hause. Einen Hauch von Zuhause konnte ich erstmals auf *La Gomera* erleben. Dort machte ich auch zum ersten Mal eine berauschende Erfahrung der anderen Art. Ich erlebte mit dem Ozean eine ekstatische Vereinigung, wodurch ich mich in diesem Element für kurze Zeit in der Einheit bewegen durfte. *Ich erfuhr Ekstase in höchster Form, als ich mich ganz den Wellen, der Energie des Wassers und dem Sein im Meer hingab.* Am Ende wäre ich beinahe ertrunken, so sehr war ich in eine andere Welt ein- und untergetaucht. Roman holte mich gerade noch rechtzeitig aus den Wellen. Immer wieder suchte ich solche Einheitserfahrungen, um für kurze Momente der Glückseligkeit zu erfahren. *Am intensivsten erlebte ich das Gefühl der Einheit, wenn ich eine erfüllende sexuelle Vereinigung hatte, doch wurde dies nun mehr und mehr auch durch Erfahrungen in und mit der Natur erlebbar.*

Zurück bei meinen Kindern, in meinem Alltag, fühlte ich mich anfangs etwas verloren, doch schon kurz danach flogen die Kinder und ich in die Türkei in einen All-Inclusive-Cluburlaub für zwei Wochen.

Welch ein Kontrast zu der Welt, die ich davor erlebt hatte!

Intuitiv nahm ich meine kleine Maria Mutter Gottes mit, jenes Amulett, das mir meine zuerst verstorbene Großmutter vor vielen Jahren geschenkt hatte. Ich sollte es dort gut gebrauchen, war aber dann so verwirrt und geblendet, dieses wunderbare Andenken an meine Großmutter einem Mann zu schenken, dessen Absichten ich bis zuletzt nicht durchschaute, weil ich wieder zu sehr von meiner sexuellen Lust geleitet war. Arius war ein in Bulgarien adoptierter Schwarzer und gemeinsam mit seiner Frau im Animationsteam der Hotelanlage tätig. Schon kurz nach unserer Ankunft begann er mir den Hof zu machen und zu erzählen, dass er mit seiner Frau in Scheidung lebte. Hier war ich im Gegenpol von meiner neuen Erfahrungswelt gelandet und erneut meinen alten Mustern verfallen. Ich ließ diesen Mann immer näher an mich heran, was damit endete, dass er mich bei unserem letzten nächtlichen Treffen packte und sich das holte, was er wollte – Sex. Ich, wie so oft in solchen Situationen, war hin- und hergerissen zwischen dem Wollen und Nicht-Wollen, dem Angezogen und Abgestoßen-Sein und ließ es letztlich einfach geschehen. Es war so unwürdig und billig und doch konnte ich nicht anders reagieren. Ich fühlte mich zwar vergewaltigt, doch war wieder der Aspekt der Sucht in mir, der mich scheinbar zu einer Marionette selbsterschaffener Situationen werden ließ, die mir oftmals schadeten und mich innerlich allzu leer machten.

Was hatte mich schon wieder in eine solch unwürdige Situation getrieben?

Erst am Ende des Urlaubs erkannte ich, dass dieser Mann es bloß auf mich abgesehen hatte, weil er sich von mir Geld schicken lassen wollte. Damit war er natürlich bei der falschen Frau gelandet, doch bereute ich es zutiefst, ihm das Amulett meiner Großmutter überlassen zu haben. Er hatte mir seine vermeintliche Liebe und Gottesgläubigkeit so gut vorgetäuscht, dass ich wunderbar in die Falle getappt war.

Dieses Marienamulett hatte ich zuvor dringend für ein schlimmes Erlebnis benötigt, das meinen Kindern widerfahren war. Eines Tages wollten die beiden unbedingt mit der Kinder-Animateurin in den nahegelegenen Aquapark fahren. Obwohl ich ein seltsames und unsicheres Gefühl hatte, stimmte ich zu, weil ich meinen Kindern dieses Vergnügen nicht vereiteln wollte. Nach ihrer Abfahrt setzte ich mich an den Platz, der ihnen dort vertraut war und an dem sie mich jederzeit finden konnten. Ich begann zu beten und hielt mein

Amulett fest in den Händen. Unbewusst hatte ich auf diese Reise auch ein Buch über Trauma Heilung mitgenommen. Meine Vorahnung sollte mir Recht geben. Kurze Zeit später kamen Philipp laut schreiend und Sophie mit erstarrtem Blick auf mich zu. Die beiden hatten einen schlimmen Unfall miterlebt. Der Bus, in dem meine Kinder mitgefahren waren, kollidierte mit einem LKW und die Kinder mussten mit ansehen, wie der LKW–Fahrer zwischen den beiden Fahrzeugen schwerstverletzt eingeklemmt war und nicht sofort befreit werden konnte. Intuitiv konnte ich bei beiden sofort richtig handeln. Sie benötigten vollkommen unterschiedliche Zuwendungen, mit denen ich sie unterstützen konnte, ihre Ängste zum Ausdruck zu bringen. Im Buch von Peter Levine konnte ich sofort die Bestätigung finden, dass ich die richtigen Interventionen bei meinen Kindern vorgenommen hatte. Wie wunderbar doch der Mutterinstinkt funktioniert, wenn es notwendig ist! Mit Philipp konnte ich den Rest seiner traumatischen Erfahrung auf der Fahrt zum Flughafen auflösen. Er fing an der Stelle, wo der Unfall geschehen war, bitterlich zu weinen an. Da er neben mir saß, gingen wir gemeinsam nochmals durch das gesamte Erlebnis durch. Wie dankbar war ich Gott und unseren Schutzengeln, dass meine Kinder vor Schlimmeren bewahrt worden waren und sie mich sofort in der Anlage gefunden hatten. *In entscheidenden Momenten konnte ich wirklich eine gute Mutter sein. Wäre mir dies doch immer möglich gewesen!*

Wie oft hatte ich in meinem Leben bisher mit meinem Mutter-Sein gehadert.

So war auch dieser Sommer erschöpfend, abwechslungsreich und lehrreich für mich gewesen. Zumindest erkannte ich immer mehr, wohin mein Herz mich führen wollte, auch wenn ich es meist noch ignorierte.

Im Herbst desselben Jahres begann ich meine Ausbildung zur Tanz- und Ausdruckspädagogin und wurde zur selben Zeit auch Mitglied des Tanztheaters Aurora, das aus einer Gruppe von Amateurtänzern und -tänzerinnen bestand. Gemeinsam mit der Choreographin erarbeiteten wir ein Tanztheaterstück, um es im Frühjahr auf die Bühne zu bringen. In dieser Gruppe lernte ich Michael kennen. Unsere Anziehung war vom ersten Moment an spürbar und durch die gemeinsamen Tanzproben kamen wir uns immer näher. Wir sollten über zwei Jahre immer wieder wunderschöne, erfüllende sexuelle Begegnungen erleben, zur Trennung von seiner Frau war auch er nicht bereit. Er war tantrischer Buddhist und der Meinung, dass es kein Problem wäre, immer mehrere Frauen gleichzeitig zu lieben. Ich musste diese Beziehung irgendwann beenden, weil mir die Verletzung, die ich in der Rolle der heimlichen Geliebten erlebte, wieder schlimmer erschien als die schönen Erlebnisse, die wir teilten. Mein Schmerz wurde durch die Erkenntnis noch vervielfacht, nicht seine einzige Nebenfrau zu sein, mit der er seine Frau betrog. Michael rechtfertigte diese Lebensweise mit der Lebensform des tantrischen Seins. Doch lebte er all das heimlich und wollte keinesfalls, dass seine Frau etwas von seinen Doppel- und Mehrfachaffären erfuhr.

In welcher Doppelmoral wir Menschen doch oftmals leben und wie sehr wir auch immer wieder fähig sind, uns für alles die richtigen Erklärungen zurechtzulegen. So kann man eigentlich erkennen, dass der größte Betrug, den man im Leben begehen kann, der Betrug sich selbst gegenüber ist.

Auch ich hatte mich in meinem Leben immer wieder vor allem selbst betrogen. Erst viele Jahre später hatte ich erkannt, wie sehr es in erster Linie um meine Wahrnehmung geht, auf welche Weise ich mich in der Rolle der Geliebten erlebe. Wenn ich für mich ganz klar definiere, dass ich mir mit dem Mann ebenso das hole, was mir guttut, und mich nicht in unerfüllbare Wünsche flüchte, kann ich jede Begegnung einfach nur genießen. Das Wichtigste bei allem ist immer das Sein im Moment. Zu dieser Zeit war es mir nicht möglich, einfach nur unsere schönen Momente zu genießen. Und da ich letztendlich all die Jahre eine Sehnsucht nach Beziehung und nicht nach reinem Sex hatte, ist und bleibt die Rolle der Geliebten für mich dennoch immer eine zwiespältige Geschichte, abgesehen vom Mitverschulden einer Betrugshandlung an einer anderen Frau.

Allerdings durfte ich mit Michael die Tiefe der Begegnungen nicht nur in unseren Vereinigungen erleben, sondern auch in unseren gemeinsamen Tanzproben und Tanzauftritten. Mir wurde immer stärker bewusst, wie sehr mich der Tanz auf der Bühne erfüllte. Schon im gemeinsamen Tanz erlebte ich immer wieder Erfüllung. Endlich hatte ich eine alternative Ressource zur erfüllenden Sexualität gefunden – meine Tanzauftritte. Auch wenn die sexuellen Vereinigungen mit Michael im Jahr 2003 ein Ende fanden, durften wir noch über viele Jahre tief gehende Erfahrungen in gemeinsamen Tanzsequenzen erleben.

Erst über 10 Jahre später erkannte ich die Essenz unserer Begegnung für mich und schrieb für ihn folgende Zeilen zur gemeinsamen Erinnerung an unsere berührenden Momente:

Getanzte Erinnerung

Einst waren wir so innige Geliebte,
es ist schon lange her.

Vor vielen Jahren bin ich
beim Tanzen dir begegnet und spürte
deine Kraft, Erotik und auch männliche Stärke.

Doch wie so oft in meinem Leben war es,
dass du gebunden warst.
Ich wurde bloß die heimliche,
doch auch so sehr begehrte Frau,
die wunderschöne Stunden mit dir teilen durfte.

Wie sehr genoss ich jeden Augenblick mit dir,
sei es im Tanz,
in unseren Gesprächen,
wenn wir gemeinsam Essen gingen.
Und unsere Vereinigung war wie ein Feuer der Ekstase.

Nicht viele Männer sind bereit
und auch nicht ihrer selbst bewusst,
in diesem Tanz der Energien wahrhafte Harmonie zu leben
und einen Klang der Melodie entstehen zu lassen.

Du warst bereit in diesen seltenen Momenten
und ich war immer ganz erfüllt von dir.

Doch immer mehr litt ich darunter,
dass du dich nicht entscheiden wolltest,
auch wenn du mir das nie versprochen hast.
Und als ich dann auch noch erkannte,
dass deine Liebe,
die ohnedies unteilbar ist –
vielmehr jedoch auch deine sexuelle Lust
in ihrer körperlichen Ausdrucksform,
gelebt war noch mit anderen Frauen,
so musste ich um meines Wertes willen
das wundervolle Liebesspiel beenden.

Und heute kann ich für mich sagen,
es ist ein einzigartig schönes Pochen in meinem Herzen,
wenn ich dir nun begegne.
Da ist nach meinem ersten Groll
die pure, bloße Liebe,
die übrig blieb von all den schönen,
doch damals oft für mich auch schmerzlich-wundervollen Stunden.

Wenn ich dich sehe,
sehe ich die strahlend-lachend-offenen Augen
und spüre auch die alte Sehnsucht,
die als die neue keimt in mir.
Ich nehme wahr, wie sie nun
meine Seele,
meinen Körper und auch
mein Herz erfüllt.

Wie wohl Vereinigung nun sein kann
mit dem jetzt noch erweitertem Bewusstsein?

Würden wir sie noch tiefer nun erleben?

Und doch bin ich dann einfach dankbar,

wenn es zu unserem Wiedersehen kommt,
wenn unsere liebevolle, innige Umarmung
den Hauch der Schwingung uns hier spüren lässt,
der einst in unserem Miteinander ist gewesen.

Berührt bin ich, all die Momente
mit dir gelebt, geteilt zu haben
und zu erkennen,
dass das Leben doch immer vorwärts
und nicht rückwärts sich bewegt.

Für immer wirst auch du in meinem Herzen bleiben.
Mein Körper wird erneut an deine Schwingung sich erinnern,
wenn du sein Feld betrittst,
und meine Seele, sie ist still und friedvoll
für immer EINS mit deinem Sein.

Wenn man bereit ist, Energie fließen zu lassen, kann sich diese über viele Ebenen zeigen und zur Erfüllung führen. Ich öffnete mich mehr und mehr diesem Feld.

Vor allem genoss ich es in der Natur zu sein, erlebte Freude mit meinen Yogaübungen und konnte in menschlichen Begegnungen erfahren, wie viel Energie der Gebende im Rückfluss erhält, wenn das Geben bedingungslos ist. Meine Behandlungen, bei denen ich Menschen auf ihrem Weg begleiten durfte, nährten mich sehr und meine Sehnsucht, diese Berufung auch irgendwann Beruf werden zu lassen, verstärkte sich zunehmend. Doch auch bei meinen Rechtskursen begegneten mir immer öfter Menschen, die sich auf einem neuen Weg befanden.

Auf unserem Planeten begann sich ein Wandel zu mehr Bewusstheit zu manifestieren.

In meinem Leben durchlief ich gar viele unterschiedliche Lebenssituationen und alles war immer irgendwie parallel geschehen.

Ich begann im Herbst 2001 neben meinen Tanzerfahrungen und meiner Ausbildung auch wieder in der Erwachsenenbildung und in meinen beiden Schulen zu lehren. Es war jenes Unterrichtsjahr, das zu Beginn mit einem weltbewegenden, schrecklichen Ereignis in New York die Weltöffentlichkeit in Schock und Trauer versetzte.

Dies geschah am *11. September 2001* durch den Anschlag der islamischen Terrororganisation Al-Kaida auf das World Trade Center in New York und das Pentagon in Washington, bei dem es eine sehr große Anzahl von unschuldigen Toten gab. Obwohl ich mich schon vor längerer Zeit entschieden hatte, mich von sämtlichen Medien fernzuhalten, um meinen Geist nicht mit kollektivem Wahnsinn und Schreckensnachrichten zu belasten, konnte ich – alles scheinbar für mich Wichtige – doch immer über einen anderen Weg erfahren.

Faszinierend war für mich die Tatsache, wie viele Menschen mit den Opfern dieses Anschlags mitlitten, mit Menschen, die niemand je zuvor gekannt, gesehen oder von deren Existenz gewusst hatte. Dabei können wir erkennen, wie sehr wir alle Teil dieses Kollektivs sind und wie stark es davon abhängt, wie wir uns fühlen, je nachdem, in welchem Kollektiv wir uns gerade zugehörig erleben. Wir leiden gemeinsam, wenn wir uns ständig den Übertragungen der Medien aussetzen, die in erster Linie Grauen und Schrecken vermitteln und dennoch wird auch unser kollektives Feld von allem erfasst, was auf diesem Planeten passiert. Möge es uns gelingen, unser Bewusstsein auch mehr und mehr mit dem Guten und Schönen und all dem Glück, das täglich möglich ist, zu verbinden! Wie viel friedvoller wäre unser Planet doch, wenn die Menschen alle glücklicher wären. Wie viel besser würde es uns allen gehen, wenn die Medien von Schönem berichten, statt ihren Fokus immer nur auf das Negative zu richten! Mögen alle Opfer jener Wahnsinnigen – die in ihrer Unbewusstheit nur Zerstörung erleben wollten – jener durch falsch verstandene und gelehrte Religionen in die Irre geleiteten Menschen, die durch alle Zeiten hindurch andere vernichteten, ihren Frieden in Gottes gütiger Hand gefunden haben. Darum bitte ich von ganzem Herzen.

In diesem Herbst hatte ich bei einem meiner Rechtskurse in der Wirtschaftskammer Konstantin kennengelernt, der sehr bald mein vertrautester männlicher Freund wurde. Zu dieser Zeit war ich dankbar, endlich einen wirklichen männlichen Freund – ohne Sex – zu haben. Ein erster Freundschaftsbeweis war, dass er mich zu einer Familienaufstellung nach Wels fuhr. Ich wollte endlich Erlösung von meinen vergangenen Verstrickungen erleben, die ich in den beiden zuvor nur mäßig bearbeiten konnte. Doch auch in dieser Aufstellung zeigte sich, wie außergewöhnlich belastet mein Familiensystem ist und wie komplex und schwerwiegend die Verstrickungen tatsächlich waren. Konstantin war dort auch als Teilnehmer dieser Aufstellung und unterstütze mich auf allen Ebenen. Das Ganze wurde von einem Mann geleitet, den ich zuvor bei einem Seminar in Salzburg kennengelernt hatte und der mir anbot, die Nacht danach bei ihm zu verbringen. Ich nahm sein Angebot dankend an und musste wieder einmal eine Situation erleben, die ich schon allzu gut kannte – ich begab mich sehenden Auges in eine Falle. Natürlich wollte Dominik Sex mit mir. Damit hätte ich mich in die nächste Verstrickung begeben. Nach einem inneren und äußeren Abwehrkampf schaffte ich es, zu widerstehen und war sehr stolz auf mich, dies trotz meiner Schwäche zu erreichen, war ich doch von der schmerzvollen Aufstellung sehr erschöpft und ein wenig hilflos. Eine Situation, die er gut auszunützen wusste. Und doch konnte mich diese Aufstellung ein Stück auf meinem Heilungsweg voranbringen, obwohl ich natürlich den Mann, der sie leitete, in seiner Professionalität nicht mehr wirklich achten konnte.

Konstantin, der vollkommen offen war für all mein Wissen, lernte bei mir in kurzer Zeit die Pranaheilung und bekam von mir auch zwei Reiki-Einweihungen. Auf anderen Ebenen war er unterstützend für mich da. Er führte meine Freundin Rosa und mich zu unserem vorweihnachtlichen Tanzauftritt auf einem Christkindl Markt in einer kleinen Provinzstadt und begleitete mich für die Silvesternacht zu einem Tanzauftritt in ein Thermen-Hotel mit dem Thema Zauber und Mystikum. Ich war engagiert worden, eine Mitternachtseinlage zu tanzen und wollte keinesfalls diese Nacht dort alleine verbringen, weshalb ich für seine Anwesenheit wirklich dankbar war. Meine Performance wurde zu einem schönen Erfolg und mir war es möglich, mit einem Mann im selben Raum zu schlafen, ohne Sex mit ihm zu haben. Wir verbrachten die Silvesternacht der Jahreswende 2001/2002 gemeinsam in diesem Hotel, waren uns sehr nahe, doch war es klar, keinen Sex zu haben, um unsere Freundschaft nicht zu gefährden.

Immer besser lernte ich, meine Grenzen zu achten und zu schützen, wenn ich spürte, dass Sex vieles zerstören würde.

Konstantin interessierte sich sehr für mein Leben und für alles, was ich tat. Wir verbrachten viele Stunden als gute Freunde miteinander. Doch auch er hatte mich letztendlich zu seinen Zwecken benutzt.

Die erste wirklich schmerzhafte Verletzung, die ich durch ihn erfuhr, war, dass er mich im Frühjahr desselben Jahres zu seinem 30. Geburtstag, an dem er eine große Geburtstagsfeier gab, nicht einlud. Er wollte sich bei diesem Fest seinen Freunden in seinem neuen spirituellen Sein zeigen. Er meinte, ich sei eine allzu präsente Persönlichkeit, die allein durch ihre Anwesenheit ihm die Möglichkeit, der Mittelpunkt des Festes zu sein, genommen hätte. Solch ein „Ausgeschlossen werden“ aus Angst, Neid und Eifersucht kannte ich bisher nur von Frauen, die meine weibliche Konkurrenz fürchteten.

Jetzt wurde ich wieder einmal aus einer Gemeinschaft ausgeschlossen, diesmal sogar von meinem vermeintlich besten Freund.

Wie oft noch sollte sich der Satz bewahrheiten, den mir am Ende meiner Tanzpädagogikausbildung meine Therapeutin gesagt hatte: „Du bist die einsame Schöne“. Vielleicht könnte ich im Zusammenhang mit Konstantin eher sagen: „Die einsame Wissende“. Hatte er doch all das, was er nun seinen Freunden präsentierten wollte, von mir gelernt. Es tat unendlich weh!

Bis auf dieses einschneidende, verletzende Erlebnis verlief das Jahr 2002 für mich ausnahmsweise eher unspektakulär. Ich konnte im Tanz ein wenig meine Berufung ausüben, hatte regelmäßig meine Klienten, die ich auf ihrem Weg begleiten durfte und keine dramatischen Affären. Auch sonst erlebte ich Leichtigkeit und Freude, aber auch angenehme Phasen der Ruhe.

Dieses Jahr 2002 war das erste Jahr, in dem in 12 von 15 EU-Staaten der Euro eingeführt wurde. Wir Österreicher waren hellauf begeistert, weil uns die Möglichkeit eröffnet wurde, mit einer einzigen Währung in Europa zu reisen. Außerdem wurde uns von den Politikern angekündigt, dass alles durch die Einheitswährung billiger werde. Auch ich, die große Skeptikerin – vor allem was Versprechungen aus politischen Kreisen betraf – ließ mich *einlullen* und stimmte für den Euro. Heute, über ein Jahrzehnt später, kann ich nur sagen, dass wir eine durchschnittliche Preiserhöhung von 50-80 % erfahren haben – vor allem bei Lebensmitteln – und das bei einer kaum vorhandenen Anpassung der Entgelte für Arbeitsleistungen. Der Euro wurde letztendlich zu unserem großen Schaden. Damals war ich in erster Linie über ein Zusammenrücken Europas erfreut. Ich sah in diesem Schritt endlich meine Vision von großer Einheit und Zusammengehörigkeit in die Realität umgesetzt. Der tatsächliche Zweck hinter all dem vermeintlichen Einheitsgedanken war leider ein ganz anderer – es ging wie allzu oft um Gier, Macht und Profitdenken.

Welch einem Irrtum wir erlegen sind!

Die Welt sollte sich nur scheinbar zum Besseren wenden.

Mit Rosa hatte ich inzwischen durch unser offizielles Auftreten als Ausdruckstanzteam *Alrosa* einige Aufträge für Tanzauftritte, die uns große Freude bereiteten. Die Themen, die wir gemeinsam tanzten, waren sehr vielfältig. Wir wurden von einem Reisebüro für Reise- und Landschaftspräsentationen engagiert, von einer Kunstzeitschrift für eine wirklich skurrile Kunst-Performance gebucht und wir hatten auch einen schönen Auftritt bei einem Vollmondfest im Juli in der Innenstadt unserer Heimatstadt, wo wir auf offener Bühne auf der Straße tanzen konnten. Zu dieser Performance schrieb ich den Text, dessen Inhalt wir im Tanz umsetzten und der mich das erste Mal wirklich tief mit den Aspekten des weiblichen Seins verbinden konnte:

Die Mondgöttin

Die Göttin
im Mond geboren,
das Dunkel geschaut,
das Licht gesehen,
weiß um das Spiel des Universums,
ist sich des allumfassenden
Ewigen Seins bewusst
und kommt herab,
um hier sich zu erkennen
in ihrer Vielfalt,
um hier das ewig Weibliche
in einer Frau zu vollenden – als
das unschuldige Mädchen,
die erwartungsvolle Jungfrau,
die hingebungsvolle Geliebte,
die liebende Ehefrau,
die nährende Mutter,
die weise Alte.
Um jede Frau zu erfüllen
mit ihrer Kraft,
vereint durch Animus und Anima,
vollkommen in
DER LIEBE.

Zu dieser Zeit begann ich erstmals intensiver, mich mit dem Thema Frausein und Weiblichkeit auseinanderzusetzen, was mir den Weg bereiten sollte, in ferner Zukunft Frauen auf ihrem Weg und in der Erfahrung ihrer Weiblichkeit, ihres Selbstwertes und ihrer Sinnlichkeit verstärkt Unterstützung geben zu können.

Nur wann?

Parallel zu all den schönen Erfahrungen in meiner Heimat machte ich schon im Februar eine weitere Reise nach *La Gomera* – diesmal mit meiner Tochter Sophie. Roman hatte mir versprochen, auf meine Tochter aufzupassen, während ich in der ersten Woche wieder an einem Tanzworkshop bei Claire teilnahm. Natürlich machte ich mir insgeheim Hoffnungen, mit Roman vielleicht doch eine Partnerschaft leben zu können. Somit verbrachten wir die erste Nacht miteinander, in der mir unverzüglich klar wurde, dass er tatsächlich nur mehr ein guter Freund sein konnte. Ich war sehr erleichtert, als er meiner Entscheidung mit großem Respekt begegnete. Er zog in sein Gästezimmer, überließ mir und Sophie sein Schlafzimmer und kümmerte sich liebevoll um meine Tochter, während ich täglich zu meinem Tanzworkshop ging. Auch sonst verbrachten wir viele schöne Stunden miteinander – ohne nochmals Sex miteinander zu haben.

Welch eine Größe dieser Mensch doch hatte! Er war einer der wenigen Männer, der trotz seiner Erwartungen sofort bereit war, mich auch um meinetwillen als Freundin zu schätzen. Für Sophie war es ein wenig langweilig auf dieser Insel. Sie hatte hier keine Spielgefährten – außerdem bevorzugte sie All-Inclusive-Cluburlaube, bei denen ihr Spaß und Animation geboten wurden. Sie war froh, nach zwei Wochen wieder nach Hause zurückzukehren und ich ein wenig traurig.

Ihren Cluburlaub durften meine Kinder in diesem Sommer wieder mit ihrem Vater erleben, während ich es genoss, eine weitere Urlaubsreise auf meine geliebte Insel zu unternehmen und mir darüber Gedanken machte, wie es wäre, dort zu leben. Für mich war dieses subtropische Klima, das dort herrschte, perfekt, ebenso der Rhythmus von Tag und Nacht, der exakt meinem Wach-Schlafrhythmus entsprach. Auch wenn es als alleinerziehende Mutter von zwei Kindern eher illusorisch schien, ans Auswandern zu denken, erwachte in mir die Sehnsucht, am Meer leben zu wollen.

Eine Sehnsucht, die mich bis heute nicht verlassen hat.

Doch neben den schönen und freudigen Erfahrungen auf dieser Insel *La Gomera* kamen, wie es angeblich auf einer Vulkaninsel üblich ist, auch viele unterdrückte Themen stärker an die Oberfläche. Ich fühlte mich dort immer wieder besonders einsam und verlassen, weil doch aus der Beziehung mit Roman nichts geworden war. Diese Einsamkeit wurde mir umso stärker bewusst, nachdem ich mich wieder einmal auf einen Mann eingelassen hatte, der mich ausschließlich als sexuelles Spielzeug sah und mich dafür benötigte, seine eigenen Kindheitserfahrungen aufzuarbeiten. Wie immer half ich auch ihm mit viel Akribie, seine Geschichten zu erlösen, indem ich mit ihm Aufstellungsarbeit machte, ihm einige energetische Behandlungen gab und wieder einmal auf mich selbst dabei vergaß. Noch mehr half ich einer seiner beiden Töchter, die sich zu dieser Zeit ritzte und der ich ein Stück aus ihrer Selbstzerstörung heraushelfen konnte.

Dennoch konnte mich in diesem Jahr nichts erschüttern. Mit meinem Sommerliebhaber erlebte ich einen guten Abschied. Seine beiden Töchter, die ich in dieser kurzen Zeit lieb gewonnen hatte, besuchten mich und meine Kinder im Herbst sogar für ein verlängertes Wochenende in meinem Zuhause. Die Freundschaft mit Konstantin blieb – doch etwas distanzierter. Insgesamt war dieses Jahr 2002 tatsächlich voller Kraft und mit vielen Möglichkeiten ausgestattet. Ich bekam immer mehr Klienten, hatte auch beruflich genug Aufträge für Rechtskurse und meine Tanzpädagogik-Ausbildung, die im November abgeschlossen wurde, machte mir großen Spaß.

Doch auch bei dieser Ausbildung, wie schon bei der Ausbildung zur Lebens- und Sozialberatung, zeigte sich eine Geschichte eines Mutter-Tochter-Machtspiels zwischen der Leiterin des Kurses und mir.

Egal, was ich tat, bei allen Therapien und Ausbildungen erlebte ich Re-Inszenierungen meiner traumatischen Kindheitserfahrungen, sowohl auf der Seite der weiblichen Lehrerinnen, die mich immer wieder zu erniedrigen versuchten, als auch verstärkt mit männlichen Leitern. Ich verführte fast alle meine Ausbilder und Therapeuten, um sie dann nicht mehr als Autorität zu achten. Eine Tatsache, die für meinen Heilungserfolg keineswegs dienlich war.

Wie lange im Leben musste ich die Wiederholungen von unverarbeiteten Situationen noch erleben? Vermutlich so lange, bis ich die eigene Bewusstheit erreichte, dagegen zu wirken.

Sex war mein größtes Machtinstrument, das ich hatte!

In dieser Ausbildung befand sich nicht nur meine Freundin Rosa, sondern auch Elke, die ursprünglich Profitänzerin gewesen war und danach den Weg der Pädagogin und Therapeutin einschlug. Mit Elke war ich schon längere Zeit über den Tanz verbunden. Ich hatte auch in ihren Workshops und mit ihr gemeinsam tänzerisch mitgewirkt, weil sie nicht nur Gruppen leitete, sondern auch gemeinsame Tanzauftritte gestaltete. Rosa hatte ich ursprünglich in einer von Elkes Gruppen kennengelernt. Wir drei hatten bei der Ausbildung viel Spaß miteinander und begannen, gemeinsam unsere Zukunftsvisionen zu gestalten. In diesem Jahr begann ich immer wieder ein flüchtiges Traumbild meines zukünftigen Mannes zu sehen, eines wunderschönen Mannes mit dunklen, langen Haaren. Er sollte mir tatsächlich vier Jahre später begegnen – doch blieb auch er nur kurze Zeit in meinem Leben.

Während die beiden anderen heute schon längst ihre Visionen in großem Ausmaß leben, lebe ich immer noch in der Vision meiner glücklichen Zukunft.

Oftmals hat wohl der Satz „Achte darauf, was du dir wünschst, es könnte in Erfüllung gehen" seine Gültigkeit. Aber noch wichtiger scheint mir aus meiner heutigen Sicht die wirkliche Bereitschaft, das Gewünschte auch ZU LEBEN. Dazu war ich noch lange nicht wirklich fähig.

Im Herbst hatten wir vor, ein gemeinsames, spannendes Tanzprojekt in einer Kirche auf die Bühne zu bringen. Dieses Projekt war eines von vielen, das in der Stadt gestaltet wurde, bevor die jüdische Synagoge eröffnet wurde. Der Auftritt sollte in einer katholischen Kirche stattfinden, wo Einzelpersonen an verschiedenen Orten ihre Themen präsentierten. Dieses Projekt war nicht nur die Vorbereitung auf die Eröffnung der Synagoge, sondern auch darauf, dass unsere Stadt im folgenden Jahr Kulturhauptstadt *Europas* werden sollte.

Ein Jahr zuvor, am 8. Februar 2001, hatte unser Gemeinderat einstimmig beschlossen, dass unsere Stadt zur ersten Menschenrechtsstadt Europas wird und künftig bei allen Beschlüssen das Thema Menschenrechte berücksichtigt werden muss. Dies schien ein weiterer Schritt in Richtung Öffnung zu sein.

Welch eine Illusion das alles doch bloß war!

Jahre später wurde in unserer gepriesenen Menschenrechtsstadt gesetzlich das „Bettelverbot“ ausgesprochen – von wegen Menschenrechte!

Ich entschied mich bei diesem Projekt, das auch die Verbindung der verschiedenen Glaubensgemeinschaften darstellen sollte, für ein besonders heikles Thema:

Die Kreuzigung Jesu.

Tatsächlich wagte ich es, als Frau den Kreuzweg von Jesus Christus, dessen Kreuzigung und seine Auferstehung auf der Pieta der Kirche darzustellen. Als ich mich bei „meinem Tod“ – den ich als Jesus‘ Tod erfuhr – neben Jesus und Mutter Maria gelegt hatte, nachdem ich die Kreuzigung auf der Pieta als Bühne durchlebte, fühlte ich jedes Mal die Energie Maria Magdalenas in mir, die ihren letzten Frieden neben ihrer großen Liebe Jesus Christus suchte. Für mich war immer schon die Liebe von Jesus Christus und Maria Magdalena so tief, dass sich mein Herz nach nichts mehr sehnte als irgendwann einem Mann zu begegnen, mit dem ich eine so tiefe Liebe leben könnte und nach einem weiteren Kind mit diesem besonderen Mann. Immer wieder tauchte in meinen Visionen die Möglichkeit, nochmals Mutter zu werden, auf. Außerdem fühlte ich mich nun noch tiefer mit Maria Magdalena verbunden, die ich in meinen Heilbehandlungen um spirituelle und heilende Unterstützung anrief und die für mich die vollendete Verkörperung der ganzheitlichen Weiblichkeit darstellte.

Was ich besonders faszinierend finde, ist die Tatsache, wie stark Ereignisse sich aufzubauen beginnen, bevor sie eintreten. Ich habe mich in meinem Leben oft gefragt, ob wir Ereignisse vorausahnen oder sie mit unseren eigenen Gedanken erschaffen. Immer wieder erkannte ich nach einschneidenden Erlebnissen, dass ich davor schon viele Vorboten erhalten hatte, diese aber nie als solche erkennen konnte. *Was bedeuteten diese Hinweise, wurden sie von mir durch meine Gedanken erschaffen oder waren sie eine Vorwarnung dessen, was sicher kommen würde?* Niemand konnte mir jemals diese Frage beantworten.

Aus meinem jetzigen Bewusstsein kann ich erkennen, dass all jene Ereignisse, die mir in einer kurzen Momentaufnahme intuitiv erlebbar werden und tatsächlich eintreten, jene sind, um die ich schon wusste – alles ist im morphischen Feld vorhanden. All jene Erfahrungen, die im Vorhinein von meiner Angst und Unsicherheit dauerhaft genährt werden, erschaffe ich aus meiner Sicht in großem Ausmaß als Mitschöpferin mit, wenn nicht sogar das Ergebnis vollkommen meine eigene Schöpfung wird. Vermutlich wird die Erfahrung auch einige Male eine Mischung von beidem sein – Vorahnung und Kreation!

Jedenfalls hatten wir im November des Jahres 2002 unseren letzten Ausbildungslehrgang an einem Wochenende, an dem Rosa ihre Praktikumsarbeit vorstellte. Es ging um das Thema *Elemente* – sie nahm das Element *Erde*, gab uns Ton und bat uns, daraus etwas zu formen. Unverzüglich formte ich, ohne darüber nachzudenken, eine Gebärmutter, gab einen Embryo hinein und behütete dieses Objekt während des Tanzes so, als würde ich tatsächlich meinen eigenen schwangeren Bauch schützen wollen. Rosa bestätigte mir diese Wahrnehmung – es sah auch für sie so aus, als hätte ich mein Kind behütet.

Zu dieser Zeit konnte ich nicht wissen, was kurz darauf tatsächlich auf mich zukommen würde.

Sonst erlebten wir an diesem Wochenende Freude und Leichtigkeit, war doch wieder eine meiner vielen Ausbildungen abgeschlossen. Wir feierten unseren Erfolg in einem sehr festlichen Rahmen.

Nach Beendigung meiner Ausbildung hatte ich ein Treffen mit Thomas, einem jungen Mann, dessen Rechtslehrerin ich im Massagekurs der letzten beiden Monate gewesen war. Wir hatten uns mit einem tiefen Blick in unserer beider Augen am Abschluss- und Prüfungstag auf magische Weise wiedererkannt – es war, als würden wir uns ewig kennen. Wir kennen uns vermeintlich seit Anbeginn der Zeiten und wussten, dass unsere Liebe scheinbar im Hier und Jetzt doch nicht lebbar war – er war 20, ich war 40. *Unsere Seelen wussten schon zu dieser Zeit von unserer Verbindung. Unsere Herzen waren magnetisch angezogen.* Da er jedoch einen Arbeitsplatz in Tirol bekam, mussten wir auch sehr bald wieder voneinander Abschied nehmen. Unsere Liebe war rein und unschuldig – wir verbrachten einfach immer wieder wunderbare Momente miteinander und hatten bei jeder Begegnung ein tiefes Gefühl zusammenzugehören.

Somit war dieses Jahr getragen von vielen schönen Erfahrungen und Begegnungen.

Im Dezember jedoch begann sich das Blatt vollkommen zu wenden.

Ich ließ mir wegen meiner Kurzsichtigkeit meine beiden Augen lasern, weil ich beschlossen hatte, wieder sehend werden zu wollen. Es war vor allem für meine Tanzauftritte ein notwendiger Schritt. Kontaktlinsen vertrug ich schon lange nicht mehr. Allerdings verband ich diesen Schritt auch mit der Bereitschaft, mir all das, was ich durch meine schlechte Sicht bisher nicht sehen wollte, nun tatsächlich anzuschauen. Meine Reaktion auf diese Laserung wirkte sich weniger körperlich als vielmehr psychisch aus. Ich fiel einige Stunden nach der Operation meines rechten Auges in meinem Wohnzimmer in eine tiefe Trance und durchlebte unglaubliche Visionen der Inquisition, Hexenverbrennung, Verurteilung und Ächtung als Frau und Heilerin. Schon oft zuvor hatte ich mich gefragt, was mich so sehr hemmte, mein Heilwissen vertrauensvoll an die Öffentlichkeit zu bringen. Offensichtlich war es wirklich meine Angst wegen meiner lichtvollen unterstützenden Heilarbeit wieder von den dunklen Mächten verfolgt und verurteilt zu werden. Auch wenn es in der heutigen Zeit keine Hexenverbrennungen mehr gibt, so ist doch in unserem Rechtssystem die Verurteilung wegen Kurpfuscherei und Betrug möglich. Heute wollen sie nicht mehr unser Leben, aber unser Geld! Scheinbar nehmen wir alles, was wir je erlebt haben, in unserem Zellbewusstsein in jede Inkarnation mit, die wir hier auf Erden erleben. Daher sollte ich noch viel mehr zu sehen bekommen. Nach der Operation des zweiten Auges waren die Reaktionen nicht mehr so schwerwiegend, doch in Folge geschah viel Schlimmes.

Es begann mit der Jahreswende!

Meine Silvesternacht verbrachte ich mit Konstantin, der für den Abend ebenso wie ich kein Alternativprogramm hatte. Er kam zu mir und in unserer Atmosphäre der Zweisamkeit entstand immer mehr Nähe. In dieser Nacht hatten wir das erste und einzige Mal Sex, obwohl ich fest vorgehabt hatte, es nie so weit kommen zu lassen, weil ich als Freundin niemals unsere Freundschaft gefährden wollte. Außerdem hatte ich durch seine Erzählungen schon einen Einblick in seine Qualität als Liebhaber bekommen. Diesbezüglich hatte ich doch sehr hohe Ansprüche. Unser kurzes Intermezzo endete katastrophal. Leider bestätigte sich meine Vorahnung. Innerhalb einer knappen Minute zeugten wir ein Kind. Konstantin hatte eine Sexualstörung, wie ich einen Monat später im Detail bei meiner Fortbildung zur Paar- und Sexualberaterin von einer fantastischen Sexualtherapeutin und meiner neuen Ausbildnerin erfuhr.

Das gesamte Geschehen entwickelte sich einfach auf seltsame Weise:

Ich wollte ihm, als wir uns immer näher kamen, sagen, dass ich kurz vor meinem Eisprung sei, war jedoch unfähig, es ihm vor unserer Vereinigung mitzuteilen. Wann immer ich diese Tatsache ansprechen wollte, schien mir, als ob eine unsichtbare Hand meine Lippen verschloss und mich nicht sprechen ließ. Drei Mal setzte ich an, es auszusprechen doch gelang es mir erst im Moment seines Eindringens – es war bereits zu spät! Offensichtlich musste ich diese Seele empfangen – ich nahm sie sofort wahr, obwohl mir klar war, dass ich erst zwei Tage später meinen Eisprung haben würde. Ich wusste sofort, dass wir *LEBEN* erschaffen hatten, obwohl es noch nicht physisch sein konnte. Die tatsächliche Bestätigung meines Empfindens bekam ich, als ich am 3.1.2003 um 4:30 Uhr in der Früh unvermutet aus dem Schlaf erwachte und spürte, nun tatsächlich schwanger zu sein. In der Silvesternacht, in der ich mit Konstantin Sex hatte, wurde ein Kind gezeugt. Diese Nacht wurde zu einem Desaster. Konstantin verlangte von mir, sofort die Pille danach einzunehmen – dies verweigerte ich, da ich es kein zweites Mal in meinem Leben verkraftet hätte, ein Kind von mir töten zu lassen. Also wollte er eine Rückführung in Trance machen, um zu erfahren, was hinter diesen Ereignissen und meiner möglichen Schwangerschaft stand. Er wollte es natürlich nicht glauben. Diese für mich unfassbare Reinkarnationssitzung endete damit, dass er sich selbst als Jesus Christus erlebte und ich plötzlich heftige schwarzmagische Energien wahrnahm, mit denen er verbunden zu sein schien. Ich selbst fiel beinahe in den Wahnsinn, weil die Kraft, die sich durch diese Situation eröffnete, unerträglich wurde – ich wäre diesem Sog, mein Bewusstsein nicht mehr unter Kontrolle zu haben, beinahe erlegen. Da ich jedoch schon immer eine kraftvolle und starke Frau war und mein Bewusstsein sehr klar ausgerichtet hatte, konnte ich diese wahnsinnige Rückführung letztendlich gut abschließen. Allerdings durchlebte ich in derselben Nacht erneut sämtliche Hexenverbrennungen, Folterungen und Verhöre durch die Inquisition durch viele Jahrtausende hindurch. Ich wälzte mich schreiend am Boden und sah nichts als Folterungen, die ich immer und immer wieder erleben musste. Mein Glück war die Kraft meines Bewusstseins, die mich davor bewahrte, in dieser Trance, in der ich mit ihm durch diese grauenvollen Situationen schritt, hängen zu bleiben. Konstantin war wie verwandelt und verlangte vehement von mir, mir das Kind nehmen zu lassen. Ich war unfähig, das zu entscheiden, auch wenn es um vieles vernünftiger gewesen wäre. Ich wusste, dass ich mein drittes Kind alleine aufziehen würde und nicht einmal einen fürsorglichen Vater an der Seite hätte, so wie es mein Ex-Mann war.

Unsere Freundschaft war damit auf sehr unschöne Art beendet.

Und wieder einmal hatte ich einen guten Freund verloren, indem uns die Sexualität entzweite. Das Ganze bloß wegen eines dummen Machtspiels, das ich wieder einmal gespielt hatte und erst zu spät erkannte. Konstantin hatte im November eine Frau kennengelernt, für die er sich sehr interessierte und von der er mir erzählte. Ich wollte diese Verbindung mit allen Mitteln verhindern und tat etwas, was ich zuvor immer wieder mit Männern aus meiner Vergangenheit getan hatte – ich tat es mit meiner stärksten Waffe – mit SEX. Ich gönnte ihm keine andere. Ich tat dies, obwohl ich klar wusste, dass er nicht der Mann war, den ich mir als Partner und Geliebten wünschte. Das Ergebnis dieser einmaligen Begegnung waren meine Schwangerschaft, meine Fehlgeburt und der vollkommene Verlust unserer Freundschaft.

Die seltsamen Umstände in dieser Nacht taten ihr Übriges, denn eine Schwangerschaft hatte ich keinesfalls bezwecken wollen.

Wie vieles durch SEX in meinem Leben schon zerstört wurde.

Kurz vor dieser Schwangerschaft hatte ich Alfred kennengelernt, der ein sehr wohlhabender Notar, aber interessanterweise auch Reiki-Meister und Energetiker war. Offensichtlich hatte das Universum mir diesen Mann geschickt, um mich für die Zeit meiner Schwangerschaft zu unterstützen und ihn an meine Seite zu stellen. Alfred war liebevoll um mich bemüht, doch wusste ich auch, dass ich nur einen Mann in mich einließe, der für mein Kind und mich ein Begleiter im Leben werden konnte. Alfred wollte dies unbedingt sein. Wir wurden auf besondere Weise über jene wunderbare Seele, die für kurze Zeit bei mir sein wollte, verbunden. Die Art der Verbindung sollte sich für uns erst zeigen. Ich wusste intuitiv, dass mein Kind ein Mädchen sein würde, das Sara Suraya Maria Magdalena heißen sollte, wurde mir doch schon in meinen Visionen im Garten von Glastonbury die Begegnung mit einer Sara prophezeit.

An meinem 40. Geburtstag entschied ich mich endgültig, dieses Kind behalten zu wollen. Diesen verbrachte ich bei meinem ersten Ausbildungswochenende. Ich hatte wieder eine neue Ausbildung begonnen – die Ausbildung zur systemischen Familienaufstellerin.

Dort wurde ich gleich an diesem ersten Wochenende mit der Entscheidung konfrontiert, ob ich mein Kind behalten wollte oder nicht. Die Antwort, die ich von meinem Ausbildungsleiter bekam, als ich ihn fragte, wie er über Abtreibung dachte, war: „Hast du schon einmal bei einer Aufstellung gesehen, was mit abgetriebenen Kindern passiert? Ich glaube, es gibt keine andere Möglichkeit als sich für das Kind und seine Geburt zu entscheiden." Ich musste seiner Aussage voll zustimmen und sprach an meinem Geburtstag, am 18. Januar, zu meiner kleinen Seele: *„Sara, ich bin vollkommen bereit, dich anzunehmen, doch wird es nicht leicht für mich sein, nun auch dich, mein drittes Kind, alleine aufziehen zu müssen, dieses Mal ohne jegliche Unterstützung deines Vaters. Ich bitte dich daher, selber ganz klar die Entscheidung zu treffen, ob du den Weg mit mir als deine Mutter alleine gehen möchtest".* In diesem Moment spürte ich die Seele nahe bei mir und bot ihr an, in meinen Körper einzutreten. Die folgenden Wochen war sie mir manchmal ganz nahe, ein anderes Mal schien sie wieder etwas weiter weg zu sein. Ich beschützte und behütete dieses kleine Wesen und sogar Sophie spürte bei unseren gemeinsamen Gebeten, bei denen wir die Hände auf meinen Bauch legten, eine unglaublich starke Energie in mir – so als würde sich mein Bauch schon jetzt ein wenig bewegen. Auch meine Heilkräfte stiegen in dieser Zeit enorm.

Über Alfred wurde ich zum Ursprung dieser besonderen Seele geführt. Er war ein tiefer Verehrer von der Mutter, jener Frau, die einst mit Sri Aurobindo in Pondicherry in Indien lebte und die die Weltenstadt Auroville gegründet hatte. Viel erzählte er mir von ihr. Als ich Alfred bat, mir ein Bild von dieser Frau zu zeigen, wusste ich alles. Sie musste die Seele in mir sein. Ihr Gesicht entsprach genau den Gesichtszügen von Konstantin. Daraufhin wollte ich sofort ein Buch über ihr Leben bekommen. Alfred hatte viele Bücher über diese Frau, doch gab er mir unbewusst nur eines über ihren Tod, das ich eigentlich nicht lesen wollte. Erst nachdem meine Sara sich im Februar tatsächlich entschieden hatte, selber wieder zu gehen, begann ich dieses Buch zu lesen, wodurch mir der Wunsch dieser Seele bewusst wurde. Sie wollte noch einmal zurückzukommen, um friedvoll und liebevoll geschützt wieder gehen zu können. Obwohl ich alles getan hatte, diesem kleinen Wesen ein geborgenes Heim in meinem Inneren zu ermöglichen, entschied es sich sehr schnell wieder in die Einheit zu gehen. Ich akzeptierte diese Entscheidung, wobei ich wusste, dass Konstantin, der von mir im Jahr zuvor auch gelernt hatte, Fernbehandlungen *zu geben*, seine Kraft nun schwarzmagisch und zerstörerisch gegen sein eigenes Kind eingesetzt hatte.

Hatte er das kleine Wesen zerstört oder war sie tatsächlich von selbst gegangen? Auch das werde ich nie erfahren. Ich vermute, sie wollte bloß die Erfahrung eines friedvollen Todes in meinem Inneren erleben.

Einmal war es mir möglich, bei einer ärztlichen Untersuchung den Herzschlag im Ultraschall zu sehen – am nächsten Tag starb das Mädchen in meinem Körper, wodurch ich mich krank und schwermütig fühlte. Noch wollte ich ihren Tod nicht wahrhaben. Erst fünf Tage später ging ich meiner Intuition folgend zur Ärztin und war bereit, sie aus meinem Körper holen zu lassen. Wie dankbar war ich dem Arzt im Krankenhaus, meinen Embryo für ein Begräbnisritual bei meiner Eiche mitbekommen zu haben. Damals durfte man diese kleinen Wesen nicht mitnehmen – sie wurden im Krankenhaus „entsorgt". Rosa und Alfred waren bei meiner Fehlgeburt dabei und berichteten, dass ich beim Erwachen aus der Narkose Schwimmbewegungen machte. In meinem Trancezustand beim langsamen Erwachen hatte ich tatsächlich eine Vision:

Ich sah mein Kind als sechs Monate alten Embryo, den ich im Indischen Ozean geboren hatte. Als ich aus dem Meer herauskam, sah ich am Strand die „Mutter" sitzen, der ich dieses Kind in die Arme legte. Sie stieg daraufhin mit Sara auf ihrem Thron ins Himmelreich auf. Die beiden verschwanden vor meinen Augen im Licht. Tief berührt lag ich am Strand des Indischen Ozeans und blickte ihnen nach. Nun war diese Seele offensichtlich in vollkommenem Frieden.

Von nun an nannte ich mich Alma Magdalena – ihr zu Ehren und zur Verstärkung meiner spirituellen Verbindung zu Maria Magdalena.

Obwohl Alfred und ich zwei Tage nach diesem Ereignis eine gemeinsame Reise antraten, war mit dem Tod meines Kindes unsere Freundschaft mehr oder weniger abgeschlossen. Als ich wenige Tage zuvor Rosa gefragt hatte: „Was wird denn aus Alfred und mir werden, wenn das Baby nicht mehr ist?“, antwortete mir diese: „Nichts mehr!“ Und so kam es auch. Alfred, der sich liebevoll um mich und das Baby bemüht hatte, wollte offensichtlich wirklich der Vater dieses auch für ihn besonderen Kindes werden. Er war es, der den toten Embryo vom Arzt in einem Gläschen überreicht bekommen hatte, als ich noch in der Narkose lag, um mit mir dieses Begräbnisritual zu machen, bei dem wir die Erde unter der Eiche aufgruben und diesen winzig kleinen, noch kaum sichtbaren Körper mit vielen Kristallen der Erde zurückgaben.

Damit war unser gemeinsamer Auftrag in diesem Leben vermutlich erfüllt.

Dennoch flogen wir drei Tage nach meiner Fehlgeburt nach *Glastonbury,* wo ich von ihm die Einweihung zur Reiki-Meisterin erhielt und er von mir in die Arbeit der Rückführung eingewiesen wurde. Die Rückführung, die er mit mir als seine erste Probandin durchführte, gab mir weitere Einsichten in meine vergangenen Leben als Heilerin und Priesterin:

Diesmal wurde ich in die Zeiten von Atlantis und Ägypten geführt und wir erkannten, welch hohes Heilwissen ich damals schon hatte, um vieles höher als es in unserem heutigen, menschlichen Dasein überhaupt möglich ist. In Atlantis war es vor allem das Wissen um die Heilung mit Kristallen aller Art und das Wissen um Teleportation und Telepathie in höchster Form. Doch wurde auch in diesem Zeitalter irgendwann die dunkle Macht so übermächtig, dass alles zur Zerstörung gebracht wurde und Atlantis untergehen musste. Ebenso erging es der Hochkultur von Ägypten. Einst waren die Pharaonen und ihre Hohepriester tatsächlich gottgesandte Wesen, ausgestattet mit allem Wissen, das notwendig war, um weise und voller Achtsamkeit ein Volk zu führen. Die Pyramiden wurden tatsächlich mit der Kraft des Geistes erbaut, was uns heute – mit unserem beschränkten Verstand – unvorstellbar erscheint. In ihrer tiefen Weisheit wussten die alten Ägypter der damaligen Hochblüte um die vollkommene Symmetrie und Perfektion und um die wahre Kraft des Geistes, mit der sie die schweren Steine aufeinander schichten konnten. Doch auch in dieser Kultur fing irgendwann das Böse oder Dunkle zu wirken an. Noch bevor der letzte weise Pharao mit seinem Hohepriester vom Mob des Volkes getötet werden konnte, verließen diese beiden Seelen bewusst den Planeten – nicht ohne zuvor die beiden höchsten Symbole des Hohepriesters in unterirdischen Gängen der Cheops-Pyramide sicherzustellen. Erst wenn die Menschheit bereit sein wird, sich wieder mit dieser hohen Kraft und Weisheit zu verbinden, werden diese heiligen Werkzeuge gefunden und für hohe Weisheits- und Bewusstseinsrituale verwendet werden können.

Oft frage ich mich, wie es geschehen konnte, dass wir hier auf diesem Planeten schon alle Weisheit besessen haben und doch im Laufe der Jahrtausende auf eine Bewusstseinsebene abgeglitten sind, die weit darunter liegt.

Wie sehr sehnt sich mein Herz nach absoluter Weisheit!

In meinem Bewusstsein änderte sich nach dem Verlust von Sara vieles, anfangs jedoch keineswegs zum Besseren. Während der Zeit, die sie mit mir war, hatte ich das Gefühl, mich auf einem Parallelweg zu meinem eigenen Leben zu befinden. Ich hatte immer wieder zu meinen Freunden gesagt, dass ich gerade nicht mehr in meinem Normalleben unterwegs sei – ich fühlte mich wie in eine Traumwelt versetzt. Als sie gegangen war, schien es mir, als würde ich wieder auf die alte Bahn zurückkatapultiert werden. Durch ihren Tod war es mir nun endlich möglich geworden, mit dem Schmerz über Sara auch den Schmerz des Verlustes des ersten Kindes gehen zu lassen. Ich schrieb nach Saras Tod einen gemeinsamen Brief an meine *vier Kinder*, an Philipp und Sophie, die hier mit mir sind, und an jene, die gegangen waren. Damit konnte meine alte, tiefe Wunde nach 22 Jahren endlich geheilt werden.

Nach dieser intensiven und schon ein wenig spannungsgeladenen Reise nach *Glastonbury* trennten sich die Wege von Alfred und mir immer mehr. Der Tag, an dem unser Rückflug war, wurde in Auroville genau zu dieser Zeit ganz groß gefeiert – es war der 21.2.2003 und wäre der 125. Geburtstag der Mutter – Mirra Alfassa – gewesen. Alfred wollte zwar auch ohne dieses Baby eine Beziehung mit mir, ich konnte mich auf ihn keinesfalls einlassen. Die endgültige Trennung kam exakt ein Jahr später, als er noch seine letzte Mission im Zusammenhang mit dieser großen Seele erfüllen sollte. Er flog damals nach Auroville und fragte mich, ob ich ihm ein symbolisches Geschenk für die Mutter mitgeben wollte. Intuitiv nahm ich ein Bild von der Wand, das eine wunderschöne Frau darstellte, die eine große Muschel geöffnet hatte, in der ein Baby zum Vorschein kam. Das Bild war zwar hinter Glas und mit einem Goldrahmen versehen, doch Alfred nahm es mit.

Er erzählte mir nach seiner Rückkehr, was in dieser Zeit tatsächlich Eigenartiges passierte. Er wollte dieses Bild lieber symbolisch in Auroville zurücklassen als es auf einem Motorrad in den Ashram von Pondicherry, wo die Mutter ursprünglich residiert hatte, mitzunehmen. Als er jedoch sein Gästezimmer in Auroville um 9 Uhr früh am 3.1. verließ, hörte er ein Krachen und kehrte zurück. Zu diesem Zeitpunkt war es bei uns 4:30 Uhr, genau ein Jahr, nachdem ich die Vereinigung der Ei- und Samenzelle gespürt hatte. Als er den Raum betrat, sah er, dass das Bild die Vase mit den Lotusblüten umgestoßen und zerbrochen hatte und verstand unverzüglich diese Botschaft – das Glas des Bildes war unbeschädigt. Er nahm es mit nach Pondicherry, wo es auf seltsame Wege in die Wohnung der Mutter gelangen sollte. Ich durfte noch ein letztes Geschenk von der Mutter über ihn bekommen. Alfred brachte mir ein kleines Bild von ihr mit und ein Kuvert, in dem ein Samen ihres Lieblingsbaumes war. Er erhielt diese beiden Dinge als Dank für das Bild, das er der Leitung des Ashrams übergeben hatte. Wie seltsam wieder einmal alles zusammengefügt wurde, was scheinbar sein sollte. Nach dieser Zeit verloren wir uns vollkommen aus den Augen. Ich bin diesem Mann noch heute für sein liebevolles Dasein in einer schweren Zeit sehr dankbar. So war Konstantin, der Vater meines letzten Kindes, aus meinem Leben verschwunden und nun auch Alfred, mit dem ich keinesfalls eine Partnerschaft hätte leben können. Ich war stark genug, ihn niemals in meinen Körper einzulassen – auch nicht, nachdem meine kleine Sara gegangen war.

Ein Verlust folgte dem anderen.

Rosa zog sich in dieser Zeit auch mehr und mehr in ihre Welt zurück. Sie wollte Karriere machen und ein seriöses, klassisches Leben führen. Wir bekamen dadurch immer weniger Aufträge für unsere Auftritte. Einige Aufträge übernahmen wir noch, bis unser Team *Alrosa* im Jahr 2004 endgültig auseinanderging. Ich hatte mich in dieser Formation unglaublich wohl gefühlt und war ziemlich enttäuscht über Rosas Entscheidung, weil der Tanz die Ausdrucksform darstellte, in der ich vollkommen auflebte. Wir hatten uns gemeinsam viele Tanzoveralls gekauft und immer wieder wunderbare gemeinsame Choreografien erschaffen. Nach unserer gemeinsamen Zeit hatte ich zumindest noch die Möglichkeit, meine Kreativität über die Tanztheatergruppe *Aurora* auszuleben, mit der wir jeden Mai eine Auftrittsserie zu einem bestimmten Thema hatten. In diesem Jahr gestalteten wir ein besonders spannendes Projekt zum Thema Shakespeare, in dem wir fünf klassische Stücke in ein gemeinsames Tanztheaterstück zusammenfügten. Ich übernahm die Rolle der Desdemona, in der ich wieder einmal versuchte, meinen Tod auf der Bühne zu vollziehen, in der Hoffnung, damit meine Todessehnsucht endlich zu überwinden. Es sollte mir jedoch nicht wirklich gelingen. Es war Michael, der mich als Othello auf der Bühne erstickte. Wir hatten zu dieser Zeit auch wieder einige wunderschöne Begegnungen – doch blieb ich weiterhin bloß die heimliche Geliebte. Es sollte nun bei unserer Liebesbegegnung als Ehepaar auf der Bühne – als Othello und Desdemona – bleiben. In dieser starb ich und unser Verhältnis im Außen nahm sein Ende.

Die wesentliche Erkenntnis, die ich nach dem Tod meines Kindes gewann, war, dass es mir nicht nur wichtig sein sollte, ein Kind in mir vor dem Eindringen eines Mannes in seinen Bereich zu schützen, sondern in erster Linie auf mich selbst zu achten. Ich musste endlich lernen, auf mich selbst und damit mein eigenes inneres Kind zu achten – somit keinen Mann mehr einzulassen, der mir und meiner Seele nicht guttat. Somit begann ich auch mich selbst zu schützen, wenn ich mit einem Mann zusammenkam, mit dem ich nicht wirklich Sex wollte.

Vielleicht lag es genau an dieser Erfahrung, dass ich in diesem Jahr für einen kurzen Moment der Seele meines Vaters begegnen durfte. Obwohl ich schon lange keinen Kontakt mehr zu ihm hatte, rief er mich immer wieder an. Manchmal nahm ich den Anruf an – so wie dieses Mal. Ich befand mich zu diesem Zeitpunkt gerade mit einer Freundin bei einer Heilquelle. Mir kam es vor, als würde er im Sterben liegen und ich fuhr gemeinsam mit ihr ins Spital. Auch sie hieß Alma wie ich. Sie war ursprünglich meine Klientin und Kursteilnehmerin eines Prana-Kurses. Ich bat sie, mich zu begleiten, weil ich es nicht wagte, alleine dorthin zu fahren.

Mein Vater lag im Schlaf und ich berührte ihn ganz sanft an seiner Schulter. Als er durch diese Berührung langsam erwachte, sah er mich an und sagte: „Alma, du bist da, du bist wirklich da. Mein Kind, ich liebe dich so sehr!“ Ohne nachzudenken, antwortete es aus mir: „Vati, ich liebe dich auch so sehr!“ Offensichtlich war dies jener einmalige Moment in meinem Leben, in dem sich unsere beiden Seelen kurz begegnen durften. Es war für mich ein außergewöhnlicher Moment, in dem ich die Essenz dessen erfahren durfte, was unsere Seelenverbindung eigentlich bedeutete.

Was danach geschah, war unschön wie stets zuvor. Er erwachte vollkommen, blickte mich mit großen Augen an und sagte: „Wahnsinn, schaust du geil aus!“ Wie immer sah er nun in mir wieder das begehrenswerte Weib anstelle seiner Tochter. Das Einzige, was ich tun konnte, war, diesen Raum zu verlassen, nach Hause zu fahren und mich zu duschen, um mich von dem Schmutz, der nach dieser kurzen, berührenden Begegnung scheinbar wieder auf mir haftete, zu befreien – ich empfand einfach nur Ekel.

Meine Schwangerschaft hatte bewirkt, dass es mir im Jahr 2003 gelang, mich wirklich Schritt für Schritt von Männern etwas besser abzugrenzen, doch gab es immer wieder viele Rückschritte. Insgesamt war es ein Jahr der Verluste und Zusammenbrüche. Ich verlor viele meiner Lehraufträge, besonders jenen in der Massageschule, wo der Geschäftsführer schon von Anfang an ein Problem mit meiner erotischen Ausstrahlung hatte. Er meinte immer: „Du kommst ja nicht, du erscheinst!“ Das meinte er tatsächlich negativ – üblicherweise sagten mir das Menschen, die diese Art bei mir bewunderten. Natürlich gab es auch einen Auslöser, den er zum Anlass nahm, mich nicht mehr zu engagieren. Ich hatte bei einem meiner letzten Kurse, wie schon erwähnt, Thomas kennengelernt, mit dem ich eine sehr starke seelische Verbindung hatte. Der Geschäftsführer hatte uns einmal in einem sehr intensiven Gespräch miteinander gesehen und schien unseren tiefen Blick wahrgenommen zu haben, den wir in diesem Moment ausgetauscht hatten. Auch wenn während der Ausbildung keine sexuelle Verbindung zwischen uns bestanden hatte, nahm er diese Gelegenheit zum Anlass, mir weitere Aufträge in der Massageschule zu verweigern. Außerdem hatte er inzwischen auch von meinem Verhältnis, das ich zwei Jahre zuvor mit Jochen gehabt hatte, erfahren. Es war somit eine gute Möglichkeit für ihn, mich loszuwerden.

Zumindest blieb ich mit Thomas, der letztendlich der Auslöser für meinen Auftragsverlust in der Massageschule gewesen war, in Verbindung und machte bereits im Frühjahr 2003 noch einige wunderschöne Erfahrungen. Ich erkannte, welch starke sexuell spirituelle Kraft ich entfalten konnte, wenn ein Mann bereit war, sich dieser so sehr zu öffnen wie er es tat. Wir hatten anfangs ohne sexuelle Vereinigung eine gar tiefgehende Erfahrung erlebt, die ihn dazu brachte zu erkennen, was wahre Ekstase bedeutete. Er war einer der wenigen Männer, dem ich dazu verhalf, in pure und intensive orgastische Ekstase zu kommen – bloß durch das Lenken der Energien. Somit wurde ich ab diesem Moment immer mehr zu jener Frau, die fähig war, Männern das Tor zu außergewöhnlichen, sexuellen Erfahrungen zu eröffnen, die sie in hohe spirituelle Visionen und Energien transferieren konnten. Er bewies mir, wie sehr ein Mann für neue ekstatische Erfahrungen offen sein kann, wenn er sich ganz in der Präsenz des Moments hingibt. Aufgrund dieser intensiven Erfahrung beschlossen wir auch tiefer in die Beziehungsebene einzutauchen – trotz unseres großen Altersunterschieds.

Manchmal vermutete ich, dass es in meinem Leben darum gehen sollte, Menschen zu helfen, ihre Tore für höhere Erfahrungen zu öffnen, und für Männer vielfach auch sexuelle Transformation herbeizuführen. Möglicherweise war dies schon einmal als Tempelpriesterin mein Auftrag gewesen. Auch diese Fähigkeit, Männern solche Tore zu eröffnen, möchte ich in meiner zukünftigen Berufung an andere Frauen weitergeben – möge es mir möglich sein, diesen Weg sehr bald zu beschreiten.

Zur damaligen Zeit wäre es unmöglich gewesen, sahen mich Frauen doch immer wieder als Konkurrentin und Rivalin, was ich schmerzhaft auch mit den beiden Frauen, die ebenso wie ich hießen, erleben musste. Eine der beiden war jene Psychotherapeutin, die ich vor fünf Jahren im Osterurlaub in Tirol kennengelernt hatte.

Im Jahr 2003 heiratete sie und inszenierte aus dem Nichts einen bösartigen Streit, um mich aus ihrem Leben hinauszuwerfen. Sie hatte vorgeschlagen, mir ihren Ehemann an einem Wochenende in einem Thermenhotel vorzustellen. Ich hatte mit meinen beiden Kindern für dieses Wochenende gebucht und sie wollte sich anschließen – also kam sie mit ihrem neuen Mann kurz nach der Hochzeit nach. Ich verbrachte bloß wenige Stunden mit den beiden und verstand in keiner Weise ihren höchst aggressiven Angriff einen Tag danach, bei dem sie meinte: „Du wirst ja wohl nicht glauben, dass ich die Zeit dort mit dir verbringen wollte!" Nachdem sie mir dann noch weitere Beschimpfungen an den Kopf warf, war damit unsere Freundschaft abrupt beendet. Interessanterweise kam sie wenige Jahre später – unmittelbar nach ihrer Scheidung – wieder zurück in mein Leben und bat mich, unsere Freundschaft doch unbedingt fortzusetzen. Sie lockte mich mit aller Herzlichkeit und Freundlichkeit. Ich konnte gut verzeihen und war dumm genug, mich darauf wieder einzulassen.

Auch die andere Frau, mit der ich mich erst vor kurzem angefreundet und die mich zu meinem Vater ins Krankenhaus begleitet hatte, enttäuschte mich zutiefst. Ich hatte ihr während meines einwöchigen Seminars für Familienaufstellungen in Italien im Frühsommer meine Wohnung zur Verfügung gestellt, weil sie außerhalb von unserer Stadt wohnte und unbedingt Zeit dort verbringen wollte. Als ich nach dieser Woche zurückkam, fand ich meine Wohnung verschmutzt, beinahe verwüstet, wieder. Sie hatte mir einige Sachen ruiniert und war für mich unerreichbar untergetaucht. Das Erste, was ich tun musste, war einen ganzen Tag zu putzen. Sie hatte sich in der Zwischenzeit mit einem Mann in meiner Wohnung vergnügt, um dann nie mehr in meinem Leben aufzutauchen. Eine äußere Symbolik der verseuchten Situation war, dass einen Tag vor meiner Abreise plötzlich hunderte Fliegenmaden auf meinem Wohnzimmerboden lagen. Es erschien wie ein ekelhaftes Vorzeichen! Wieder einmal eines, das ich nicht richtig zu deuten wusste – ich hätte nicht fahren sollen. Die Situation, in die ich bei meinem Seminar geriet, war eine neuerliche Re-Inszenierung meiner Vergangenheit. Ich kippte in mein altes Muster zurück, indem ich mich auf einen viel älteren Mann einließ, welcher der Besitzer der Hotelanlage war. Auf ihn ließ ich mich ein, um nicht meinen Ausbildungsleiter, der mich wesentlich mehr reizte, zu verführen.

Unfassbar welche Situationen ich mir erschuf! Eine verrückter als die andere und ich konnte und wollte nicht aussteigen.

Dieser Sommer war weiterhin von schmerzvollen Erlebnissen geprägt.

Bei meinem Aufenthalt auf La Gomera wurde ich mit der Vision des Untergangs von Atlantis und mit neuerlichen Erfahrungen tiefer Einsamkeit konfrontiert. Dabei fing ich an, mich immer öfter den Gefahren des Atlantischen Ozeans auszusetzen. Ich wollte alle Grenzen ausloten – eigentlich wollte ich nicht mehr leben!

Als ich nach der Rückreise spätabends am Flughafen in Wien ankam, war mein Auto fahruntüchtig geworden. Durch die Starterhilfe eines Flughafenangestellten war es gerade noch möglich, nach Hause zurückzufahren – am nächsten Tag konnte ich mein Auto nicht mehr starten. Ich hätte dies als Zeichen sehen sollen, nicht nach Tirol zu fahren, wo ich Thomas wieder begegnen wollte. Es war mir ganz wichtig, ihn wiederzusehen und Zeit mit ihm zu verbringen. Wir hatten ausgemacht, uns gleich nach meiner Rückkehr bei ihm im Hotel, in dem er arbeitete, zu treffen. Verzweifelt suchte ich jemanden, der mir das Auto reparieren würde, um so schnell wie möglich diese Reise antreten zu können. Es war Samstag – doch wie so oft gelang es mir zu bekommen, was ich mir in den Kopf gesetzt hatte. Ein hilfsbereiter Nachbar besorgte mit mir eine Autobatterie, um sie mir dann einzubauen. Noch am selben Nachmittag fuhr ich nach Tirol zu meinem jungen Geliebten, erkannte aber sehr klar, dass unsere Beziehung nicht in der Form, in der ich sie mir zu leben gewünscht hatte, möglich war. Bereits nach meiner Ankunft bekam ich einen schweren Migräneanfall – ein klares Signal meines Körpers. Ich war zu verliebt, um meiner Intuition zu folgen. Außerdem erfuhr ich von ihm, dass er parallel zu mir zeitgleich diese Vision des Untergangs von Atlantis – wo wir einst gemeinsam gewirkt hatten – erlebt hatte, als ich in La Gomera auf jenem Felsen gesessen war. Das ließ mich erkennen, wie intensiv wir verbunden waren. So verbrachten wir einige schöne, doch für mich auch schmerzvolle Tage. Er zeigte mir immer wieder deutlich unseren Altersunterschied von 20 Jahren auf, der nicht zu überbrücken war, weil im menschlichen Körper Zeit doch eine wesentliche Rolle zu spielen scheint – vor allem, wenn wir zu sehr von Äußerlichkeiten geleitet sind. Damit blieben uns bloß die Erinnerungen an lang vergangene, gemeinsame wunderschöne Zeiten, die wir in Liebe und Weisheit miteinander verbracht hatten und die unsere Seelen so tief verbanden.

Wir trennten uns in Freundschaft – unsere Seelenliebe blieb uns erhalten. Die zeigte sich nochmals ganz stark, als er mich ein Jahr danach mit seiner frisch verheirateten mexikanischen Ehefrau besuchen kam, um sie mir vorzustellen. Marci wurde in dem Moment, in dem sie unsere starke energetische Verbindung wahrnahm, krank. Sie musste sich sofort bei mir in der Wohnung hinlegen, während wir alleine wie ein Liebespaar Arm in Arm miteinander spazieren gingen. Unsere Anziehungskraft war magnetisch. Wir blieben danach auch weiterhin in Kontakt. Thomas‘ Leben führte ihn bald darauf nach Mexiko, wo ich ihm 11 Jahre später wieder begegnen sollte – zu diesem Zeitpunkt bis zu unserer Wiederbegegnung nicht im Ansatz ahnend, was uns beide noch verbinden würde.

Wir konnten uns in dieser Wieder-Begegnung viel tiefer erkennen und endgültig loslassen, in dem Wissen, dass es als Paar kein Miteinander geben würde:

Universen

Du bist ein Teil von mir seit Ewigkeiten
und doch ist immer alles JETZT,
niemals getrennt.
Im Mensch-Sein sind wir zwei –
Du Mann,
ich Frau –
um zu erkennen, was es heißt,
getrennt zu sein,
einander sich zu finden
und wieder gehen zu lassen.

Du bist vor 11 Jahren in mein Leben gekommen.
Wir haben uns erkannt in unseren Seelen.
In Deinem körperlichen Sein bist Du um vieles jünger,
in unserer Gemeinsamkeit gibt es kein Alter,
keine Trennung.
Es gibt nur Einheit, Liebe und Verbundenheit,
die Freiheit, das zu leben,
was uns zurückführt in die Heimat.
Ich kenne Dich und liebe Dich
seit Anbeginn der Zeit,
die dennoch immer zeitlos, raumlos sich entfaltet,
im ewigen JETZT.
Du bist einer der tief Verbündeten,
der aus demselben Seelengrund erschaffen wurde.
In vielen Universen sind wir einander schon begegnet,
sei es in Form oder in der Formlosigkeit.
Als Teil der einen Seele bist Du mir allzu sehr vertraut.

Schon oftmals waren wir ein Liebespaar,
gemeinsam Heiler Du, ich Heilerin.
Auch haben wir gewirkt als Priester und als Priesterin.
Wir waren und wir sind in Körpern,
die uns die Dimension des Mensch-Seins hier erleben lassen.
Und doch erinnern wir uns auch
an alle anderen Daseinsformen

und an das Sein im Licht,
das Sein in anderen Universen.

Erneut nach langer Zeit im Menschendasein
bist Du in meinem Leben wieder aufgetaucht,
an jener Schwelle, die uns beiden
ein neues Sein im Hier und Jetzt
nun offenbaren will.
Wir haben unseren Auftrag zu erfüllen.
Ich blicke oftmals tief in Deine Augen
und sehe und erkenne Dich
und mich in Dir.
Wenn Du mit mir vereinigt bist,
fließe ich hier mit Dir gar in die Weite,
lass meine Schwingen mich entfalten
und sich mein Herz ganz öffnen.
Hier spielen Raum und Zeit nicht wirklich eine Rolle,
nur der Moment im Jetzt.
Ich hab mit Dir an diesem Platz nun das Gefühl,
in unsere Welt tief einzutauchen.
Im körperlichen Sein mit allen Emotionen.
Doch in der Seele gibt es immer nur die Stille,
den Frieden, den wir beide suchen,
um ihn nun auch zu finden und zu leben.

Du bist ein Engel, so wie ich.
Im Körper bist du Mann im Hier und Jetzt,
ich bin nun Frau,
die Dich mit allen Sinnen ihres Wesens
erkennt, erfasst und LIEBT.

Einst als Du noch viel jünger warst,
in deinem Sein als Mann,
sahst Du mich bloß als jene Frau,
die Dir mit ihrer Kraft gar imponierte,
Dir doch auch Angst gemacht
in ihrer intensiven Weiblichkeit.

Noch immer liegt im Menschenzeitraum

dieselbe Zeit an Jahren zwischen uns,
doch scheint sie mir im JETZT viel leichter überbrückbar.
Du bist doch mehr zum Mann geworden.

Wir stehen beide an der Schwelle,
um Weisheit mehr als Wissen zu erfahren,
um unseren Auftrag zu erkennen
und ihn zu leben,
um Menschen zu berühren
und unsere Mutter Erde
mit viel mehr Licht nun wieder auszustatten.

Geliebter, du bist hier mit mir,
an dieser Schwelle.
Wir werden unseren Weg beschreiten,
um zu erkennen,
was wirklich essenziell ist
hier im Leben.
Du wirst den Deinen gehen,
ich den meinen.

Verbunden waren wir schon immer,
durch Raum und Zeit und viele Universen,
und sind es JETZT,
und niemals wird es anders sein –
gemeinsam und doch auch getrennt durch unsere Körper,
endlich bereit, das Tor auch zu durchschreiten,
bereit für dieses LEBEN,
ganz im VERTRAUEN
unseren Weg zu gehen,
nicht wissend wo er enden wird.

Mit diesen Worten konnte ich 11 Jahre später auf der Isla Mujeres in Mexiko – als wir uns im Februar 2014 dort wiederbegegnet sind – unsere Tiefe der Verbindung zum Ausdruck bringen. Er war zu dieser Zeit bereits von seiner mexikanischen Frau geschieden. Wir sollten dort nochmals fünf unbeschreibliche Tage miteinander erleben, die mir zu erkennen gaben, was ich mir aus tiefem Herzen mit meinem zukünftigen Mann zu leben wünsche – *auch wenn Thomas dieser Mann in diesem Leben nicht sein sollte.*

Die Zeit mit ihm gab mir das Vertrauen in mein Leben und Geduld auf den richtigen Moment zu warten, ohne mich in meiner Suche getrieben zu fühlen.

Zuvor jedoch hatte ich offensichtlich viel Karma – mein eigenes und das meiner Familie – von Jahrtausenden zu erlösen!

Glücklicherweise gab es in diesem Jahr der Verluste auch einige menschlich berührende Erfahrungen. Einerseits lernte ich Mirra Rose bei einem Channeling-Seminar kennen, das ich mit Thomas im Frühjahr besucht hatte. Sie hatte ihm schon zu dieser Zeit klar gechannelt, dass er ein Indigokind sei – eines der ersten – und hier auf diesem Planeten noch einen wichtigen Auftrag zu erfüllen hätte. Mirra war eine wunderbare Frau aus Hawaii, die mir unverzüglich als Seelenschwester erkennbar wurde. Auch wir hatten uns in diesem Leben wiedergefunden. Sie lud mich für das darauffolgende Jahr spontan zu einem Aufenthalt nach Maui/Hawaii ein. Wenige Tage nach unserem Kennenlernen verbrachte sie einige Tage in meinem Zuhause und unterwies mich in ein wunderbares Erdheilungs-Ritual, das in einer Vollmond- oder Neumondnacht von mindestens drei Frauen praktiziert werden sollte. Wie sehr sich immer wieder Kreise schließen. Die Schutzpatronin für diese kraftvolle spirituelle Zeremonie ist Maria Magdalena, meine geistige Führerin. Auf diese Weise wurde ich noch tiefer mit ihr verbunden und mit der Geschichte der Tempelritter, die mit ihren Energien unterstützend mitwirken.

Wieder einmal wurde ich auch in diesem Jahr zur Begleiterin einer Seele auf ihrer letzten Reise. Als ich mich eines Tages mit meinem Auto am Weg nach Hause befand, bekam ich plötzlich ein beklemmendes Gefühl. Ich musste an einer Kreuzung bei Rot stehen bleiben – in diesem Moment geschah etwas Außergewöhnliches. Ich spürte, wie eine Seele in mein Auto gekommen war – es fühlte sich an, als wäre jemand, der sich auf der Flucht befand, in mein Auto gesprungen. Erst am Tag danach erfuhr ich aus den Medien, dass dort auf der anderen Straßenseite, kurz bevor ich vorbeigekommen war, ein Kind von einem rasenden Alkoholllenker überfahren worden war und dabei starb. Es war ein 8-jähriger Bub gewesen, der offensichtlich meine Unterstützung brauchte, um in Frieden ins Licht gehen zu können. Ich spürte, diese Seele um Erlösung betteln und erkannte, dass sie keine Ruhe finden konnte. Sie war tagelang in meinem Energiefeld. Ich musste auf die Suche nach dem Grab dieses Kindes auf einem großen Friedhof gehen. Es erschien mir unmöglich, es zu finden, als mich eine innere Stimme zu leiten begann. Ich stand unvermittelt vor einer großen Familiengruft – mit dem Foto dieses Jungen und einer Sammlung von Sportutensilien, die auf dem frischen Grab lagen. Auf diese Weise konnte ich noch einmal mit seiner Seele durch ein tiefes Gebet in Verbindung treten und ihr damit helfen, in Frieden und zur Ruhe zu kommen. Es war, als hätte er mich zu diesem Ort gerufen!

Welche Aufgaben hatte ich wohl sonst noch in diesem Leben zu erfüllen?

Nachdem ich mein Verhältnis mit Michael, der mit Abschluss dieser Tanzsaison auch unsere Tanztheatergruppe *Aurora* verließ, beendet hatte, sollte es nicht lange dauern, dass mir dort ein männlicher Neueinsteiger begegnete. Im Herbst begannen wieder unsere Proben für ein neues Theaterstück, zu dem nun ein junger Mann dazugekommen war. Schon kurz nach unserer Erstbegegnung stellten wir fest, dass wir über eine Internetplattform, die er wenige Jahre zuvor gegründet hatte, schon in Kontakt gekommen waren. Es geschah, was geschehen musste. Ich verliebte mich in diesen wirklich attraktiven, 10 Jahre jüngeren Mann. Er war hochgradig gestört und ich begann wieder einmal, mich selbst aufzugeben und in Situationen zu geraten, in denen ich von ihm unbeschreiblich erniedrigt wurde. Ich tat alles, um ihn nicht zu verlieren – ich bettelte um seine Liebe. Je mehr mich ein Mann erniedrigte, umso mehr begann ich zu betteln.

Wie sehr mich das an lang vergangene Situationen erinnert!

Wir fuhren sogar gemeinsam nach *Venedig,* in die Stadt der Liebe, um dort unsere erste Liebesnacht zu verbringen. Nach dieser Nacht wies er mich mehr und mehr von sich und behauptete, dass es ihm mit allen Frauen so ginge. Kaum wären sie bereit, sich ihm hinzugeben, verachtete er sie. Somit musste ich ihn – kurz nach meinem Geburtstag im Jahr 2004 – den er noch mit mir verbrachte – ziehen lassen. Es geschah, nachdem ich zu guter Letzt auch noch erfahren hatte, dass seine Stiefschwester von ihm vor unserem Zusammenkommen geschwängert worden war und soeben eine Abtreibung vorgenommen hatte. Unsere kurze Liebschaft nahm ein bitteres Ende. Auch in unserer Tanztheater-Gruppe ist er ohne jegliche Rechtfertigung nie wieder aufgetaucht – was mich zu dieser Zeit enorm erleichterte.

Doch sollte es in naher Zukunft nicht anders werden.

Der Wahnsinn hatte auch im Jahr 2004 kein Ende genommen – sich eigentlich noch verstärkt.

Ich hatte mich offenbar mit meiner Augenoperation zu sehr bereit erklärt, alles sehen zu wollen. Es war manches Mal bereits an der Grenze der Unerträglichkeit.

Nun wurde mir alles zu viel.

Die Extreme, in denen ich lebte, wurden immer intensiver, nie konnte ich wirklich zur Ruhe kommen. Die Rastlosigkeit der verzweifelt Suchenden wurde noch gesteigert. Es war, als wäre mit Beginn des Jahres 1998 alles in Bewegung gesetzt worden, um mich auf meinem Weg voran zu treiben, der nun zum Ende dieses Sieben-Jahres-Abschnittes seinem Höhepunkt zustrebte.

Ich hatte für die Semesterferien 2004 einen Flug nach Hawaii gebucht, als mir Mirra Rose, die mich eingeladen hatte, mitteilte, nicht dort zu sein, weil sie kurzfristig in Japan einen Auftrag erhalten hätte. Sie meinte, sich darum zu kümmern, dass mich Carolina Hehenkamp, eine Freundin von ihr und Buchautorin, die mehrere interessante Bücher über die Indigo–Kinder geschrieben hatte, vom Flughafen abholen würde und mir helfen sollte, während meines Aufenthaltes mit allem zurechtzukommen. Außerdem teilte sie mir mit, dass sie einem Künstler die Telefonnummer ihres Hauses gegeben hätte, damit er mich anrufen könnte, um mit mir Zeit zu verbringen.

Was sollte mich dort in der Fremde nun erwarten?

Unsicher und ein wenig ängstlich trat ich diese Reise an. Nach einer Dauer von 22 Stunden, in der mir der Aufenthalt in San Francisco durch einen schwarz-amerikanischen Jazzmusiker, den ich im Flugzeug kennengelernt hatte, auf angenehme Weise mit einer Stadtrundfahrt zum Hafen verschönert worden war, empfing mich Carolina mit einem wunderbar duftenden Blumenkranz am Flughafen von Maui.

In welch eine Welt war ich da eingetaucht?

Es war eine Welt zwischen unfassbar schöner Natur – seien es die Strände am Pazifischen Ozean, der Vulkan Haleakalā mit seinem Nationalpark, der „Garden of Eden" mit unbeschreiblichen Naturerlebnissen und zwei fantastisch schönen Wasserfällen und vieles mehr – und den typisch amerikanischen Malls und Autobahnen. Die Zeitverschiebung betrug 12 Stunden und mein Körper war vollkommen durcheinander – ich hatte einen unangenehmen Jetlag. Dennoch war ich fasziniert von allem, was ich hier erlebte – auch von der Geschwindigkeit, in der hier, nahe am Äquator, der Wechsel zwischen Tag und Nacht stattfand. Die erste Woche war für mich sehr aufregend, auch die Begegnung mit den Menschen, die ich dort traf.

Der Künstler hatte sich allerdings nicht gemeldet.

Als mich Carolina am 14. Februar zu einem „Whale Watching Trip" mitnahm, freute ich mich sehr über diese Abwechslung. Langsam und erwartungsvoll ging ich im Hafen auf das Schiff zu und wurde dabei von einem Mann fixiert. Er kam unmittelbar nach Ablegen des Schiffes zu mir und meinte, er sei Musiker und Delfinguide – sein Künstlername war Dolphin. *Er war tatsächlich mehr Delfin als Mensch – das erkannte ich kurz darauf bei unserem Erlebnis im Ozean.* Er war der Mann, der mich bei diesem Ausflug in die Unterwasserwelt einführte. Wir kreierten miteinander einen einstündigen Unterwassertanz und kamen uns dabei unbeschreiblich nahe. Noch am selben Abend tauchte er ohne Voranmeldung bei uns im Haus auf, um mich abzuholen und mit mir die erste Nacht zu verbringen. Erst am nächsten Tag wurde uns bewusst, dass er jener Künstler war, dem Mirra ihre Telefonnummer gegeben hatte. Wie unglaublich sich alles zusammenfügt, was offensichtlich unvermeidbar ist. Dolphin war viele Jahre auch künstlerischer Begleiter der Buchautorin Solara gewesen, von der ich einige Bücher mit Begeisterung gelesen hatte. Ihr erstes und für mich am meisten berührendes Buch war *Die Legende von Altazar*, ein Buch über die Welt von Atlantis und Lemuria. So wie übrigens La Gomera und auch England ein Teil von Atlantis gewesen sein sollen, war Hawaii einer von Lemuria. Ich finde es immer wieder faszinierend, wohin es mich zu welchem Zeitpunkt meines Lebens zog – ich musste scheinbar viele altbekannte Plätze aufsuchen. Nun war ich zu Dolphin geführt worden, mit dem ich eine Woche unglaubliche Tiefe erfahren durfte. Leider erkannte ich aber auch schon nach wenigen Stunden seinen Wahnsinn in verschiedensten Momenten unseres Beisammenseins. Es hätte mir eine Warnung sein sollen! Seine Musik und seine Texte sowie auch seine Stimme waren engelsgleich. Er sah aus wie ein Delfin und war tief mit diesen Wesen sowie mit den Walen verbunden. Doch war sein Gegenpol mindestens ebenso stark ausgeprägt. Erst viel später wurde mir bewusst, dass ich hier einer narzisstischen Borderline-Persönlichkeit begegnet war, die jeden und alles unter Kontrolle halten wollte. Zu sehr war ich zu dieser Zeit geblendet von unserem außergewöhnlichen Beisammensein und all den Synchronizitäten, als dass ich die Signale wirklich ernst nahm, um mich davon abhalten zu lassen, eine weitere Reise nach Hawaii zu buchen. Besonders faszinierend war für mich die Tatsache, dass genau zwei Monate vor meiner Abreise eine meiner Freundinnen in unserer Heimat eine CD von ihm gekauft hatte – ohne ihn zu dieser Zeit zu kennen. Sie hatte diese CD in einem ganz kleinen Laden entdeckt. Ich erschauerte kurz, als er mir seine drei CDs schenkte, die er produziert hatte. Sofort erkannte ich das Cover der einen wieder und erinnerte mich, dass ich es kurz vor meiner Abreise bei einem Besuch bei Vera gesehen hatte.

Sind wir tatsächlich immer und jederzeit miteinander verbunden? Wie klein diese Welt doch ist!

Somit begann ich am Valentinstag des Jahres 2004 eine Beziehung mit dem verrücktesten Mann, der mir je begegnet war. Er war – wie ich erkennen musste – auch ein Sadist. In dieser ersten Woche unseres Zusammenseins schien mir in meiner Verblendung die Schönheit der Begegnungen im Vergleich zu seinem Wahnsinn zu überwiegen. Wir erlebten Zeiten unglaublich tiefer Vereinigungen – mit ihm trat ich noch mehr in die Welt des Tantra ein. Wir waren auch zu Gast im Garden of Eden und schwangen uns auf Lianen durch atemberaubende Wasserfälle. Diese Gartenanlage gehörte einem Freund von Dolphin und war überwältigend. *Erst später wurde mir bewusst, dass er eigentlich keine wirklichen Freunde hatte.* Es war ein Garten, in dem die Menschen Eintritt für einen Besuch zahlen mussten. Wir durften dort zwei Tage im Haus des Eigentümers verbringen, der für kurze Zeit verreist war – somit erlebten wir ihn menschenleer und an den Abenden und in den Nächten nur für uns. Dort gab es die unglaublichsten Pflanzen, Pfauen, Papageien und auch andere Tiere und jene zwei Wasserfälle, in denen wir ganz für uns alleine die Kraft des Wassers erleben durften.

Welch eine außergewöhnliche Zeit! Ein Wunder der Natur mit Blick auf den offenen Ozean. Während wir auf der Insel unterwegs waren, war Mirra Rose wieder von Japan zurückgekehrt. Sie freute sich sehr, als sie über unser Zusammensein erfuhr. Wir trafen uns bei einem Musikauftritt in Hana, wo ich auch noch einige schöne gemeinsame Stunden mit ihr verbringen konnte. Den Abschiedsabend auf dieser Märcheninsel erlebte ich auf wunderbare Weise bei einer Beachparty an meinem Lieblingsstrand, dem *Little Beach*. Sein Wahnsinn zeigte sich in gar vielen Momenten. Doch ich war geblendet in meiner Verliebtheit und achtete wieder einmal nicht auf die Zeichen.

Oftmals wurde mir in dieser Woche seine tiefe Aggression gezeigt, sein zwanghaftes Kontrollverhalten und seine Besessenheit, mit der er jeden belehrte – ich ignorierte all diese Wahrnehmungen.

Kann es wahrhaft sein, dass uns unsere Vergangenheit zu Marionetten von Grausamkeiten und sich ewig wiederholenden Mus-

tern macht? Uns in Situationen gefangen hält, aus denen wir uns jahre-, jahrzehntelang oder sogar ein ganzes Leben nicht befreien können? Kann unser Unterbewusstsein tatsächlich die Macht über all unser Handeln bekommen? Wo bleibt uns unter solchen Bedingungen der freie Wille?

Ich erfuhr sehr bald von ihm, dass auch er eine schlimme Kindheitsgeschichte erleben musste. Geboren als fünftes Kind von einer deutschen Mutter und einem italienischen Vater, gezeugt bei einem *one night stand,* musste er als Alessio zwei Jahre in einem Kinderheim verbringen, wo er sicher unter Hospitalismus gelitten haben muss. Als zweijähriges Kind wurde er dann von amerikanischen Eltern adoptiert, Chris genannt und nach Oregon gebracht. Vom Vater geschlagen war er als 14-Jähriger von zu Hause ausgerissen und wurde dafür in Jugendhaft genommen. All das waren sicher sehr schwierige Einstiegserfahrungen in sein Leben. Bei uns hatten sich zwei schwer traumatisierte Kinder gefunden. Das eine wurde durch seine Geschichte zum Sadisten, das andere war immer wieder in der Opferrolle gefangen. Noch vieles sollte ich mir von diesem Mann gefallen lassen, bevor ich endgültig die Verbindung abbrach. Erst neun Jahre später verlangte ich von ihm, sich nie wieder bei mir zu melden. Es war zu einem Zeitpunkt, an dem er erneut versucht hatte, mich über Skype in seinen sadistischen Bann zu ziehen.

In den Osterferien hatte ich eine weitere Hawaii-Reise gebucht – allerdings diesmal nur für 10 Tage, weil mir nicht mehr Zeit zur Verfügung stand. Ich war bereit, viel Geld auszugeben und diese weite Reise anzutreten, um einen wahrhaft Wahnsinnigen wiederzusehen, was ich zu diesem Zeitpunkt einfach nicht wahrhaben wollte. In Paris versäumte ich meinen Anschlussflug in die USA, was ich als weiteres und wirklich markantes Zeichen verstehen hätte sollen. Anstatt das Geld zurückzuverlangen und nach Hause zu fliegen, kämpfte ich um meine Weiterreise, die erst am nächsten Tag möglich war. So war ich insgesamt 50 Stunden unterwegs und wurde von Dolphin am Flughafen mit einer Stunde Verspätung abgeholt. Sogar nach dieser so sehr erschöpfenden Reise fing er an, mich zu quälen. Unmittelbar bekam ich seine heftigsten Aggressionen zu spüren, weil ich mich über den Preis des Mietwagens, den ich bezahlen musste und der viel teurer war als versprochen, aufregte. Er hatte ihn ohne Versicherung bestellt, was gerade in den USA zu unerfreulichen Problemen führen konnte, falls etwas passierte. Als ich mich über den hohen Preis beschwerte, griff er mich heftig an. Er schrie: „It's your problem if you need insurance not mine!" („Es ist dein Problem, wenn du eine Versicherung brauchst, nicht meines!") Natürlich wäre ein Autoschaden zu meinem Problem geworden, weil ich die offizielle Mieterin war – er hatte weder eine Kreditkarte noch einen Führerschein. Glücklicherweise erfuhr ich das erst viel später, nachdem immer er den Pkw gelenkt hatte. In dieser Nacht bekam ich einen schweren Migräneanfall – vor Erschöpfung und von der Tatsache, nun mit diesem aggressiven Mann neun Tage zu verbringen. Wir hatten nicht einmal eine passende Wohnsituation, weil Dolphin die Gewohnheit hatte, sich von einem Quartier zum nächsten zu schmarotzen. Ich beobachtete nun, dass alle seine Freunde ihn – und nun auch mich – eher widerwillig in ihren Häusern aufnahmen. Als er dann bei einem Ausflug zu den Wasserfällen im Garden of Eden stürzte und sich seine Schulter verletzte, erreichte seine Aggression den Höhepunkt. Er tobte, er schrie, er ignorierte mich, er griff mich an. Ich litt unter seinem Verhalten derart, dass ich von Tag zu Tag mehr verzweifelte. Da er jedoch zwischendurch unbeschreiblich liebevoll und herzberührend war, ließ ich mich immer wieder in seinen Bann ziehen. Es gab Zuckerbrot und Peitsche. Er war ein absolut kalkulierter Sadist, der es verstand, mich zu locken, um mich danach zu demütigen und zu quälen. Als wir nach fünf Tagen von Maui auf die Big Island flogen, hoffte ich eine Veränderung zu erleben, weil er dort ein Ehepaar mit Kleinkind drei Tage bei einer Inselführung betreuen sollte. Es wurde insofern etwas besser, als er sich zumindest in Gegenwart der anderen bemühte, seine Aggressionen zu unterdrücken. Selbst diesen fremden Menschen blieben sie nicht verborgen – sie fragten mich, wie ich es mit ihm aushalten könne. Wenigstens erlebten wir viel Abwechslung. Wir fuhren zum Green Lake, einem wunderschönen, einsam gelegenen See, badeten in heißen Schwefelquellen mitten in einem Wald und konnten mit den Delfinen schwimmen. Am letzten Abend meines Aufenthalts waren wir zu einer Party bei einem kalifornischen Ehepaar eingeladen. Dieses Ehepaar schloss mich unverzüglich ins Herz und lud mich am selben Abend für den Sommer nach Kalifornien ein – ob mit oder ohne Dolphin. Susan und Richard verkörperten für mich schon in diesen wenigen Stunden, in denen ich sie wahrnehmen konnte, zwei Menschen, die eine unbeschreibliche Liebesbeziehung lebten – ich habe selten Menschen so achtsam miteinander umgehen gesehen.

Sie wurden für mich der Maßstab für jene Liebe, die ich mir zu leben wünschte und nach der ich mich jetzt noch aus tiefstem Herzen sehne – mit dem Wissen, sie erfahren zu dürfen!

Ich nahm ihre Einladung gerne an, nachdem wir nach meiner Rückkehr zu Hause einen sehr liebevollen E-Mail-Kontakt begannen. Auch Dolphin war über die Entfernung wieder sanft und achtsam – er schrieb mir die wunderbarsten Liebesmails, sandte mir eine für mich bespielte CD und bemühte sich unglaublich, mich davon abzuhalten, unsere Verbindung abzubrechen. Ich ließ mich einlullen und beschloss, ihm in Kalifornien noch einmal eine Chance zu geben, in der Hoffnung, im geschützten Rahmen von Susans und Richards Umgebung alles anders erleben zu dürfen. Ich ging so weit, ihm auch unbedingt treu bleiben zu wollen und dadurch in eine äußerst herausfordernde Situation mit meinem Ausbildungsleiter der Aufstellungsgruppe zu geraten.

Der Leiter dieser Gruppe und ich hatten im Januar, einen Monat bevor ich Dolphin kennengelernt hatte, letztendlich doch das erste Mal Sex gehabt. Wie viel einfacher wäre es gewesen, mir in Italien schon das zu nehmen, wonach ich mich gesehnt hatte. Wir wohnten während der Ausbildung beide in jenem Kloster – ich in der Wohnung der Nonnen, weil dort das Zimmer viel billiger war – in dem auch die Ausbildung stattfand. Eines Nachmittags gingen wir gemeinsam Eis essen und begannen ein lustvoll erotisches Geplänkel. Direkt von diesem Eissalon nahm ich ihn mit in mein Klosterzimmer, in dem wir kurzen aber intensiven Sex hatten – ein doch sehr eigenartiger Platz, um einen Mann das erste Mal zu verführen. Doch gerade dieser Ort machte es noch spannender. Wie oft hatte sich mir das Thema der Heiligen und der Hure gezeigt. An diesem Wochenende fragte mich Maximilian sogar, nachdem wir am letzten Tag in seinem Zimmer extrem wilden animalischen Sex vollzogen hatten, wofür ich mich im Notfall entscheiden würde: die Heilige zu sein oder die Hure? Es war der Moment, in dem ich erkannte, beide Aspekte integrieren und leben zu wollen. Doch ihn als Lehrer begann ich zu verachten, weil auch er zu schwach gewesen war, von mir nicht verführbar zu sein.

Wieder einmal hatte ich mir eine Situation erschaffen, einen Mann verachten zu können, statt einfach den Moment zu genießen. Außerdem begann ich damit auch die Qualität der Ausbildung abzuwerten.

Also kam ich nach meinen beiden Hawaii-Aufenthalten im Mai desselben Jahres zu meinem letzten Ausbildungswochenende wieder in das Kloster. Maximilian hatte sich diesmal in einem Hotel eingemietet, um dort mit mir freien Sex leben zu können (das erzählte er mir in dem Moment, in dem wir uns alleine begegnet waren). Ich sah ihn und hatte unbändige Lust auf Sex. Allerdings bat ich ihn, mich dabei zu unterstützen, meinem Freund in Hawaii treu bleiben zu können. Es war unbeschreiblich intensiv, was mit mir passierte. In dem Moment unseres Wiedersehens spürte ich die sofortige Bereitschaft meines Körpers, der vor Lust zu beben begann. Er half mir nicht, sondern tat sogar alles, um mich zu locken und ich vertraute mich in meiner Verzweiflung Esther an, die diese Ausbildung vor Ort organisierte. Ich wollte diesem Sog, zu ihm zu gehen, entkommen und rief sie an, in der Hoffnung durch ein Gespräch zwischen Frauen Ablenkung zu erfahren. Was ich damit erreichte, war das genaue Gegenteil. Mein großer Fehler war, mich ihr anzuvertrauen und ihr meine Situation zu schildern. Sie war total entsetzt, weil sie an dem Tag, an dem wir das erste Mal in der Klosterwohnung miteinander Sex hatten, die Nacht zuvor mit ihm erstmals beisammen gewesen war. Sie hatte sich in diesen Mann ernsthaft verliebt, musste dies jedoch verheimlichen, weil sie gerade im Trennungsprozess von ihrem Ehemann war. Wir konnten es nicht fassen und waren beide gleichermaßen verblüfft über unsere gemeinsame Erfahrung, was mir ein wenig half, endgültig widerstehen zu können. Es tat mir unendlich leid, Esther nun noch mehr leiden zu sehen. Sie war über meine Offenbarung einfach nur erschüttert.

Er hatte mir mein Suchtverhalten in seiner Gegenwart wieder deutlich spürbar gemacht – bei jeder Begegnung begann ich zu beben, mein Unterleib fing an, sich zusammenzuziehen und zu pulsieren – der Sog wurde beinahe unerträglich. Ich litt unendlich unter dem Verzicht auf Sex und fühlte mich täglich geschwächter. Aber ich wollte es einfach durchstehen. Am letzten Abend lud er mich zu einem Besuch in eine Buschenschank in unmittelbarer Nähe seines Hotels ein. Ich ging hin und wollte nichts mehr außer Sex – gleichzeitig Rache! So widerstand ich zuletzt doch mit einer kleinen Boshaftigkeit am Ende des Abends. Ich begleitete ihn zum Hotel, steckte ihm meinen Finger, den ich zuvor an meiner erregten Vagina befeuchtet hatte, in den Mund, drehte mich um und ging. Wie stolz war ich nun auf mich selbst, ihm fünf Tage Widerstand geleistet zu haben und dann zu gehen. Er stand vor dem Tor des Hotels und blickte mir nach.

Welchen dummen Machtspielen bin ich dabei selbst erlegen!

Rückblickend gesehen hätte ich lieber genussvollen Sex erleben sollen als einem Wahnsinnigen unnötigerweise treu zu bleiben.

Einen Tag später, es war mein letzter Ausbildungstag, bat ich Maximilian, eine verdeckte Aufstellung für mich zu machen, bei der niemand im Raum wusste, was und wen ich aufstellen wollte. Er konnte nicht aus, er musste sich dieser Situation stellen, um die außer ihm nur Esther und ich wussten. Für mich war es faszinierend, was sich bei dieser Aufstellung zeigte und wie das morphogenetische Feld und das Seelenfeld, das die Verbindung aller Menschen darstellt, tatsächlich funktionierte. Ich stellte ihn und mich auf, um zu sehen, welche Dynamik sich daraus ergibt. Er war nun selbst gezwungen, zu erkennen, was sich zwischen uns an Energien abspielte. Es war eine derart starke aber auch sehr bedrückende Energie in diesem Raum, sodass eine Frau, die bloß als Zuschauerin dabei war, aufgewühlt meinte, sie würde hier eine unerträglich starke Missbrauchsenergie spüren. Sie wusste nicht, was sie sah, sie spürte jedoch, was sich hier zeigen wollte. Er selbst musste in diesem Moment auch erkannt haben, was auf diesem Aufstellungsfeld spürbar und sichtbar wurde. Außerdem konnte ich in dieser

Konstellation erkennen, dass ich ihm scheinbar als Frau doch nicht so gleichgültig war, wie ich bei diesem verheirateten Mann vermutet hatte.

Wer war hier Täter – wer Opfer?

Auf diese Weise zelebrierte ich meinen Abschied von Maximilian, der als Ausbilder seine ethischen Grenzen tatsächlich überschritten hatte. Als Mann war er mir erlegen. Ich konnte ihn nun verachten.

Meine Therapeutin Anna Maria meinte allerdings nach diesem Wochenende, dass es für mich endlich an der Zeit wäre, einen dieser Männer anzuzeigen, die bei mir immer wieder eine Wiederholung meines Missbrauchs inszenierten. Ich ließ mich von ihrer Meinung überzeugen und zeigte Maximilian bei der Berufsorganisation an. Sie meinte, solche Männer müssten aus dem Verkehr gezogen werden, da es nicht sein könne, ihre Position zu benutzen, um mit Frauen Sex zu haben. Maximilian leugnete erwartungsgemäß alles und ich konnte erst Jahre später mit ihm Frieden schließen, nachdem ich meinen Teil der Verantwortung als Frau für diese Situation übernommen hatte und seinen Teil bei ihm ließ. Ich war zwar nicht über meine Vergangenheit hinausgewachsen, dennoch war ich bei unserer Begegnung eine erwachsene Frau.

Somit schrieb ich ihm irgendwann per Mail, wie sehr es mir leidtat, gerade ihn angezeigt zu haben und nicht einen jener Männer, die wirklich Missbrauch an mir ausgeübt hatten. Ich fühlte mich danach erleichtert und viel besser – bin ich dabei doch ein Stück aus meiner Opferrolle ausgestiegen. Im Vergleich zu meinem Vater und meinem ehemaligen Psychologen war er tatsächlich der geringste Täter. Eigentlich hätten die beiden anderen dafür zur Verantwortung gezogen werden müssen.

In Wahrheit war ich eine perfekte Verführerin, die sich in dieser Rolle auch unglaublich wohlfühlte und ihre Macht immer wieder ausspielte.

Letztendlich hatte ich es unnötigerweise geschafft, Dolphin zumindest körperlich treu zu bleiben. *Wofür? Wie konnte ich mich selbst bloß so erniedrigen? Mit diesem Mann hatte ich viel schlimmeren Missbrauch erlebt – und den ließ ich mir gefallen.*

Er war der wahrhaft grausamste Mann meines Lebens.

Im Juli flog ich nach San Francisco, wo mich Richard vom Flughafen abholte. Dolphin hatte es nicht geschafft, pünktlich dort zu sein – wie hätte es anders sein können. Ihm sollten wir am Rückweg unterwegs begegnen. Am Flughafen wurde mir mitgeteilt, dass mein Gepäck nicht angekommen sei und sie mir dieses in den nächsten Tagen zustellen würden. Es begann somit schon hier mein unbekanntes Abenteuer der außergewöhnlichen Art. Mit Richard hatte ich auf der Fahrt zum Haus ein wunderschönes Gespräch, in dem ich erkannte, welch wertvoller Mensch er war. Er liebte seine Frau mit tiefster Verehrung und schien sie wahrhaft auf Händen zu tragen. Meine Erstbegegnung mit Dolphin an einem Parkplatz auf halbem Weg war schon spannungsgeladen und der Beginn einer Reise durch Fegefeuer und Hölle. Dolphin, der mich beim Empfang scheinbar liebevoll in die Arme nahm, wurde bereits am ersten Abend zum Sadisten, der mich zu kontrollieren und zu quälen begann. Es fing mit vollkommenem Liebes- und Sexentzug an, indem er meinte, er könne keinen Sex mit mir haben, da er vermeintlich eine körperliche Unpässlichkeit hätte. Unverzüglich folgte Schlafentzug, mit dem ich schon in unseren letzten beiden Begegnungen konfrontiert worden war. Er begann, in unserem Bett nach Bakterien zu suchen und immer aggressiver zu werden, indem er mir vorwarf, wie unhygienisch hier alles sei.

Dolphin war einfach wahnsinnig und ich unfähig, ihm zu entkommen – der Sog war noch immer zu stark.

Geplant war ein gemeinsamer einwöchiger Campingurlaub in Mount Shasta mit Susan, Richard und deren Familie. Daraus wurde leider nichts, weil Susan eine transplantierte Leber hatte und dadurch sehr krankheitsanfällig war. Offensichtlich wurde sie durch die massiven Aggressionen von Dolphin, die sich nun auch gegen die beiden gerichtet hatten, krank. Obwohl sie ihn nach zwei Tagen aus ihrem Haus warf, wurde ihr Gesundheitszustand immer schlechter. In mir war Erleichterung, doch auch Schmerz zugleich. Da Susan jedoch nicht reisefähig war, schlug Richard mir vor, mit seiner Tochter Karen eine kleine Rundreise zu machen, um mehr von Kalifornien kennenzulernen. Ich selbst war zu diesem Zeitpunkt bloß planlos und verunsichert. Susan war krank, Richard um sie besorgt, Dolphin war weg und ich wusste nicht, wie es weitergehen sollte, weil ich noch beinahe vier Wochen Urlaub in diesem Land vor mir hatte. Erstmals war es mir möglich, eine so lange Reise ohne meine Kinder zu machen, und nun das. Ich beschloss, doch mit Karen wegzufahren, wohin auch immer, einfach an einen schönen Platz, an dem ich mich wohlfühlen konnte. Susan und Richard waren nun primär aufeinander bezogen und ich mehr oder weniger alleine und ohne Fortbewegungsmöglichkeit ans Haus gebunden – in Amerika kann man kaum etwas ohne Auto erreichen.

Karen und ich fuhren drei Tage später los. Auf der Fahrt sagte sie mir, dass wir zu den Harbin Hot Springs fahren würden. Es waren heiße Naturquellen an einem besonders mystischen Platz, an dem aber auch Dolphin auf uns wartete, der sie angefleht hatte, mich zu ihm zu bringen, was sie ihm versprochen hatte zu tun. *Oh mein Gott, was würde da auf mich zukommen?*

Ich war dem Sog, der nun auf allen Ebenen auf mich zukam, wie von unsichtbarer Hand immer stärker ausgeliefert.

Möglichst kurz werde ich die allerschlimmsten Erlebnisse auf dieser Reise schildern. Alles zu erwähnen würde den Rahmen dieser Geschichte sprengen, denn es wäre Material für einen eigenen „Actionfilm“.

Als wir ankamen und Dolphin dort trafen, wandte er sich sofort mit Ekel von mir ab, weil er meinte, ich stinke. Er hatte den Geruch von Ziegenkäse wahrgenommen, den er vermeintlich nicht ertragen konnte – ich hatte kurz zuvor ein Stück von Karens Käsepizza gekostet. Also durfte ich ihm nicht zu nahe kommen. Auch mit meiner Haut und meinen Haaren, die mit chemischen Mitteln gepflegt waren, konnte er nicht in Berührung kommen. Er war wahrhaft verrückt. Unverzüglich flüchtete ich vor ihm und schlief in dieser Nacht im Freien zwischen den Skulpturen dreier Frauen, die ich um Schutz und Sicherheit bat.

Dolphin schaffte es, mich und Karen zu überreden, von dort weg zu einem anderen schönen Platz zu fahren, der Stinston Beach hieß. Ich war unfähig, mich aus dieser krankhaften Abhängigkeit zu befreien. Stattdessen bettelte ich ununterbrochen um seine Liebe und um Sex, den er mir weiterhin verweigerte. Er quälte mich unendlich subtil und lockte mich nach jeder tiefen Demütigung erneut. Gemeinsam fuhren wir an diesen wirklich schönen Platz. Dort erlebte ich zumindest ein wenig mehr Ruhe und Stille. Bloß der Schlafentzug machte mir zusehends zu schaffen – ich bekam dadurch starke Migräneanfälle. Dolphin hielt mich auf grausame Weise oftmals bis 4 Uhr in der Früh wach. Er ließ mich nicht in Ruhe, bis er sich selbst zur Nachtruhe begab, um dann bis in die Mittagsstunden zu schlafen, was mir nie möglich war. Zumindest lernte ich dort ein paar liebe Menschen kennen, die mir später noch helfen sollten. Außerdem begegnete ich am Stinston Beach auch jenem Paar, mit dem wir schon auf Big Island auf Hawaii unterwegs gewesen waren. Kaum fühlte ich mich ein wenig angekommen, ließ ich mich dazu überreden, mit Dolphin weiter in den Norden von Kalifornien nach Mount Shasta zu fahren, diesmal aber ohne Karen. Ich hatte nun nur die Wahl mitzufahren oder mich alleine in diesem Land durchzuschlagen – zurück zu Susan und Richard konnte ich auch nicht mehr. In der Zwischenzeit hatte ich erfahren, dass Susan in eine psychiatrische Klinik eingeliefert worden war. Sie hatte eine Reaktionskrankheit wegen ihrer Leber, die sich auch massiv auf ihre Psyche auswirkte. Also durfte ich nun nicht mehr alleine zu Richard ins Haus zurückkehren, weil Susan in ihrer Paranoia, unter der sie nun litt, Angst hatte, Richard könnte sich in mich verlieben und während ihrer Abwesenheit mit mir ein Verhältnis beginnen.

Wie hätte das bei einem Mann, der seine Frau so sehr liebte und verehrte, passieren können?

Für mich bedeutete dieses Verbot, dass ich nun mit nur wenig

Gepäck heimatlos geworden war. Den Großteil meiner Sachen hatte ich bei ihnen zurückgelassen. Ich fühlte mich verloren und fuhr mit Dolphin in den Norden, wo ich zumindest eine schöne Naturerfahrung machen konnte – in einer Nacht mit unendlich vielen Sternschnuppen. Man nannte dieses Phänomen dort Media Shower und ich hatte das Gefühl, beinahe selbst Teil der Milchstraße und der Sterne zu sein, so unglaublich nahe schienen sie. Wir lagen auf dem großen Trampolin im Garten, genossen den Anblick und ich begann zu beten, dass alles gut ausgehen möge.

Die nächsten Tage wurden jedoch zur Hölle für mich. Hier waren wir nicht mehr mit anderen Menschen zusammen, vor denen sich Dolphin zumindest ein wenig beherrscht hatte. Ich war ihm alleine ausgeliefert. Er kritisierte mich wegen jeder Kleinigkeit immer heftiger. Da ich ein sehr ordentlicher und sauberkeitsbewusster Mensch bin, war es kein Problem für mich, unsere Unterkunft sauber zu halten. Er schrieb mir allerdings auf unangenehmste Art vor, was ich wo nicht tun durfte, welchen Raum ich nicht betreten durfte, wie ich meine Dinge hinstellen musste und mit welchem Schwamm ich das Geschirr abwaschen musste – er hatte für alles Regeln. Das machte mich derartig unsicher und damit ungeschickter, wodurch seine Aggressionen einen Höhepunkt erreichten. Es ging so weit, dass Dolphin anfing, mich im Haus einzusperren und mich einmal bei 40 Grad Hitze auch aus dem Haus aussperrte. Jedes Mal musste ich ihn anflehen, hinein- oder hinausgehen zu dürfen. Außerdem schnitt er mich von der Außenwelt ab, weil er scheinbar gemerkt hatte, dass ich auf der Suche nach Hilfe war, um vor ihm zu flüchten. Sobald wir unter anderen Menschen waren, wurde er zum liebevollsten und aufmerksamsten Mann.

Viele Jahre später sah ich einen grausamen Film, der mich im Detail an viele selbsterlebte Szenen dort erinnerte – *Der Feind in meinem Bett* mit Julia Roberts: *Laura Burney ist mit dem dominanten Martin verheiratet, der ein pedantischer Perfektionist und Sadist ist. Dieser schlägt sie und kontrolliert zwanghaft jedes Detail des Lebens seiner Frau, sogar wie diese die Handtücher aufzuhängen hat und die Lebensmittel im Küchenschrank anzuordnen sind.* (siehe Wikipedia)

Meine Angst stieg – eigentlich bekam ich sogar Todesängste, da er einfach unberechenbar war!

Ich wollte nur mehr flüchten.

Ich konnte in keiner Weise mehr in Kontakt mit anderen Menschen treten – er unterband jedes Gespräch und isolierte mich noch mehr. Eines Morgens packte ich – vollkommen übermüdet vom Schlafentzug und erschöpft von den Quälereien – heimlich meine Sachen und wollte auf die Straße gehen, um irgendjemanden zu bitten, mich mitzunehmen. In dieser Gegend gab es weit und breit keinen Autoverleih und auch sonst wenig soziales Leben – ich war tatsächlich abgeschnitten von der Außenwelt. Unglücklicherweise wachte Dolphin kurz vor meiner Flucht auf, drückte mich aggressiv gegen die Wand, um im nächsten Moment ganz sanft zu mir zu sagen, wie schade er es fand, dass ich ihn nun verlassen wollte. Er meinte wie ich bloß gehen konnte – jetzt, wo er doch endlich bereit gewesen wäre, mit mir Sex zu haben – nach zweieinhalb Wochen, die ich nun schon in Kalifornien war. In meiner Angst, er könnte mir etwas Schlimmes antun, dem ich nicht entkommen konnte, sagte ich zu ihm: „Dann mach es doch einfach! Meine Bedingung ist jedoch, dass du mir danach hilfst, ein Auto zu mieten, um von hier wegzukommen!“ Er stimmte dieser Vereinbarung zu, führte mich ins Freie und nahm mich auf dem Trampolin. Tatsächlich genoss ich es sogar, endlich wieder Sex zu haben.

Welch eine Masochistin ich doch gewesen bin!

Danach fuhr er mich zur nächsten Autovermietungsgesellschaft an einen Flughafen, der eine Stunde von Mt. Shasta entfernt lag, wo ich kurz vor Dienstschluss das allerletzte Auto für 100 Dollar pro Tag bekommen konnte. In meiner Verzweiflung rief ich das Ehepaar an, das ich auf Big Island kennengelernt hatte. Ich bat sie, mich im Süden von Kalifornien in ihrem Haus aufzunehmen, ohne zu wissen, wo sie waren. Irgendwie schaffte ich meine Flucht quer durch Kalifornien vor einem Wahnsinnigen – Navigationssysteme gab es zu dieser Zeit noch nicht. Als ich bei ihnen ankam, war ich kreidebleich und zutiefst erschöpft. Sie nahmen mich auf und ich wog mich endlich in Sicherheit. Kurz darauf erfuhr ich jedoch von der Frau, dass ihr Mann sie seit Jahren betrog und schlecht behandelte und nun geplant hatte, mit mir Sex zu haben. Nun war ich außer mir vor Entsetzen. Unverzüglich bat ich die beiden, mich zum Stinston Beach zu fahren, was sie am nächsten Tag auch taten. Ich wollte nicht in einer weiteren verrückten Geschichte landen. Endlich war ich zumindest für drei Tage sicher und gut aufgehoben, wohnte in einer netten Frühstückspension, deren Besitzer meinte, dass ich die Ausstrahlung einer indischen Meisterin hätte und irgendwann in diesem Leben noch einmal *Darshan* halten würde. *Unter Darshana wird z. B. das offizielle Treffen von Schüler und Meister verstanden, bei dem der Schüler vom Meister geladen wurde. Es kann aber auch das sich Versenken beim Betrachten eines Götterbildes bedeuten* (siehe Wikipedia).

Er behauptete, in seinem Haus wären noch nie zuvor so viele Menschen ein- und ausgegangen, wie seit der Zeit meiner Ankunft. *Was er wohl in mir gesehen hatte?* Offensichtlich nicht die erschöpfte und gequälte Frau, die ich zu diesem Zeitpunkt war. Seine Aussage gab mir zumindest ein wenig Hoffnung.

Ich durfte dort auch die einzigartige Erfahrung machen, bei Ebbe in heißen Quellen mitten im Ozean zu baden und eine unglaublich schöne, blaue Höhle mit Fossilien an den Wänden zu sehen. Dies war für mich ein magisches Erlebnis vor Sonnenaufgang um 5 Uhr morgens, als mich meine neuen Bekannten, die ich dort gefunden hatte, abholten, um mir diese außergewöhnliche Erfahrung zu ermöglichen.

Lange blieb mir der Frieden nicht erhalten – eines Morgens, als ich am Strand gerade meine Yogaübungen machte und meine Augen öffnete, kniete Dolphin vor mir und bat mich um Vergebung. Ich konnte diesem Mann nach all den Schrecknissen nicht mehr vertrauen und sagte, dass ich bereits mit Bob und einem Ehepaar – diese hatte ich zuvor bei den Harbin Hot Springs kennengelernt – ausgemacht hätte, wieder dorthin zurückzufahren. Bob, den ich in meiner Verzweiflung angerufen hatte, holte mich wirklich vom Stinston Beach ab und nahm mich in sein Häuschen mit. Er hatte mir erzählt, er würde dort mit seiner Nichte wohnen, was mir die Situation ungefährlich erscheinen ließ. Schon in der ersten Nacht musste ich wieder zu den drei Frauenstatuen flüchten.

Wie gutgläubig ich immer noch war! Nachdem wir in seinem Haus ankamen, begann er meinen Rücken zu massieren – plötzlich spürte ich seinen erigierten Penis an meinen Rücken gepresst, obwohl seine Nichte einen Meter von uns entfernt in ihrem Bett lag. Das scheinbar nette Ehepaar erklärte mir, mit mir einen Dreier erleben zu wollen, um ihre Ehe zu beleben. Evelyn meinte, ich sollte zuerst mit ihrem Mann und dann mit ihnen beiden Sex haben.

Die Situation steigerte sich und wurde immer unerträglicher. Tatsächlich war ich auch an diesem Platz dem nächsten Irrsinn ausgesetzt – ich wollte nur mehr weg von hier.

In meiner Verzweiflung rief ich Richard an, der mir mitteilte, Susan würde nun wieder nach Hause kommen und Dolphin hätte ihn gebeten, mir gut zuzureden, weil es ihm unendlich leidtue, was er mir angetan hatte. Er meinte, Dolphin würde mich in San Francisco abholen und mit mir zu ihnen zurückfahren. Zu meinem Glück fuhr mich Bob, der es letztlich akzeptiert hatte, dass ich keinen Sex mit ihm wollte, nach San Francisco, wo ich ein weiteres Mal auf Dolphin traf, der nun bemüht schien wie nie zuvor. Wir fuhren gemeinsam zu Susan und Richard und zelebrierten dort ein großes Versöhnungsritual. Er erzählte mir, dass wir in Santa Barbara in dem Häuschen einer Freundin die Möglichkeit hätten, die letzten drei Tage meines Aufenthaltes zu verbringen, um wieder alles zum Besten zu wenden. Und wieder ließ ich mich zu meinem Unglück dazu überreden, weil ich bemerkt hatte, dass Susan und Richard nach dieser schweren Zeit eigentlich lieber alleine sein wollten. Dolphins Quälereien wurden nun noch perfider und es schien kein Zufall zu sein, dass mich bereits am ersten Abend in Santa Barbara ein Skunk beschoss. Die Folge davon war ein unerträglicher Gestank – alles an mir hatte begonnen fürchterlich zu stinken, mein Gewand, meine Haut, meine Schuhe. Das führte natürlich zur Steigerung von Dolphins Aggressionspegel, dieses Mal sehr subtil, weil er im Außen scheinbar liebevoll versuchte, mir zu helfen und mich mit Tomatenbädern von dem Gestank zu befreien. Es war unmöglich ihn loszuwerden und er sollte mich noch sehr lange verfolgen. Nun stank ich tatsächlich! Aus dem Gewand konnte ich ihn weiterhin kaum herausbekommen und meine Schuhe musste ich wegwerfen. Bloß meine Haut schien sich langsam davon zu befreien. So stark wie dieser Gestank war das Grauen dieser gesamten Reise, bei der mich Dolphin bis zuletzt erniedrigte.

Meine innere Verseuchung wurde offensichtlich nach außen katapultiert.

Eines Tages waren wir aus dem Haus ausgesperrt – wir hatten den Schlüssel drinnen liegen gelassen. Dafür wurde natürlich ich verantwortlich gemacht. Er rastete aus, begann zu toben, schrie mich an und schaffte es dann doch Zugang ins Haus zu finden, indem er irgendwie durch ein Fenster einstieg. Sogar am letzten Morgen meines Aufenthalts tyrannisierte er mich. Viel zu spät fuhr er mit mir zum Flughafen los, weshalb wir es nur knapp schafften, im Morgenstau auf der Autobahn rechtzeitig anzukommen. Beinahe hätte ich den Flug versäumt. Ich war zu diesem Zeitpunkt am Ende meiner Kräfte und kehrte vollkommen erschöpft und verzweifelt nach Hause zurück.

Ich war einem wirklichen Sadisten in meinem Leben begegnet und trotz all dieser Qualen, die er mir vor allem emotional zugefügt hatte, sollte ich noch zwei weitere Monate brauchen, um ihn ganz aus meinem Leben ziehen zu lassen. Aus der Ferne war er wie zuvor nur liebevoll, achtsam und bemüht und überschüttete mich mit Liebesbeweisen. Nicht einmal nach dieser Horrorreise konnte ich mich sofort von ihm lösen.

Ich hatte offensichtlich nicht den geringsten Selbstwert!

Im Herbst war ich soweit, zu beschließen, mich nunmehr zurück in die Welt der reinen Materie zu begeben. Ich hatte genug von all diesen „spirituellen Wahnsinnigen".

Welch ein Glück war doch die Distanz zu ihm, nachdem ich ihm sagte, er solle mich ab nun in Ruhe lassen – er wäre vermutlich in meiner Nähe zum Stalker geworden.

Ich hatte genug von spirituellen Männern, die in Wahrheit Vollidioten waren.

Daher beschloss Edith, mit der ich seit Jahren eine lose on-and-off-Freundschaft lebte, mich mit einem Manager von Siemens zu verkuppeln. Sie war jene Freundin, die mir acht Jahre zuvor prophezeit hatte, dass ich ganz sicher irgendwann meine Mitte finden werde. Das Blind Date fand bei ihr im Haus statt. Sie kochte für uns und Markus und ich fanden tatsächlich zueinander. Ich wollte versuchen, wieder in mein früheres Leben einzutauchen – ein Leben in der Materie und äußeren Werten. Mit Markus kaufte ich mir eine Jeans, etwas, das ich mit meinen schönen Prinzessinnenkleidern schon jahrelang nicht mehr angezogen hatte, und dazu ein Sakko, nur um wieder auf allen Linien in die scheinbar normale Welt passen zu können.

Aber auch dieser hilflose Versuch war zum Scheitern verurteilt. Abgesehen davon, dass Edith unverzüglich anfing, bei Markus gegen mich zu intrigieren, indem sie ihm erzählte, ich würde meine Kinder quälen und noch mit anderen Geschichten aufwartete, die keineswegs stimmten, erkannte ich sehr schnell, dass dieser Mann absolut nicht zu mir passte. Ich war in dieser Welt der Oberflächlichkeit, des Scheins und der bloß äußeren Werte nicht mehr zu Hause und musste mich daher sowohl von Edith als auch von Markus verabschieden. Leider hatten wir aber bereits eine gemeinsame Reise nach Bali gebucht. *Was sollte ich bloß tun?*

Ich hatte eine „Freundin", die gegen mich intrigierte, und einen Mann, den ich nicht mehr wollte. Sollte ich tatsächlich immer nur Menschen begegnen, die mich erniedrigten, um sich selbst zu erhöhen? Ediths Motiv hinter all dem, was sie tat, würde ich nie erfahren. Markus war zuvorkommend, aber einfach nicht mein Partner, mit dem ich glücklich sein konnte.

Also trennte ich mich am 22. Dezember, nur drei Tage vor unserem geplanten Abflug endgültig von ihm. Ich beschloss, alleine zu fliegen. Er beschloss, seine Reise verfallen zu lassen.

So endete dieses Jahr des Wahnsinns wieder mit Alleinsein und dem Verlust einer weiteren Frauenfreundschaft.

Doch auch Edith sollte, so wie Alma, später wieder in mein Leben kommen.

Eigentlich hatte Markus diese gemeinsame Reise nicht nach Bali, sondern auf eine thailändische Insel buchen wollen, nach Khao Lak oder Phi Phi Island, wohin wir jedoch keinen Flug mehr bekommen hatten. Es waren vom Schicksal offenbar weder eine schwere Verletzung noch mein Tod vorgesehen. Am 26.12.2004 wurden genau diese Inseln durch den Tsunami am meisten zerstört – exakt zu jener Zeit, zu der wir dort gewesen wären. Markus war nun trotz unserer Trennung so freundschaftlich, dass er mich am Vormittag des 25.12.2004 zum Flughafen nach Wien fuhr und mich respektvoll von dort verabschiedete – manche Menschen haben doch noch Größe.

Nun flog ich alleine nach Bali – wieder einmal alleine!

Genau am 26.12. um 6 Uhr früh landete ich sicher in Kuala Lumpur, einige hundert Kilometer Luftlinie von dem Platz entfernt, an dem die Flutwelle Banda Aceh in Sumatra/ Indonesien um etwa 8:15 Uhr Ortszeit erreichte, nachdem bereits die Inseln der Nikobaren überflutet worden waren. Von dort flog ich um 9 Uhr weiter nach Bali.

Bei meiner Ankunft auf Bali bekam ich unendlich viele SMS-Botschaften mit der Bitte, mich unverzüglich zu melden, weil alle große Angst um mich hatten – ich verstand die Aufregung nicht, da vor Ort Schweigen über die Situation herrschte. Niemand wusste, wohin die Welle sich tatsächlich ausgebreitet hatte.

Welch ein Glück ich hatte! Oder sollte ich es Unglück nennen... es wäre doch eine weitere Chance für mich gewesen, endlich gehen zu dürfen?

In Thailand wurden um etwa 10 Uhr besonders die touristisch erschlossene Küste an der Andamanensee von den Flutwellen getroffen, insbesondere die Urlauberzentren Phuket, Khao Lak sowie die Insel Phi Phi. Viele Dörfer wurden überflutet, davon einige völlig zerstört.

Diese Katastrophe erreichte das Bewusstsein der Öffentlichkeit nur schrittweise. Der Tsunami im Indischen Ozean vom 26. Dezember 2004 kostete – wie Monate später annähernd feststand – etwa 230.000-250.000 Menschen das Leben. Die Austria Presse Agenturen berichteten wie viele internationale Nachrichtenagenturen zuerst von "zahlreichen Toten", ohne der Meldung einen besonderen Stellenwert einzuräumen. Erst nach und nach besserte sich die Informationslage und ließ das wahre Ausmaß der Folgen erkennen.

Es war eine der größten Naturkatastrophen seit Menschengedenken.

Für mich war es wahrhaft nicht vorgesehen, dieses Leben schon verlassen zu dürfen.

In Bali war ich wieder einmal sehr einsam. Was ich jedoch genoss, waren die Massagen in einem wunderschönen Spa meiner Hotelanlage und die Wärme. Ich wollte einfach zur Ruhe kommen.

Als ich drei Tage nach meiner Ankunft im sanften Wasser am Ufer des Meeres lag, verspürte ich plötzlich einen unglaublichen Schmerz in meinem rechten Knie. Es fühlte sich an, als würde mir ein Schwert in die Innenseite meines rechten Knies gestoßen werden. Ich hatte keine Ahnung, wie es zu diesem plötzlichen Leiden kommen konnte – es gab absolut keinen äußeren Anlassfall. Wirklich schmerzfrei wurde ich erst viele Monate später, nachdem ich einige Stunden Physiotherapie in Anspruch genommen hatte.

Offensichtlich war dies mein erstes von vielen weiteren, für mich aber unverständlichen Vorzeichen für das, was später auf mich zukommen sollte.

Doch wie hätte ich diese Vorwarnung damals verstehen sollen?

Der entscheidende Wendepunkt in meinem Leben sollte sich tatsächlich dreieinhalb Jahre später ereignen...

Mein einziges Highlight auf dieser einsamen Reise war der Silvesterabend, den ich mit einem amerikanischen Ehepaar im Restaurant einer Deutschen und deren balinesischen Ehemann verbringen durfte. Die Amerikanerin wollte mich unbedingt tanzen sehen und die Restaurantbesitzerin bat mich, nach dem Auftritt der balinesischen Tänzer eine Performance zu geben, für die sie mir Musik zur Verfügung stellen würde. Allerdings hatte sie nur schwere klassische Musik zur Auswahl. Dennoch freute ich mich, eine Bühne zu haben und war dabei in meinem Element. So tanzte ich zur Jahreswende unvorbereitet und spontan zur Musik von *Tristan und Isolde – welch eine Ironie! D*as Thema meiner Improvisation war *„Das Jahr 2005"*. Ich wollte damit ein gutes neues Jahr herbeitanzen – nach all dem Chaos der letzten beiden Jahre! Zumindest erlebte ich auf dieser Reise keine verrückte Affäre – ich hielt mir dort die Männer bewusst vom Leib und schaffte es somit, wenigstens etwas Ruhe und Erholung erlebt zu haben.

In Wien wurde ich wieder von Markus empfangen, dem ich für seine wertschätzende Art und seinen Respekt sehr dankbar war. Inzwischen hatte auch er erkannt, dass Edith bloß Intrigen spinnen wollte und nichts von ihren Aussagen der Wahrheit entsprochen hatte.

In all den Jahren war ich die Suchende geworden, die Suchende nach Liebe, nach Heilung, nach Wissen und Weisheit, eine Frau, die sich zutiefst nach der Liebe des Lebens sehnte und doch zumeist nur Männer anzog, die sie benutzten und von ihr nehmen konnten. Männer, die selbst nicht wussten, wohin sie gehörten, Männer, die weit davon entfernt waren, einer Frau Schutz, Liebe, Geborgenheit und Sicherheit zu geben. Ganz im Gegenteil. Ich stieg aus jeder Beziehung geschwächt und erschöpft wieder aus.

Verwechselte ich doch immer wieder Hingabe mit Selbstaufgabe! Wie sehr ich mich dabei selbst erniedrigte, indem ich anderen immer wieder die Macht gab, mich zu benutzen und zu demütigen – ich im Gegenzug spielte mit der Macht, sie in eine sexuelle Abhängigkeit zu bringen, was mir auch oftmals gelungen war. Es war ein ständiges Wechselspiel von Benutzen und Benutzt werden.

In dieser Zeit erlebte ich meinen 42. Geburtstag, den ich einsam und allein verbrachte.

Endlich sollte ein neuer Lebensabschnitt beginnen. Langsam sollte der Weg zur Meisterschaft – wie man die Jahre zwischen 42 und 49 bezeichnete – geebnet werden, ein Weg, der mir mehr Ruhe und Gleichgewicht bringen könnte. Das zu erfahren war jetzt mein innigster Wunsch.

Tatsächlich sollte es noch immer für lange Zeit nicht wirklich besser werden.

Zu langweilig schien mir das normale Leben. Ich war zu sehr die Abenteurerin, die Jägerin, die Reisende durch viele Welten, jene Frau, die sich zugleich nach dem Tod und nach dem Leben – einem glücklichen Leben – sehnte.

Wann wird es mir endlich möglich sein, anzukommen?

Kapitel 7 - Tod und ...

2005 - Juli 2008

Ankommen?

Dazu bedurfte es noch einiger wahrhaft steiniger Umwege. Es sollte noch mühsamer und aufregender werden – dieses, mein Leben! Und entkommen konnte ich ihm auch nicht...

Rückblickend auf mein bisheriges Leben kann ich wirklich sagen – ich sollte, ich musste, ich durfte überleben – immer und immer wieder!

Auch in der Außenwelt wurde immer mehr Zerstörung sichtbar... Tsunamis, Vulkanausbrüche, Atomkatastrophen – all das nahm größere Ausmaße an und die Gefahr, nun doch auch menschliches Leben zu klonen. Es hatte tatsächlich ein koreanischer Wissenschaftler 2005 behauptet, er hätte menschliches Leben geklont. Dies stellte sich damals jedoch glücklicherweise als falsch heraus.

Trotz meiner Bemühungen an Grenzen zu kommen, war es mir nicht gegeben, in jenes Gebiet zu reisen, in dem der Tsunami allzu viele Lebenslichter auslöschte. Ich suchte unbewusst immer wieder den Tod und durfte ihn nicht finden. So manches Mal sollte ich ihm ins Auge blicken, um endlich irgendwann einmal das Leben ganz und dankbar anzunehmen. Statt dankbar dafür gewesen zu sein, dass ich diesem Unglück nicht ausgesetzt war, haderte ich damit. Wie konnte mich das Leben mit solch einer Haltung glücklich werden lassen?

Dieser Tsunami von 2004 war der Beginn einer großen Serie von Katastrophen, die sich noch in den nächsten Jahren auf unserem

Planeten ereignen sollten. Einerseits rückten wir zu diesem Zeitpunkt immer mehr in der Globalität zusammen, wodurch auch all den unbewussten Menschen, vor allem den Politikern, bewusst gemacht werden sollte, dass es ein Miteinander statt des Gegeneinanders geben müsse. In Zeiten großer Unruhen rückte auch Europa immer mehr zu einer Einheit zusammen, indem Schritt für Schritt neue europäische Staaten eingegliedert werden wollten. Andererseits wehrte sich unser Planet Mutter Erde zunehmend gegen die Zerstörungen, die aus so viel Unbewusstheit der Menschheit geschehen. Wir erleben seit Jahrzehnten eine massive Klimaverschiebung, Naturkatastrophen, Umbrüche in Systemen und vieles mehr – dennoch wachen wir nicht wirklich auf!

Globalisierung wurde ein Schlagwort in unseren Medien. Durch die Internetplattform Facebook können wir nun weltweit Freunde finden. In den Schulen wird mehr auf globalen Unterricht Wert gelegt und dennoch können die Menschen nicht erkennen, dass all diese Entwicklungen im Einklang mit der Natur geschehen müssen. *Wie sehr wird doch in unserer Außenwelt das Innere der Menschen, die Zerstörung auf allen Ebenen erleben und auslösen, widergespiegelt.* Anscheinend ist das menschliche Denken einfach zu eng, zu machtgierig und zu egoistisch, um dies zu erkennen und wahre Veränderung herbeizuführen. Es wurden zwar im Jahr 2007 Sieben neue Weltwunder ausgewählt, zu denen auch das römische Kolosseum, die Inkaruinen Machu Pitcchu, die Chinesische Mauer und das Taj Mahal gezählt werden, um mehr Verbundenheit zu signalisieren, doch finden nun die Kriege auf neuen Ebenen statt. Ein dritter Weltkrieg würde uns alle aufgrund der vielen und allzu gefährlichen Kriegswaffen vernichten. Also findet die Vernichtung auf andere Weise statt. Wir zerstören unsere Umwelt sukzessive und erlebten ab dem Jahr 2008 eine weltweite Finanz- und Wirtschaftskrise, die eine starke Rezession auslöste und auch weitere Finanzskandale zur Folge hatte. All dies sollte für einige europäische Länder zum wirtschaftlichen Zusammenbruch führen, beginnend mit Griechenland im Jahr 2012.

Ein wenig Offenheit für mehr Toleranz zeigte sich in den Vereinigten Staaten, wo im Jahr 2009 erstmals ein Farbiger als US-Präsident vereidigt worden war – Barack Obama. Ich vermute, dass dieser Mann schon einer jener Politiker war, der ein erweitertes Bewusstsein in sein Amt mitbringen wollte, wofür er auch den Friedensnobelpreis erhielt. Aber auch er schien im Verlauf seiner ersten Amtszeit sein wahres Sein in diesem Sumpf der Politik zugunsten seiner Machterhaltung immer mehr verloren zu haben. Er wurde zwar im Jahr 2012 wieder gewählt, doch war sein Glanz schon weit geringer als zuvor. Wie sehr wünschte ich ihm, für den Planeten Erde und seine Bewohner die Wende in ein neues Zeitalter zu schaffen, indem er beweisen könnte, dass nur vollkommen neue Systeme zukunftstragend sein können und alte Systeme – sei es in der Politik aber auch in der Kirche – zusammenbrechen müssen. Hätte er tatsächlich einen neuen Weg beschritten, wäre das möglicherweise sein Todesurteil geworden. Er wurde, wie all die anderen vor ihm, ebenso in die Machtmaschinerie einer gierigen Welt gezogen.

Somit schaffte er es leider auch nicht, all die Zerstörung zu verhindern.

Und unsere Erde wehrt sich weiterhin.

2006 gab es einen weiteren, nicht so verheerenden Tsunami, der in Java durch ein Seebeben ausgelöst wurde und den ich durch einen erneuten heftigen Schmerz in meinem rechten Knie zu spüren bekommen hatte. Auch durch dieses Beben wurden einige Leben zerstört. Es bewies mir erneut, wie sehr wir Individuen hier tatsächlich mit allem verbunden sind – energetisch bekam ich einige Geschehnisse auf diesem Planeten mit. Von den Medien hatte ich mich zu dieser Zeit schon lange verabschiedet – ich war nicht mehr bereit, mir jeden Tag die Katastrophen in mein Zuhause zu holen. Mein Unterbewusstsein schien dennoch über das Kollektivdenken alles aufzunehmen. Ich wurde auf diese Naturkatastrophe erst durch meinen Knieschmerz aufmerksam, der mich zu der Frage veranlasst hat, ob es denn irgendwo auf dieser Erde womöglich wieder einen Tsunami gäbe. Umso verblüffter war ich, dass es tatsächlich so war. Ich hatte es zeitgleich mit dem Ereignis körperlich wahrgenommen.

Das Ozonloch der Erdatmosphäre vergrößert sich unentwegt weiter, weil die Staaten nicht bereit sind, etwas gegen den Treibhauseffekt zu unternehmen. Die Erderwärmung bringt Gletscher zum Schmelzen, verändert unser Klima – vermutlich werden auch wir in Österreich in absehbarer Zeit keine kalten Winter mehr erleben – und lässt die stetige Zerstörung erkennen.

Im Jahr 2010 kam es durch ein Leck in einer Ölplattform des Ölmultis BP zu einer gigantischen Ölpest im Golf von Mexiko, die irreparable Naturschäden zur Folge hat. Im selben Jahr stieß der isländische Vulkan Eyjafjallajökull eine riesige Aschewolke aus, die für Tage den Flugverkehr über Europa lahmlegte. Einen weiteren Höhepunkt bildete ein Erdbeben und dadurch ausgelöster *Tsunami* in Japan im Jahr 2011, sodass es zu einer verheerenden radioaktiven Verseuchung auf unserem Planeten kam. Die Wassermassen rissen fast 20.000 Menschen in den Tod. Im Atomkraftwerk Fukushima Daiichi kam es zum Super-GAU – die gesamte Region um die Unglücks-Reaktoren musste evakuiert werden. (siehe Spiegel Online Panorama) Die Folgen all dieser Katastrophen sind vermutlich nicht wirklich absehbar.

Immer wieder hinterfrage ich den Sinn des Lebens, der für mich schwer zu erkennen ist auf einem Planeten, wo so viel menschliches Leid, so viel menschliche Unbewusstheit und so viel Gier alles zerstören möchten.

Was hat dieses Leben für mich zu bedeuten? Vermutlich ist es ganz einfach. Geht es für mich nicht nur darum, das anzuerkennen, was ist, und endlich den Kampf aufzugeben, den ich mein ganzes Leben lang gekämpft habe? Geht es nicht einfach darum, zu LEBEN?!

Ich erkannte dies schon immer klarer, doch leben konnte ich es nicht, weil in mir *die Amazone* – die Kriegerin – zu stark war, dagegen zu sein statt sich einfach dem Fluss des Lebens hinzugeben. Dabei hatte ich schon so viel getan, um endlich ein bewussterer Mensch zu werden.

Meine Therapeutin fragte zu Recht, als ich wieder einmal des Lebens überdrüssig war und das Gefühl hatte, niemals dorthin kommen zu können, wohin mein Herz sich so sehr sehnte: „Alma, denke doch an deine letzten fünf Jahre zurück und nimm wahr, was du schon alles verändert hast. Und wenn du nun fünf Jahre vorausschaust, stell dir vor, wie schön dein Leben sein kann, wenn du so weitermachst!“ Sie sollte in gewissem Maße Recht haben. Ich schritt wirklich gut voran auf meinem Weg. Also schritt ich weiter stetig voran – einige Schritte nach vorne, manche wieder zurück – immer wieder holten mich die alten Muster ein und die scheinbare Notwendigkeit, mein Karma erlösen zu wollen.

Im Sommer 2005 hatte ich zwei Reisen geplant: Zwei Wochen auf die griechische Insel Zakynthos mit meinen Kindern, weil es uns dort zwei Jahre zuvor so gut gefallen hatte, danach eine weitere Reise alleine nach La Gomera. Nach einem relativ ruhigen ersten Halbjahr begegnete ich im Juni einem Künstler, den ich im Jahr davor kennengelernt hatte und der damals mit einer Frau, die ich auch kannte, in einer Beziehung lebte. Nun behauptete er, frei zu sein – wir trafen uns öfter. Meine Intuition warnte mich davor, mich noch vor meiner Abreise tiefer auf diesen Mann einzulassen. Zur selben Zeit war mein Kater Raphael verletzt. Ich versuchte seine Verletzung zu ignorieren und war so herzlos gewesen, diese lange Zeit nicht wirklich ernst zu nehmen.

Erst als ich erkannte, dass es sich um etwas wirklich Schmerzhaftes handeln musste – er hatte eine Luxation seiner rechten Vorderpfote, auf der eine Wunde plötzlich stark zu eitern begann – ging ich mit ihm zum Tierarzt. Eine Operation war dringend notwendig. Drei Tage musste er unter Beobachtung in der Tierarztpraxis bleiben. Zu diesem Zeitpunkt erkannte ich erst, wie sehr ich diesen Kater liebte, der mir meine Einsamkeit oftmals so stark widergespiegelt hatte, dass ich seine Anwesenheit häufig nicht ertragen konnte. Immer hatte ich das Gefühl gehabt, ihm ständig Liebe geben zu müssen, ohne etwas zurückzubekommen – ich fühlte bloß mein emotionales Defizit. Die Liebe eines Tieres konnte mir gar nichts geben und dieses Tier liebte mich wahrhaft bedingungslos. Erst durch seinen stillen Schmerz, den er so geduldig ertrug, begann mein Mitgefühl zu wachsen. Doch musste ich kurz nach seiner Operation mit meinen Kindern die Reise nach Griechenland antreten, weshalb ich Karl bat, meinen Kater in unserer Abwesenheit zu versorgen und ihm die Nähte zu ziehen, was er auch wirklich bereitwillig und liebevoll machte.

Da wir uns in den letzten Wochen nun doch näher gekommen waren, konnte ich nicht widerstehen, die letzte Nacht vor unserer Abreise mit ihm zu verbringen – meine Lust auf Sex war stärker als mir selbst zu vertrauen. Wann immer ich mit einem Mann Sexualität erlebe, auf den ich mich tief einlasse, ist es nicht zu vermeiden, mich auf allen Ebenen sofort mit ihm zu verbinden. Diese Verbindung musste ich in diesem Fall drei Tage später äußerst schmerzhaft wahrnehmen. Eines Nachts lag ich im Hotelbett – mein Körper begann in dieser Nacht innerlich derartig in Unruhe und Aufruhr zu geraten, sodass ich Karl sofort am nächsten Morgen anrief, um zu fragen, was bei ihm geschehen sei. Erst nach intensivem Nachfragen gestand er mir, dass seine Ex-Freundin – nachdem er ihr von mir erzählt hatte – wieder ganz intensiv seine Nähe gesucht hatte und er in dieser letzten Nacht Sex mit ihr hatte. Ich war verzweifelt und verletzt, schwamm an diesem Tag in eine einsame Bucht und begann heftig zu schreien und zu toben, um meine Wut hinauszulassen: „Schon wieder so ein Arschloch…" Wie eine Verrückte schlug ich mit einem Riesenast um mich. Ich hatte das Gefühl, niemals mehr ankommen zu können. Erst einige Tage später erkannte ich in diesem Geschehen auch meinen eigenen Anteil, wofür ich nun diesen Schmerz ertragen musste. Ich hatte mit all meinen Ex-Männern, und sogar mit meinem damals besten Freund, von dem ich schwanger wurde, diese Spielchen gespielt. Sie wurden Opfer meiner Verführungskunst, wann immer sich eine andere Frau zeigte, die für mich unter Umständen Konkurrenz gewesen wäre. Sobald eine andere Frau auftauchte, verführte ich diese Männer, um sie noch tiefer an mich zu binden. Dies tat ich auch, wenn ich den Mann gar nicht als Partner wollte – immer nur, um mir zu beweisen, dass ich die wichtigste Frau sei.

Nun schien Sybille dieses Spiel mit Karl gespielt zu haben und ich fühlte nichts als tiefsten Schmerz. Denselben Schmerz erlitt ich als 20-Jährige und trotzdem begann ich danach mit denselben bösartigen Machtspielen. Was ich damit erschuf, war ein Rad von Opfer- und Täterdasein.

Es heißt doch wahrlich: „Was du säst, wirst du ernten, im Guten wie im Schlechten." Ich hatte nun endlich erkannt, worum es mir immer gegangen war, welche Machtspiele ich schon über viele Jahre gespielt hatte. Machtspiele, die ich auch leider noch in der näheren Zukunft nicht wirklich aufgeben wollte. Ich war mir meiner sexuellen Kraft sehr bewusst und über Sybille, die diese Macht auch besaß, bekam ich nun den wirklich schmerzhaften Spiegel vorgehalten. Selbst nach meiner Rückkehr sollte ich noch einen Monat lang körperliche Schmerzen erleben, wann immer er mit ihr Sex hatte. Ich war nicht bereit, mich auf eine Dreiecksbeziehung einzulassen, doch war ich zu dieser Zeit emotional noch nicht frei von ihm. Mein

Körper war immer schon hochsensibel und ließ es mich jedes Mal spüren.

Damit erfuhr ich in meiner ersten Urlaubswoche auf Zakynthos tiefen Schmerz und ein verletztes Ego, um danach eine umso größere Überraschung zu erleben. Gottfried, mein geschiedener Mann, der seit kurzer Zeit von seiner Freundin getrennt war, stand plötzlich und unerwartet vor mir – im Speisesaal des Hotels. Er war uns heimlich nachgereist. So sehr ich zuerst erschrocken und verblüfft war, so sehr erlebte ich in dieser zweiten Urlaubswoche einen wunderschönen Familienurlaub. Wir erlebten Harmonie wie nie zuvor bei einem gemeinsamen Urlaub mit unseren Kindern in unserer allzu kurzen Ehe. Wenn ich seine offensichtliche Einladung, mit ihm das Zimmer zu teilen, zu dieser Zeit auch angenommen hätte, wäre unser Familienleben wieder scheinbar perfekt aufgelebt. Darauf konnte ich mich jedoch nicht einlassen – zu groß war noch der Schmerz, von Karl hintergangen worden zu sein. 11 Jahre nach unserer Scheidung durften wir dennoch einmal eine ganz besondere Zeit miteinander erleben. Er hatte diese Idee, weil wir zwei Monate zuvor mit den Kindern ein Wochenende in einem Thermenhotel verbracht hatten, an dem wir versuchten, uns wieder aufeinander einzulassen. Die Sehnsucht nach unserem verlorenen glücklichen Familienleben war in uns beiden sehr groß und doch gelang es uns nicht, einander wiederzufinden – zu sehr klafften unsere Weltbilder und Lebensrealitäten inzwischen auseinander. Wir liebten uns und konnten doch nicht miteinander sein. Wie dankbar ich doch für diese eine wunderbare Woche war! Auch für Philipp und Sophie war es eine Zeit, die sie sehr genossen, weil sie gemeinsam mit ihren Eltern schöne Momente erleben konnten. Es war wirklich eine gelungene Überraschung.

Gottfried sollte noch für lange Zeit der Mann bleiben, um den es mir am meisten leidtat. Wir waren einfach beide zu unbewusst und unreif gewesen, um unsere Beziehung in eine schöne, respekt- und liebevolle, gemeinsame Form zu bringen.

Schon bald nach diesem Familienurlaub tauchte ich wieder so ganz in eine andere Welt ein.

Gegen Ende des Sommers flog ich nach La Gomera, auf meine geliebte Vulkaninsel, auf der ich inzwischen einen wunderschönen Platz in der Finca Oasis zum Wohnen gefunden hatte. Es war ein winziges Zimmer mit einer Dachterrasse, auf der ich unter freiem Himmel schlafen konnte, mit Küche und Wohnzimmer in der Natur, mitten in einer großen Gartenanlage, umgeben von Mango-, Avocado- und Feigenbäumen. Dieser Platz war mein absoluter Rückzugsort.

Sobald ich das Gartentor durchschritt, tauchte ich in eine andere – eine mystische Welt – ein:

Oasis

An einen Baum gelehnt sitze ich nun in diesem Garten
und nehme alles wahr.
Ein Schauer geht durch meinen Körper,
ein Schauer der Berührtheit und Erfülltheit.
Gar tiefer Frieden ist um mich.
Bloß aus der Ferne höre ich das stete Meeresrauschen,
mit seinem Klang, der hier am hohen Berg,
der kraft- und machtvoll sich erhebt
zum Schutze dieses Zaubergartens,
noch widerhallt, sich vielfach ausdehnt
und eine unbegrenzte Weite für all die mächtigen Wellen erzeugt.

Ich bin in Ruhe, tief in mir versunken
und lausche nur den Vogelstimmen,
dem Rauschen, das nun auch zu einer Melodie des Windes wird
und alle meine Zellen mehr und mehr
in wunderbare Schwingung bringt.
Es ist das Schwingen, das mein Sein erfüllt,
und doch mich friedvoll in mir ruhen lässt.

Ich blicke auf den Boden und sehe Früchte.
Ein Garten voller Mangos, Feigen, Avocados und Papayas.
Ein einzigartig wunderbares Paradies.
Ich darf hier nun verweilen
und mich an meinem Leben

und diesen einzigartig schönen Wundern der Natur erfreuen.
All diese wundervollen Pflanzen in ihrer Vielfalt
und auch Farbenpracht
berühren meine Augen, mein Herz und meine Seele.
Die Bäume spenden mir den Schatten hier,
ein Windhauch streicht sanft über mich
und kühlt mich manchmal auch
an diesem wunderbaren, sonnenreichen Platz.

Die Sonne spendet mir viel Kraft und Energie
und doch genieße ich den schattenreichen Garten,
in dem ich mich so ganz zu mir und meinem Innersten bewegen kann.

Mein kleines Heim hier ist für mich ein Königreich,
in dem nur ich bestimme,
wer sonst noch Einlass findet,
wo ich viel Kraft und Ruhe tanke
und auch, wenn es für mich hier sein darf,
Ekstase leben kann
in ihrer schönsten, höchsten Form.

Ich schlafe unter freiem Himmel in einem Himmelbett,
aus dem ich Nacht für Nacht die Sterne und den Mond,
der seine Bahn hier zieht, betrachte.
Und immer dann, wenn unser Mond in seiner vollen Form sich zeigt
und mich rundum beleuchtet,
so bin ich eingehüllt in dieses mystisch helle Nachtlicht,
das alles hier erstrahlen lässt.

Wenn ich am Morgen hier erwache,
nur Meeresrauschen höre in der Stille,
so bin ich dankbar und erfüllt in meinem Herzen,
ganz EINS mit allem, was um mich ist.
Ich danke nun dem Großen Ganzen,
der Schöpfung, die mich all das hier erfahren lässt.
Ich danke für den neuen Tag,
der ruhig und langsam hier beginnt

und bin ganz still in dieser Morgenfrische.

Ich darf im Garten Früchte ernten, so wie es mir beliebt.
Mein erster Weg ist der zu meinem Feigenbaum.
Ich koste von den reifen, süßen Früchten,
die mich den Morgen schon so wundervoll genießen lassen.
Und während ich nach Feigen suche,
fällt auch mein Blick auf diesen wunderschönen Ozean,
der hier ganz nah und doch auch in der Ferne ist.
Ich spüre pure Lebensfreude,
die Freiheit und die Weite meines Seins
und bin erfüllt in jeder Zelle,
dankbar in diesem Paradies zu weilen.
Schon nasche ich von all den reifen Mangos und freue mich,
wenn ich auch die Papayas ernten kann.

Langsam bewege ich mich durch den Garten
und liebe all das Einzigartige,
was ich hier um mich fühlen, sehen, riechen, schmecken kann,
all diese süßen, reifen Früchte,
die Farbenvielfalt und den Duft
der einzigartig, wunderschönen Blütenpracht.
Wenn ich mich ganz versenke in die Schönheit dieser Blüten
und EINS mit ihnen werde,
so spüre ich, wie Tränen meine Augen benetzen,
so tief berührt mich alles hier.

Ich sehe und beobachte ganz ruhig,
erfüllt mit tiefer Liebe,
die kleinen Echsen und die Geckos,
die über meine Wände huschen
und manchmal meinen sanften Worten lauschen,
um dann ganz schnell sich wieder zu verstecken.
Und immer wieder tanzen
die Schmetterlinge und Libellen um mich herum.
Sie sind so zart und transparent, gar weiche und so liebevolle Wesen.

Tief spüre ich, wie hier mein Atem immer ruhiger wird

und Ruhe einkehrt in mein Wesen.
Und wenn der Abend sich hier nieder senkt,
tritt noch mehr Stille ein in diesem Garten.

Ganz nahe bei mir,
ist der liebevoll gepflegte Kräutergarten,
wo ich nun Kräuter ernten darf,
die frisch und duftend sind
und stets mein Abendmahl verfeinern,
das ich mit Freude mir bereite,
umgeben von der Schönheit der Natur,
die ich in jedem Augenblick erlebe und deren Teil ich bin,
als wäre niemals anders ich gewesen.

Wann immer ich in diesen wunderbaren Garten trete,
kehrt Frieden ein in mich,
ganz tiefer Frieden,
egal, woher ich komme.
Und ich erkenne jedes Mal von Neuem
dass dort mein Atem ruhiger wird
und ich unendlich dankbar bin,
nun hier zu sein
in diesem stillen und doch krafterfüllten Paradies.

Am Tag nach meiner Ankunft in La Gomera ging ich zu meinem wunderschönen Strandplatz am Playa Inglés, den ich vor allem auch deshalb bevorzugte, weil es dort erlaubt war, nackt zu baden. Ich war stets ein Freigeist, ich liebte und liebe Freiheit auf allen Ebenen. Es war mir sogar im prüden Amerika möglich gewesen, alle Nacktstrände in der Umgebung ausfindig zu machen, sowohl auf Hawaii als auch in Kalifornien.

Es geht mir dabei nicht darum, mich anderen zeigen zu wollen oder nackte Körper zu sehen, sondern darum, mich selbst in meiner Freiheit zu genießen, in der Natur meine Nacktheit zu leben, nahtlos braun zu sein, und vor allem im Wasser, das sich so herrlich auf meiner Haut anfühlt, nackt zu schwimmen.

Sogleich begann ich nun – scheinbar unbewusst – wieder einmal die Lebensgefahr zu suchen. Ich lehnte meinen Körper an einen Felsen, der aus dem Ozean ragte, um mich von den Wellen umspülen zu lassen. Die Wellen hier an diesem Platz sind allerdings wirklich heftig und unberechenbar. Kurz darauf erschien ein blonder Mann, der den Strand entlang spazierte. Er ging an mir vorbei, schaute mich an und meinte: „Du weißt aber schon, dass du hier etwas sehr Gefährliches tust." Ich antwortete ganz lapidar: „Natürlich weiß ich, was ich tue. Ich kenne diese Insel doch gut genug." Niemand außer mir wusste jedoch, wie oft ich schon zu weit hinausgeschwommen war, um möglicherweise in die Unterströmungen zu geraten, wie häufig ich schon heftig von den Wellen an Felsen geschlagen worden war, die mich verletzten, und dass ich gemeinsam mit einer Freundin einen wirklich lebensverachtenden Satz formuliert hatte. Wir beide meinten kurze Zeit vor meiner Abreise, welch eine gute Möglichkeit es wäre, wenn uns unser Leben unerträglich erscheinen sollte, gemeinsam von dem Berg am Playa Inglés zu springen, um im Ozean zu sterben.

Wie undankbar waren wir doch damals dem Leben gegenüber gewesen! Die Antwort darauf ließ nicht allzu lange auf sich warten...

Beide von uns sollte das Leben vor die Herausforderung stellen, entscheiden zu müssen, ob wir leben wollten oder sterben. Brigitta erhielt kurze Zeit nach dieser Aussage die Diagnose Brustkrebs. Ich sollte noch einige weitere Zeichen bekommen, bevor ich mich entscheiden musste, ob ich genau an jenem Platz überleben würde. Doch zu keiner Zeit konnte ich diese Signale als solche erkennen.

Für Brigitta wurde ihre Diagnose zu einem langen und schweren Überlebenskampf.

Erst ihre Krebsdiagnose sowie die Begleitung einer Freundin auf ihrer letzten Reise, die vor vielen Jahren mit HIV infiziert worden war und dann im Jahr 2006 an AIDS sterben sollte, brachten mir die endgültige Erkenntnis, Wünsche dieser Art, die ich einst ausgesprochen hatte, voller Demut zurückzunehmen. Ich wollte damals alles am eigenen Körper erfahren, was es Schlimmes zu erleben gab, damit ich alle Menschen in ihrem Leid verstehen könne und möglicherweise die Chance hätte zu gehen.

Was bildete ich mir damit eigentlich ein? Welch einem Hochmut war ich ausgeliefert?

Ich hatte bereits allzu viel am eigenen Körper erfahren und musste in dieser Zeit mitansehen, wie zwei Frauen mit aller Kraft gegen den Tod ankämpften. Erst das mitzuerleben, ermöglichte mir endlich, mir meines allzu großen Hochmuts bewusst zu werden. Ich bat zutiefst um Vergebung und darum, mir solche Erfahrungen ersparen zu dürfen.

Dennoch wurde ich auch an diesem Strand durch Mark, wie meine Strandbegegnung hieß, erneut mit meiner Todessehnsucht konfrontiert.

Wer jedoch das Leben nicht achtet, wird sich dem stellen müssen.

Auch ich würde dies noch zu erfahren haben.

Mark lebte seit einigen Jahren auf La Gomera – zehn Monate des Jahres in einem Haus, das er Casa Ganesha nannte, und in den beiden Sommermonaten, in denen sein Vermieter das Haus mit Familie benötigte, im Auto, das er sich für diese Zeit sehr gemütlich eingerichtet hatte. Da gerade Hochsommer war, lebte er im Auto. Dorthin wurde ich für den Abend zu einem köstlichen Essen eingeladen, das er selbst zubereitet hatte.

Wir fühlten uns voneinander sehr angezogen und konnten auch tiefgründige Gespräche führen. Am nächsten Tag holte er mich aus der Oasis ab und fuhr mich zu einem wunderschönen, einsamen Platz, wo ich aus höchster Höhe weit über den Ozean und den Horizont blicken konnte. Dort liebten wir uns zum ersten Mal mitten in der Natur und ich begann meine nächste Beziehung in der Ferne.

War es meine Sehnsucht nach einem Leben am Meer, die mich nur auf solche Männer einlassen ließ oder war es meine unbewusste Angst vor allzu viel Nähe? Ich vermute, dass beide Faktoren eine Rolle spielten. Ich wollte schon lange Zeit von Österreich wegkommen und ans Meer ziehen, an einen Platz in der Wärme, weg von all dem, was mich zu sehr an die Vergangenheit erinnerte. Doch da mir auch bewusst war, dass jeder Mensch alles mitnimmt, was unerlöst ist, war ich bereit, zuerst in mir zu reifen und heil zu werden und dann zu gehen, wenn es mein Schicksal mir ermöglichen sollte.

Mit Mark verstand ich mich auf allen Ebenen sehr gut. Er war tief philosophisch, spirituell und er war ein guter Liebhaber. Doch kurz darauf begannen auch in dieser Beziehung unsere Schwierigkeiten, genau dann, als wenige Tage vor meiner Abreise seine Ex-Freundin von ihrem Aufenthalt in Deutschland auf die Insel zurückkehrte. Sie versuchte alles, um mir die Zweisamkeit mit ihm zu vereiteln. Er merkte nicht einmal, wie sehr sie ihn unter Kontrolle hatte und ihn manipulierte. Somit zeigten sich die ersten Schatten schon bei unserem ersten Zusammensein. Was ich an ihm jedoch sehr schätzte, war die Tatsache, dass er, obwohl er selbst regelmäßig Marihuana rauchte, mich in keiner Weise dazu animieren wollte. Er meinte – und damit hatte er durchaus Recht –, dass ich alle Erfahrungen, die viele nur mit Drogen erleben konnten, aus meiner eigenen Bewusstheit her erfahren würde. Wenigstens war ich keiner weiteren Versuchung ausgesetzt.

Auch wenn das Gift der anderen schon zu wirken begann, verabschiedeten wir uns in Liebe und freuten uns auf ein Wiedersehen.

Daher beschloss ich, die Weihnachtsferien bei ihm zu verbringen. Es sollte das erste Mal Weihnachten ohne Familie sein und ich freute mich unendlich darauf, weil für mich dieses Fest schon seit meiner Kindheit eine zumeist belastende Erfahrung darstellte. Der Flug war nur am 23.12. möglich, was meine Mutter und meinen Ex-Mann dazu veranlasste, sehr erbost zu sein, weil ich es wagen konnte, dieses so hochheilige Familienfest, ohne meine Kinder und ohne den Rest der Familie zu verbringen. Schon lange waren diese Weihnachtsabende für mich ausschließlich mühsame und unharmonische Erlebnisse, die ich nur als Zwangsbeglückung sah. Meine Kinder empfanden meine Abwesenheit keineswegs wirklich belastend, hatten sie doch ihren Vater, der die Jahre zuvor auch nicht immer mit ihnen gemeinsam diesen Abend verbracht hatte, und ihre Großmutter bei sich.

Ich erlebte zum ersten Mal in meinem Leben einen wirklich friedvollen und angenehmen Weihnachtsabend ohne Stress und Überforderung meiner Familienmitglieder, vor allem meiner Mutter. Ich verbrachte diesen Abend bei einem gemeinsamen gemütlichen Essen mit Mark und Roman, der uns besucht hatte. Doch auch diese Zeit mit Mark war durch einige Störungen seiner Ex-Freundin nicht so harmonisch, wie ich sie mir gewünscht hatte – die Disharmonie verstärkte sich mit jedem Wiederkommen.

Ich hatte versucht, es möglich zu machen, alle meine Ferien mit ihm zu verbringen. Meine nächste Reise auf die Insel fand in den Semesterferien statt, eine weitere zu Ostern, aber es wurde immer schwieriger zwischen uns. Einerseits konnte ich seine Lethargie und Schwere, sowie die massiven Übergriffe seiner Ex-Freundin immer weniger ertragen, andererseits hatte ich in der Zwischenzeit einen anderen Mann getroffen.

Es war bloß ein einziger Blickkontakt im März 2006 gewesen, der mich vollkommen aus der Fassung gebracht hatte. Es war Liebe auf den ersten Blick – zu dieser Zeit doch unerreichbar.

Es geschah in dem Jahr, in dem wir mit unserer Tanztheatergruppe das Stück *Die sieben Tänze des Lebens* erarbeitet hatten, das im Mai aufgeführt werden sollte. In diesem Spieljahr waren zwei neue Frauen in unser Ensemble gekommen und auch ich war nach einem Jahr Pause wieder eingestiegen.

Eine dieser beiden Frauen hieß Elisabeth – mit der ich mich auch recht schnell vertraut machte und anfreundete. Sie stellte gemeinsam mit Pia und mir die Verkörperung des Tanzes der Lust in unserem Stück dar, in dem ich selbst zusätzlich ein Solostück, den Tanz der Sehnsucht, auf die Bühne brachte. Wir kreierten eine spannende Gruppeninterpretation einer Geschichte, die eigentlich von einer Solotänzerin zu tanzen wäre:

In dem Stück ging es um eine Sklavin, die von einem König zum Tode verurteilt worden war und ihn gebeten hatte, für ihn tanzen zu dürfen, damit er ihr das Leben ließe. Er gewährte ihr diese Möglichkeit und so tanzte sie für ihn, zuerst den Tanz der Sehnsucht. Der König ließ sie weiter tanzen, um danach den Tanz der Liebe zu erleben, der doch sein Herz berührte. Als sie dann jedoch den Tanz der Lust für ihn darstellte, meinte er, sie sei des Todes, war doch auch er einer jener Männer, die das Weib verurteilten, das ihm seine eigene Lust spiegelte. Da die Sklavin ihn nun anflehte, weiter tanzen zu dürfen, um noch eine letzte Chance zu bekommen, am Leben zu bleiben, tanzte sie für ihn den Tanz des Dämons, setzte diesen mit dem Tanz des Leids fort, um sich endgültig im Tanz des Todes seinem Urteil hinzugeben. Da er ihr darauf jedoch das Leben schenkte, tanzte sie zum Abschluss noch voll Leichtigkeit und Freude den Tanz des Lebens.

Die Bearbeitung dieses Stücks wurde zu einer aufregenden und spannenden Erfahrung für uns alle. Vor allem konnte ich erkennen, welch tiefe „Sehnsucht" in mir war – *einerseits die große Liebe zu erleben und andererseits ganz nach Hause zurückzukehren, was sich in meiner Todessehnsucht zeigte, weil mich allzu oft meine Einsamkeit zermürbte.*

Elisabeth war die Mutter einer kleinen Tochter, die eines Tages im März von ihrem Vater am Abschluss einer Probe abgeliefert wurde. Dieser Mann war Stefan. Ich sah ihn und er sah mich – unsere Augen begegneten einander und wir waren wie vom Blitz getroffen. In meiner Aufregung lief ich auf der Stelle davon, atemlos und aufgelöst, um kurz danach nochmals aufzutauchen und ihn erneut anzustarren. Elisabeth sah natürlich unverzüglich unsere Blicke und begann mit ihrem bösen, weiblichen Machtspiel. Sie musste die Gefahr erkannt haben, hatte sie doch die Jahre seit ihrer Trennung von Stefan keinen Sex mehr mit ihm gelebt, aber viele Anknüpfungspunkte mit ihm über ihre gemeinsame Tochter gehabt. Sehr schnell sollte ich erkennen, dass sie mit Stefan alle anderen Dinge teilen wollte, nur nicht die Sexualität. So hatte sie ihm zwar meine Telefonnummer gegeben, worum er sie gebeten hatte. Sie hatte es erst getan, nachdem sie mich scheinheilig gefragt hatte, ob sie das tun dürfe, um sofort darauf ein böses Intrigenspiel zu inszenieren. Wie ich später erfahren sollte, begann sie sofort böse Geschichten von mir zu erzählen. Leider hatte ich auch dieser Frau, wie allzu oft zuvor, zu viel von mir und meiner Vergangenheit anvertraut. Sie holte nur das heraus, was sie gegen mich verwenden konnte. Das sollte dann auch bis zum Ende unserer späteren Beziehung weitergehen und sogar mit bösen Verleumdungen und Lügen einen Höhepunkt erfahren. Vordergründig versuchte sie mich noch mehr als Freundin zu gewinnen, um sich mit mir zu verbünden, mich vor allem im Bereich der Sexualität, die ihre Schwachstelle zu sein schien zu befragen und um unterstützende Ratschläge zu bitten. Im Nachhinein erkannte ich, dass Elisabeth die letzten Jahre versucht hatte, Stefan Geliebte zu vermitteln, möglichst gebundene Frauen, um nicht all das, was sie von ihm noch wollte, zu verlieren. So wie schon Gottfried und Mark sich mit diesen Handlungen ihrer Ex-Partnerinnen in ihrer Eitelkeit gestärkt fühlten, schien es auch bei Stefan gewesen zu sein.

Zu dieser Zeit jedoch ahnte ich nichts von Elisabeths Bösartigkeit.

Ich verstand es nur nicht, warum er sich nicht bei mir meldete, nachdem sie ihm auf seinen Wunsch hin meine Telefonnummer gegeben hatte.

Stefan war für mich ein wunderschöner Mann. Er hatte langes, gelocktes, dunkles Haar, einen muskulösen Körper und eine charismatische Ausstrahlung. Jahrelang war er schon mit der indianischen Kultur verbunden, hatte teilweise sogar mit den Lakotas gelebt – oftmals in Tipis oder Jurten. Somit war für mich klar, dass Stefan ein sehr naturverbundener und außergewöhnlicher Mann sein musste.

Interessanterweise war ungefähr zum selben Zeitpunkt, zu dem ich Stefan kennengelernt hatte, meine frühere Freundin Astrid nach sieben Jahren wieder in mein Leben gekommen, jene Frau, die mich vor langer Zeit gegen Raphaela und ihre Machtspiele verteidigt hatte. Auch Alma, die sich inzwischen wieder von ihrem Mann hatte scheiden lassen, war erneut aufgetaucht. Nun hatte sie keine Angst mehr davor, ich könnte ihr ihren Mann wegnehmen. Niemals wäre ich dem Mann einer Freundin zu nahe gekommen, doch hatte sie damals scheinbar zu große Angst vor Konkurrenz gehabt. Nun war sie nach einigen Jahren und einer gescheiterten Ehe reumütig wieder zu mir zurückgekommen. Sie meinte, wie leid ihr unser Bruch getan hätte und ich ließ mich erweichen. Astrid war selbst eine sehr unglückliche Frau, die bereits neun Jahre lang auf die Rückkehr eines Mannes hoffte, der sie nach einer kurzen Beziehung für jene Frau verließ, die schon seit langer Zeit seine große Liebe gewesen war. Doch Astrid bildete sich immer ein, er würde zu ihr zurückkommen. Sie wollte diese Hoffnung nicht aufgeben. Er benutzte sie tatsächlich zwischendurch für Sex – mehr wollte er nicht.

Dieser Mann sah Stefan ein wenig ähnlich. Sie kannte Stefan vom Sehen. Auch sie hatte sich immer schon für die indianische Kultur interessiert. Also half sie mir in jener Zeit zu recherchieren, wie ich Stefan finden könnte, weil er tatsächlich nicht anrief. Erst später erfuhr ich, wodurch er abgeschreckt worden war. Elisabeth hatte alles getan, um unseren Kontakt zu verhindern und schon zu dieser Zeit gegen mich intrigiert. Also blieb mir nur die Hoffnung, ihm wieder zu begegnen – möglicherweise bei einer unserer Tanztheateraufführungen, die im Mai stattfinden sollten. Er kam nicht. Ich konnte bloß weiter warten, dass uns das Schicksal zusammenführen würde, nichtahnend, was im Hintergrund geschah. Im Juni desselben Jahres gab Elisabeth ein Fest, das sie nur für Frauen veranstaltete, weil sie sich doch als „Frauenversteherin, Frauenförderin und Frauenverbündete" gesehen hatte. Ich hätte sie eher als Feministin und Emanze bezeichnet. Sie lud mich dazu ein, um mich dort zuerst subtil zu attackieren und anschließend bloßzustellen. Sie war eine Frau, die sich perfekt maskieren konnte – nach außen hin lieb und freundlich, achtsam und zuckersüß, doch schoss sie ihre Pfeile bösartig aus dem Hinterhalt ab. Ich wurde bereits ein wenig skeptisch, als sie auf diesem Fest versuchte, mich in die Rolle der schwachen, doch aus ihrer Sicht unnatürlich lustvollen Frau zu drängen. Einerseits erzählte sie mir von einem Traum, in dem ich Männer zerstückelt hätte , andererseits übergab sie mir bei einem gemeinsamen Ritual die Führungsrolle, um dann meine Anweisungen zu untergraben und die gesamte Aufmerksamkeit mit einem von ihr inszenierten Gesang auf sich zu ziehen. All das hätte mich bereits warnen müssen.

Ich gab die Hoffnung jedoch nicht auf, Stefan bald wieder zu begegnen. Mir war klar, dass ich ihm spätestens beim Heiler- und Schamanentreffen im August wieder begegnen würde, an einem Ort, an dem wir nochmals mit unserer Tanztheatergruppe einen Auftritt geplant hatten. Auch er würde dort mit seinen Tipis und seiner Jurte anwesend sein. Das wusste ich von Elisabeth.

Ich musste mich wahrlich in Geduld üben und plante, gemeinsam mit Astrid dieses Wochenende auf diesem Treffen zu verbringen. Astrid wusste um meine tiefe Sehnsucht nach diesem Mann. Da ich zu jener Zeit natürlich nicht wissen konnte, warum er sich bei mir nicht meldete, beschloss ich, zuvor nochmals nach La Gomera zu fliegen, um zu sehen, wie ich möglicherweise meine Beziehung zu Mark wieder verbessern könnte. Ich konnte ja nicht durch meine blinde Verliebtheit zu einem unerreichbaren Mann, der womöglich bloß eine Illusion war, mein Leben aufgeben, so wie Astrid es getan hatte und seit vielen Jahren nur mehr litt. Ich war wirklich verliebt in diesen Mann, der jenem Bild so sehr glich, dass ich seit Jahren überdimensional groß in meinem Vorzimmer aufgehängt hatte. Es war das Bild von Babaji, einem großen indischen Meister, der in den Siebziger- und Achtzigerjahren angeblich wieder im Himalaya inkarniert gewesen war und von dem gesagt wurde, er hätte schon Jesus in seiner damaligen Inkarnation in die spirituellen Lehren unterwiesen. Babaji war für mich das Abbild eines schönen und weisen Mannes. Ihn hatte ich gebeten, mir einen Mann zu schicken, der so aussah wie er selbst. Das Bild von Babaji hatte ich nach vielen Jahren von der Wand gegeben, weil ich verzweifelt erkennen musste, wie sehr ich bloß in ein Bild verliebt war. Zwei Monate danach lernte ich Stefan kennen. Er trat in mein Leben – wenn auch nur für einen kurzen Augenblick – und er sah Babaji unglaublich ähnlich. Für mich war es tatsächlich Liebe auf den ersten Blick. Er war der zweite Mann in meinem Leben, der mich so tief berührte.

Dennoch flog ich im Juni nach beinahe drei Monaten des Wartens auf seinen Anruf wieder nach La Gomera, wo ich mich tatsächlich mit Mark um vieles besser verstand als zuvor in den Osterferien. Das Fatale war jedoch, dass sich Elisabeth in dieser Zeit bei mir meldete. Auch sie hatte eine Reise nach La Gomera in derselben Zeit gebucht. Ich beging den Fehler – wusste ich doch zu diesem Zeitpunkt noch immer nichts von ihrer intriganten Verhaltensweise – sie in Marks Haus zu vermitteln, der dort Zimmer vermietete. Eigentlich wollte ich damit ihr, aber auch Mark helfen. *Wie konnte ich dieser Frau nach dem seltsam verlaufenen Fest überhaupt noch vertrauen?* Offensichtlich wollte sie mich damals bloß *bespitzeln*. So kam sie ganz herzlich und offen auf mich zu und war scheinbar sehr dankbar, dass ich ihr diesen günstigen Aufenthalt ermöglicht hatte. Gleich nach ihrer Ankunft gingen wir gemeinsam zum Playa del Inglés. Schon beim Gehen an ihrer Seite kam ein immer stärker werdender Schwindel in mir auf und ich empfand eine undefinierbare Übelkeit. Mein Körper ist mein bester Sensor und wollte mich in diesem Moment offensichtlich vor dieser falschen und hinterhältigen Frau warnen. Doch ich, die ich in allen immer nur das Gute sehen wollte, ließ mich täuschen, obwohl schon der Schwindel an sich eine große Symbolik hatte, die ich zu dieser Zeit keinesfalls erkennen wollte. Sofort ging ich in diesem Zustand unachtsam ins Wasser und tauchte in eine große Welle hinein, zu wenig tief, als dass ich durch sie hindurch gekommen wäre. Die Welle schlug mich heftig unter sich auf den Boden, mit dem Gesicht auf einen Felsen. Mein großes Glück war, dass ich den Mund in diesem Moment fest geschlossen hatte und dadurch keine Zähne verlor. Das Schlimme daran war jedoch in Folge ein Zahntrauma, das sehr schmerzhaft war, von dem aber glücklicherweise keine dauerhaften Schäden blieben. Scheinbar bin ich zu diesem Zeitpunkt nicht umsonst auf den Mund gefallen. Vermutlich sollte ich davor gewarnt werden, mich Elisabeth noch weiterhin anzuvertrauen. Wieder erkannte ich ein massives Zeichen nicht. Ich war nun eine Woche mit ihr im selben Haus – sie wusste es zu nutzen, mich auszufragen und zu manipulieren. Da sie wusste, wie wichtig mir eine gute und erfüllte Sexualität war, meinte sie, Stefan rauche Marihuana und wäre danach unfähig Sex zu haben. Rückblickend könnte ich bösartig dazu sagen, dass es vermutlich an ihr und ihrer unerotischen und sexfeindlichen Ausstrahlung gelegen sein musste, dass Stefan in diesem Zustand bei ihr so reagiert und keinerlei Lust für sie empfunden hatte. Ich durfte mich glücklicherweise sehr bald darauf vom genauen Gegenteil überzeugen lassen. Natürlich erzählte sie im Gegenzug Stefan bei ihrer Rückkehr, dass ich nun wieder mit Mark eine sehr erfüllte Beziehung lebte, was ihn weiterhin davon abhielt, mit mir in Kontakt zu treten. Außerdem hatte er zu diesem Zeitpunkt auch noch ein Verhältnis mit einer verheirateten Frau und Freundin von Elisabeth.

Sie wusste wahrlich ihre Fäden zu spinnen.

So wahnsinnig und unberechenbar Jessica, die stalkende Ex-Freundin vom Vater meiner beiden Kinder gewesen war, so kontrollierend und manipulierend Kerstin, Marks Ex-Freundin sich verhalten hatte, so subtil und zuckersüß, doch unbeschreiblich bösartig war Elisabeth. *Offensichtlich wusste jede dieser Frauen, dass ihr Gift auch in subtilen Dosen irgendwann zur Zerstörung führen würde. War das tatsächlich die Absicht dieser Frauen? Und war keiner dieser Männer fähig, Mann genug zu sein, um mich als seine Partnerin davor zu schützen?*

Erst viel später musste ich erkennen, wie wenig Selbstwert und Achtung ich mir selbst gegeben hatte, mich immer wieder in Beziehungen und Freundschaften wiederzufinden, die mir genauso wenig Wert vermittelten. Schon als kleines Mädchen wurde ich konditioniert, mich besser in ungesunden zwischenmenschlichen Beziehungen zu Hause zu fühlen als in solchen, die mich nährten. Ich war perfekt in der Rolle, mich zu erniedrigen und um Liebe zu betteln, die doch niemals wirklich Liebe war. Es war tatsächlich allen drei Frauen gelungen, die Beziehungen zu vergiften und letztendlich damit auch zur Zerstörung zu führen. Doch musste ich später klar erkennen, dass ich es war, die das zuließ und damit auch angezogen hatte.

Wäre ich damals überhaupt bereit gewesen, eine respektvolle, nährende Beziehung zu leben? Vermutlich nicht! Für die, die mich erniedrigten, war ich bereit, alles zu tun, von jenen, die mich achteten und verehrten, wendete ich mich ab.

Kaum zurück, begann wieder die Zeit des Wartens, doch hielt mich dies nicht davon ab, eine weitere Reise für Ende August nach La Gomera zu buchen – ich brauchte die Energie des Meeres, um mich erfüllt zu fühlen. Ich plante, für drei Wochen Urlaub in meiner wunderschönen Anlage Oasis zu machen, weil ich dort den Inbegriff von friedvoller Umgebung erleben konnte.

Doch tatsächlich kam alles ganz anders.

Nach fünf Monaten war es nun endlich soweit.

Am 17. August fuhr ich gemeinsam mit Astrid zu jenem Wochenende, an dem ich Stefan wieder begegnen würde. Tatsächlich sahen wir uns kurz nach meiner Ankunft. Mein Körper begann zu beben und meine Sehnsucht wurde unerträglich. Diese konnte ich dann am nächsten Tag bei unserer Aufführung in meinem Tanz der Sehnsucht vollkommen zum Ausdruck bringen. Stefan wusste in dem Moment, als er mich tanzen sah, dass dieser Tanz ihm galt. Er kam nach unserer Aufführung unverzüglich zu mir. Wir sahen uns tief in die Augen und wurden magnetisch voneinander angezogen. Ab diesem Augenblick konnten wir uns nicht mehr voneinander lösen und vereinigten uns in derselben Nacht in seiner Jurte immer und immer wieder, bis wir erschöpft und erfüllt Arm in Arm miteinander einschliefen. Neben ihm konnte ich sogar gut schlafen, was mir kaum neben einem Mann jemals möglich gewesen war. Elisabeth kochte vor Wut und versuchte dies mit bittersüßer Miene zu vertuschen. Astrid, die die letzte Nacht alleine in einem Wohnwagen geschlafen hatte, war bereit, mit jemandem anderen nach Hause zurückzufahren, weil ich noch eine weitere Nacht bei Stefan in der Jurte bleiben wollte, sollte doch schon drei Tage später mein Flug nach La Gomera gehen. Die Innigkeit, Vertrautheit und Harmonie unserer Körper war einzigartig und ich fühlte zu diesem Zeitpunkt, nur mehr mit diesem Mann leben zu wollen. Doch sollte ich seinen Charakter erst nach und nach kennenlernen.

Ich flog nach La Gomera und wollte Mark sofort Bescheid geben. Noch am Abend meines Fluges beendeten Stefan und ich unabhängig voneinander unsere jeweiligen Beziehungen – er sein Verhältnis mit jener verheirateten Frau und ich unmittelbar nach meiner Ankunft in La Gomera meine Fernbeziehung mit Mark, der sich in diesem Moment sehr verletzt fühlte. Am nächsten Tag wurde ich ziemlich krank, so sehr sehnte sich offenbar alles in mir, so schnell wie möglich zu Stefan zurückzukehren. Bloß mit ihm und Astrid telefonierte ich in dieser Zeit regelmäßig. Einmal konnte ich beide nicht erreichen. Ich geriet in Panik und befürchtete, dass Astrid womöglich die Zeit meiner Abwesenheit nutzte, um sich an Stefan heranzumachen. Zu dieser Zeit und auch nicht im Jahr unseres Beisammenseins geschah dies wirklich, doch da Zeit nicht wirklich existent ist und alles zugleich stattfindet, sollte ich vermutlich schon in diesem Moment ein Vorgefühl von dem bekommen, was irgendwann später sein würde. Unbewusst hatte ich somit schon zu Beginn meiner Beziehung ein seltsames Gefühl. Ich wusste, dass Astrid immer nur auf diesen Typ Mann fixiert war, doch vermittelte sie mir glaubwürdig, dass sie bloß mit Christoph sein wollte und kein Interesse an einem anderen Mann hätte.

Ich hatte dort in La Gomera dieselbe Angst wie einst Astrid, die gefürchtet hatte, ich würde mit Christoph zusammen kommen. Ihre Angst war tatsächlich unberechtigt, meine entsprach offenbar bereits meiner Vorahnung.

Ich hatte Verlustängste, war krank und wollte nur mehr zurück nach Hause, zurück zu meiner großen Liebe. Erstmals wollte ich wirklich nach Hause zurückkehren, weil ich endlich das Gefühl hatte, nach langer Zeit angekommen zu sein. So buchte ich einen früheren Rückflug, ließ den anderen verfallen und flog heimlich zurück nach Österreich, weil ich niemanden meiner Familie informieren wollte, um noch 10 geschenkte Tage mit Stefan verbringen zu können. Er holte mich um 5 Uhr morgens am Flughafen in München ab und fuhr mich zu sich aufs Land. Wir erlebten 10 Tage purer Zweisamkeit und zugleich tiefster Einheit. Nie zuvor hatte ich jemals eine so schöne, tiefgehende und erfüllende Sexualität mit einem Mann gelebt. Und niemals war ich nach Gottfried in einen Mann so sehr verliebt gewesen.

Diese Tage waren unsere schönste Zeit, die wir je miteinander verbracht hatten.

Danach musste ich in meinen Alltag zurückkehren, der darin bestand, mehr und mehr meine Praxis aufzubauen. Meinen sicheren Beruf – fünf Unterrichtsstunden in der Schule – hatte ich aufgegeben. Ich traf diese Entscheidung, weil es mir unmöglich erschien, in einem System zu arbeiten, dessen Direktor nach außen hin katholisch und wertschätzend wirken wollte und doch im Inneren versuchte, einen nach dem anderen aus unserem ursprünglichen Lehrkörper sowohl emotional als auch menschlich zu zerstören. All das geschah unter dem Deckmantel, ein gütiger Diakon der katholischen Kirche zu sein. Er handelte in derselben Weise, wie schon in Jahrtausenden viel Unheil durch Katholiken und andere Religionsanhänger angerichtet worden war und noch immer wird. Meine ethischen Werte waren zu hoch, als dass ich es ertragen hätte, dort weiterhin zu verweilen, obwohl ich meine Schülerinnen und Schüler wirklich liebte, meine Kollegen zutiefst schätzte, doch keine Luft mehr bekam, wenn ich im Auto saß, um zur Schule zu fahren.

Ich konnte in einer so scheinheiligen Umgebung nicht mehr *atmen.* Mein Leitsatz, um diesen Schritt tatsächlich zu wagen, war ein Spruch aus der Bibel, wo Moses die Menschen durch das Wasser führte und dieses sich erst öffnete, als sie tatsächlich zu gehen begonnen hatten Es war der Satz *„Nur wer den Mut hat den Weg zu* *gehen, dem offenbart sich der Weg*" – ich hatte ihn in einem Buch von Paulo Coelho gelesen. Sie mussten damals vertrauen und losgehen, bevor sich ihnen das Wasser tatsächlich öffnete. Es bedarf vollkommenen Vertrauens. So lange schon hatte sich mein Innerstes nach Veränderung gesehnt, doch fehlte mir immer der Mut dazu. Ich hatte zu große Existenzängste, um es zu wagen, meine scheinbare Sicherheit aufzugeben. Genau in diesem Sommer – kurz bevor ich auch Stefan kennengelernt hatte – hatte ich den ersten Schritt in Richtung Freiheit gesetzt. Durch unsere Begegnung dachte ich natürlich, damit die Chance zu bekommen, mit ihm eine neue Existenzgrundlage aufzubauen. Wir ergänzten uns auf allen Ebenen. Stefan war Masseur, Ayurvedatherapeut in Ausbildung und Musiker, ich Energetikerin, Lebensberaterin und Tänzerin. Wir hatten große Pläne, die wir miteinander verwirklichen wollten. Wir wären die perfekte Ergänzung als Yin und Yang gewesen. Er war das männliche Abbild meiner Weiblichkeit. Doch war er auch ein Mann, der alleine strahlen wollte und mehr und mehr begann, mich zu erniedrigen. Er machte es ebenso subtil wie Elisabeth, indem er anfing, mich für meine Vergangenheit zu verurteilen. Er hatte schnell erkannt, in welchen Schuldgefühlen er bei mir Auslöser für Selbsterniedrigung finden konnte. Er war der Meinung, dass er mich während meiner Menstruation nicht körperlich lieben könnte, weil auch die indianischen Frauen dies nicht taten, und er mich mit meinem Bedürfnis daher als Schlampe abwerten konnte. Meine Blutung hatte dennoch auch ihn nie davon abgehalten, mit mir Sex zu haben, um mich oftmals danach dafür zu beschimpfen, und um mir dann ein Jahr später auf grausame Art mitzuteilen, wie sehr es ihn nun vor mir beinahe schon ekle.

Außerdem vertrat er die Meinung, ich sollte mich weniger auffällig kleiden und nicht mehr schminken. Zusätzlich strebte er an, alle Heilmethoden, die ich anwenden konnte, von mir zu lernen, was mich natürlich vermuten ließ, er wolle mir eher Konkurrenz machen als mit mir gemeinsam etwas aufzubauen.

Meine Tochter Sophie hasste diesen Mann. Sie erkannte schon sehr früh, dass Stefan alles für sich vereinnahmen wollte, was er bekommen konnte. Oftmals kam sie nicht mehr nach Hause, wenn er bei uns im Haus war. Er nahm auf nichts und niemanden Rücksicht und ich war zu diesem Zeitpunkt nicht fähig, mein Kind vor diesem Mann zu schützen. Zu sehr war ich gefesselt und gefangen von dieser symbiotischen Zweisamkeit, die einer Abhängigkeit – vor allem einer sexuellen – gleichkam. Beinahe wäre ich bereit gewesen, für diesen Mann alles zu opfern. Ich wäre sogar so weit gegangen, meinen Kater Raphael am Bauernhof unter die streunenden Katzen zu geben, weil Stefan auch ihn nicht mochte und mich in meiner Ablehnung gegen ein Haustier bestärkte. Darüber hinaus brach ich in dieser Zeit mit meiner Mutter. Ich hatte ihr einen Brief geschrieben, in dem ich sie auf allen Ebenen anklagte – in ihrer Rolle als Mutter wie auch als Großmutter. Es war natürlich klar, dass meine Mutter niemals über sich selbst reflektieren würde, sondern nur beleidigt und zutiefst verletzt reagierte, alle für meine Kinder und mich angelegten Sparbücher still legte und jeglichen Kontakt zu mir abbrach. So schmerzhaft dieser Abstand für kurze Zeit auch war, so wichtig war doch dieser Schritt für mich und unsere zukünftige Beziehung. Zu diesem Zeitpunkt hatte ich kein Problem damit, weil ich mein gesamtes Sein ausschließlich auf Stefan fokussierte. Ich war beinahe besessen von diesem Mann. Immer wieder erlebten wir wundervolle Höhen in unserer Beziehung – wir lebten im Sommer in der Natur und schliefen in der Jurte, machten Schwitzhüttenrituale in einer selbsterrichteten Schwitzhütte aus Haselzweigen und hatten unglaublich intensiven Sex. Zu meinem Geburtstag gestaltete er ein Überraschungsfest, bei dem Astrid ihm allzu nahe kam, was mich schon ein wenig stutzig machte. Und immer wieder traten wir gemeinsam auf. Eigentlich ergänzten wir uns wahrhaft perfekt.

Doch in Wahrheit spiegelte mir diese Beziehung am stärksten meine Beziehungsunfähigkeit wider. Er wurde immer fordernder, während ich alles tun wollte, um mir seine Liebe zu bewahren. Ich ließ mich erniedrigen, erniedrigte mich selbst und bettelte unentwegt um Liebe. Dieses Verhalten stärkte seine Macht enorm und er genoss es – bewusst oder unbewusst.

Hatte ich doch Babaji gebeten, mir einen Mann zu schicken, der ihm glich, so vergaß ich, darum zu bitten, dass es auch ein Mann mit Herzensqualität und Bewusstheit sein sollte.

Ich wollte mich mit Stefan nie mehr in Gesellschaft begeben, denn jeglicher Einfluss von außen schien immer wieder unsere Harmonie zu stören. Nur wenn wir beide ganz für uns waren, erlebte ich mit ihm das scheinbare Paradies auf Erden. In den Zeiten unserer Zweisamkeit erlebten wir innigste Harmonie und zutiefst erfüllende Einheitserfahrungen, die sich dann noch verstärkten, als auch ich begann, gemeinsam mit Stefan Marihuana zu rauchen. Der größte Störfaktor war Elisabeths Gift, das sie sukzessive in unsere Beziehung einwirken ließ, aber auch meine vermeintliche Freundin Astrid brachte Disharmonie, indem sie sich offensichtlich subtil an Stefan heranmachte, wenn wir zu dritt etwas unternahmen. Sie wurde sogar zweimal Auslöser für eine Auseinandersetzung mit ihm, weil ich beobachtete, wie sehr sie an ihm interessiert war und er sich geschmeichelt fühlte. Er jedoch meinte mit großer Vehemenz und Sicherheit, dass sie keinesfalls eine interessante Frau für ihn sei. Er behauptete, sie würde ihm optisch nicht wirklich gefallen und sei ihm auch viel zu schwermütig und mühsam. Ich glaubte ihm in diesem Moment, doch erahnt das Unbewusste in jedem von uns vermutlich immer alles.

Erst sechs Monate nach Beginn unserer Beziehung entdeckte ich in zwei versperrten Räumen seines Bauernhofes seinen Marihuana-Anbau in Hydrokulturen, die er mit gestohlenem Strom aus der Hochspannungsleitung über seinem Haus versorgte – er war ursprünglich gelernter Hochspannungselektriker. Ab dem Moment, als ich die Plantage entdeckte, fing er auch an, vor mir zu rauchen. Er verkaufte Marihuana und hatte damit neben seinem Arbeitslosengeld ein gutes Einkommen. Im Gegensatz zu Elisabeths Erfahrung mit Sex und Marihuana, steigerte diese unsere Ekstase in unbeschreibliche Dimensionen. Ich wurde immer abhängiger von ihm und benötigte Schritt für Schritt auch mehr von der Droge, um mich in unsere unbeschreibliche Ekstase zu beamen. Zusätzlich musste ich erkennen, dass er sich auch immer wieder fremde Sachen aneignete. Wo immer er war und sich unbeobachtet fühlte, stahl er etwas. Wie schwer konnte ich all das mit meiner hohen ethischen Haltung vereinbaren. Einerseits war ich fast abhängig von dieser krankmachenden Liebe, vielleicht noch mehr von der unendlichen Lust, andererseits erkannte ich, dass ich gehen musste, um mich selbst zu schützen. Ich verlor immer mehr von meiner Energie, gab ihm alles, was ich an Kraft und vermeintlicher Liebe hatte, half ihm seinen Behandlungsraum einzurichten und tat alles, was dieser Mann von mir wollte. In unserer Sexualität musste ich erkennen, dass das, was ich mit ihm erlebte, in Dimensionen ging, die für mich zutiefst faszinierend, aber langsam fast lebensbedrohlich wurden. Wenn wir miteinander rauchten, nahm die Intensität der Ekstase solche Ausmaße an, dass ich oftmals das Gefühl hatte, es würde meinen Körper zerstören. Ich war vollkommen gefangen in der Sucht nach immer mehr Orgasmen und erkannte, wie bloß der Geist mehr und mehr wollte, der Körper diese Ekstase irgendwann jedoch nicht mehr ertragen konnte.

Ich war abhängig und süchtig nach diesem Mann und unseren Vereinigungen.

Eines Tages saß ich nach einer derart intensiven Erfahrung in der Wiese und wusste, ich müsste aussteigen, sowohl aus der Abhängigkeit der Droge – wollte ich doch meine Heilarbeit mit reinem Bewusstsein leben – als auch aus der Abhängigkeit von Stefan und dieser mich zerstörenden Beziehung. Elisabeth trug andauernd das ihre dazu bei, unsere Beziehung zu zerstören. Ich wollte gehen und war doch zu dieser Zeit noch nicht fähig, diesen Schritt zu wagen.

Immer noch hoffte ich, dass alles sich zum Besten wandeln würde.

Erst als ich zwei Monate später – Anfang November – bei meiner im Sommer 2007 begonnen Ausbildung zum Hypnosecoach Patrick kennenlernte, diente mir dieser Mann als Katalysator für die Trennung. Ich konnte mich erstmals einem anderen Mann öffnen, spürte tiefe Verbundenheit und verliebte mich in ihn, nicht ahnend, in welch eine weitere schwierige und verstrickende Situation ich damit geraten würde – und vor allem welch eine gestörte Persönlichkeit er war. Das sollte ich erst viele Jahre später endgültig erfassen. Von Stefan begann ich mich nun innerlich zu lösen. Den Endpunkt der Geschichte erreichte ich, als Elisabeth mich wahrhaft intrigant diffamierte. Sie behauptete, ich hätte meine Tochter Sophie missbraucht, weswegen sie immer große Angst um ihre Tochter Sarah hatte, wenn diese zu uns kam. Welch bösartige Verleumdung das doch war, wo ich wie eine Löwinnen-Mutter Stefan mit seiner Tochter unter Beobachtung hatte, weil er mit seiner Nacktheit meist zu offenherzig umging und ich immer wieder um Sarahs Integrität fürchtete. Ich, die alles getan hatte, ihr eigenes Kind vor Übergriffen zu schützen, wurde mit einer solchen Lüge konfrontiert! Stefan schien ihr Glauben zu schenken, war sie doch vermeintlich seine vertrauteste Freundin. Erneut konnte ich erkennen, welch manipulierende Macht Frauen haben können, die mit einem Mann ein gemeinsames Kind haben. Rückwirkend betrachtet wird mir bewusst, wie auch ich den Vater meiner beiden Kinder auf meine Weise immer wieder versucht hatte zu manipulieren.

Karma wirkt scheinbar auf allen Ebenen. So muss man wahrlich erkennen, wie einem im Außen immer wieder Spiegel so lange vorgehalten werden, bis man bereit ist, in sich selbst Veränderung zuzulassen und nicht weiterhin alles auf andere zu projizieren.

Ich verlangte von Stefan ein Gespräch zu dritt, weil er in der direkten Begegnung zwischen Elisabeth und mir erkennen sollte, wer tatsächlich die Wahrheit gesprochen hatte. Elisabeth verweigerte dieses Treffen natürlich, wäre doch ihre Lüge sehr klar auf den Tisch gekommen. Ich aber hatte das Vertrauen zu meinem Partner, der tatsächlich nie zu mir gestanden hatte, endgültig verloren. Ich trennte mich verzweifelt und schweren Herzens – um fünf Kilo abgemagert und mit viel mehr weißen Haaren als zuvor. Es war das Ende des Traumes mit jenem Mann, den ich vermeintlich so sehr geliebt hatte und mit dem ich meine Zukunft verbringen wollte.

Ich musste gehen – die Beziehung hatte mich schon zu viel Kraft gekostet. Ich musste mich an jenem Tag trennen, an dem ich, nach dem Erwachen aus einem fürchterlichen Traum, der mir das Ausmaß dessen zeigen sollte, was in unserer Beziehung passierte, erkannt hatte. Ich erkannte, was mit mir an Stefans Seite passieren würde, wenn ich bliebe:

Ich sah in diesem Traum Stefan als Vampir vor mir auftauchen. Ich befand mich in meinem Kinderzimmer in der Wohnung meiner Großmutter, als er auf mich zukam, während ihm langsam die Vampirzähne aus dem Mund wuchsen, mit denen er mir das Blut aus meinem Körper saugen wollte. Schreiend versuchte ich Schutz von meiner Großmutter zu erhalten, die mir aber nicht helfen konnte. Sie war nicht in ihrem Zimmer. Also flüchtete ich unter ihr Bett, wo er bereits wartete, um mich zu beißen. Verzweifelt schrie ich mich aus dieser Traumwelt in die Realität! Ich hatte das Erwachen gerade noch vor dem endgültigen Biss geschafft…

Nicht nur, dass ich mich in dieser Zeit von diesem Mann trennen musste, hatte ich auch mit einer staatlichen Behörde zu tun. Es war eine absolut harmlose Geschichte, die mich allerdings mit jeder Zelle zurück in die Zeit der Inquisition versetzte und damit in Panik geraten ließ. Mir schien, als würde sich mein Körper an frühere Qualen in den Zeiten der Inquisition erinnern. Eine Freundin versuchte mich mit folgenden Worten zu beruhigen: „Sie sind nicht mehr Mörder in diesem Staat, nur mehr Raubritter. Sie wollen nicht mehr dein Leben, immer nur dein Geld!“ Ich hatte das Glück, nicht einmal Geld hergeben zu müssen, doch meine Angst vor staatlicher Autorität schien immer noch meine Angst vor elterlicher Autorität zu spiegeln. Immer und immer wieder hatte ich Angst vor staatlichen Instanzen. Ich bekam oftmals Panikattacken, wenn ich Behördenorgane sah, zur Polizei oder Finanz musste und selbst dann, wenn ich bloß mit Schulklassen zu Gericht ging, um einer Gerichtsverhandlung beizuwohnen – all dies schien mich an meine Kindheitsängste und jene aus vergangenen Inkarnationen zu erinnern.

Kann es wahrhaft sein, dass wir uns an alles Gewesene erinnern? Gibt es überhaupt Zeit in unserer gemessenen Form oder findet alles parallel auch jetzt statt? Unser Verstand kann nichts von all dem erfassen und doch glaube ich wahrzunehmen, dass sich alles immer im Jetzt in Parallelrealitäten abspielt. Jede Zelle erinnert sich vermutlich an alles, was jemals gewesen ist!

Tatsächlich scheint immer alles im Jetzt verbunden zu sein – gerade eben kehre ich von einer Veranstaltung zurück, die ich besucht habe, nachdem ich heute Vormittag ein letztes Mal dieses Kapitel überarbeitet habe, mit der Bereitschaft in alles Gelesene Versöhnung und Frieden zu bringen, um die Vergangenheit nun endlich zur Ruhe kommen zu lassen. Es ist im Februar 2015 und ich bin Stefan und Astrid begegnet – mit ihr konnte ich sogar kurz sprechen, er versuchte, mich zu ignorieren. In mir erlebe ich tiefe Versöhnung mit dieser ganzen Geschichte und Dankbarkeit, nicht mehr Partnerin dieses hoch egozentrischen Mannes zu sein.

Patrick, der nun in meinem Leben aufgetaucht war, hatte mir sehr intensiv durch diese schwere Zeit hindurch geholfen. Doch sollte ich bald erkennen, dass auch er eine extrem schwierige Persönlichkeit hatte, die mich erneut in eine schmerzvolle Zeit kommen ließ. Am Tag der Trennung war ich total verzweifelt – und wer mir wirklich sofort hilfreich zur Seite stand, war damals Alma. Sie wollte mir damit scheinbar zeigen, wie wichtig ihr doch unsere Freundschaft war. Sie kam unverzüglich mit der Bahn über das Wochenende von Linz zu mir, nachdem ich sie weinend und verzweifelt angerufen und ihr von meiner Trennung von Stefan erzählt hatte. Nicht nur, dass sie mir zu dieser Zeit als Freundin eine große Hilfe war, wollte sie mich auch in Linz unterstützen, Klienten zu bekommen und mir die Möglichkeit eröffnen, einmal im Monat in Kombination mit meiner Hypnoseausbildung, die dort stattfand, bei ihr im Haus Menschen zu behandeln. So wurde ich immer mutiger, meinen Weg zu beschreiten und mehr und mehr auf meine Fähigkeiten zu vertrauen. Das, was in diesen Jahren wirklich eine intensive und schöne Entwicklung nahm, waren meine wertvollen und bereichernden Ausbildungen, die mich alle ein Stück weiter in meinem Selbsterkenntnis-Prozess brachten. Vor allem meine Heilfähigkeiten konnte ich immer stärker und intensiver zum Ausdruck bringen. Ich entwickelte Heilkräfte, mit denen ich zuerst mir selbst und in Folge vielen anderen Menschen Unterstützung geben durfte. Ich erkannte, dass ich in erster Linie auf der feinstofflichen, aber auch auf der systemischen Ebene arbeiten wollte. Doch waren Shiatsu und Nuad Thai Yoga eine wichtige Ergänzung, um die Körperarbeit mit der energetischen Arbeit zu verbinden. Durch Hypnose konnte ich die Klienten in die Tiefe bringen. All das zusammen ergab für mich einen wunderbaren Ansatz, Menschen über viele Ebenen zu begleiten. Auch durfte ich erfahren, dass wahrhaft tiefe, spirituelle Erkenntnis sich erst entwickeln kann, wenn man seine niedrigsten Bedürfnisebenen zumindest zu einem großen Grad transformiert hat.

Ich konnte in dieser Zeit etwas Wesentliches erkennen: Manager, die ihre Macht ausspielen, agieren zumindest mit offenen Karten, während Menschen, die vermeintlich spirituelle Heiler sein wollen, den gefährlichsten und subtilsten Machtmissbrauch ausüben können, den es überhaupt gibt. Und viele von ihnen tun es.

Diese schmerzhafte Erfahrung hatte ich zwei Jahre zuvor am eigenen Körper bei einem Seminar einer koreanischen, tanzenden Heilerin im Jahr 2005 gemacht, die ich in einem Film über Schamanen gesehen hatte. Durch sie durfte ich schmerzhaft erkennen, wie sehr das eigene Ego wahre Bewusstheit blockieren konnte. Nicht nur, dass sie mich in dem Moment, als sie mich sah, unverzüglich als Frau abgelehnt hatte und dies durch höchste Aggression zum Ausdruck brachte, gab sie bei schwer kranken Menschen Heilungsversprechen ab, die sie durch den Besuch von sieben ihrer teuren Seminare erreichen könnten. Nie zuvor hatte ich jemanden in dieser Szene kennengelernt, der seine Macht auf so bösartige und zugleich subtile Weise missbrauchte. Ursprünglich wollte ich von ihr lernen, Tanz und Heilung zu verbinden, doch was ich erlebte, war wieder einmal Erniedrigung, der ich mich zu dieser Zeit noch immer nicht entziehen konnte. Diese Frau war eine weitere unglaublich böse Frau, die offensichtlich ein Problem mit meiner Schönheit hatte und alles tat, um mich zu verletzen und zu demütigen – und das vor der gesamten Gruppe. Noch war ich weit davon entfernt, mir meines wahren Wertes bewusst zu sein, um mich vor solchen Übergriffen zu schützen. Ich hätte unverzüglich abreisen sollen. Nicht nur, dass ich mich von dieser Frau erniedrigen ließ, hatte ich dort schon wieder einmal ein Verhältnis mit einem Kursteilnehmer, das mir in keiner Weise guttat.

Ich war das ewig lockende Weib und genoss diese Rolle – somit war ich die begehrte und oftmals im Mittelpunkt stehende Frau. Welch einem Schein ich damit erlegen bin! Ich wollte ihr zumindest beweisen, dass mich die Männer mehr begehrten als sie.

Das Bewusstsein, in das ich wirklich kommen wollte, um Menschen ehrlich und offenen Herzens helfen zu können, hatte ich nach dieser Begegnung klarer definiert. Ich bemühe mich seit damals noch intensiver um Reinheit und Integrität in meiner Heilarbeit. Tief verband ich mich bereits damals im Gebet mit der geistigen Welt und bat darum, nur reiner und ehrlicher Kanal für all das Gute sein zu dürfen. Niemals wollte ich meine Macht auf derart böse Weise missbrauchen wie diese Frau. Sie war eine von den wahren „bösen Hexen“.

Schon während der Zeit mit Stefan durfte ich die wirklich berührende Erfahrung machen, ein Wunder begleiten und erleben zu dürfen. Ich bekam kurz vor Weihnachten in dem Jahr, in dem ich Stefan kennengelernt und unsere Beziehung sich in voller Blüte entfaltet hatte, einen Anruf von einer stark geschwächten, schwer kranken, jungen Frau, die einen Gehirntumor hatte und von den Ärzten bereits aufgegeben war. Sie wurde eine Stunde, nachdem sie bei mir angerufen hatte, von einem guten Freund zu mir gebracht, weil sie keinesfalls alleine dazu fähig gewesen wäre, zu mir zu kommen. Dieser Mann, zu dieser Zeit bloß guter Freund, wurde einige Jahre später ihr Ehemann, nachdem sie vollkommen geheilt und fähig war, Karriere auf vielen Ebenen zu machen.

Ich empfand tiefe Dankbarkeit, diese Erfahrung mit ihr gemacht zu haben. Sie war sicher weiterzuleben und ich durfte sie mit meiner möglicherweise starken heilenden Fähigkeit, der ich zu dieser Zeit wirklich vertraute, aber vermutlich noch viel mehr mit meiner Liebe, die ich für all jene Menschen erfuhr, die zu mir gekommen waren, zurück in ihr Leben begleiten.

Damals schon wusste ich, welchem Leitsatz ich folgen wollte:

„Das, was wahrhaft Heilung bringt, ist die Liebe.“

Dieser Satz formte sich vor längerer Zeit in meinem Inneren, als ich irgendwann bei einer Heilbehandlung nicht wusste, was ich tun sollte. Als ich mich etwas hilflos fühlte und mir von Herzen wünschte, dass das Beste für diesen Menschen geschehen möge, sprach eine innere Stimme zu mir – ob es die Stimme meiner geistig, spirituellen Begleiterin Maria Magdalena oder einfach nur eine Botschaft war, die direkt aus der Quelle kam, weiß ich nicht. Es spielt doch keine Rolle, weil immer nur alles aus dieser einen Quelle höchsten Bewusstseins entspringt. Ich bekam damals bloß diesen einen Satz mitgeteilt: *„Das, was wahrhaft Heilung bringt, ist die LIEBE.“* Und weiter die Anweisung: *„Öffne dich dem Feld der Liebe. Lege deine Hände auf, um dem Menschen, der bei dir ist, zu zeigen, dass du ihm helfen möchtest. Dabei spielt es keine Rolle, was du tust, sondern mit welcher Intention du deine Arbeit und deine Liebe versprühst.“* So öffnete ich immer mehr mein Herz für die Menschen, die zu mir kamen, um Hilfe zu bekommen. Sie betraten meinen Raum und ich ließ sie in das Feld der All-Liebe eintreten, die immer und überall ist.

Wie gut konnte ich das schon für andere Menschen spüren und leben. Wie lange sollte es noch dauern, dies auch für mich selbst zu erkennen und zu leben? Ich konnte anderen helfen und war bei mir oftmals so hilflos.

Bei Kornelia war scheinbar ein Wunder, an dem ich teilhaben durfte, geschehen.

Sie hatte nur vier Monate nach ihrem ersten Kommen bloß noch eine Narbe auf ihrer Hypophyse. Diese Diagnose bekam sie in der Osterwoche – ein wahrhaft guter Zeitpunkt für ihre *Wiederauferstehung* in die vollkommene Gesundheit. Die Ärzte waren fassungslos und konnten es nicht glauben. Zu ihrem Liebesglück durfte ich erfreulicherweise auch ein wenig beitragen.

Sowohl ihre Heilung als auch kleine Wunder bei der damaligen Freundin meines Ex-Mannes, gaben mir nun endlich den Mut, mit meiner Arbeit nach außen zu gehen. Bei Sigrid war es mir möglich, Zysten in den Eierstöcken binnen kurzer Zeit mit drei Sitzungen wegzubekommen und ein Jahr später, binnen einer Woche, mit drei Behandlungen einen gutartigen Gehirntumor um knapp ein Drittel zu verkleinern.

Wie schön wäre es doch, wenn die Wissenschaft bereit wäre, solche Phänomene als Realität anzuerkennen. Die Ärzte meinten, es wäre sicher von selbst zurückgegangen – was es letztendlich auch war, da sie sich diesem heilenden Feld anvertraut hatte.

Wie lange sollte es noch dauern, bis die Menschheit bereit ist, sich wirklich allen Möglichkeiten der Heilung zu öffnen?

Meine Bereitschaft nach außen zu treten und die anfangs so heilbringende und intensive Zeit mit Stefan, mit dem ich in Zukunft alles gemeinsam machen wollte, verhalf mir in Folge auch dazu, immer mehr in meine Kraft zu kommen. Ich hatte zu dieser Zeit wirklich an mich geglaubt, auch wenn dann leider die gemeinsame Vision mit Stefan zerbrach. Selbst die staatlichen Autoritätssysteme machten mir keine Angst mehr, zumal ich erkennen konnte, wie viele menschliche Engel sogar in solchen Institutionen ihre Arbeit verrichteten.

Doch war ich nach dieser knapp mehr als einjährigen Beziehung mit Stefan und unserer notwendigen Trennung vollkommen erschöpft und ausgelaugt. Ich hätte nichts dringender gebraucht als für längere Zeit Timeout zu nehmen, um endlich zur Ruhe zu kommen. Ich hatte genug davon, ständig überfordert zu sein und mit Schmerzen leben zu müssen. Nur sah ich dafür keine Möglichkeit in meinem Leben, weil es keinen Menschen gab, der mir finanzielle und/oder emotionale Unterstützung für eine solche Zeit gegeben hätte. Ich musste ständig funktionieren, ob ich wollte oder nicht. Wenn ich krank war, wenn ich Migräne hatte, wenn ich verzweifelt war, gab es in meinem Leben keine Zeit der Ruhe, keine Entgeltfortzahlung im Falle einer Krankheit und keinen Mann, mit dem ich alles teilen konnte. Stefan hatte ich zuletzt noch einige meiner Sachen überlassen, weil er sie scheinbar dringender benötigte als ich. Was mich nach der Trennung jedoch am allertiefsten traf und verletzte, war die Tatsache, von diesem Mann und ebenso meiner Freundin Astrid angelogen worden zu sein, als ich bei beiden den Verdacht äußerte, ob sie vielleicht ein Verhältnis miteinander hätten. Ich hatte es schon kurz nach meiner Trennung gespürt und wie meist zuvor war mein Gefühl auch diesmal richtig. Doch beide leugneten es. Erst über gemeinsame Freunde musste ich erfahren, dass er tatsächlich mit Astrid über Silvester nach Südtirol gefahren war.

Dies war für mich die schlimmste Botschaft am letzten Tag dieses ausgesprochen nervenzermürbenden Jahres 2007.

Ich war zutiefst verletzt und verzweifelt – ich tobte und schrie in meinem Zuhause und hatte damit eine sehr anstrengende Nacht der Jahreswende.

Erst viel später konnte ich erkennen, dass diese Situation vermutlich das Allerbeste im Moment für mich war, auch wenn ich eine Freundin verlor, die offensichtlich nie wirklich eine gewesen war. Diese Erkenntnis bekam ich durch meine weise Psychotherapeutin, die irgendwann gemeint hatte: „Astrid hat dir eigentlich damit einen großen Gefallen getan." Stefan, mit dem ich die erfüllendste und höchste Form der Sexualität erlebt hatte, war tatsächlich der einzige meiner Ex-Partner, mit dem ich nach der Trennung nie mehr Sex wollte und hatte. Mit allen anderen Männern war es oftmals über Jahre nicht möglich, eine endgültige Trennung herbeizuführen, weil wir uns immer wieder auf der sexuellen Ebene begegneten. Indirekt hatte mich somit Astrid davor geschützt, diesem Mann möglicherweise wieder zu verfallen, der mir nur noch tiefer geschadet hätte. Ein wenig tröstete mich zu dieser Zeit der doch etwas bösartige Satz eines Freundes, der ganz lapidar meinte: „Beruhige dich doch, sie hat ja nur das Fallobst abbekommen!" Zumindest meinem Ego tat seine bösartige Aussage zu dieser Zeit gut. Doch was blieb, war die tiefste Sehnsucht, die für einige Monate wieder meine Sucht nach Sex und nach erfüllenden Orgasmen aufkommen ließ. Da ich jedoch inzwischen eine vollkommen andere Bewusstheit hatte als noch 12 Jahre zuvor, konnte ich diesmal durch meditative Atemübungen und viel Yoga meinen Körper immer wieder zur Ruhe bringen.

Ich konnte meinem Suchtimpuls widerstehen.

Ich wollte in Zukunft nur mehr erfüllte Sexualität erleben und erkannte mit Patrick diese Möglichkeit. Doch dieser Mann spielte ein anderes Spiel mit mir. Es war mir tatsächlich gelungen von einer demütigenden Situation zur nächsten zu gelangen. Wir telefonierten beinahe täglich, tauschten uns in jeglicher Form wunderbar aus – sei es über spirituelle Fragen oder über intellektuelle Themen – und kamen uns auch zweimal sehr nahe, als ich in Linz war. Allerdings wollte er mit mir nie wirklich eine Vereinigung erleben, weil er meinte, ich sei eine Frau, von der er abhängig werden könnte. Ich wusste, dass es eine Frau, möglicherweise sogar eine Lebensgefährtin in seinem Leben gab – etwas Derartiges hatte er bei unserer Erstbegegnung am Rande erwähnt. Doch erst vier Monate später erwähnte er – wieder beiläufig – am Telefon seine Hochzeit, die erst drei Monate, bevor wir uns getroffen hatten, stattgefunden hatte. Bis zu diesem Zeitpunkt hatte ich gehofft, wir könnten zusammenkommen, obwohl er eigentlich all unsere Treffen, die wir vereinbart hatten, auf fadenscheinige Weise verhinderte. Immer wieder hatten wir uns für Begegnungen verabredet, einmal sogar für ein ganzes Wochenende bei mir zu Hause. Sie fanden nie statt – er schaffte es, kurz zuvor auf subtile Weise einen heftigen Streit zu inszenieren und dennoch die Verantwortung für diese nicht stattgefundene Begegnung jedes Mal bösartig auf mich zu projizieren. Ich musste mich auch aus dieser krankmachenden Verbindung befreien.

Seine Verletzungen und Unverlässlichkeit – selten hielt er, was er versprach – schmerzten mich zu sehr. Ich konnte niemals Vertrauen aufbauen.

Somit erlebte ich im Frühjahr 2008 zwei weitere schmerzhafte Abschiede von Menschen, die behauptet hatten, mich sehr zu lieben. Es war nicht nur der Abschied von Patrick, von dem ich mich trennen musste, um nicht weiter in diesem Spiel des Lockens und Weggestoßen Werdens zu zerbrechen. Auch mit Alma eskalierte die Situation ein weiteres Mal. Als ich wieder einmal ein Wochenende bei ihr verbrachte, um Behandlungen zu geben, vergaß ich, sie wegen eines kurzfristig vereinbarten Termins um ihre Zustimmung zu bitten, diese Klientin empfangen zu dürfen. Da wir ursprünglich vereinbart hatten, dass ich in ihren Räumen jederzeit meine Arbeit machen könne, sah ich darin kein Problem. Außerdem hatte sie behauptet, den ganzen Tag beruflich unterwegs zu sein, weshalb wir uns vor meiner Abreise nicht mehr treffen könnten. Es hätte mir bereits am Morgen auffallen müssen, wie sehr sie mich eigentlich so schnell wie möglich aus ihrer Wohnung haben wollte – ihr Verhalten war kühl und distanziert. Da sie vermutlich gedacht hatte, ich hätte ihr Haus schon verlassen, war sie überraschend heimgekommen und bemerkte meine Anwesenheit. Sie wurde unverzüglich hoch aggressiv und unterstellte mir, sie belogen und betrogen zu haben. Ein Betrug konnte schon deshalb gar nicht stattgefunden haben, weil ich niemals Miete oder anteilige Kosten für meine Arbeit zahlen musste. Sie hatte mir ihren Raum zur Verfügung gestellt, ohne etwas dafür zu verlangen – auch ein diesbezügliches Angebot meinerseits hatte sie ursprünglich abgelehnt. Die Lüge, die sie mir unterstellte, war offensichtlich die Projektion ihrer eigenen Lüge, bei der sie sich durch ihr spontanes Erscheinen ertappt gefühlt haben musste. Ich hatte sie an diesem Tag gebeten, mit mir noch Zeit zu verbringen, sie aber hatte behauptet, arbeiten zu müssen. Insofern war es mir ein Rätsel, was diese Aggression wohl hervorgerufen haben mag. Ich verstand es nicht, sah mich jedoch wieder einmal in einer Situation, die mich schon oftmals zuvor begleitet hatte. Ein Mensch suchte meine Nähe, meine Liebe, meine Freundschaft, um mich dann irgendwann auf brutale Art und Weise zu erniedrigen. Ursprünglich war eindeutig sie diejenige gewesen, die mir all ihre Hilfe selbstlos angeboten hatte. Möglicherweise weil sie damals wieder alleine war und mein Vertrauen damit gewinnen wollte, um unsere Freundschaft erneut zu beleben. Ich hatte sie nie um Hilfe gebeten. Sie hatte mir zu Beginn unserer erneuten Freundschaft sogar teilweise die Texte für meine Homepage geschrieben und mich gebeten meine Linz-Wochenenden bei ihr und nicht bei jemandem anderen zu verbringen. Ich war ausgesprochen dankbar für ihre Großzügigkeit und verblüfft darüber, wie bedingungslos sie mir ihre selbstlose Hilfe geben wollte, weil sie eigentlich eine sehr kalkulierende Frau war. In Wahrheit hätte ich mit dieser Reaktion rechnen müssen, wenn ich nicht immer nur das

Gute in jedem Menschen gesehen hätte – war doch fünf Jahre zuvor Ähnliches passiert.

Wie konnte ich bloß hoffen, dass ein Mensch sich so grundlegend in seinem Charakter ändern würde?

Ich war immer bereit, Menschen eine zweite Chance zu geben, weil ich einfach daran glaube, dass ein Wandel möglich sein kann. Nicht bei ihr. Sie schrieb mir nach diesem Wochenende täglich bösartige E-Mails. Je ruhiger und verständnisvoller ich auf ihre immer aggressiveren Mails antwortete, umso bösartiger wurde sie in ihren Unterstellungen und Anschuldigungen gegen mich.

Ich hatte mich nach ihrer Entschuldigung auf diese Freundschaft wieder eingelassen, in der Hoffnung, sie habe sich inzwischen verändert. Darin war ich einem großen Irrtum erlegen. Meine einzige Reaktion war, ihr als Ausgleich für ihre Hilfe Geld zu schicken, wusste ich doch, wie außerordentlich wichtig ihr Geld war. Möglicherweise hatte sie genau dieses Ziel mit ihren Angriffen verfolgt.

Niemals werde ich erfahren, was tatsächlich in dieser Frau vorgegangen war.

Tatsächlich versuchte sie zwei Jahre später erneut mit mir in Kontakt zu kommen und unsere Freundschaft aufleben zu lassen – sie tat so, als wäre nie etwas zwischen uns gestanden. Ich fiel tatsächlich für kurze Zeit erneut auf dieses Freundschaftsangebot herein, konnte jedoch wie schon bei Edith, einer anderen *Freundin*, die mich zutiefst diffamiert hatte und danach auch wieder in mein Leben gekommen war, keine Vertrauensbasis mehr finden.

Ich hatte für lange Zeit meines Lebens nicht die Kraft, mich von Menschen, die mich immer und immer wieder verletzt hatten, klar zu distanzieren. Zu sehr war ich in meinem Muster gefangen, immer wieder um die Liebe anderer zu buhlen.

Wie gering war doch immer noch der Wert, den ich mir selbst gegeben hatte, dass ich jedes Mal bereit war, für ein wenig vermeintliche Liebe Demütigungen zu ertragen? Ich bettelte um Liebe und bin bis heute noch nicht ganz frei davon – auch bei Frauen.

Irgendwann war mir klar geworden, wie sehr ich mir wünschte in diesem Leben mit Frauen in Frieden zu sein, anstatt wie so oft

Ablehnung und Aggression zu spüren, was aber noch lange Zeit nicht möglich sein sollte. Frauen sahen mich immer wieder als Konkurrentin und hassten mich dafür – sie spürten sichtlich zu viel Eifersucht und Neid. Ich konnte allzu oft erkennen, welche Probleme meine Schönheit erzeugte – sie machte mich wahrlich zur einsamen Schönen. Meine Schönheit hatte sogar Jahre später – im Jahr 2013 – dazu geführt, dass meine Fotos bei einer Frauen-Werbemedienkampagne zum Thema alternative Schönheit, bei der ich teilnahm, wieder aussortiert wurden. Ich war zu dieser Zeit 50 Jahre. Das Argument der Projektleiter war, ich sei im Vergleich zu den teilweise gleichaltrigen und etwas älteren Frauen zu schön, um Fotos meines Körpers und Gesichts in die Medien zu geben. Sie meinten, mein Körper würde auf den Lingerie-Fotos wie der einer jungen Frau und nicht wie jener einer 50-Jährigen aussehen, was andere Frauen meines Alters frustrieren könnte.

Auch das wurde mir erst jetzt wieder – weitere zwei Jahre später im Jahr 2015 – erneut bestätigt. Vor wenigen Tagen hatte eine Frau Fotos von mir bei einer Freundin gesehen und diese gebeten, mich niemals einzuladen, wenn ihr Mann auch dort auf Besuch wäre. Welch ein Hohn!

Ich bin eine von wenigen Frauen meines Alters, die ihr Gesicht in keiner Weise hatte künstlich korrigieren lassen – weder durch Botox noch Hyalaronspritzen – und gebe immer noch Anlass, mich ausschließen zu wollen.

Seit ich meine Weiblichkeit entwickelt hatte, war es so gewesen – ich musste einen Raum nur betreten, um von den Blicken vieler anwesender Frauen beinahe *vernichtet* zu werden. *War es mein Karma, das mich mit Frauen in so heftige Konkurrenz, ja oftmals fast in Kampfsituationen brachte? Vielleicht wollte ich in diesem Leben allen Menschen – seien es Mann oder Frau – begegnen, mit denen ich noch alte, offene karmische Situationen zu lösen hatte.*

In erster Linie war es allerdings notwendig, mich selbst zu reflektieren.

Ich musste hinterfragen, was ich wohl in diesen Momenten ausstrahlen mochte, dass Menschen so auf mich reagierten. Ein sehr wissender Arzt in einem Reha-Zentrum, in dem ich 2013 war, meinte, er sehe dahinter meine unterdrückte Wut und Aggressionen, die ich immer noch auf meinen Vater hatte. Er vermutete, dass das der Grund sein könnte, Menschen, vor allem auch Männer, die scheinbar Angst vor mir und meiner übermächtigen sexuellen Energie hatten, so aggressiv auf mich reagieren zu lassen.

Ich vermute eher die Energie des ewig lockenden Weibes darin zu erkennen. Noch lange Zeit in meinem Leben spielte ich dieses Spiel, die Aufmerksamkeit jedes Mannes zu bekommen. Ich sollte es erst durch den heftigen Spiegel einer Freundin auf der Isla Mujeres, auf der ich 2014 ein halbes Jahr verbrachte, hingehalten bekommen. Sie betrieb dieses Spiel noch massiver als ich es getan hatte, wodurch ich erst wirklich erkennen konnte, wie abstoßend dieses Verhalten war. Kein Wunder, dass Frauen sich von mir in den Schatten gestellt fühlten und dadurch aggressiv wurden.

Wie sehr wünschte ich mir immer mehr, nur mehr liebe- und friedvolle menschliche Begegnungen zu erleben – sowohl mit Männern als auch Frauen.

Doch zuvor galt es scheinbar noch einiges zu erlösen. Ich tat auf allen Ebenen mein Bestes, um ohne bitteren Nachgeschmack aus all den verstrickten Situationen auszusteigen. Bei Stefan und Patrick sollte es noch einige Jahre dauern, bevor ich wirklich in Frieden mit diesen beiden Männern sein konnte. Außerdem konnte ich Menschen, die ich liebte, nur sehr schwer loslassen – war doch seit meiner Kindheit das Muster in mir: *„Bitte, sag mir, was ich tun soll. Ich bin bereit, alles für dich zu tun, nur um von dir geliebt zu werden." Es mangelte mir allzu sehr an Selbstliebe – lieber gab ich mich für den anderen auf, als seine „Liebe" zu verlieren.*

Mit Patrick stehe ich genau im Jetzt – in diesem Jahr 2015 – vor einer großen neuen Herausforderung – er ist vor Monaten wieder Teil meines Leben geworden und gerade eben beginnt scheinbar sein altes Spiel von vorne! Ob ich es jetzt schaffe, diese Hürde mit Würde und Selbstachtung zu nehmen…? Es gilt primär ganz tief zu erkennen, was ich zu tun habe, um nicht weiterhin Männer anzuziehen, die achtungslos mit mir umgehen…

Auch Gottfried war ein Mann, den ich einfach nicht aus meinem Leben gehen lassen konnte. Bei ihm fiel es mir noch schwerer, weil er ja auch der Vater meiner Kinder war und der Mann, mit dem ich mir bei meiner Hochzeit sicher gewesen war, gemeinsam alt zu werden.

Interessanterweise hatte er sich exakt am selben Wochenende von seiner Freundin Sigrid getrennt, an dem ich die Beziehung mit Stefan beendet hatte.

So blieb es auch diesmal wieder nicht aus, dass wir erneut versuchten, einander nahe zu kommen. Es war für eine kurze Zeit, in der wir einige schöne Begegnungen miteinander hatten – zusammenkommen konnten wir jedoch nicht. Obwohl wir bei unserer neuerlichen Wiederbegegnung sehr schnell erkannten, wie sehr wir einander immer noch liebten, doch eine gemeinsame Zukunft mit unseren so unterschiedlichen Lebensvorstellungen nicht mehr möglich erschien, traf es mich sehr, dass er inzwischen eine andere Frau kennengelernt hatte und mit dieser kurz darauf bereits ein Wochenende verbrachte. Er hatte mir von ihr nichts erzählt. Sie schien anfangs für ihn bloß ein Verhältnis zu sein, weil sie doch vollkommen konträr zu jenem Frauentyp war, der ihm ursprünglich gefiel. Doch irgendwann, als ich dann ein Jahr später – die Affäre war noch immer nicht zu Ende – mit meinem Sohn Philipp einen Osterspaziergang machte, meinten wir beide, er werde diese Frau heiraten. Ich bin mir ganz sicher, dass Gottfried es zu diesem Zeitpunkt selbst weder geplant noch erahnt hatte. Doch sowohl Philipp als auch ich hatten immer schon eine starke Intuition und unsere gemeinsame Vorahnung sollte zweieinhalb Jahre später in die Realität umgesetzt werden.

So stellt sich für mich ein weiteres Mal die Frage, ob Zeit tatsächlich existiert – wir beide waren uns ganz sicher in unserer Vorausschau – und wir hatten Recht!

Nach diesem erneuten gescheiterten kurzen Versuch, meine ursprüngliche Märchentraumbeziehung wieder aufnehmen zu können, konzentrierte ich mich mehr auf meine neue Praxis, die ich mit 1. Februar 2008 eröffnete. Sie lief wirklich gut an und ich war voll Hoffnung, schon bald davon meinen Lebensunterhalt bestreiten zu können. Dennoch war ich immer wieder sehr erschöpft und müde und hätte mir nichts mehr gewünscht als eine Zeit lang gar nicht mehr arbeiten zu müssen.

Mein Leben mit all diesen Geschichten und meine täglichen Schmerzen, mein Überlebensmodus und meine ständig hohe Anspannung hatten mich tatsächlich unendlich schwach werden lassen.

Somit sollte sich mein großer Wunsch in naher Zukunft auch erfüllen, doch auf ganz andere Weise, als ich es mir jemals erwartet hätte oder haben wollte. Der Satz ist wahrhaft Realität geworden: *„Pass auf, was du dir wünschst, es könnte in Erfüllung gehen."*

Die Vorzeichen auf dieses immer näher kommende Ereignis waren weiterhin jedes Jahr gesetzt worden – von 2004 bis zu jener Zeit, in der ich mich von Stefan getrennt hatte.

Im Jahr 2007 bekam ich endgültig ein massives, doch für mich nicht als solches wahrnehmbares Anzeichen. Ich hatte im Oktober vor meiner Trennung einen Traum, der mich so erschreckte, dass ich unmittelbar nach meinem Aufwachen meine ehemalige Therapeutin, die ich nur mehr höchst selten konsultierte, anrief, um ihn mit ihr zu analysieren:

In diesem Traum war ich auf La Gomera auf meinem Lieblingsstrand. Plötzlich rollte eine Tsunamiwelle auf mich zu und packte mich, um mich gegen den hohen Berg an diesem Platz zu schleudern. Ich schaffte es im letzten Moment, mich von der Welle abzurollen, im Sand zu landen und zu flüchten. Meine Flucht endete dort in einem Hotel, das jedoch ein hohes, steriles Gebäude mit metallenen Aufzügen war. Vor einem dieser Aufzüge sah ich meine Mutter stehen. Als sie mich so abgehetzt und vollkommen außer Fassung sah, war sie bloß erstaunt, warum ich so panisch sei. Ich erklärte ihr, dass ich dem Tsunami entkommen war. Kurz meinte sie, wie leid es ihr täte, sie aber jetzt keine Zeit hätte. So sah ich sie nur noch in den Lift einsteigen, um zu ihrem Bridgespiel zu kommen...

Danach wachte ich auf und war erschöpft und verwirrt.

Da sich dieser Traum kurz vor meiner Trennung gezeigt hatte, war unsere Interpretation eher auf meine überrollenden Emotionen und Ängste ausgerichtet.

Ich hatte jedoch damit mein viertes Vorzeichen bekommen, ohne die Möglichkeit wahrzunehmen, die zukünftige Realität verändern zu können. In Wahrheit ist es doch unglaublich, wie viel Wissen wir schon in uns tragen und bloß die Begrenzung des menschlichen Verstandes uns von all diesem Wissen fernhält. Vielleicht hatte aber tatsächlich mein tiefer Wunsch, nicht mehr arbeiten zu müssen, all das ins Rollen gebracht. Wir Menschen haben anscheinend doch eine hohe Schöpferkraft. Allerdings darf ich nun rückblickend voller Überzeugung sagen:

Zeit ist eine Illusion! Alles ist schon in diesem jetzigen Moment vorhanden. Ob wir es durch unsere Gedanken erschaffen oder in unserem Bewusstsein einfach bloß erkennen, werden wir niemals wirklich wissen.

So schmerzhaft diese Erfahrung mit Stefan gewesen war, so durfte ich dadurch doch einiges für mich erkennen. In erster Linie sah ich, dass zwei Menschen mit dem höchsten gemeinsamen Potenzial diese reine, wahre Liebe nur dann leben können, wenn zumindest einer von beiden schon wirklich in Bewusstheit lebt. Nur solch ein Mensch ist fähig, den anderen sein zu lassen, wie er tatsächlich ist, um ihm damit die Chance zur Veränderung zu geben, ohne ihn tatsächlich verändern zu wollen. Noch schöner muss es natürlich sein, wenn beide Partner ein hohes Bewusstsein leben, damit das Ego beider keine Chance mehr hat, das Schöne und Respektvolle, das für diese Menschen möglich ist, zu zerstören. Ich für mich kann nur immer wieder erkennen, wie sehr es erst meiner Selbstliebe bedarf, bis ich so weit bin, dem Mann zu begegnen, mit dem für mich eine geheiligte und heilende Partnerschaft wirklich lebbar ist. Ich weiß inzwischen sehr wohl, dass es den Traumprinzen aus dem Märchen nicht geben kann, doch bin ich mir auch bewusst, dass es für beide Menschen möglich sein muss, eine respektvolle, achtsame und liebevolle Begegnung im Miteinander leben zu dürfen.

Und niemals werde ich diesen Traum aufgeben, weil ich mir sicher bin, ihn eines Tages im vollen Umfang in der Realität zu erleben, um noch ein wirklich glückliches und erfülltes Leben mit mei-

nem Mann an meiner Seite zu erleben. Diese Erfahrung wird jedoch erst dann möglich sein, wenn der Mann nicht meine Bedingung sein wird, mich selbst glücklich zu fühlen, mich selbst zu lieben und zu achten, so wie ich bin. Er wird außerdem erst kommen können, wenn ich mich nicht von ihm abhängig mache, um fähig zu sein, meiner Berufung zu folgen. Ich bin herausgefordert, zuerst den Weg zu beschreiten, vollkommen unabhängig von irgendeiner anderen Person.

Damals war der erste Schritt zur Heilung meiner Selbst notwendig und Versöhnung mit jenen Menschen, die ich verletzt hatte oder die mich verletzt hatten. Der wichtigste Mensch war meine Tochter Sophie, die sich von mir im letzten Jahr sehr vernachlässigt gefühlt hatte und – wenn es sein sollte – Versöhnung mit meiner Mutter. Mir musste klar sein, dass meine Mutter zu Selbsterkenntnis nicht fähig war, weshalb es nur an mir lag, auf sie zuzugehen. Das bedeutete für mich, in Zukunft meine Mutter so zu akzeptieren, wie sie war, ohne mir weiterhin eine liebende und nährende Mutter zu wünschen. Sie konnte mir das nie geben und wird dies vermutlich auch in Zukunft nicht können. Ich hatte die Chance eine gute Beziehung aufzubauen, wenn ich nichts mehr von ihr forderte – am wenigsten wirkliche Mütterlichkeit – die musste ich mir selbst geben. Mein inneres Kind, und im Moment noch mehr meine Tochter, wollten und brauchten Liebe und Nahrung.

Würde es mir möglich sein, ihr und mir selbst das zu geben?

Ja, ich war endlich dazu bereit.

Erstmals beschloss ich, zu Ostern wieder nach La Gomera zu fliegen, zu jenem Platz, an dem ich zumindest Energie über den Ozean und die Sonne tanken durfte. Schon am Hinflug wurde ich von einem netten, unglaublich reichen Bekannten, den ich durch die Flüge nach und von Teneriffa kennengelernt hatte, für einige Tage in sein Haus auf Teneriffa eingeladen. Ich nahm diese Einladung gerne an und vereinbarte, für drei Tage zu kommen, in der Hoffnung keine Erwartungen erfüllen zu müssen.

Auf La Gomera tauchte ich in den Frieden meiner wunderschönen Gartenanlage Oasis ein, um danach drei Tage in einer Luxusvilla auf Teneriffa mit Blick auf den Teide aus meinem Bett zu erleben. Welch ein unglaublicher Kontrast sich mir dort auftat! Ich verbrachte diese Zeit mit zwei reichen Männern, die mich beide verehrten, doch wie schon als 20-Jährige erkannte ich erneut, dass ich immer noch keine Frau war, die sich verkaufen konnte, ohne wirklich zu lieben. Wie sehr wäre ich materiell verwöhnt worden, wenn ich mich auf einen der beiden Männer eingelassen hätte – doch waren beide nur in äußeren Werten verhaftet. Diese Oberflächlichkeit stieß mich einfach ab! Ich fühlte mich dort wie eine Prinzessin im goldenen Käfig und freute mich umso mehr, in mein einfaches Zimmer auf La Gomera, das bloß halb so groß war wie mein Marmorbadezimmer in Teneriffa, zurückzukehren. Dennoch erkannte ich, dass es beide Welten waren, in denen ich mich zu Hause fühlte und ich mir einen Mann an meiner Seite wünschte, mit dem ich in beide Welten eintauchen konnte. Immer wichtiger erschien mir die Verbindung der Welt der Materie mit jener der Spiritualität, weshalb es auch für mich von Bedeutung war, keine der beiden geringer zu schätzen als die andere. Mit Mark, dem ich auf La Gomera wieder begegnete, konnte ich mich sehr wertschätzend und auf lustvolle Weise versöhnen. Wir erlebten eine wunderschöne, gemeinsame Liebesnacht. Seine Ex-Freundin rastete am nächsten Morgen aus – sie, die inzwischen mit ihrem neuen Freund im selben Haus lebte, hatte uns gehört und wurde ziemlich aggressiv. Noch immer wollte sie ihn unter Kontrolle behalten. Zu dieser Zeit konnte ich darüber nur mehr schmunzeln.

Gestärkt und voller Leichtigkeit kehrte ich nach dieser schönen Zeit zurück und suchte für meine Mutter ein besonderes Geburtstagsgeschenk aus, das ich ihr dann mit all meiner Liebe überreichte. Ich wollte einfach nur Versöhnung, auch wenn unsere Beziehung immer extrem ambivalent war. Sie war zutiefst berührt, sodass sie in Tränen ausbrach und wirklich glücklich war, ihre vermeintlich verlorene Tochter wiedergefunden zu haben.

Alles schien sich wunderbar zu fügen.

In dieser Zeit lernte ich auch über eine Freundin in einem spirituellen Zentrum einen Mann kennen, der Tantra Seminare leitete. Zwar konnte ich seine Avancen nicht erwidern, doch besuchte ich gerne sein Tanz-Tantra-Seminar im Mai 2008. Dort erlebte ich ein Wochenende voller sinnlicher Erfahrungen. Wir tanzten, teilten sinnlich erotische Rituale und gestalteten zum Abschluss eine wunderschöne Tanzperformance mit Bodypainting im Blaulicht. Auf diesem Seminar lernte ich auch einen Mann kennen, der mir außergewöhnlich gut gefiel, der jedoch mit seiner Frau gekommen war. Wir beide empfanden eine starke gegenseitige Anziehung. Als sich seine Frau gleich am ersten Abend beim Tanz einen Kreuzbandriss im Knie zuzog, dachte ich hochmütig: „Du hast ja noch einiges zu lernen, Mädchen!" Nicht viel später sollte ich an diesen bösartigen Gedanken wieder erinnert werden. Zwar war es so, dass ich mit Michael nicht zusammenkommen konnte, weil er zu dieser Zeit noch nicht offen und frei für eine neue Beziehung war, doch wurde ich indirekt wieder einmal zum Katalysator für eine Scheidung einer schon lange nicht mehr funktionierenden Ehe. Obwohl wir uns nie näher aufeinander eingelassen hatten, hatte er durch mein Auftauchen erkannt, dass er sich endgültig von seiner Frau trennen musste. Mit Wilfried, einem Tänzer, den ich schon seit neun Jahren kannte, erlebte ich bei diesem Seminar unglaublich schöne und tief gehende Begegnungen im Tanz. Er war ein Mann, der mir immer schon gut gefallen hatte, doch nicht frei war. Neun Jahre zuvor hatte ich mir bei einer Tanzbegegnung gedacht, welch unsensibler Mann er sei und wie froh ich war, diese Erfahrung nicht über die sexuelle, sondern bloß über die tänzerische Ebene gemacht zu haben. Einige Jahre später sollte ich dann bei einer kurzen körperlichen Begegnung erfahren, dass mich mein Gefühl nicht wirklich getäuscht hatte. Sexuelle Begegnungen über Technik und vorgegebenes Tun waren nicht mehr das, was ich mir zu erleben wünschte. Doch bei diesem Workshop erlebten wir harmonische Intensität auf tänzerischer und zwischenmenschlicher Ebene.

Letztendlich lernte ich an diesem Wochenende auch Johannes kennen, einen sehr netten, doch scheinbar eher langweiligen und stillen Mann. Von Anfang an gefiel er mir nicht wirklich, doch dachte ich mir, nach dieser intensiven Beziehung mit Stefan sei es vielleicht nun besser, einmal weniger Intensität zu leben. Ich hoffte damit, mehr in mein Gleichgewicht zu kommen. Außerdem vermutete ich, mit Johannes einen Mann kennengelernt zu haben, der eine Frau verwöhnen würde, was er in seiner Weise auch tat. Er hatte einen sehr wohlhabenden Vater, der seinen Nachkommen schon zu Lebzeiten viel zukommen ließ, weshalb diese sich nicht wirklich anstrengen mussten, mit eigener Arbeit ein gutes Einkommen zu schaffen. Über Johannes durfte ich ein wenig neidisch erkennen, wie angenehm es sein konnte, wenn man seinen Lebensunterhalt nicht selber erkämpfen musste und Vermögen in der Familie vorhanden war, welches auch großzügig schon zu Lebzeiten der Eltern verteilt wurde. Auf der anderen Seite war er dadurch aber auch ein Mann, den ich für seine Untätigkeit und Trägheit nicht wirklich achten konnte. Eigentlich war Johannes genau das Gegenteil von jenem Mann, nach dem ich mich so sehr sehnte.

Dennoch fuhren wir kurze Zeit nach unserer Erstbegegnung für ein verlängertes Wochenende nach Kroatien, genau an jenen Platz, an dem ich mit Stefan bei unserem letzten gemeinsamen kurzen Urlaub eine eher lieblose Zeit verbracht hatte. Mit Johannes erlebte ich dort wirklich schöne Stunden, die mich ihm auch emotional viel näher brachten. Gleich zu Beginn unseres Aufenthalts wurden wir zu einem Kraftplatz geführt, an dem schon Rudolf Steiner und Wilhelm Reich gewesen waren, um Forschungen zu machen. Es war ein Platz mit einem ganz besonderen Energiefeld. Es befanden sich dort zwei Steinkreise, die – wenn man sich in deren Mitte stellte – eine Klangkuppel erzeugten, in der die eigene Stimme widerhallte, wenn man darin sang oder sprach. Ich erkannte, dass der Bereich dort erst durch einen dritten Kreis seine Ganzheit erhalten konnte, ein Kreis, von dem allerdings niemand etwas wusste. Als ich diese intuitive Bemerkung machte, war unser Begleiter sehr verblüfft und wollte wissen, wo er sich befand. Ich spürte, dass mich meine Intuition zu einem neuen Platz leitete, an dem dieser weitere Kraftplatz sein könnte, der sich in einem gleichschenkeligen Dreieck mit den beiden anderen befinden müsste. Tatsächlich, – es war mitten in der Nacht und ich konnte nur fühlen, nichts sehen –, wurde ich zu einem *Baumkreis* geführt, der sich genau in einem Dreieck mit den beiden Steinkreisen befand. Wirklich erkannt hatte ich den Baumkreis und das Dreieck erst am nächsten Tag bei Tageslicht. Somit begann unsere Zeit mit einer mystischen Erfahrung.

Immer mehr wünschte ich mir, noch viel mehr dem zu vertrauen, was ich so oft aus meinem Innersten heraus erfahren durfte und doch allzu oft ignorierte.

Mit Johannes hatte die Zeit in Kroatien wahrhaft magische Momente. Obwohl wir beide klar aussprachen, dass wir eigentlich ein ganz anderes Gegenüber gesucht hatten, erlebten wir ein intensives Miteinander. Ich hatte mich nach einem wirklich männlichen, attraktiven Mann gesehnt und er nach einer viel jüngeren Frau, mit der er noch einmal eine Familie gründen wollte.

Unmittelbar nach unserer ersten spirituellen Erfahrung geschah bei Johannes etwas ganz Außergewöhnliches. Abends, als wir uns ins Bett legten, tauchte aus dem Nichts eine Seele auf, die schon seit langer Zeit zu mir kommen wollte. Ich hatte sie monatelang in der gemeinsamen Zeit mit Stefan zu jedem Eisprung gesehen und gespürt und hätte dieses wunderschöne, dunkel gelockte Wesen – es war ein Junge – auch gerne empfangen. Doch wäre ein gemeinsames Kind mit Stefan für mich nicht möglich gewesen, weil er absolut kein Verantwortungsgefühl hatte. Er war ja nicht einmal seinen zwei Töchtern gegenüber bereit gewesen, wirklich Verantwortung zu übernehmen. Bei Johannes war mir in dem Moment des Erscheinens dieser Seele bewusst, dass er nicht der richtige Mann für mein Leben und damit Vater für mein Kind sein würde, obwohl er offensichtlich ein wirklich guter Vater gewesen wäre. Da ich nun unmittelbar vor meinem Eisprung stand, war ich mir der Gefahr bewusst – es durfte in diesem Moment keine Vereinigung stattfinden, weil sich dieses Wesen zu intensiv in unserem Energiefeld befand. Es würde dasselbe geschehen wie fünf Jahre zuvor mit Konstantin – ich wäre sofort schwanger geworden. Unverzüglich teilte ich Johannes meine Wahrnehmung mit und auch er konnte diese Seele spüren. Der Sog wurde unbeschreiblich stark, beinahe unerträglich für uns beide. Wir wollten in diesem Augenblick nichts anderes als eine Vereinigung erleben. Es erschien uns fast unmöglich, diesem Verlangen zu widerstehen, bis etwas geschah, das ich noch nie zuvor erlebt hatte. Johannes sank in eine tiefe Trance. Es schien, als wäre er bewusstlos – und ich bekam Angst, weil sein Atem immer flacher wurde. Einerseits spürte ich, dass es um eine intensive spirituelle Erfahrung ging, andererseits drängte mich mein Verstand dazu, ihn wieder in die Hier-und-Jetzt-Realität zurückzuholen, was ich dann auch mit viel Mühe schaffte. Wieder einmal sollte ich Katalysator für einen Mann sein. Er erzählte mir von einer Erfahrung, die ihn in die höchste Bewusstseinsebene katapultiert hatte und in der er gerne geblieben wäre. Ich hätte ihn viel zu schnell wieder zurückgeholt.

Für mich ist es faszinierend, dass die Basisenergie für höchste spirituelle Erkenntnisse doch so oft die sexuelle Energie darstellt und welch starker Katalysator ich immer wieder für andere Menschen sein konnte.

So half uns dieses Wochenende gemeinsam zu mehr Tiefe zu gelangen. Die Seele musste ich wieder wegschicken, weil ich mir ein Kind wirklich nur noch mit einem Mann gewünscht hätte, der auch mit mir als mein Partner dieses Wesen aufziehen würde. Johannes schien mir dafür nicht der Richtige zu sein, obwohl er seinen Töchtern ein außergewöhnlich liebevoller Vater war. In seiner Vaterrolle konnte er am besten seine Männlichkeit leben, für mich als Frau war er ein viel zu schwacher Mann.

Da wir nun diese schöne Zeit miteinander erlebt hatten, buchte er auch zwei Wochen Urlaub auf La Gomera. Ich selbst hatte für diesen Sommer vier Wochen auf meiner Lieblingsinsel gebucht und freute mich schon sehr, mehr Zeit dort verbringen zu dürfen. So sollte dies nun endlich nach sehr langer Zeit mein erster längerer Urlaub mit einem Mann sein – endlich nicht alleine.

Wir flogen am 9. Juli 2008 weg. Zu meinem großen Glück hatte ich am Tag zuvor meinen Sozialversicherungsantrag zur Post gebracht, weil ich zu dieser Zeit über den Sommer nicht krankenversichert war.

Als wir auf La Gomera ankamen, bezogen wir gemeinsam mein kleines Reich im Garten der Oasis-Anlage, mit einer Doppelmatratze unter freiem Himmel auf der Dachterrasse und einem Moskitonetz, das ich auf dem Avocado-Baum darüber befestigte. Auch wenn Johannes so vollkommen konträr zu mir war – langsam, träge und kompliziert – erlebten wir wunderschöne Momente. Bloß Roman, der immer noch mein bester Freund auf der Insel war, war außerordentlich verblüfft über meinen Begleiter, hatte er doch sofort erkannt, dass ein solcher Mann niemals an meine Seite gehören konnte. Während unserer gemeinsamen Zeit machte ich mit Johannes Pläne für sein Seminar-Zentrum, das er schon seit einem Jahr in unserer Stadt errichten wollte, gab ihm Behandlungen und machte systemische Aufstellungsarbeit für ihn. Mein Helfersyndrom hatte wieder zugeschlagen – ich wollte diesen Mann in seine Männlichkeit bringen und ihm helfen, alte Verstrickungen zu lösen.

In der Vollmondnacht stellte uns Roman sein schönes Haus auf der Insel zur Verfügung.

Ich vollzog dort ein Ritual, um meine innigsten und wichtigsten Wünsche zu manifestieren. Es war der 18. Juli, jener Tag, an dem ich vor vielen Jahren meine große Liebe Gottfried geheiratet hatte. An diesem Tag wollte ich das Universum darum bitten, mir so bald wie möglich einen Mann zu schicken, mit dem ich noch alle meine Lebenswünsche verwirklichen konnte. Unglücklicherweise gerieten wir bei diesem Ritual in eine ziemlich gefährliche Situation und hätten beinahe einen Brand verursacht. Wieder einmal war ich nicht meiner Intuition gefolgt, das Feuer an einer windgeschützten Stelle im Zentrum des Hauses zu machen, sondern folgte Johannes' Vorschlag, es in der Feuerschale hinter dem Haus zu vollenden. In dieser Schale war ein Haarriss, weshalb in Sekundenschnelle die gesamte Fläche in Brand zu geraten begann. Der Wind blies heftig und ich sah einen brennenden Ast, der drohte zu einer vertrockneten Palme zu fliegen. Ich wollte das mit allen Mitteln verhindern – wir hätten diesen Teil der Insel unter Brand gesetzt. Es gelang mir, die Katastrophe tatsächlich durch meine Schnelligkeit und meine Stärke im letzten Augenblick gerade noch zu verhindern. Johannes war in keiner Weise präsent. Er bewegte sich langsam ins Haus, um mit einer Schüssel Wasser zurückzukehren, währenddessen ich mit einer Metallleiter und meinen bloßen Händen die Fläche unter Kontrolle gebracht hatte. Ich war danach noch fassungsloser über die Schwäche dieses Mannes als die Zeit davor.

In der Folge überschlugen sich die seltsamsten Ereignisse.

Einen Tag später sah ich am Strand erneut jenen Mann, der ein steifes rechtes Bein hatte und den ich die ganze Woche davor schon beobachtet hatte. Immer wieder hatte ich mich gefragt, welche Botschaft mir dieser Mann übermitteln wollte, weil er ununterbrochen in meiner Nähe war. Die Geschehnisse dieses Tages wurden immer ungewöhnlicher. Als ich mit Johannes unseren Platz am Strand für eine Stunde verlassen hatte, um für ihn mit Steinen ganz in der Nähe sein Familiensystem aufzustellen, mussten wir bei unserer Rückkehr feststellen, dass das Meer offensichtlich meine rechte Sandale von dort weggeschwemmt hatte, alle anderen Dinge am Platz aber unversehrt zurückgeblieben waren. Ich zögerte kurz, auch meine linke zu entsorgen. Da ich jedoch darauf vertraute, dass mir das Meer die andere wieder zurückbringen würde, behielt ich die zweite.

Den gemeinsamen Abend verbrachten wir mit Roman, der mir nun unmissverständlich mitteilte, eine vollkommen falsche Wahl mit diesem Mann getroffen zu haben. In gewisser Weise hatte ich aber mit Johannes schon zehn schöne Tage erleben dürfen und fühlte mich nach langer Zeit auf einer Reise nicht einsam. Was mich am selben Abend jedoch erneut irritierte, war eine weitere Begegnung mit jenem Mann mit dem versteiften rechten Bein – er tauchte unvermutet vor meinen Augen auf der Promenade auf und hinkte eine halbe Stunde vor mir – ununterbrochen in meinem Blickfeld. Ich konnte meinen Blick nicht von ihm wenden, hatte einerseits Mitgefühl mit seiner Behinderung und bewunderte andererseits seine unglaubliche Wendigkeit mit diesem eingeschränkten Bein, dessen Kniegelenk steif war.

Am nächsten Morgen – es war mein 11. Aufenthalt auf La Gomera und nun auch der 11. Tag unserer gemeinsamen Zeit – gingen wir recht früh zum Playa del Inglés. Johannes würde bald wieder abreisen. Die Zahl 11 war immer schon eine magische Zahl für mich gewesen, meist jedoch für schwierige Konstellationen. Auch meine Geburtszahl ist diese magische 11, die in meinem Leben schon viele Herausforderungen gezeigt hatte. Am Weg zum Strand riefen wir von den beiden Telefonzellen aus unsere Mütter an, um ihnen mitzuteilen, dass alles in Ordnung sei. Meine Mutter erschien sehr beruhigt zu sein, weil ich wirklich heiter und voller Lebensfreude war. In dieser Stimmung fragte ich Johannes, wie es ihm ginge, weil er selbst immer stiller und abwesender geworden war. Er meinte nur ganz kühl und herzlos: „Mir geht es jetzt nicht mehr gut. Ich fühle mich von dir nicht mehr angezogen.“ In diesem Moment war ich wie vom Blitz getroffen und verstand seine Aussage nicht, hatten wir doch täglich Sex miteinander gehabt. Ich fühlte mich zutiefst verletzt und erniedrigt. Ich hatte tatsächlich keinen Selbstwert. Dieser eine Satz von einem so absolut unmännlichen Mann, den ich üblicherweise niemals in eine engere Partnerwahl gezogen hätte, bewirkte, dass ich mich gedemütigt und erniedrigt fühlte. Schweigend gingen wir nebeneinander weiter. Meine gute Stimmung war verflogen – ich fühlte mich hilflos und traurig. Am Strand angekommen legte sich Johannes hin, um weiterzuschlafen – er war wie immer müde.

Ich fühlte mich leer und noch hilfloser, verletzt und verzweifelt.

Ich ging los.

Intuitiv hörte ich in mir eine Stimme: „Geh rechts!“

Erstarrt blieb ich in diesem Moment stehen, blickte nach rechts, blickte nach links. Rechts wäre mein vertrautes Gebiet gewesen, doch irgendetwas drängte mich in meinem Innersten – leider Gottes war es diesmal nicht meine Intuition – nach links zu gehen, in jenes unwegsame Felsengelände, das ich bisher noch nie erforscht hatte. Diese Entscheidung hatte ich wegen eines Mannes getroffen, der mir etwas unheimlich erschienen war und der auf der anderen Seite ging. Ich ging bloßfüßig und nackt über die schwarzen Vulkanfelsen durch das steinige Gebiet auf der linken Seite, weiter weg vom Strand. Plötzlich starrte ich auf einen riesigen, in allen Erdfarben sich mächtig vor mir aufragenden Felsen und dachte: *„Wenn solch ein großer Felsen sich von oben lösen und herunterfallen würde, ich gerade in diesem Moment dort ginge und er mich treffen würde, wäre ich sicher tot.“* Daraufhin ging ich um ihn herum in ein Gebiet, das von allen Seiten uneinsehbar war, um dann auf allen Vieren langsam, wie so oft zuvor, bergab zu klettern, immer tiefer nach unten – Richtung Ozean. Ich war zu verwirrt, zu verletzt und zu unachtsam, um mich auf den Ozean einzustellen. Ich war nicht fähig, das Ansteigen der Flut an diesem Platz zu erkennen. Außerdem war mir heiß geworden und ich wollte mich unbedingt mit Wasser abkühlen. Ich wusste, dass ich dort niemals schwimmen konnte, doch wollte ich ein wenig Wasser schöpfen, um mich zu erfrischen, weil schon die Sonne hinter dem Berg aufgetaucht war und mich zum Schwitzen gebracht hatte. Die Brandung war ziemlich heftig und enorm laut, doch wagte ich es ganz hinunter zu klettern. Um mich herum gab es nichts außer Vulkanfelsen und die Brandung.

Was dann geschah, war einfach unbeschreiblich, doch scheinbar musste es geschehen.

Ich bücke mich, um Wasser zur Abkühlung zu schöpfen.

Ich blicke aus meiner hockenden Position auf den Ozean. Vor mir sehe ich diesen riesig großen Felsen, der aus dem Wasser ragt und an dem sich die Wellen nochmals brechen. So blicke ich hinaus ins Meer, in die Brandung, auf den Felsen und genau in diesem Moment... trifft mich eine Welle mit aller Heftigkeit und schleudert mich direkt gegen den Felsen hinter mir. Eingeklemmt zwischen dem Felsen und dieser Wassermasse sehe ich nun die nächste riesige Welle auf mich zurollen. Ich erkenne ihre Mächtigkeit und weiß, dass ich sterben würde, wenn sie mich erneut mit meinem Rücken gegen denselben Felsen wirft. Ich springe mit der ersten Welle mit nach oben, ohne zu wissen, was ich wirklich tue. Sie rollt zurück ins Meer, während ich mich nun in einer Höhe befinde, in der ich hoffe, nicht mehr von der vollen Kraft der nächsten Welle getroffen zu werden. Das Einzige, das ich noch bewusst mitbekomme, ist ein unendlich lautes, unheimliches Krachen, das selbst das Tosen der Brandungswellen übertönt...

Mein letzter Gedanke ist: „Felsen – tot!"

Über die Autorin

Magdalena Almado (Pseudonym), Juristin, Lebensberaterin, Energetikerin, Tanz- und Theaterpädagogin und Ausdruckstänzerin legte den Grundstein ihrer Schriftstellerkarriere im Jahr 2008. Auslöser dafür war ein beinahe tödlicher Unfall im atlantischen Ozean, den sie, wie schon vieles zuvor in ihrem Leben – vor allem ihre Kindheit –, überlebt hatte.

Sie begann lyrische Prosatexte zu schreiben und präsentierte ihren ersten Text tänzerisch als Weihnachtsperformance im Reha-Zentrum zwischen ihrer zweiten und dritten Knie-Operation, um den Menschen Mut zu machen.

Nun will sie auch mit ihren Büchern insbesondere FRAUEN inspirieren und Möglichkeiten aufzeigen, nach sexuellen und anderen Gewalterfahrungen dennoch ihre Weiblichkeit und Sexualität, aber vor allem das LEBEN genießen zu können.

Im Herbst/Winter 2014 veröffentlichte sie über den Assam Media Verlag ihre erotische Trilogie:
LUST~volle~LUST, LUST~volle~LIEBE, LUST~volles~LEBEN

Weitere ihrer Texte und Geschichten erschienen in der Anthologie „Frischer Wind in flauen Gassen“ sowie im ersten und dritten Teil der vom Karina-Verlag herausgegebenen „Flügel-Trilogie“. Ebenso wird im demnächst publizierten Band „Magisches und Mystisches“ aus der Serie „Jedes Wort ein Atemzug“ eine Kurzgeschichte von Magdalena Almado zu finden sein.

Außerdem veröffentlicht sie auch „*TRANCE-REISEN zu mir selbst...und darüber hinaus*“, die in weiterer Folge mit der Stimme ihrer Künstlerfreundin Cleo Ruisz und der Musik von Jack Fronczek auf CDs und als MP3 -Downloads erscheinen werden.

www.magdalena-almado.com

Überlebt ...
um zu LEBEN
Magdalena Almado
karina verlag

Überlebt ... um zu LEBEN
Teil 2

Dort unten – alleine zwischen den Vulkanfelsen und Flutwellen – traf Alma die Entscheidung. Sie war bereit, endlich zu ihrem Leben ja zu sagen und ihrer Berufung zu folgen. Schritt für Schritt durfte sie gesunden, um vielen anderen Frauen Wegbereiterin zu werden, ihre Weiblichkeit und Sinnlichkeit zu genießen sowie Männern aufzuzeigen, was in einem respektvollen Miteinander alles möglich sein kann – vor allem schon hier auf Erden den Hauch der Einheit zu erleben.

So ist es ihr auch gegeben, ihrer großen Liebe zu begegnen, um gemeinsam mit ihrem Mann dazu beizutragen, diesen Planeten mit all seinen Menschen doch noch zu einem friedvolleren und lebenswerten Platz werden zu lassen.

Sie hat ihren Lebensauftrag erfüllt. Der gefallene und geläuterte Engel darf nach einem Leben voller Höhen und Tiefen endlich wieder in das Große Ganze zurückkehren.

Der zweite Teil dieses Zweiteilers erscheint zu Beginn 2016:
ISBN: 978-3-903056-58-9

Karina-Verlag, Vienna

Otto Willmann Gasse 4/69

A-1100 Wien

www.karinaverlag.at

karina.bookoffice@gmail.com